Thomas Hering, Michael Olbrich und Annette Klein
Unternehmensnachfolge

Lehr- und Handbücher der Wirtschaftswissenschaft

Herausgegeben von
Univ.-Prof. Dr. habil. Thomas Hering und
Prof. Dr. Heiko Burchert

Thomas Hering, Michael Olbrich und Annette Klein

Unternehmensnachfolge

2., vollständig überarbeitete und erweiterte Auflage

DE GRUYTER
OLDENBOURG

ISBN 978-3-11-053668-3

Library of Congress Cataloging-in-Publication Data
A CIP catalog record for this book has been applied for at the Library of Congress.

Bibliografische Information der Deutschen Nationalbibliothek
Die Deutsche Nationalbibliothek verzeichnet diese Publikation in der Deutschen National-
bibliografie; detaillierte bibliografische Daten sind im Internet über http://dnb.dnb.de abrufbar.

© 2018 Walter de Gruyter GmbH, Berlin/Boston
Einbandabbildung: VikiVector/iStock/Getty Images Plus
Druck und Bindung: CPI books GmbH, Leck
♾ Gedruckt auf säurefreiem Papier
Printed in Germany

www.degruyter.com

Vorwort zur zweiten Auflage

Obwohl bereits fast anderthalb Jahrzehnte seit Erscheinen der ersten Auflage dieses Buches vergangen sind, ist es noch immer das einzige betriebswirtschaftliche Werk, das sich theoretisch-konzeptionell mit der Unternehmensnachfolge in ihrer gesamten Breite auseinandersetzt. Dieses Alleinstellungsmerkmal, die nach wie vor große gesamtwirtschaftliche Bedeutung der Unternehmensnachfolge, rechtliche Änderungen, neue betriebswirtschaftliche Forschungsergebnisse und nicht zuletzt der erfreulich rasche Abverkauf der ersten Auflage veranlaßten uns, das Buch erneut – und nun mit drei Verfassern – aufzulegen.

Auch diese zweite Auflage wendet sich an Studenten der Betriebswirtschaftslehre, Unternehmer und angestellte Führungskräfte. Im Vergleich zur Erstauflage wurden die seitdem eingetretenen Gesetzesänderungen, z.B. im Erbrecht und Steuerrecht, aufgenommen, ihre Konsequenzen für die betriebswirtschaftliche Nachfolgeplanung modelliert sowie die mittlerweile zu verzeichnenden Neuerscheinungen im Schrifttum, so sie uns relevant erschienen, eingearbeitet. Da sowohl in der Forschung als auch der Praxis der Nachfolge noch immer erhebliche Irrtümer und Mißverständnisse im Bereich der Unternehmensbewertung zu beobachten sind, haben wir unsere Ausführungen zudem um einen breiten bewertungstheoretischen Teil ergänzt.

Unseren studentischen Hilfskräften in Hagen danken wir für die Literaturbeschaffung und die Hilfe bei den abschließenden Korrekturarbeiten.

Hagen (Westf.) und Saarbrücken, im Oktober 2017

THOMAS HERING
MICHAEL OLBRICH
ANNETTE KLEIN

Vorwort zur ersten Auflage

Das vorliegende Werk will eine Lücke in der betriebswirtschaftlichen Literatur schließen. Obwohl das Problem der Unternehmensnachfolge von großer gesamtwirtschaftlicher Bedeutung ist und eine Vielzahl betriebswirtschaftlicher Fragestellungen aufwirft, fehlt im Schrifttum bislang eine umfassende theoretisch-konzeptionelle Durchdringung dieses Phänomens. Neben einer Vielzahl juristischer Quellen sind die uns bekannten betriebswirtschaftlichen Arbeiten Untersuchungen einzelner Teilaspekte der Nachfolge – wie beispielsweise steuerlicher Zusammenhänge –, empirische Studien oder praxisbezogene Leitfäden.

Zielgruppe des Buches sind zum einen Studenten der Betriebswirtschaftslehre, die sich mit den notwendigen Grundkenntnissen der Unternehmensnachfolge vertraut machen möchten, um im Anschluß an ihr Diplom im Rahmen derartiger betrieblicher Übereignungen verantwortlich mitwirken zu können. Neben diesen zukünftigen Entscheidungsträgern richtet sich das Buch ebenfalls an heutige Unternehmer und angestellte Führungskräfte, die sich auf theoretischem Niveau mit Nachfolgefragen zu beschäftigen suchen, um in der Praxis zu besseren Problemlösungen zu gelangen.

Danken möchten wir abschließend Frau Silke Hillebrand für die Erstellung diverser Abbildungen und Herrn cand. rer. pol. Christian B. Schatte für die Anfertigung des Stichwortverzeichnisses.

Hagen (Westf.), im April 2003   THOMAS HERING
                                                                MICHAEL OLBRICH

Inhaltsverzeichnis

Abkürzungsverzeichnis

Abb.	Abbildung
Abs.	Absatz
AG	Aktiengesellschaft
AktG	Aktiengesetz
AO	Abgabenordnung
APV	Adjusted Present Value
Aufl.	Auflage
BB	Betriebs-Berater
BC	Zeitschrift für Bilanzierung, Rechnungswesen und Controlling
Bd.	Band
BewG	Bewertungsgesetz
BFuP	Betriebswirtschaftliche Forschung und Praxis
BGB	Bürgerliches Gesetzbuch
bspw.	beispielsweise
BT-Drucks.	Bundestags-Drucksache
bzw.	beziehungsweise
CAPM	Capital Asset Pricing Model
DB	Der Betrieb
DBW	Die Betriebswirtschaft
DCF	Discounted Cash Flow
d.h.	das heißt
Diss.	Dissertation
DStR	Deutsches Steuerrecht
DStZ	Deutsche Steuer-Zeitung
EGAktG	Einführungsgesetz zum Aktiengesetz
ErbStG	Erbschaftsteuer- und Schenkungsteuergesetz
ErbStRG	Erbschaftsteuerreformgesetz
EStG	Einkommensteuergesetz
etc.	et cetera
e.V.	eingetragener Verein
evtl.	eventuell
f.	folgende
F.A.Z.	Frankfurter Allgemeine Zeitung
FB	Finanz-Betrieb
ff.	fortfolgende
GastG	Gaststättengesetz
GewO	Gewerbeordnung
GewStG	Gewerbesteuergesetz
ggf.	gegebenenfalls
GmbH	Gesellschaft mit beschränkter Haftung
GmbHR	GmbH-Rundschau
HGB	Handelsgesetzbuch
Hrsg.	Herausgeber
hrsgg.	herausgegeben
IdW/IDW	Institut der Wirtschaftsprüfer in Deutschland e.V.
IGA	Zeitschrift für Klein- und Mittelunternehmen/Internationales Gewerbearchiv

IJEV	International Journal of Entrepreneurial Venturing
IJTM	International Journal of Technology Management
i.V.m.	in Verbindung mit
Jg.	Jahrgang
JoF	The Journal of Finance
KG	Kommanditgesellschaft
KGaA	Kommanditgesellschaft auf Aktien
KStG	Körperschaftsteuergesetz
max.	maximiere
min.	minimiere
Mio.	Million(en)
NJW	Neue Juristische Wochenschrift
Nr.	Nummer
OHG	Offene Handelsgesellschaft
p.a.	per annum oder pro anno
QJAE	Quarterly Journal of Austrian Economics
S.	Seite
sog.	sogenannt
Sp.	Spalte
StB	Der Steuerberater
Tab.	Tabelle
u.a.	und andere, unter anderem
u.U.	unter Umständen
vgl.	vergleiche
VOFI	vollständiger Finanzplan
WACC	Weighted Average Cost of Capital
WaffG	Waffengesetz
WiSt	Wirtschaftswissenschaftliches Studium
WISU	Das Wirtschaftsstudium
WPg	Die Wirtschaftsprüfung
WPüG	Wertpapiererwerbs- und Übernahmegesetz
z.B.	zum Beispiel
ZfB	Zeitschrift für Betriebswirtschaft
ZfbF	Schmalenbachs Zeitschrift für betriebswirtschaftliche Forschung
ZfhF	Zeitschrift für handelswissenschaftliche Forschung
ZGPM	Zustands-Grenzpreismodell
ZGQM	Zustands-Grenzquotenmodell
ZIP	Zeitschrift für Wirtschaftsrecht
ZOR	Zeitschrift für Operations Research
ZP	Zeitschrift für Planung

Symbolverzeichnis

b_t	fest vorgegebene Zahlung im Zeitpunkt/Zustand t
C_j	Kapitalwert des Objekts j
δ	Dualvariable der Mindestzielwertrestriktion
E	Ertragswert
E_K	Ertragswert des Käufers
E_V	Ertragswert des Verkäufers
EW	Endvermögen (investitionstheoretischer Endwert)
$\mathbf{g}_j$	Zahlungsreihe des Objekts j
g_{jt}	Zahlungsüberschuß des Objekts j im Zeitpunkt/Zustand t
G_t	Entnahme im Zeitpunkt/Zustand t
GW	Summe der gewichteten Konsumentnahmen
GW*	maximaler Zielfunktionswert bei Vermögensmaximierung
H	Geldanlage (zum Habenzins)
i	Kalkulationszins
I	Sachinvestition
j	Objekt
K	Kulturpolitik
m	Anzahl der Investitions- und Finanzierungsobjekte
n	Anzahl möglicher Zustände
	Länge des Planungszeitraums (Anzahl der Perioden)
ω	Dividendenwachstumsrate
p	Preis des Bewertungsobjekts (Unternehmens)
p*	Grenzpreis des zu bewertenden Unternehmens
ρ_t	Zustandspreis des Zustands t
S	Kontokorrentkredit (zum Sollzins)
t	Periode, Zustand
U*	Grenzpreis des zu bewertenden Unternehmens
V	gesamter verteilbarer Vorteil
V_K	Vorteil eines Käufers
V_V	Vorteil eines Verkäufers
w_t	Gewicht einer Entnahme im Zeitpunkt/Zustand t
x_j	Anzahl der Realisationen des Objekts j
x_j^{max}	maximale erlaubte Anzahl an Realisationen des Objekts j
ZEW	Zukunftserfolgswert
ZEW_{KKS}	Zukunftserfolgswert unter der Prämisse, daß es zu keinerlei negativen Kultursynergien zwischen den Übernahmeparteien kommt
ZEWM	kulturkollisionsbedingte Zukunftserfolgswertminderung
$ZEWM_{ANV}$	aus dem aggregierten negativen Verbundeffekten resultierende Zukunftserfolgswertminderung
$ZEWM_{PNV}$	aus primären negativen Verbundeffekten resultierende Zukunftserfolgswertminderung
$ZEWM_{SNV}$	aus sekundären negativen Verbundeffekten resultierende Zukunftserfolgswertminderung

Abbildungsverzeichnis

Tabellenverzeichnis

1 Anspruch und Theoriebedarf der Unternehmensnachfolge

Die Wahrscheinlichkeit, daß ein Student der Betriebswirtschaftslehre im Laufe seiner späteren kaufmännischen Tätigkeit mit dem Problem der Unternehmensnachfolge konfrontiert wird, ist hoch:[1] Sei es, daß er ein eigenes Unternehmen besitzt, für das er in späteren Jahren einen neuen Eigentümer sucht, oder daß er selbst die Rolle des Nachfolgers einnehmen und in die Fußstapfen eines Unternehmers treten wird. Darüber hinaus ist es denkbar, daß er eine Nachfolge als dienstleistender Dritter begleitet, sei es z.B. durch eine Tätigkeit sowohl bei einem Kreditinstitut oder einer Handelsbank als auch als Steuerberater, Wirtschaftsprüfer oder Unternehmensberater. Nicht zuletzt kann es ihm ebenfalls passieren, als angestellte Führungskraft die Nachfolge seines Arbeitgebers selbst oder aber – im Rahmen eines Konzerns – die Nachfolge einer Tochtergesellschaft zu erleben und entsprechend mitzugestalten.

In welcher der skizzierten Rollen er sich auch befinden wird – die Unternehmensnachfolge stellt aufgrund der Verflechtung unterschiedlichster betriebswirtschaftlicher Teildisziplinen stets eine außerordentlich komplexe, vielschichtige betriebswirtschaftliche Fragestellung dar, deren Lösung eines breiten wirtschaftswissenschaftlichen Sachverstands und eingehender theoretischer Methodenkenntnis – bspw. im Bereich der Unternehmensbewertung – bedarf. Der skizzierte erhebliche Anspruch der Nachfolgeproblematik macht es notwendig, dem praktischen Einzelfall der Nachfolge ein Denkgerüst der Theorie zugrunde zu legen, das das Praxisproblem systematisiert und strukturiert und damit einer sinnvollen Lösung zuführt. Im wirtschaftswissenschaftlichen Schrifttum wird das Problem der Unternehmensnachfolge jedoch vergleichsweise selten einer Analyse unterzogen. Lediglich die betriebswirtschaftliche Steuerlehre[2] sowie eine diesem Lehrbuch zum Teil als Grundlage dienende Monographie[3] beschäftigen sich eingehend mit der theoretischen Durchdringung und Lösung von Nachfolgefragen; sonst sind es – abgesehen von diversen empirischen Studien[4] – meist juristische Quellen[5] sowie Praxisleitfäden[6], die sich der Nachfolgethematik annehmen.

---

1 Dies und das Folgende in teils enger Anlehnung an HERING, Unternehmensnachfolge (2003), S. 287 f.
2 Vgl. exemplarisch HORSTMANN, Gestaltung der Erbschaftsteuerbelastung (1998), SCHILD-PLININGER, Übertragung von Betriebsvermögen (1998), TROCKELS-BRAND, Problem der Steuerplanung (2000), BRADSCH, Unternehmensnachfolge (2007), FRIELING, Gestaltungsinstrument (2015).
3 OLBRICH, Unternehmungsnachfolge (2005), (2014).
4 Vgl. z.B. ALBACH/FREUND, Unternehmenskontinuität (1989), SPIELMANN, Generationenwechsel (1994), FREUND, Unternehmensnachfolge (2000), SPELSBERG, Erfolgsfaktoren (2011), REINBACHER, Unternehmensnachfolge (2014).

Das vorliegende Buch sucht den Leser mit dem notwendigen theoretischen Rüstzeug auszustatten, um ihm auf der Basis wissenschaftlich fundierter Kenntnisse eine zweckmäßige Analyse und Lösung praktischer Nachfolgeprobleme zu ermöglichen. Um die skizzierte Zielsetzung des Buches zu erreichen, werden – nach der hier vorgenommenen kurzen Einführung in die Problematik – im Rahmen des zweiten Kapitels die Grundlagen der Unternehmensnachfolge erläutert. In diesem Zusammenhang erfolgen sowohl eine eingehende Definition des Terminus der Nachfolge als auch die inhaltliche Abgrenzung der Nachfolge gegenüber der Unternehmensgründung. Abschluß des Grundlagenteils bildet die Darlegung der Bedeutung der Nachfolgeproblematik in der Praxis, indem empirische Befunde zur Anzahl der in der Zukunft anstehenden Betriebsübertragungen diskutiert werden. Das folgende dritte Kapitel des Buches arbeitet die betriebswirtschaftlichen Problemdimensionen der Unternehmensnachfolge heraus. Dabei erfahren die Entscheidung eines Unternehmenseigners zur Durchführung einer Nachfolge und die dem Eigner dafür zur Verfügung stehenden Wege der Nachfolge – Vererbung, Schenkung, Stiftung, Verkauf – eine umfassende Darstellung. Anschließend werden die Gestaltungsmöglichkeiten der Unternehmensnachfolge systematisiert, und die Bewertung des zu übertragenden Unternehmens als weiterer betriebswirtschaftlicher Problemkomplex der Unternehmensnachfolge wird untersucht. Die Wahl des für den Eigner jeweils sinnvollen Übertragungsweges und seine inhaltliche Gestaltung sind Gegenstand des vierten und fünften Kapitels, die sich zur Lösung dieser Fragen einer heuristischen Vorgehensweise bedienen und einzelne Nachfolgemuster herausarbeiten, deren Anwendungen sowie Grenzen analysieren und aus der Sicht des abgebenden Eigentümers beurteilen.

Aufgrund der oben angeführten Vielzahl von Tätigkeiten im Zusammenhang mit Fragen der Unternehmensnachfolge ist die theoretische Durchdringung der Nachfolge nicht nur für (zukünftige) Unternehmer und ihre Nachfolger unverzichtbar. Vielmehr ist die Nachfolge als eines der Kernprobleme der Betriebswirtschaftslehre insbesondere auch aus Sicht der Allgemeinen Betriebswirtschaftslehre von Interesse.

---

5 Vgl. u.a. SUDHOFF, Unternehmensnachfolge (2005), LORZ/KIRCHDÖRFER, Unternehmensnachfolge (2011), ESSKANDARI/FRANCK/KÜNNEMANN, Unternehmensnachfolge (2012), IVENS, Vermögensnachfolge (2012).
6 Vgl. bspw. FELDEN/PFANNENSCHWARZ, Unternehmensnachfolge (2008), SATTLER/BROLL/NÜSSER, Nachfolgeregelung (2010), RIEDEL, Praxishandbuch (2012), KERSTING/BITZER/DUPIERRY, Nachfolgemanagement (2014), KOCH, Unternehmensnachfolge (2016).

2 Grundlagen der Unternehmensnachfolge

2.1 Begriff der Unternehmensnachfolge[1]

Nach GUTENBERG stellt ein Unternehmen ein System von Produktionsfaktoren dar, das durch die Prinzipien der Wirtschaftlichkeit, Autonomie, Alleinbestimmung, Erwerbswirtschaft und des finanziellen Gleichgewichts geprägt ist.[2] Neben dem bereits seit Mitte der neunziger Jahre des letzten Jahrhunderts zu beobachtenden wachsenden Interesse an Fragen der Gründung des Unternehmens tritt seit einiger Zeit auch die Thematik der Unternehmensnachfolge zunehmend in das Bewußtsein von Wissenschaft und Praxis. Die im Schrifttum bislang wenig anzutreffenden *Definitionen* des Begriffes der Unternehmensnachfolge konzentrieren sich überwiegend auf den Bereich des Familienunternehmens. Eine erste terminologische Einordnung erfährt die Nachfolge – fast beiläufig – bei SPIELMANN, der den Begriff des „Generationenwechsels" als „Prozeß des Übergangs von führungs- und kapitalmäßiger Verantwortung auf die nachfolgende Unternehmergeneration"[3] interpretiert. Ohne eine eindeutige Definition zu liefern, bringt er die Nachfolge damit begrifflich mit dem Übergang von (Eigen-)Kapital und Führung im Rahmen eines Familienkontextes zusammen. Der Auffassung SPIELMANNS folgt FREUND mit seiner Definition der Nachfolge, unter der er den „Generationenwechsel in Familienunternehmen und damit die Übertragung der Leitungsmacht und der kapitalmäßigen Verantwortung"[4] versteht.

Ebenso wie im Falle der Unternehmensgründung, die sowohl innerhalb eines Familienkontextes als auch außerhalb davon vonstatten gehen kann, ist freilich jedoch auch die Unternehmensnachfolge sowohl bei Familienunternehmen – also Gesellschaften, die in der Hand natürlicher, durch Verwandtschaft oder Heirat miteinander verbundener Personen liegen[5] – als auch Nichtfamilienunternehmen denkbar.[6]

---

1 Dieses Unterkapitel wurde in Teilen veröffentlicht in *OLBRICH*, Unternehmungsnachfolge (2014), S. 1-5.
2 Vgl. *GUTENBERG*, Betriebswirtschaftslehre (1983), S. 510-512. Das Prinzip der Autonomie bedeutet die Abwesenheit staatlicher oder anderer übergeordneter Mitbestimmungsrechte an der einzelbetrieblichen Leistungserstellung und -verwertung, vgl. *ebenda*, S. 460. Unter dem Prinzip der Alleinbestimmung wird verstanden, daß die Eigenkapitalgeber oder die von ihnen beauftragten Führungskräfte das Zentrum der betrieblichen Willensbildung darstellen, vgl. *ebenda*, S. 502 f.
3 *SPIELMANN*, Generationenwechsel (1994), S. 22. Vgl. hierzu auch bereits *PORTMANN*, Perpetuierung der Aktiengesellschaft (1983), S. 15, *HANDLER*, Succession Process (1989), S. 7 und 9.
4 *FREUND*, Unternehmensnachfolge (2000), S. 17.
5 Zum Begriff des Familienunternehmens vgl. ausführlich *DAVIS*, Succession (1968), S. 404-407, *BARRY*, Family Firm (1975), S. 42, *HANDLER*, Succession Process (1989), S. 7 f., *FREUND*, Unterneh-

In dem vorliegenden Werk soll der Begriff der Unternehmensnachfolge daher eine weitergehende Abgrenzung erfahren und den Übergang des Eigentums an einem Betrieb[7] sowie der damit verbundenen Leitungsmacht beschreiben, *unabhängig davon, ob das Eigentum an dem betroffenen Unternehmen in der Hand einer Familie oder anderer Wirtschaftssubjekte* – wie bspw. einer juristischen Person oder einzelner, voneinander unabhängiger natürlicher Personen – liegt.[8] Der Begriff der Leitungsmacht beschreibt in diesem Zusammenhang die Fähigkeit des Wirtschaftssubjektes, aufgrund seines Eigentums an dem Unternehmen seine Ziele im Hinblick auf die Führung dieses Betriebes durchzusetzen. Dabei kann der Eigner zur Erreichung seiner Ziele sowohl selbst in der Unternehmensführung tätig sein als auch auf die Unterstützung durch angestellte Führungskräfte – wie Vorstände oder Geschäftsführer – zurückgreifen.[9]

Zweckmäßig ist eine solche weitergehende Definition der Nachfolge zum einen, da die betriebswirtschaftlichen Ursachen, die für den Eigentumsübergang verantwortlich zeichnen können, grundsätzlich sowohl für Familien- als auch Nichtfamilienunternehmen identisch sind, wie im Rahmen des Buches gezeigt werden wird. Zum anderen – und auch dies wird im weiteren herausgearbeitet – entsprechen sich die im Zuge des Eigentumsübergangs auftretenden betriebswirtschaftlichen Probleme und Fragestellungen bei Familien- und Nichtfamilienunternehmen weitgehend, denn die alternativen Übertragungsformen der Vererbung, Schenkung, Stiftung und des Verkaufs stehen allen natürlichen Personen als Unternehmenseignern, unabhängig von einem etwaigen Familienhintergrund, offen, und auch institutionelle Eigner können sie – abgesehen von der Vererbung – als Nachfolgewege[10] nutzen.[11]

Zu beachten ist in diesem Zusammenhang, daß dem Verkauf im folgenden auch der Fall der *Verschmelzung* (Fusion) subsumiert wird, da es sich bei ihr um eine Konstruktion handelt, deren Ergebnis sich auch derivativ durch einen Verkauf herbeiführen läßt:[12] So kann der Eigner sein im Zuge der Veräußerung erzieltes Entgelt entweder unmittelbar in Form von Anteilen der übernehmenden Gesellschaft erhal-

---

mensnachfolge (2000), S. 11-17 sowie *HABIG/BERNINGHAUS*, Nachfolge im Familienunternehmen (2010), S. 7 f.

6 Vgl. *OLBRICH*, Nachfolge und Gründung (2003), S. 134.

7 Die Begriffe „Betrieb" und „Unternehmen" werden im folgenden synonym verwandt.

8 Vgl. *OLBRICH*, Nachfolge und Gründung (2003), S. 134.

9 Vgl. hierzu auch *SIEBEN/SIELAFF*, Unternehmensakquisition (1989), S. 1. *ALBACH/FREUND*, Unternehmenskontinuität (1989), S. 27 sprechen von der „Verfügungsgewalt" des Eigentümers.

10 Die sich auf die Alternativen Vererbung, Schenkung, Stiftung und Verkauf beziehenden Termini „Formen" und „Wege" der Unternehmensnachfolge werden im folgenden synonym verwandt.

11 Vgl. *OLBRICH*, Nachfolge und Gründung (2003), S. 135 f.

12 Vgl., auch im folgenden, *OLBRICH*, Unternehmungsnachfolge (2014), S. 7, Fußnote 31.

ten oder – im Falle eines monetären Entgelts – deren Anteile erwerben. Beide Alternativen führen zu einem der Verschmelzung identischen Ergebnis. Zu berücksichtigen ist in diesem Kontext freilich das Kriterium der Abgabe der Leitungsmacht an dem Unternehmen: Erhält der sich von seinem Unternehmen trennende Eigentümer im Zuge der Fusion ein derart umfangreiches Anteilspaket an der Gesellschaft, in die er seinen Betrieb eingebracht hat, daß er im Anschluß an die Verschmelzung auch auf den Unternehmensverbund – und damit auch auf sein bisheriges Unternehmen – Leitungsmacht ausübt, ist die Leitungsmachtabgabe zu verneinen. Um eine Nachfolge handelt es sich bei einer Verschmelzung folglich stets dann nicht, wenn der Eigentümer sich in ihrem Zuge nicht von seiner Leitungsmacht trennt. Nicht zuletzt ist zu beachten, daß in Ausnahmesituationen auch das Spiegelbild der Fusion, die umwandlungsrechtliche *Spaltung*, einen Nachfolgevorgang darstellen kann.[13] Dies ist dann der Fall, wenn der betrachtete Eigentümer zusammen mit mindestens einem weiteren Eigentümer ein Unternehmen in Händen hält, er aufgrund seiner Position im Gesellschafterkreis Leitungsmacht ausübt und es durch eine Auf- oder Abspaltung zu einer Trennung von Gesellschaftern oder Gesellschafterstämmen kommt. Der betrachtete Eigentümer gibt hierdurch Eigentum und Leitungsmacht an dem/den durch die Spaltung abgetrennten Unternehmensteil(en) ab, in bezug auf diese(n) Teil(e) ist daher eine Nachfolge zu bejahen. Als Entgelt hierfür erhält der Eigentümer von dem/den anderen Gesellschafter(n) dessen/deren Anteile an dem ihm verbleibenden Unternehmensteil.

Aufbauend auf der Situation des Eignerwechsels eines Gesamtunternehmens und des bereits angesprochenen Sonderfalls des Eignerwechsels eines Unternehmensteils mittels Spaltung zur Trennung von Gesellschaftern oder Gesellschafterstämmen soll im folgenden aufgrund der Strukturgleichheit der Problematik auch der Übergang eines *weniger als 100% umfassenden Anteils* am Eigenkapital einer Gesellschaft dem Begriff der Unternehmensnachfolge zugeordnet werden.[14] Voraussetzung für eine derartige Interpretation eines Gesellschafterwechsels als Nachfolgefall ist lediglich, daß der Unternehmensanteil seinem bisherigen Eigentümer die Ausübung von Leitungsmacht in der Gesellschaft ermöglicht und er diese Leitungsmacht aufgrund des Eigentumsübergangs abgibt.[15] Zu differenzieren sind in diesem Zusammenhang drei Konstellationen, in denen ein Gesellschafter aufgrund seines Unternehmensanteils Leitungsmacht besitzt:[16]

---

13 Vgl., auch im folgenden, *OLBRICH*, Unternehmungsnachfolge (2014), S. 7, Fußnote 31.
14 Vgl. *OLBRICH*, Nachfolge und Gründung (2003), S. 136.
15 Vgl. hierzu auch die – aus der spiegelbildlichen Sicht der das Eigentum übernehmenden Partei – geführte Argumentation von *SIEBEN/SIELAFF*, Unternehmensakquisition (1989), S. 1.
16 Vgl. im folgenden *OLBRICH*, Nachfolge und Gründung (2003), S. 136 f.

1. Zum einen kann die Leitungsmacht des Eigners aus der prozentualen Größe des Anteils an dem Eigenkapital der Gesellschaft und der damit verbundenen Anzahl der Stimmen resultieren, die ihm eine Durchsetzung seiner Interessen im Rahmen der Gesellschafterversammlung erlauben.

2. Zum anderen ist es denkbar, daß der Kapitalanteil des Eigners im Verhältnis zu den Kapitalanteilen der übrigen Gesellschafter zwar relativ klein ist, im Vergleich zu letzteren aber ein größeres Stimmengewicht besitzt, das in der Gesellschafterversammlung entsprechend zur Geltung kommt. Als Beispiel für eine derartige Konstellation kann der Fall eines Eigners angeführt werden, der einen kleinen Kapital-, aber erheblichen Stimmenanteil verkörpernde Mehrstimmrechtsaktien hält und sich einem sonst lediglich mit Einstimmrechtsaktien ausgestatteten Gesellschafterkreis gegenübersieht.[17]

3. Nicht zuletzt vermag der Anteilseigner nur einen vergleichsweise kleinen Kapital- und Stimmenanteil an der Gesellschaft sein eigen zu nennen, aber dennoch Einfluß auf das Unternehmen auszuüben, da er durch eine stabile und dauerhafte Koalition gemeinsam mit anderen Anteilseignern, die seine Entscheidungen in der Gesellschafterversammlung mittragen, gestützt wird. Exemplarisch für eine solche Situation ist der Fall eines Familienoberhauptes, das zwar selbst eine nur geringe Beteiligung besitzt, sich in der Gesellschafterversammlung aber auch auf seine ebenfalls Anteile haltenden Angehörigen in Person seiner Ehefrau und seiner Kinder stützen und seine Interessen so gegenüber dritten Gesellschaftern durchsetzen kann.

Bei den geschilderten drei Möglichkeiten der Ausübung von Leitungsmacht können die hierfür jeweils notwendigen prozentualen Größen des Kapital- und Stimmenanteils oder die Ausgestaltung der den Gesellschafter stützenden Koalition nicht allgemeingültig festgelegt werden. Sie sind einzelfallabhängig, da sie von Faktoren wie bspw. Satzungsregelungen, der Hauptversammlungspräsenz oder dem Kooperationsgrad mit anderen Anteilseignern beeinflußt werden.[18] Deutlich wird damit jedoch auch, daß ein einzelner Gesellschafter stets dann keine Leitungsmacht innehat, wenn er lediglich eine vergleichsweise kleine Beteiligung hält und sich bei seinem Verhalten in der Gesellschafterversammlung nicht auf eine stabile Koalition anderer Anteilseigner zu stützen vermag. Ein solcher Eigentümer sieht seine Interes-

---

17 Vgl. zu Ausgestaltungen und Wirkungsweisen von Mehrstimmrechtsaktien sowie ihren Erscheinungsformen in der Praxis HERING/OLBRICH, Bemessung der Abfindung (2001), HERING/OLBRICH, Mehrstimmrechte (2001), HERING/OLBRICH, Fall „Siemens" (2003), HERING/OLBRICH, Preis und Entschädigung (2003).
18 Vgl., auch im folgenden, OLBRICH, Nachfolge und Gründung (2003), S. 137.

sen im Rahmen des Unternehmens ausschließlich dann verwirklicht, wenn sich bei Abstimmungen zufällig eine Mehrheit bildet, deren Vorstellungen seinen persönlichen Wünschen entsprechen und die damit in seinem Sinne zielkonform handelt. Von der Leitungsmacht des einzelnen Gesellschafters kann aufgrund seiner Abhängigkeit von der Mehrheit der übrigen Anteilseigner folglich in dieser Situation nicht gesprochen werden.

Zu beachten ist in diesem Zusammenhang auch, daß sich stabile Koalitionen, deren sich ein Gesellschafter bedient, durchaus im Zeitablauf verändern können, sei es nun, daß sie sich herausbilden (und damit Leitungsmacht des Gesellschafters begründen) oder sich auflösen (und damit Leitungsmacht des Gesellschafters beseitigen). Ein Beispiel für letzteres ist der Fall eines Familienverbundes, der zunächst entsprechend den Wünschen des Familienoberhaupts einheitlich abstimmt, aufgrund einer wachsenden Anteilszersplitterung oder persönlicher Konflikte untereinander aber ein zunehmend heterogenes Abstimmungsverhalten in der Gesellschafterversammlung zeigt und den Einfluß des Familienoberhaupts damit sukzessive reduziert.[19]

Letztendlich bleibt damit im Ergebnis festzuhalten, daß Fälle, in denen der Anteil eines Gesellschafters auf ein anderes Wirtschaftssubjekt übergeht, ohne daß parallel die Abgabe der Leitungsmacht erfolgt, im folgenden nicht dem Terminus der Unternehmensnachfolge subsumiert werden; statt dessen handelt es sich lediglich um eine Übertragung von Unternehmenstiteln, wie sie bspw. im laufenden Anteilshandel an den Aktienbörsen zu beobachten ist.[20]

Beispiel: Der Gesellschafter einer AG überträgt seinen 10% des Grundkapitals umfassenden Unternehmensanteil an einen neuen Eigentümer. Die übrigen 90% des Grundkapitals liegen in der Hand eines zweiten Aktionärs. Von einer Nachfolge kann in diesem Falle nicht gesprochen werden, da die Beteiligung dem abgebenden Eigentümer keine Leitungsmacht in der Gesellschaft ermöglicht; sie wird unberührt von dem Minderheitsanteil ausschließlich durch den Willen des Mehrheitsaktionärs geführt. Anders stellt sich die Beurteilung des angeführten Sachverhalts dagegen dar, wenn es sich bei der betroffenen Gesellschaft z.B. um eine OHG handelt, deren Gesellschaftsvertrag ein einstimmiges Votum beider Gesellschafter bei einer Vielzahl von Geschäftsentscheidungen vorschreibt. In einem solchen Fall besitzt auch der Minderheitsgesellschafter erheblichen Einfluß auf die Leitung des Unternehmens, den er durch die Übertragung des Anteils auf einen neuen Eigner abgibt. Eine Nachfolge ist bei einer solchen Konstellation also zu bejahen.

---

19 Vgl. *OLBRICH*, Nachfolge und Gründung (2003), S. 137.
20 Vgl. *OLBRICH*, Nachfolge und Gründung (2003), S. 137 f.

Im Zusammenhang mit der hier vorgenommenen inhaltlichen Abgrenzung der Nachfolge soll darüber hinaus nicht die in Teilen[21] des Schrifttums anzutreffende Meinung geteilt werden, eine Unternehmensnachfolge könne nur dann als erfolgreich beurteilt werden, wenn der Betrieb nach Durchführung des Eigentumswechsels eine *Fortführung* erfährt:[22] Die Beurteilung der Erfolgsträchtigkeit einer Unternehmensnachfolge muß sich stets an dem Grad der Erreichung der Ziele des Eigners orientieren, die dieser mit der Übertragung seines Betriebes zu realisieren sucht. Auch der Grenzfall der *Liquidation* des Unternehmens und somit der Einstellung seiner betrieblichen Tätigkeit kann daher als eine erfolgreiche Nachfolge verstanden werden, wenn der Eigner bspw. die Maximierung des Veräußerungsgewinnes anstrebt und die Zerschlagung dieses Ziel im Vergleich zu anderen Nachfolgealternativen bestmöglich erfüllt.[23] Ohnehin ist es denkbar, daß auch im Falle der Zerschlagung Elemente des Unternehmens – wie z.B. einzelne Fertigungsstätten – von ihren neuen Eignern in deren jeweilige betriebliche Wertschöpfungsprozesse integriert und auf diese Weise fortgeführt werden.[24]

Letztendlich kann damit an dieser Stelle festgehalten werden, daß sich die Unternehmensnachfolge durch folgende *Charakteristika* auszeichnet:[25]

1. Sie stellt sich als Übertragung des Eigentums an einem Unternehmen im Wege der Vererbung, Schenkung, Stiftung oder des Verkaufs dar.

2. Durch den Eigentumswechsel gibt der bisherige Eigner seine eigenkapitalbasierte Verantwortung und Leitungsmacht an dem Unternehmen an den oder die neuen Eigner ab.

3. Auch der Wechsel des Eigentums an einem weniger als 100% umfassenden Anteil am Eigenkapital einer Gesellschaft stellt eine Nachfolge dar, wenn der bisherige Eigentümer Leitungsmacht innerhalb des Unternehmens ausüben konnte und er diese Leitungsmacht aufgrund der Anteilsübertragung abgibt. Das Vorliegen der Leitungsmacht des bisherigen Eigentümers ist dabei nicht an einer allgemeingültigen Kapital- oder Stimmenanteilsgrenze oder einer bestimmten Koalitionsausgestaltung pauschal feststellbar, sondern wird durch die jeweiligen Gegebenheiten des Einzelfalls bestimmt.

---

21 Vgl. u.a. RIEDEL, Unternehmensnachfolge (2000), S. 111, FREUND, Faktoren im Nachfolgefall (1998), S. 66, WEINLÄDER, Unternehmensnachfolge (1998), S. 66.
22 Vgl. OLBRICH, Nachfolge und Gründung (2003), S. 138.
23 Vgl. hierzu auch SPIELMANN, Generationenwechsel (1994), S. 27.
24 Vgl. OLBRICH, Nachfolge und Gründung (2003), S. 138.
25 Vgl. im folgenden OLBRICH, Nachfolge und Gründung (2003), S. 138 f.

4. Eine Eigentums- und Leitungsmachtübertragung ist bei jedem Betrieb, unabhängig von seiner jeweiligen Eignerstruktur, denkbar, so daß die Nachfolge nicht auf den Fall des Familienunternehmens beschränkt ist.

5. Eine nach dem Eigentumswechsel zu verzeichnende Fortführung des Unternehmens kann nicht pauschal als „Erfolg", die Unterlassung der Fortführung entsprechend nicht als „Mißerfolg" der Nachfolge beurteilt werden, da der Erfolg der Nachfolge stets an den jeweiligen Zielen zu messen ist, die der Eigner mit der Übertragung seines Betriebes anstrebt.

2.2 Unternehmensnachfolge und Unternehmensgründung

Im Anschluß an die im Unterkapitel 2.1 vorgenommene inhaltliche Erörterung des Begriffes der Unternehmensnachfolge soll im weiteren eine eingehende Abgrenzung zum Terminus der *Unternehmensgründung* erfolgen. Eine derartige Gegenüberstellung und Diskussion beider Sachverhalte ist insofern zweckmäßig, als Nachfolge und Gründung neben einigen Unterschieden eine große Zahl von Gemeinsamkeiten aufweisen. Das Wissen um diese Gemeinsamkeiten ermöglicht es sowohl im Rahmen der theoretischen Analyse als auch der praktischen Anwendung, Erkenntnisse aus dem einen Bereich auf Fragestellungen des jeweils anderen Bereiches zu transferieren und die Lösungsqualität damit zu verbessern.

Bereits im Unterkapitel 2.1 wurde das Unternehmen als System von Produktionsfaktoren beschrieben, das sich durch die Prinzipien der Wirtschaftlichkeit, Autonomie, Alleinbestimmung, Erwerbswirtschaft und des finanziellen Gleichgewichts auszeichnet. Unter dem Terminus der Unternehmensgründung soll im folgenden die Erlangung des Eigentums an einem solchen Faktorsystem und der damit verbundenen Leitungsmacht durch ein Wirtschaftssubjekt – wie z.B. eine natürliche Person oder ein Unternehmen selbst – verstanden werden.[26] Weitere denkbare Gründer neben natürlichen Personen oder Unternehmen sind u.a. staatliche Institutionen oder juristische Personen, wie z.B. eine Stiftung. Die Beschaffung des Faktorsystems kann dabei – wie bei anderen betriebswirtschaftlichen Beschaffungsvorgängen auch – sowohl durch Eigenerstellung als auch durch Fremdbezug erfolgen,[27] so daß

---

26 Diese und die folgenden Ausführungen sind entnommen aus OLBRICH, Nachfolge und Gründung (2003), S. 139-142 und wurden aktualisiert. Vgl. hierzu ferner ebenfalls SZYPERSKI/NATHUSIUS, Unternehmungsgründung (1999), S. 25, KOCH, Nationale Gründungskultur (1999), S. 309, OLBRICH, Universitäre Unternehmungsgründungen (2002), S. 374.

27 Zu den Beschaffungsalternativen „Eigenerstellung versus Fremdbezug" vgl. ausführlich z.B. MÄNNEL, Eigenfertigung und Fremdbezug (1981), CORSTEN, Beschaffung (2008), S. 368-370, FANDEL/LORTH, Portefeuilletheoretische Überlegungen (1999).

letztendlich zwei Wege der Unternehmensgründung unterschieden werden können, und zwar die *Gründung durch Eigenerstellung* und die *Gründung durch Fremdbezug*:[28]

1. Entscheidet sich der Gründer für den Weg der Eigenerstellung, ruft er seinen Geschäftsbetrieb selbst durch den sukzessiven Aufbau entsprechender Strukturen und Prozesse ins Leben; eine solche Unternehmensgründung wird im folgenden als *„Aufbaugründung"* bezeichnet.

2. Wählt er dagegen die Alternative des Fremdbezugs, übernimmt der Gründer Eigentum und Leitungsmacht an einem bereits existierenden Unternehmen, bspw. durch Kauf, um mit Hilfe dieses schon bestehenden Geschäftsbetriebes seine Tätigkeit am Markt aufzunehmen; ein solcher Gründungsweg soll im weiteren mit dem Terminus der *„Übernahmegründung"* umschrieben werden.

Zu beachten ist in diesem Zusammenhang, daß die im vorliegenden Werk aus Gründen der inhaltlichen Genauigkeit gewählten Termini für die angeführten Gründungswege im Schrifttum nicht einheitlich verwandt werden. So wird die hier als „Aufbaugründung" angeführte Variante bei BERLINER und BLUME „Neugründung"[29] genannt; SZYPERSKI/NATHUSIUS sprechen dagegen von der „originären Gründung"[30]. Der Begriff der „Übernahmegründung"[31] findet sich z.B. bei MELLEROWICZ; SZYPERSKI/ NATHUSIUS wählen für diese Alternative dagegen die Bezeichnung „derivative Gründung"[32].[33]

Der in der Natur zu beobachtende Lebenszyklus des Menschen und auch jedes anderen Lebewesens läßt sich in ähnlicher Weise auf den Fall des Unternehmens übertragen. So kann ein *Unternehmenslebenszyklus* skizziert werden, der sich aus den einzelnen – insbesondere durch unterschiedliche Umsatz-, Kosten- und Mitarbeiterzahlen gekennzeichneten – Phasen der Entstehung, des Wachstums, der Reife und der Degeneration des Unternehmens zusammensetzt.[34] Im Unterschied zur

---

28 Hierzu, auch im folgenden, *OLBRICH*, Universitäre Unternehmungsgründungen (2002), S. 374. Zu den Formen und Dimensionen der Unternehmensgründung vgl. *HERING/VINCENTI*, Unternehmensgründung (2005), S. 8-12 und die dort angeführte Literatur.
29 *BERLINER*, Wert des Geschäfts (1913), S. 12 f., *BLUME*, Gründungszeit und Gründungskrach (1914), S. 17 und 37 f.
30 *SZYPERSKI/NATHUSIUS*, Unternehmungsgründung (1999), S. 26 f.
31 *MELLEROWICZ*, Betriebswirtschaftliche Bewertungslehre (1926), S. 157.
32 *SZYPERSKI/NATHUSIUS*, Unternehmungsgründung (1999), S. 26 f.
33 Zur Abgrenzung der Begriffe „Unternehmensgründung" und „Existenzgründung" vgl. *HERING/ VINCENTI*, Unternehmensgründung (2013), S. 379 und das dort angegebene Schrifttum.
34 Vgl. zum Unternehmenslebenszyklus *MUELLER*, Life Cycle Theory (1972), *GRABOWSKI/MUELLER*, Life-Cycle Effects (1975), *CHURCHILL/LEWIS*, Small Business Growth (1983), *QUINN/CAMERON*, Organizational Life Cycles (1983), *SZYPERSKI/NATHUSIUS*, Unternehmungsgründung (1999), S. 30-34, *HERING/*

Natur kann ein Unternehmen freilich in unregelmäßigen Zeitabständen wachsen oder Schrumpfungen erfahren. Vor dem Hintergrund dieses Konzeptes wird deutlich, wie die oben differenzierten Wege der Aufbaugründung und Übernahmegründung in den Zusammenhang des „Unternehmenslebens" einzuordnen sind: Die Aufbaugründung führt zu der Entstehung des Betriebes und läutet damit seinen Lebenszyklus ein; sie kommt folglich *nur einmal* – zu Beginn – der Existenz des Unternehmens vor. Die Übernahmegründung kann im Gegensatz dazu *beliebig oft* im Zuge des Lebens des Betriebes erfolgen, da sie nicht eine bestimmte Phase des Zyklus begründet oder von einer bestimmten Phase abhängt, sondern dann gegeben ist, wenn Eigentum und Leitungsmacht an dem Unternehmen auf ein anderes Wirtschaftssubjekt wechseln, das mit diesem Betrieb seine Tätigkeit am Markt aufnimmt.[35] Angesichts des Charakteristikums der Übernahmegründung in Form des Übergangs von Eigentum und Leitungsmacht an einem Unternehmen auf ein Wirtschaftssubjekt, das mit dem Betrieb seine Tätigkeit am Markt aufnimmt, ist es sinnvoll, Unternehmensnachfolge und Übernahmegründung eingehend gegeneinander abzugrenzen, um Gemeinsamkeiten und Unterschiede zwischen ihnen herauszuarbeiten. Dabei können in diesem Zusammenhang vier Fälle unterschieden werden:

1. *Sowohl Nachfolge als auch Übernahmegründung* liegen vor, wenn das Eigentum an einem Betrieb und die damit verbundene Leitungsmacht von einem bisherigen Eigentümer abgegeben werden (Nachfolge) und der neue Eigentümer durch die Übertragung Eigentum und Leitungsmacht an dem betrieblichen Faktorsystem erhält, um damit am Markte tätig zu werden (Übernahmegründung). Lediglich die Perspektive, aus der die jeweilige Betrachtung dieses Vorgangs vorgenommen wird, ist i.d.R. unterschiedlich: Ist das Analyseobjekt die Nachfolge, wird vorrangig die Sichtweise des abgebenden Eigentümers eingenommen; steht dagegen die Übernahmegründung im Mittelpunkt, erfolgt die Blickrichtung auf die damit verbundenen Fragestellungen von der Seite des neu in die Eignerposition eintretenden Wirtschaftssubjektes.

2. Um eine *Nachfolge, aber keine Übernahmegründung* handelt es sich insbesondere dann, wenn Eigentum und Leitungsmacht an einem Unternehmen von seinem bisherigen Eigner auf einen großen Kreis von Wirtschaftssubjekten übertragen

---

VINCENTI, Unternehmensgründung (2005), S. 13-16, STEINMANN/SCHREYÖGG/KOCH, Management (2013), S. 422 f., ferner auch GREINER, Evolution and Revolution (1972), BALLARINI/KEESE, Lebenszyklus kleiner Familienunternehmen (1992). Vom Unternehmenslebenszyklus zu unterscheiden ist der Produktlebenszyklus, vgl. hierzu eingehend OLBRICH, Marketing (2006), S. 69-74 und die dort angeführte Literatur.
35 Anderer Ansicht MCGIVERN, Management Succession (1978), S. 37 f., der – ohne hierfür eine theoretisch schlüssige Begründung zu liefern – die Meinung vertritt, ein solcher Wechsel fände lediglich am Ende des Unternehmenslebenszyklus statt.

werden und aufgrund einer umfassenden Anteilsstückelung keiner der Übernehmer im einzelnen Leitungsmacht erhält, sondern von den entstehenden Mehrheiten zusammen mit den übrigen Gesellschaftern abhängig ist. Beispiel hierfür ist der Rückzug eines Unternehmers durch die Übertragung seines Betriebes auf ein breites Publikum im Rahmen eines Börsengangs. Ebenfalls keine Übernahmegründungen liegen darüber hinaus bei jenen Abgaben von Eigentum und Leitungsmacht vor, denen die Auflösung des betrieblichen Faktorsystems folgt. So ist es zum einen möglich, daß der Eigentumswechsel in Form einer Zerschlagung vollzogen wird, in deren Folge keiner der betrieblichen Teile eine Fortführung erfährt. Zum anderen ist es denkbar, daß der Betrieb im Zuge der Nachfolge an ein anderes Unternehmen geht, wobei er auf diesen Rechtsträger verschmolzen wird und seine Strukturen und Prozesse eine vollständige Integration in dessen Organisation erfahren. Durch den geschilderten Vorgang verliert der übergegangene Betrieb sowohl seine rechtliche als auch wirtschaftliche Eigenständigkeit, so daß im Ergebnis auch in diesem Falle nicht mehr von einer Übernahmegründung gesprochen werden kann.

3. Eine *Übernahmegründung, aber keine Nachfolge* ist dagegen bspw. dann gegeben, wenn eine Gesellschaft vorliegt, deren Anteile auf eine Vielzahl voneinander unabhängiger Eigner in Form von jeweiligen Minderheitsbeteiligungen zerstreut sind, und ein Wirtschaftssubjekt diese Anteile zusammenkauft, um das Gesamteigentum an dem Unternehmen zu erwerben. Da die einzelnen abgebenden Eigner aufgrund der atomistischen Anteilsstruktur jeweils selbst keine eigene Leitungsmacht innerhalb der Gesellschaft haben, handelt es sich bei dem geschilderten Vorgang folglich nicht um eine Nachfolge. Die Übernahmegründung ist dagegen zu bejahen, da der Anteilskäufer durch den kumulativen Erwerb der Einzelbeteiligungen Eigentum und Leitungsmacht an dem Unternehmen erhält und mit Hilfe dieses Betriebes somit seine Tätigkeit am Markt aufzunehmen vermag.

4. *Weder Nachfolge noch Übernahmegründung* liegen vor, wenn eine Übertragung eines Minderheitsanteils stattfindet, wobei dessen bisheriger Eigentümer keine Leitungsmacht innerhalb der Gesellschaft abgibt, und dessen neuer Eigentümer ebenfalls eine solche Leitungsmacht nicht erlangt. Exemplarisch für eine derartige Konstellation ist der laufende Handel mit Unternehmenstiteln, wie er z.B. an der Börse vollzogen wird.

Einen Überblick über den herausgearbeiteten Zusammenhang zwischen der Unternehmensnachfolge und der Übernahmegründung gibt die folgende Abbildung 1.

Neuer Eigentümer ╲ Bisheriger Eigentümer	Leitungsmacht	Keine Leitungsmacht
Leitungsmacht	Unternehmensnachfolge, Übernahmegründung	Übernahmegründung, keine Unternehmensnachfolge
Keine Leitungsmacht	Unternehmensnachfolge, keine Übernahmegründung	Keine Unternehmensnachfolge, keine Übernahmegründung

Abb. 1: Unternehmensnachfolge und Unternehmensgründung[36]

2.3 Bedeutung der Unternehmensnachfolge in der Praxis

Die Frage der Unternehmensnachfolge spielt neben dem bereits seit vielen Jahren zu beobachtenden Interesse an Unternehmensgründungen eine wachsende Rolle in der Praxis. Ursache hierfür ist die überaus große Zahl an Betrieben, die derzeit oder in naher Zukunft eine Nachfolge durchführen müssen: Schätzungen gehen davon aus, daß sich in Deutschland pro Jahr *Familienunternehmen* in *fünfstelliger Zahl* diesem Problem gegenübersehen werden.[37] Betrachtet man die unterschiedlichen – hier auch als *„Nachfolgeformen"* bezeichneten – Wege, die dem Eigner zur Übertragung seines Betriebes offenstehen, ergeben empirische Untersuchungen folgendes Bild:[38]

---

36 Quelle: *OLBRICH*, Nachfolge und Gründung (2003), S. 142.
37 Vgl. *OLBRICH*, Unternehmungsnachfolge (2014), S. 1 sowie *FALK*, Altersabsicherung (1993), S. 48, *HENNERKES*, Bewältigung des Generationswechsels (1996), S. 15, *NOACK*, Einführung (1996), S. 10, *OETKER*, Unternehmensinteresse (1997), S. 140, *DEHMER*, Unternehmernachfolge in der Steuerberatung (1999), S. 209, *KLEIN/VOSSIUS*, Unternehmensnachfolge (1999), S. 11, *SIEFER*, Viele sind gerufen (1999), S. 167, *SPÄTH*, Erfolgreiche Nachfolgelösungen (1999), S. 131 f., *KOCH/WEGMANN*, Börseneinführung (2000), S. 7, *RIEDEL*, Unternehmensnachfolge (2000), S. 1, *WIMMER/KOLBECK*, Unternehmensnachfolge in mittelständischen Unternehmen (2000), S. 2, *HENNERKES*, Stabwechsel (2001), S. B4, *HABIG/BERNINGHAUS*, Nachfolge im Familienunternehmen (2010), S. 5 f., *KAY/SUPRINOVIČ*, Unternehmensnachfolgen (2013), S. 8.
38 Vgl. zum Anteil des Verkaufs und der übrigen Nachfolgeformen bei Familienunternehmen *BIRLEY*, Family Firm (1986), S. 40 f., *ALBACH/FREUND*, Unternehmenskontinuität (1989), S. 264, *BALLARINI/KEESE*, Lebenszyklus kleiner Familienunternehmen (1992), S. 7 f., *BÖS/KAYSER*, Generationenwechsel (1996), *GRUHLER*, Nachfolge (1998), S. 174, *SEIBEL*, Familie und Betriebswirtschaft (1999), S. 160, *ALBACH*, Nachfolgeregelung im Mittelstand (2000), *FREUND*, Unternehmensnachfolge (2000), S. 154, *HABIG/BERNINGHAUS*, Nachfolge im Familienunternehmen (2010), S. 78, *KAY/SUPRINOVIČ*, Unternehmensnachfolgen (2013), S. 18 f.

1. Rund die Hälfte aller Nachfolgen bei Familienunternehmen erfolgt auf den Wegen der *Schenkung*, der *Vererbung* oder der *Stiftung*. Eingehendere Untersuchungen, wie sich diese drei Formen anteilsmäßig auf die Gesamtzahl der durch sie vollzogenen Nachfolgen aufteilen, stehen dabei bislang aus. Da – wie an anderer Stelle des Buches noch eingehend gezeigt werden wird – das Unternehmen bei der Nachfolge mittels Stiftung allerdings aus dem Eigentum der Familie ausscheidet, ist anzunehmen, daß der Stiftungsweg vergleichsweise seltener als Schenkung und Vererbung anzutreffen sein wird.

2. Die zweite, nicht durch Schenkung, Vererbung oder Stiftung übertragene Hälfte der Familienunternehmen wechselt den oder die Eigentümer im Wege des *Verkaufs*, also gegen Vereinnahmung eines – aus Geld und/oder anderen Vermögensgegenständen, wie einem Aktienpaket oder einer Immobilie bestehenden – Entgelts durch den abgebenden Eigner. Die Veräußerung des Betriebes stellt damit bei der Nachfolge von Familienunternehmen den mit Abstand häufigsten Weg der Eigentumsübertragung dar. ALBACH/FREUND[39] gehen in diesem Zusammenhang aufgrund ihrer Studie darüber hinaus davon aus, daß die Bedeutung familienexterner Betriebsübergaben wie der Veräußerung sukzessive weiter wachsen wird. Als Ursachen für die sinkende Zahl familieninterner Nachfolger führen sie sinkende Geburtenraten, eine wachsende Akademisierung des Familiennachwuchses (die einen sofortigen Unternehmenseintritt bei Ausscheiden des Altunternehmers aufgrund des noch nicht abgeschlossenen Studiums verhindert) sowie das Fehlen familieninterner Nachfolgeregelungen an.

Da der Begriff der Unternehmensnachfolge – wie im Unterkapitel 2.1 erläutert – in vorliegendem Werk nicht auf den Fall des Eigentumswechsels in Familienunternehmen beschränkt werden soll, sondern Betriebsübertragungen unabhängig von der Art des Eigentümers umfaßt, stellt die oben angeführte Zahl der Nachfolgen im Familienkontext folglich nur *einen Teil* der in der Praxis zu beobachtenden Nachfolgen dar. Zusätzliche Nachfolgefälle ergeben sich zum einen in der Konstellation, bei der das Unternehmen zwar in der Hand einer *natürlichen Person* oder mehrerer natürlicher Personen liegt, aber kein Familieneinfluß besteht, da der Eigner bspw. alleinstehend ist oder der Betrieb einem Kreis verschiedener, nicht familiär miteinander verbundener Gesellschafter gehört. Will der Unternehmer eine Nachfolge durchführen, stehen ihm dafür als natürliche Person grundsätzlich alle vier Nachfolgewege der Schenkung, Vererbung[40], Stiftung und Veräußerung offen.

---

39 Vgl. *ALBACH/FREUND*, Unternehmenskontinuität (1989), S. 264 f. Die Ausführungen finden sich bereits bei *OLBRICH*, Unternehmungsnachfolge (2014), S. 8.
40 Handelt es sich um eine natürliche Person ohne Familie, kann der Betrieb im Rahmen der Vererbung auf Dritte übertragen werden.

Weitere Nachfolgefälle ergeben sich aus jenen Situationen, in denen ein Gesamtunternehmen oder ein weniger als 100% umfassender Unternehmensanteil nicht einer natürlichen Person, sondern einer *Institution* – wie einem Unternehmen oder dem Staat – gehört, die sich von ihrem Eigentum trennt.[41] Als Beispiel hierfür können Konzernumstrukturierungen angeführt werden, bei denen eine Muttergesellschaft einen Tochterbetrieb an einen anderen Eigentümer überträgt. Auch der Fall einer Kapitalbeteiligungsgesellschaft, die einem Unternehmen in der Vergangenheit Eigenkapital zur Verfügung gestellt hat und sich nun von ihrem Anteilspaket lösen will, kann hier als exemplarischer Nachfolgefall angeführt werden.[42] Der Staat als abgebender Eigentümer ist z.B. in jenen Konstellationen anzutreffen, in denen öffentliche Betriebe – wie die Post oder die Bahn – in private Hände übertragen werden sollen. Sieht man einmal von seltenen Ausnahmefällen – wie bspw. die Einbringung in eine Stiftung – ab, kann im Falle der Übertragung eines Betriebes durch eine Institution als Eigner festgehalten werden, daß dies in aller Regel durch eine Veräußerung geschieht. Angesichts des großen Anteils der Verkäufe bei der Übertragung von Familienunternehmen zuzüglich der fast ausschließlich zu beobachtenden Verkäufe bei der Betriebsübertragung durch institutionelle Eigentümer ist folglich zu konstatieren, daß der Verkauf in der Praxis die mit Abstand am häufigsten anzutreffende Nachfolgeform darstellt.

Vor dem Hintergrund des Unternehmensverkaufs – und der hier dem Begriff des Verkaufs subsumierten Übertragung durch Verschmelzung – als Nachfolgeform wird deutlich, daß in der Praxis anzutreffende Vorgänge von *Fusionen und Akquisitionen* von Unternehmen (kurz „F & A", im Englischen als „mergers and acquisitions" oder „M & A" bezeichnet) regelmäßig ebenfalls Nachfolgefälle darstellen. Ähnlich wie im Falle der Übernahmegründung – die ja auch in Form eines Unternehmenskaufs erfolgen kann – wird bei der Betrachtung von Akquisitionen und Fusionen allerdings meist die Perspektive der erwerbenden Partei eingenommen, während der Nachfolgevorgang vorrangig aus Sicht des abgebenden Eigentümers eine Betrachtung erfährt. Nichtsdestoweniger sind Akquisitionen und Fusionen einerseits sowie die Nachfolge durch Verkauf andererseits folglich spiegelbildliche Erscheinungen ein und desselben Vorgangs und damit quasi „zwei Seiten einer Medaille".

---

41 Dies und das Folgende stammt aus *OLBRICH*, Unternehmungsnachfolge (2014), S. 8.

42 Voraussetzung ist freilich, daß der Unternehmensanteil – wie bereits im Unterkapitel 2.1 dargestellt – groß genug ist, um seinem Eigner die Ausübung von Leitungsmacht zu ermöglichen. Ist dies nicht der Fall, kann aufgrund des fehlenden Merkmals des Leitungsmachtwechsels nicht von einer Nachfolge gesprochen werden.

3 Unternehmensnachfolge als betriebswirtschaftliches Problem

3.1 Entscheidung für die Unternehmensnachfolge

3.1.1 Zielabhängigkeit der Nachfolgeentscheidung

Analysiert man das Phänomen der Unternehmensnachfolge unter betriebswirtschaftlichen Gesichtspunkten, sind dabei vier umfangreiche Problemkomplexe zu untersuchen:

1. Zum ersten ist die Problematik zu klären, wann und warum sich der bisherige Eigentümer *für die Übertragung seines Unternehmens entscheidet*. Hierbei geht es folglich um die Frage, welche Ursachen die Entscheidung des Eigentümers zur Durchführung einer Nachfolge begründen. Die dabei zu beachtenden Zusammenhänge werden in diesem und dem Folgeabschnitt 3.1.2 herausgearbeitet.

2. Hat sich der Unternehmenseigner zur Übertragung seines Betriebes entschlossen, ist im Rahmen eines zweiten Untersuchungsschrittes zu ermitteln, *welchen Weg der Nachfolge* der Eigentümer zur Verwirklichung seines Nachfolgewunsches einschlagen soll. Nach einer eingehenden Skizzierung der Charakteristika und Vorgehensweisen der Vererbung, Schenkung und Stiftung als unentgeltlicher Übertragungen sowie des Verkaufs als entgeltlicher Übertragung im Unterkapitel 3.2 wird das Problem der Wahl der Nachfolgeform im Unterkapitel 3.3 in Grundzügen und in den Kapiteln 4 und 5 ausführlich diskutiert.

3. An die Probleme der Entscheidung für die Nachfolge an sich und der Wahl der dabei zu realisierenden Nachfolgeform schließt sich die Frage der *Gestaltung der Nachfolge* an. Hierbei geht es um die Maßnahmen, die der Eigentümer im Zuge der Beschreitung seines gewünschten Nachfolgeweges durchführt, um eine Betriebsübertragung zu Konditionen zu realisieren, die seinen Vorstellungen möglichst weitgehend entsprechen. Die Gestaltung der Unternehmensnachfolge wird im Unterkapitel 3.3 skizziert; eine umfassende Diskussion der jeweils offenstehenden Gestaltungsmaßnahmen erfolgt aufgrund ihrer engen Verbindung zu den einzelnen Nachfolgeformen im Rahmen des Kapitels 4.

4. Einen weiteren Problemkomplex der Nachfolge verkörpert die *Bewertung des zu übertragenden Unternehmens*. Wie im Unterkapitel 2.3 aufgezeigt wurde, spielt der Verkauf in der Nachfolgepraxis eine bedeutende Rolle, wobei sich die Frage nach dem mindestens zu fordernden Verkaufspreis stellt. Doch auch die unentgeltliche Nachfolge kann für Zwecke der Steuer- oder Pflichtteilsbemessung eine

Bewertung des abzugebenden Unternehmens erfordern, weshalb im Unterkapitel 3.4. zentrale Elemente der Unternehmensbewertung herausgearbeitet werden.

Die Analyse der Unternehmensnachfolge ist zwingend unter Beachtung der Zielsetzung des Eigners vorzunehmen. Ursache hierfür ist die grundlegende Tatsache, daß *jede Entscheidung des Eigentümers* im Hinblick auf die Übergabe seines Betriebes – neben seinem subjektiven *Entscheidungsfeld,* das die individuellen Handlungsmöglichkeiten und Restriktionen kennzeichnet – insbesondere von der *Zielsetzung* bestimmt wird, die er mit der Nachfolge zu verfolgen sucht.[1] Angesichts der grundsätzlichen Abhängigkeit der Entscheidungen des Eigners von seiner jeweiligen Zielsetzung stellt die Phase der Zielfindung die erste Stufe des Nachfolgeablaufs dar.[2] Dem schließen sich die Entscheidung für die Nachfolge als zweite Phase (Punkt 1), die Entscheidung für die Nachfolgeform als dritte Phase (Punkt 2) und die Entscheidung für die Nachfolgegestaltung als vierte Phase (Punkt 3) an, wobei Rückkoppelungen zwischen den einzelnen Phasen entstehen können. Die Kenntnis der Zielsetzung des Eigners ist jedoch nicht nur notwendige Voraussetzung zur Lösung der den Punkten 1, 2 und 3 subsumierten Problemkomplexe, sondern muß auch bei den unter Punkt 4 skizzierten Bewertungsfragen Berücksichtigung finden.

Im folgenden wird zunächst herausgearbeitet, welche unterschiedlichen Eignerziele grundsätzlich die Unternehmensnachfolge bestimmen können; im Anschluß erfolgt die Fokussierung eines bestimmten Zieles, auf dem die weitere Analyse schwerpunktmäßig aufbaut. Bei der Untersuchung betriebswirtschaftlicher Fragestellungen wird meist das Ziel der Gewinnmaximierung des Unternehmers[3] unterstellt.[4] Darüber hinaus ist allerdings auch eine Vielzahl anderer Ziele denkbar, die der Eigner im Zuge der Übergabe seines Betriebes verwirklichen will.[5] So kann der Eigentü-

---

1 Vgl. zu Entscheidungsfeld und Zielsetzung als Grundlagen betriebswirtschaftlicher Entscheidungen *ENGELS*, Entscheidungstheorie (1962), S. 17 f. und 45 f., *MATSCHKE*, Entscheidungswert (1975), S. 11-27, *BITZ*, Ökonomische Entscheidungsmodelle (1977), S. 65-81, *BITZ*, Entscheidungstheorie (1981), S. 18-20 und 25-30, *HERING*, Unternehmensbewertung (2014), S. 25-32.
2 Zu den Phasen der Unternehmensnachfolge vgl. eingehend *OLBRICH*, Unternehmungsnachfolge (2014), S. 11-21, *HERING/OLBRICH*, Unternehmensnachfolgeplanung (2006), S. 26 f.
3 Vgl. zur Bedeutung des Zieles der Gewinnmaximierung in der Betriebswirtschaftslehre ausführlich *GUTENBERG*, Betriebswirtschaftslehre (1983), S. 464-471, *WÖHE/DÖRING/BRÖSEL*, Allgemeine Betriebswirtschaftslehre (2016), S. 66-71, ebenfalls auch *ROLLBERG*, Unternehmensplanung (2001), S. 8-11, *HERING*, Investitionstheorie (2015), S. 9-22.
4 Dies und das Folgende stammt aus *OLBRICH*, Unternehmungsnachfolge (2014), S. 22-25 und wurde in Teilen ergänzt und aktualisiert.
5 Vgl. hierzu insbesondere die eingehende, für den Fall des Verkaufs vorgenommene Analyse bei *MATSCHKE*, Entscheidungswert (1975), S. 38-55 sowie *MATSCHKE*, Ermittlung mehrdimensionaler Entscheidungswerte (1993).

mer u.a. bestrebt sein, den Fortbestand[6] und die Kontinuität des Unternehmens zu gewährleisten; der Terminus der „Unternehmenskontinuität" wird dabei verstanden als Aufrechterhaltung der personellen, organisatorischen, strategischen und finanziellen Charakteristika des Betriebes.[7] Der Erhalt von Arbeitsplätzen[8] oder die Sicherstellung eines etwaigen Familieneinflusses[9] auf den Betrieb auch in der Zukunft können ebenfalls im Eignerinteresse liegen. Nicht zuletzt stellen ein als gerecht empfundener Ausgleich bspw. zwischen Familienangehörigen[10], die Sicherung der eigenen Altersversorgung[11] oder der Erhalt unternehmenskultureller Symbole[12] – wie der Firma des Betriebes oder sozialer Einrichtungen für die Belegschaft – mögliche Ziele des Eigners dar. Verfolgt der Unternehmenseigentümer im Rahmen der Übergabe seines Betriebes nicht ein einzelnes Ziel, sondern mehrere der hier exemplarisch angeführten Vorstellungen, handelt es sich damit bei der Nachfolge um ein entscheidungstheoretisches Problem mit mehrfacher Zielsetzung.[13]

Im Hinblick auf die Frage, welche der angeführten Zielsetzungen jeweils im Einzelfall durch den Unternehmenseigner angestrebt wird, ist festzuhalten, daß dies

---

6 Vgl. NEUMANN, Nachfolgeproblematik (1991), S. 555, SPIELMANN, Generationenwechsel (1994), S. 231, HENNERKES, Vererben oder Verkaufen (1997), S. 132, WEINLÄDER, Unternehmensnachfolge (1998), S. 15, HOLLIGER, Käuferanalyse (1999), S. 923, BERENBROK, Umwandlung des Unternehmens (2005), S. 1000, HABIG/BERNINGHAUS, Nachfolge im Familienunternehmen (2010), S. 125 f.

7 Vgl. hierzu ausführlich ALBACH/FREUND, Unternehmenskontinuität (1989), S. 28-30, FREUND, Unternehmensnachfolge (2000), S. 30-32, ferner WEINLÄDER, Unternehmensnachfolge (1998), S. 15, FRONING, Gestaltungsmöglichkeiten (2005), S. 416. Vgl. hierzu auch die kritische Beurteilung des Ziels der Unternehmenskontinuität durch KAPPLER, Unternehmernachfolge (1999), S. 116-123 sowie KAPPLER, Mythos der Unternehmenskontinuität (1999). WASCHBUSCH u.a., Unternehmensnachfolge (2017), S. 59, sprechen in diesem Zusammenhang von „dem Ziel der identitätswahrenden Fortführung des Unternehmens".

8 Vgl. KRAMER, Welle (1990), S. 13, NEUMANN, Nachfolgeproblematik (1991), S. 555, MATSCHKE, Ermittlung mehrdimensionaler Entscheidungswerte (1993), S. 20-24, HOLLIGER, Käuferanalyse (1999), S. 923, HERING, Investitionstheorie (2015), S. 9.

9 Vgl. SPIELMANN, Generationenwechsel (1994), S. 231, HABIG/BERNINGHAUS, Nachfolge im Familienunternehmen (2010), S. 125 f.

10 Vgl. NEUMANN, Nachfolgeproblematik (1991), S. 555, SPIELMANN, Generationenwechsel (1994), S. 231, HENNERKES, Vererben oder Verkaufen (1997), S. 132, BERENBROK, Umwandlung des Unternehmens (2005), S. 1000.

11 Vgl. NEUMANN, Nachfolgeproblematik (1991), S. 555, SPIELMANN, Generationenwechsel (1994), S. 231, WEINLÄDER, Unternehmensnachfolge (1998), S. 16, HABIG/BERNINGHAUS, Nachfolge im Familienunternehmen (2010), S. 126, WASCHBUSCH u.a., Finanzierungsprobleme (2017), S. 92.

12 Vgl. eingehend OLBRICH, Unternehmungswert (1999), S. 174-182, OLBRICH, Akquisitionspreis (2001), S. 227, ferner auch KRAMER, Welle (1990), S. 13, HOLLIGER, Käuferanalyse (1999), S. 923.

13 Vgl. zu Problemen mit mehrfacher Zielsetzung insbesondere FANDEL, Mehrfache Zielsetzung (1972), FANDEL/WILHELM, Entscheidungstheorie (1976), BITZ, Ökonomische Entscheidungsmodelle (1977), S. 225-282, BITZ, Entscheidungstheorie (1981), S. 25-30, FANDEL, Mehrfachzielsetzungen (1993).

zunächst von den Charakteristika des Eigentümers abhängt: Liegt der Betrieb nicht in den Händen einer Familie oder zumindest eines ihrer Angehörigen, können oben genannte Ziele wie die zukünftige Gewährleistung des Familieneinflusses oder die Schaffung eines gerechten Ausgleichs zwischen Familienmitgliedern bereits ausgeschlossen werden. Handelt es sich bei dem Eigner – neben dem mangelnden Familienkontext – nicht einmal um eine natürliche Person, sondern z.B. um die Muttergesellschaft eines Konzerns, fällt u.a. ebenfalls der Wunsch der Sicherung der eigenen Altersversorgung als mögliche Zielsetzung des Eigners fort.

Abgesehen von diesen, aus der Natur des Eigners resultierenden Einschränkungen gilt jedoch, daß er grundsätzlich jede denkbare Zielsetzung verfolgen kann; letztendlich sind ausschließlich seine subjektiven, individuellen Vorstellungen für die Wahl des Nachfolgeziels – und damit für seine Entscheidungen über die Verwirklichung der Nachfolge, die Wahl der Nachfolgeform sowie die Gestaltung der Nachfolge – ausschlaggebend. Voraussetzung einer solchen Maßgeblichkeit der Eignerzielsetzung für den gesamten Nachfolgeprozeß ist jedoch, daß die Betriebsübergabe im Rahmen einer das Privateigentum schützenden freiheitlichen Wirtschafts- und Rechtsordnung vonstatten geht. Ist dies nicht der Fall, kann bspw. auch die Zielsetzung des Staates – wie u.a. im Falle einer Enteignung – bestimmend für die Betriebsübergabe sein.

Angesichts des Subjektbezugs der die Betriebsübergabe bestimmenden Eignerzielsetzung überrascht es, daß Teile des Schrifttums entweder die Existenz eines allgemeingültigen, quasi „objektiven" Nachfolgezieles postulieren oder aber – auf der anderen Seite – einzelne denkbare zielkonforme Nachfolgewege kategorisch ausschließen: So vertritt z.B. WEINLÄDER die Ansicht, es sei „eindeutig [...], daß die Liquidation die schlechteste Lösung"[14] darstelle. Nicht gefolgt werden kann einer solchen Aussage, da es sich, wie bereits im Unterkapitel 2.1 skizziert, bei der Liquidation durchaus – z.B. bei Gewinnmaximierungsabsicht – um die geeignetste Form der Betriebsübergabe handeln kann, wenn andere Alternativen eine geringere Zielerreichung in Aussicht stellen. Auch das von WEINLÄDER angeführte Ziel der „Steuerminimierung" und seine damit verbundene Forderung „Schenkung- und Erbschaftsteuer, Ertragsteuern und Verkehrssteuern" (sic!) „sind auf ein Mindestmaß zu bringen"[15], kann nicht unwidersprochen bleiben: Würde der Eigner eine derartige Zielsetzung anstreben, müßte er konsequenterweise seine unternehmerische Betätigung einstellen und auch eine Übertragung unterlassen, um jegliche steuerrelevanten Vorgänge zu vermeiden und die Steuerlast damit auf null Geldeinheiten zu reduzieren. Ökonomisch rational ist das Ziel der Steuerminimierung folglich ledig-

---

14 WEINLÄDER, Unternehmensnachfolge (1998), S. 66.
15 WEINLÄDER, Unternehmensnachfolge (1998), S. 16.

lich im Rahmen des Minimalprinzips[16], bei dem ein bestimmtes Ergebnis mit der geringstmöglichen Steuerbelastung erreicht werden soll.

Im Grundsatz ähnlich stellt sich die Kritik dar, die ESSER/BRAUNSCHWEIG entgegenzubringen ist: Sie sind der Meinung, daß „es bei jeder Nachfolgeregelung auch um eine Minimierung der Kosten"[17] ginge. Abgesehen davon, daß ein allgemeingültiges Ziel der Kostenminimierung aufgrund des Subjektbezugs jeglicher Zielsetzung nicht existiert, ist es – genauso wie die Vorgabe einer „Steuerminimierung" – nur sinnvoll im Rahmen des in seiner Minimalausprägung formulierten Rationalprinzips. Ein davon losgelöstes, allein auf geringstmögliche Kostenverursachung ausgerichtetes Streben des Eigners würde dagegen in aller Regel darauf hinauslaufen, den Betrieb unmittelbar stillzulegen, um die Entstehung jeglicher Kosten zu unterbinden.

Auch die von RIEDEL erhobene Behauptung, es müsse „Zielsetzung einer sinnvollen Nachfolgeregelung [...] sein, das Unternehmen möglichst umfassend und für alle Eventualitäten krisenfest zu machen"[18], kann so nicht aufrechterhalten werden. Schließlich ist eine Vielzahl von Situationen denkbar, in denen die Krisenfestigkeit des Betriebes – hier verstanden als Sicherung seines Fortbestands[19] – für den Eigentümer keinerlei Rolle spielt. Verfolgt der Eigner bspw. das Ziel, einen als gerecht empfundenen Ausgleich zwischen Familienmitgliedern zu erreichen, kann es für ihn vorteilhaft sein, das Unternehmen in mehrere einzelne Fertigungsstätten aufzuspalten, von denen einige direkt an interessierte Angehörige zum Zwecke der Weiterführung gegeben werden, während andere eine Veräußerung erfahren und der daraus erzielte Gewinn an die noch nicht bedachten Teile der Familie geht. Eine solche Lösung bietet sich z.B. bei einer Konstellation an, die durch die folgenden Charakteristika gekennzeichnet ist: Zum einen besitzt das Unternehmen eine diversifizierte Struktur mit mehreren für sich lebensfähigen Bereichen; zum anderen zeichnet sich der Kreis der das Eigentum übernehmenden Familienmitglieder sowohl durch Personen aus, die an einem Unternehmensengagement interessiert sind, als auch durch solche, die dies nicht wünschen, wobei letztere aber nicht mit Privatvermögen oder mit Gewinnentnahmen aus dem Betrieb bedacht werden können.[20]

---

16 Vgl. zum Minimalprinzip als Ausprägung des Rationalprinzips GUTENBERG, Einführung (1958), S. 31, WÖHE/DÖRING/BRÖSEL, Allgemeine Betriebswirtschaftslehre (2016), S. 33 f.
17 ESSER/BRAUNSCHWEIG, Firma und Steuern (1995), S. 14.
18 RIEDEL, Unternehmensnachfolge (2000), S. 111.
19 Eine eigene definitorische Abgrenzung des Begriffs der Krisenfestigkeit nimmt RIEDEL im Zuge seiner Ausführungen nicht vor.
20 Pflichtteilsansprüche oder schlichtweg die Vielzahl zu berücksichtigender Erben können auch dazu führen, daß das gesamte Unternehmen veräußert wird und der daraus erzielte Nettoerlös somit die Erbmasse darstellt. Charakteristisch für eine derartige Lösung sind Situationen, in denen

Vor dem Hintergrund der skizzierten Vielfalt denkbarer Eignerziele soll der weiteren Analyse eine bestimmte Zielsetzung des Eigentümers als Prämisse zugrunde gelegt werden, um den Umfang des Buches nicht zu sprengen.[21] Gewählt wird hierfür das Ziel der Gewinnmaximierung, verstanden nicht als Maximierung eines bilanziellen Gewinns, sondern allgemein als Maximierung des Wohlstands (in Form von Vermögen oder Einkommen)[22] des Eigners. Die Zweckmäßigkeit der Wahl des Gewinnmaximierungsziels ergibt sich aus der Tatsache, daß es – im Gegensatz zu Vorstellungen wie der Perpetuierung des Familieneinflusses oder der Sicherung der Altersversorgung – nicht nur für einzelne spezielle Eignerfälle, sondern sowohl für Institutionen als auch für Familien oder alleinstehende natürliche Personen und damit für eine Vielzahl denkbarer Eigentümer in Frage kommen kann. Die Prämisse des Gewinnmaximierungsziels des Eigners wird daher dem Anspruch des Werkes gerecht, nicht die bislang in der Literatur zu beobachtende Einengung der Analyse auf die Betriebsübergabe im Familienkontext zu wiederholen, sondern eine allgemeingültige, auch andere Formen des Unternehmenseigentums einschließende Betrachtung der Nachfolgeproblematik vorzunehmen.

Festzuhalten bleibt in diesem Zusammenhang allerdings, daß der Eigner bei seinem Ziel der Gewinnmaximierung durchaus nicht eine nur auf sich selbst beschränkte Sichtweise einnehmen muß, sondern auch aus der Perspektive eines Verbundes mit anderen Wirtschaftssubjekten handeln kann.[23] Beispiel für letzteres ist im Falle des institutionellen Eigners eine Muttergesellschaft, die ihrem Streben nach Gewinnmaximierung nicht ihren Einzelgewinn, sondern den Gesamtgewinn des Konzerns zugrunde legt. Ebenso ist es im Falle einer natürlichen Person als Eigner möglich, daß diese im Rahmen der Gewinnmaximierung nicht den eigenen Gewinn, sondern vielmehr den Gesamtgewinn ihrer Familie im Auge hat. Denkbar ist letzterer Fall insbesondere bei Eignern in fortgeschrittenem Alter, die die Gewinnrealisierung ihrer Angehörigen höher als ihre eigene Gewinnvereinnahmung schätzen. Im übrigen steht es dem Ziel der Gewinnmaximierung nicht entgegen, wenn andere der

---

weder das Privatvermögen noch die betrieblichen Entnahmen ausreichen, um neben einem Unternehmenserben auch andere, nicht in das Unternehmen eintretende Erben ausreichend zu berücksichtigen. Vgl. hierzu u.a. ALBACH/FREUND, Unternehmenskontinuität (1989), S. 202 f., HENNERKES, Vererben oder Verkaufen (1997), S. 132 f., FLICK, Planung der Unternehmernachfolge (1998), S. 212 f., DEHMER, Unternehmernachfolge in der Steuerberatung (1999), S. 218 f., FREUND, Unternehmensnachfolge (2000), S. 32 f., SCHERER, Erbrecht (2005), S. 173 f., HABIG/BERNINGHAUS, Nachfolge im Familienunternehmen (2010), S. 169-172.

21 Die folgenden Ausführungen finden sich bereits in OLBRICH, Unternehmungsnachfolge (2014), S. 25 f.

22 Vgl. SCHNEIDER, Investition (1992), S. 65.

23 Vgl. zur Gewinnmaximierung der Familie ebenfalls SCHILDBACH, Verkäufer und Unternehmen (1995), S. 624 f.

oben diskutierten Zielsetzungen in Form von – nicht zu extremierenden – Nebenbedingungen einzuhalten sind (etwa die Rücksichtnahme auf dem bisherigen Eigner treu gedient habendes Personal).

ⓘ Aufgabe 1

Erläutern Sie, warum die Lösung des Nachfolgeproblems nur subjektbezogen, d.h. mit Bezug zu dem Unternehmenseigner erfolgen kann!

3.1.2 Ursachen der Unternehmensnachfolge

3.1.2.1 Exkurs: Ursachen der Unternehmensübernahme

Vor dem Hintergrund der im weiteren zugrunde gelegten Annahme der Gewinnmaximierungsabsicht des Unternehmenseigners kann im Hinblick auf seinen Entschluß zur Durchführung einer Betriebsübertragung zunächst festgehalten werden, daß sich der Eigentümer stets dann für die Nachfolge entscheiden wird, wenn diese ihm – oder seinem Verbund mit anderen Wirtschaftssubjekten, wie der Familie oder einem Gesamtkonzern – im Rahmen seines Entscheidungsfelds einen höheren Gewinn in der Zukunft verspricht als die Alternative des Verbleibs des Unternehmens in seinem Portefeuille.[24] Als *allgemeine Ursache der Unternehmensnachfolge* ist daher bereits an dieser Stelle eine Grundkonstellation identifizierbar, in der die Beibehaltung der bisherigen betrieblichen Eigentumsverhältnisse einen geringeren Gewinn verspricht als eine Eigentumsübertragung, so daß die Durchführung der Nachfolge zur Realisierung des Gewinnmaximierungszieles notwendig wird. Deutlich wird damit, daß die allgemeine Ursache der Unternehmensnachfolge das *Spiegelbild der allgemeinen Ursache der Unternehmensübernahme* darstellt: Letztere wird ein nach Gewinn strebendes Wirtschaftssubjekt stets dann vollziehen, wenn ihm die Einfügung des Betriebes in sein Portefeuille einen höheren Erfolg verspricht als die Unterlassung dieser Handlung. Im Rahmen eines kurzen *Exkurses* sollen an dieser Stelle daher zunächst die Gründe für die Durchführung einer Übernahme herausgearbeitet werden, um auf dieser Basis im Anschluß die kausalen Zusammenhänge für den Vollzug einer Nachfolge zu analysieren.

Betrachtet man den Fall der Übernahme eines Unternehmens durch ein Wirtschaftssubjekt mit Gewinnmaximierungsabsicht, so ist die oben angeführte allgemeine Ursache im Grundsatz nach zwei Teilursachen zu unterscheiden, die für die Übernahme verantwortlich zeichnen können, und zwar „Realisierung des Einzelerfol-

---

24 So bereits *OLBRICH*, Unternehmungsnachfolge (2014), S. 27.

ges" und „Realisierung positiver Synergieeffekte":[25] Unter der Zielsetzung der *„Realisierung des Einzelerfolges"* wird hier die Erwirtschaftung von Überschüssen verstanden, die sich nicht aus einer etwaigen Verbindung des Betriebes mit anderen unternehmerischen Einheiten des Eigentümers und den daraus entstehenden Integrationseffekten ergeben, sondern vielmehr aus der geschickten Nutzung allein der übernommenen betrieblichen Faktorkombination resultieren. Im folgenden werden dabei drei Methoden unterschieden, mit denen der Eigentümer Gewinne aus dem übernommenen Betrieb erzielen kann, und zwar die Fortführung ohne Restrukturierung, die Fortführung mit Restrukturierung und die Weiterveräußerung.[26]

Die *Fortführung ohne Restrukturierung* beschreibt ein Vorgehen, in dessen Rahmen der Eigner Gewinne aus dem Unternehmen zu erzielen sucht, indem er es nach Maßgabe seiner eigenen strategischen und taktischen Vorstellungen weiterführt, ohne dabei allerdings in größerem Umfang in die Vermögensstruktur des Betriebes einzugreifen. Der Übernehmer leitet das Unternehmen also gemäß dem von ihm für geeignet gehaltenen Führungskonzept, verändert aber nicht oder nur gering seine aktivische und passivische Zusammensetzung.

Die *Fortführung mit Restrukturierung* stellt dementsprechend eine Strategie dar, bei der das Unternehmen ebenfalls nach den Vorstellungen seines neuen Eigners fortgeführt wird, dies aber im Gegensatz zum ersten Fall mit einer erheblichen Umgestaltung der betrieblichen Vermögensstruktur einhergeht. So kann der Eigentümer bspw. ganze Teilbetriebe veräußern, Unternehmensbereiche verselbständigen und vorhandene stille Reserven aufdecken. Zu beachten ist in diesem Zusammenhang allerdings, daß eine scharfe Trennung zwischen den Zielsetzungen „Fortführung ohne Restrukturierung" und „Fortführung mit Restrukturierung" nicht in jedem Fall möglich ist, denn auch bei ersterer kann es zu gewissen Änderungen der betrieblichen Vermögensstruktur kommen. Die beiden hier unterschiedenen Fortführungsarten sind daher weniger als klar abgegrenzte Gegensätze, sondern vielmehr als gegenüberliegende Punkte eines Kontinuums zu interpretieren.

Im Rahmen der Zielsetzung der *Weiterveräußerung* versucht der Übernehmer, Gewinne aus dem Unternehmen nicht durch seine Fortführung, sondern vielmehr

---

25 Diese und die folgenden Ausführungen finden sich erstmals in OLBRICH, Unternehmungswert (1999), S. 37-51. Vgl. ferner auch HÖRNIG, Fusionsvorhaben (1985), S. 18 f.

26 Vgl. für das Weitere auch COENENBERG/SAUTTER, Bewertung von Unternehmensakquisitionen (1988), S. 698 f., die statt der „Realisierung des Einzelerfolges" den Begriff der „Restrukturierungsmaßnahmen" verwenden. Diese Restrukturierungsmaßnahmen unterteilen sie in ein „Effizienteres Management der vorhandenen Aktiva und Passiva", das Kostensenkungen und Umsatzerhöhungen umfaßt, und in eine „Überprüfung der Notwendigkeit der vorhandenen Aktiva und Passiva", die zu einer Reallokation von Aktiva und Passiva sowie einer Realisierung stiller Reserven führen kann.

durch einen lukrativen Verkauf zu erzielen. Ein solches Vorgehen des „Unternehmenshandels" kann dabei in zwei Unterformen differenziert werden, und zwar in die Weiterveräußerung als Ganzes und die Zerschlagung. Im ersten Fall wird der Betrieb als Gesamtheit zum Kauf angeboten; die Veräußerung berührt damit folglich nicht seine Existenz als ökonomische Einheit. Die Zerschlagung stellt sich dagegen derart dar, daß der Eigner sein übernommenes Unternehmen nicht im ganzen, sondern vielmehr in mehreren, voneinander getrennten Teilen verkaufen möchte. Eine solche Liquidation[27] kann dabei sowohl in Form einer Einzelveräußerung der Vermögensgegenstände als auch durch den Verkauf ganzer Teilbetriebe vonstatten gehen.

WALDECKER bezeichnet das Übernahmeziel der Erfolgsrealisierung mittels Weiterveräußerung als „spekulatives Motiv"[28], das er u.a. abgrenzt gegenüber den Zielsetzungen der Synergieeffektrealisierung, der Verbesserung der Wettbewerbssituation und der Erlangung spezieller, im Eigentum des Unternehmens befindlicher materieller oder immaterieller Vermögensgegenstände.[29] Einer derartigen Sichtweise des Zieles der Weiterveräußerung kann hier allerdings nicht gefolgt werden, denn um eine Spekulation, also ein Treffen von Entscheidungen unter Unsicherheit, handelt es sich grundsätzlich bei allen Investitionsentscheidungen, die auf der Basis zukünftiger und damit im Entscheidungszeitpunkt nicht genau quantifizierbarer, sondern lediglich abschätzbarer Zahlungsströme getroffen werden. Auch eine Übernahme, die aufgrund der Zielsetzungen der Einzelerfolgsrealisierung mittels Fortführung oder der Verwirklichung von Synergieeffekten getätigt wird, ist folglich als Spekulation zu charakterisieren.

Von „spekulativen Akquisitionszielen" spricht HASE, der sie u.a. gegenüber „rationalen Akquisitionszielen" abzugrenzen versucht. Unter letzteren versteht er dabei „Akquisitionsziele [...], die in erster Linie unter marktstrategischen und ergebnisorientierten Gesichtspunkten beurteilt werden können"[30]. Als Beispiele für derartige Ziele nennt er u.a. die Vervollständigung der Produktlinien, die Erhöhung der Marktanteile, die Ausnutzung bestehender Marketing- und Produktionskapazitäten, das Ausweichen auf Märkte mit höheren Wachstumsraten und Gewinnmargen, die Nutzung technologischen Wissens und die Erschließung neuer Absatzgebiete und Kundengruppen.[31] Als „spekulative Akquisitionsziele" bezeichnet er dagegen Über-

---

27 Vgl. zur Liquidation einer Gesellschaft u.a. OLBRICH, Auflösung einer Aktiengesellschaft (1975) sowie OLBRICH, Besteuerung und Rechnungslegung (2001) und die dort jeweils angeführte Literatur.
28 Vgl. WALDECKER, Alternativen in der Unternehmensentwicklung (1995), S. 97 f.
29 Vgl. WALDECKER, Alternativen in der Unternehmensentwicklung (1995), S. 83-97.
30 HASE, Integration (2002), S. 28. Eine definitorische Abgrenzung der Begriffe „marktstrategisch" und „ergebnisorientiert" nimmt der Autor dabei nicht vor.
31 Vgl. HASE, Integration (2002), S. 29 f.

nahmemotive, die „auf der Annahme [basieren], daß der reale Wert eines Akquisitionsobjektes nicht durch seinen Marktpreis oder, bei börsennotierten Unternehmen, durch seinen Aktienpreis ausgedrückt ist"[32]. Der geschilderte Klassifizierungsversuch HASES weist dabei im Grundsatz drei erhebliche Schwachstellen auf, die ihn letztendlich als wenig schlüssig erscheinen lassen:

1. Erstens bleibt unklar, was unter dem Begriff des „realen Wertes" des Akquisitionsobjektes zu verstehen ist: Der Wert eines Unternehmens ergibt sich stets aus der Zielsetzung und dem Entscheidungsfeld des betreffenden Bewertungssubjektes und wird nicht etwa – quasi objektiv – durch Aktienpreise oder ähnliche Größen ausgedrückt.[33]

2. Darüber hinaus ist zu beachten, daß – wie bereits im Hinblick auf die Zieldifferenzierung nach WALDECKER dargestellt – unter einer Spekulation das Treffen von Entscheidungen unter Unsicherheit zu verstehen ist. Auch den aufgrund von „rationalen Akquisitionszielen" – wie der Nutzung technischen Wissens oder der Erschließung neuer Kundengruppen – getroffenen Investitionsentscheidungen liegen zukünftige und damit zum Entscheidungszeitpunkt nicht genau abschätzbare Zahlungsströme zugrunde, so daß sie daher ebenfalls einen rein spekulativen Charakter aufweisen.

3. Nicht nachvollziehbar ist die Differenzierung zwischen „spekulativen" und „rationalen" Übernahmemotiven nicht zuletzt auch deshalb, weil Spekulationen selbstverständlich dem Rationalprinzip entsprechen, also ökonomisch vernünftig sein können; zwischen den Termini „Rationalität" und „Spekulation" besteht also kein Gegensatz.

Neben den geschilderten Strategien der Realisierung des Einzelerfolges kann die einer Unternehmensübernahme zugrundeliegende Zielsetzung auch in der „*Realisierung positiver Synergieeffekte*" bestehen. Unter dem Terminus des – auch als „Verbundeffekt" bezeichneten – Synergieeffekts wird in der Betriebswirtschaftslehre im allgemeinen jene Erfolgswirkung verstanden, die nicht aus der alleinigen Tätigkeit einer Wirtschaftseinheit resultiert, sondern sich aufgrund eines Zusammenspiels mindestens zweier Wirtschaftseinheiten ergibt.[34] Führt die Verbindung zwischen diesen Einheiten zu einer Erfolgsmehrung, handelt es sich um einen posi-

---

32 *HASE*, Integration (2002), S. 34.

33 Vgl. hierzu eingehend die Ausführungen in den Abschnitten 3.4.1 und 3.4.2 und das dort angeführte Schrifttum.

34 Vgl. zum Begriff des Synergieeffekts *EVERLING*, Verbundeffekt (1963), S. 203 f., *EISENFÜHR*, Beteiligungen mit Verbundeffekt (1971), S. 467, *SCHIERENBECK*, Beteiligungsentscheidungen (1973), S. 61 f., *KÜTING*, Verbundeffekte im Rahmen der Unternehmungsbewertung (1981), S. 175 f.

tiven Synergieeffekt; kommt es dagegen zu einer Erfolgsminderung, liegt ein negativer Synergieeffekt vor. Gelegentlich findet sich in der Literatur[35] statt der Unterscheidung zwischen positiver und negativer Synergie auch die Differenzierung in „Synergie" und „Dyssynergie". Einer solchen Einteilung kann hier nicht gefolgt werden, denn der aus dem Griechischen stammende Begriff der Synergie heißt nichts anderes als „Zusammenwirken" – „syn" bedeutet zusammen, „ergon" bedeutet Werk – und sagt daher noch nichts darüber aus, ob die dadurch erzeugten Effekte positiver oder negativer Art sind.[36]

Die Zielsetzung der „Realisierung positiver Synergieeffekte" zeichnet sich entsprechend dadurch aus, daß Gewinne durch eine geschickte Kombination des Übernahmeobjektes mit anderen betrieblichen Einheiten des Eigentümers erwirtschaftet werden sollen. Dabei geht es darum, die Integration des Übernahmeobjektes so zu gestalten, daß der dadurch neu entstehende Unternehmensverbund in den Genuß von Vorteilen kommt, die sich aus der Vereinigung des oder der bisherigen Unternehmen(s) des Eigners und des übernommenen Unternehmens ergeben. Möglich ist eine solche Synergierealisierung grundsätzlich dann, wenn der Eigner – z.B. in Form einer natürlichen Person oder einer Stiftung – mindestens ein Unternehmen bereits in seinem Portefeuille hält oder aber selbst ein Unternehmen darstellt, ein Betrieb also einen anderen Betrieb übernimmt. Eine Differenzierung der durch eine Integration der Unternehmen erzielbaren Vorteile in unterschiedliche Arten von Synergieeffekten kann dabei auf verschiedenen Wegen erfolgen.[37] Hier soll im weiteren eine Systematisierung vorgenommen werden, in deren Rahmen die Verbundwirkungen eine Trennung nach den jeweiligen Funktionsbereichen, in denen sie auftreten, erfahren.[38]

---

[35] Vgl. z.B. *ADOLF/CRAMER/OLLMANN*, Fusionen im Bankwesen (1991), S. 8, *HOPFENBECK*, Managementlehre (1998), S. 199.

[36] Vgl. *OLBRICH*, Unternehmungswert (1999), S. 21 f. sowie auch *SCHIERENBECK*, Beteiligungsentscheidungen (1973), S. 62.

[37] So unterscheidet *ANSOFF*, Corporate Strategy (1965), S. 80 die durch die Übernahme erzielbaren Synergien in Verkaufs-, Produktions-, Investitions- und Managementsynergien, *PORTER*, Competitive Advantage (1987), S. 53-57 differenziert zwischen Synergien aufgrund von Wissenstransfer und aufgrund von Aufgabenzentralisierung, *KRÜGER*, Management (1988), S. 371 trennt in marktbezogene, technologiebezogene und Know-how-Synergien, *FREUND*, Integration übernommener Unternehmen (1991), S. 495 unterscheidet funktionale, Kosten- sowie Komplementaritätssynergien, und *REIß-NER*, Synergiemanagement (1992), S. 108-120 systematisiert in Synergien durch Zentralisation, durch Integration/Restrukturierung, durch Ergänzung/Zugang, durch Transfer und durch Ausgleich.

[38] Vgl. im Hinblick auf eine derartige Systematisierung der Verbundvorteile *EVERLING*, Verbundeffekt (1963), S. 204-208, *KITCHING*, Mergers (1967), S. 92 f., *BÖCKEL*, Diversifikationen durch Unternehmungserwerb (1972), S. 178, *KAHL*, Synergieargument bei Unternehmenszusammenschlüssen (1992), S. 180 sowie ferner auch *COENENBERG/SAUTTER*, Bewertung von Unternehmensakquisitionen (1988), S. 699, *SAUTTER*, Analyse von Akquisitionen (1989), S. 241-253.

So kann es bspw. zu positiven Verbundeffekten im *Bereich der Forschung und Ent-wicklung* kommen, wenn eines der beiden[39] betrachteten Unternehmen erhebliches Wissen angesammelt hat und der jeweilige Partnerbetrieb die nötige Finanzkraft besitzt, derartige Erkenntnisse wirtschaftlich zu verwerten. Darüber hinaus mögen die in diesem Bereich von beiden Unternehmen eingesetzten Ressourcen aufeinan-der abgestimmt und gemeinsam genutzt werden, verschiedenartige Techniken ergänzen einander sinnvoll, und auch ein gegenseitiger Wissenstransfer zwischen dem in der Forschung und Entwicklung tätigen Personal beider Betriebe kann posi-tive synergetische Wirkungen hervorbringen.[40]

Positive Synergien im *Beschaffungsbereich* ergeben sich u.U. dadurch, daß der neu entstandene Verbund mittels eines zentralen Einkaufs größere Gütermengen bestellt als die zuvor getrennten Bezugsorgane der einzelnen Unternehmen, um so Mengenrabatte zu nutzen und damit niedrigere Beschaffungspreise zu erzielen. Neben derartigen Preisvorteilen können durch die Großabschlüsse evtl. auch noch weitere Vorzüge in Form von Zusatzleistungen des Lieferanten in Anspruch genom-men werden, wie z.B. eine technische Beratung oder ein umfangreicherer Kunden-dienst. Abgesehen von bloßen Rabattwirkungen zeitigen die größeren Bestellmen-gen ebenfalls einen erheblichen Zuwachs an Verhandlungsmacht des Verbundes auf den Beschaffungsmärkten, so daß auch durch diese stärkere Marktstellung Preisvorteile und verbesserte sonstige Konditionen, wie kürzere Lieferzeiten, eine höhere Qualität der gelieferten Güter, verlängerte Garantiefristen und ähnliches rea-lisiert werden können.[41]

---

39 Im folgenden wird davon ausgegangen, daß der Eigner ex ante lediglich ein Unternehmen besaß oder selbst ein Unternehmen darstellt, so daß nach der Übernahme folglich zwei Betriebe eine Kom-bination erfahren.

40 Vgl. zur Synergierealisierung im Forschungs- und Entwicklungsbereich BÖCKEL, Diversifikatio-nen durch Unternehmungserwerb (1972), S. 180, BÜHNER/SPINDLER, Synergieerwartungen (1986), S. 605, BÜHNER, Bestimmungsfaktoren von Unternehmenszusammenschlüssen (1989), S. 159, SAUT-TER, Analyse von Akquisitionen (1989), S. 241 f., KAHL, Synergieargument bei Unternehmenszusam-menschlüssen (1992), S. 180, ferner auch FREUND, Integration übernommener Unternehmen (1991), S. 495 f.

41 Vgl. EVERLING, Verbundeffekt (1963), S. 204 f., SAUTTER, Analyse von Akquisitionen (1989), S. 250, FREUND, Integration übernommener Unternehmen (1991), S. 495. Derartige Verbundeffekte aufgrund größerer Bestellmengen können dabei insbesondere in Fällen horizontaler Übernahmen – also sol-cher, bei denen das neue und das bisherige Unternehmen des Eigners auf demselben Markt oder benachbarten Märkten tätig sind – erzielt werden, da sich die von den Einzelbetrieben benötigten Güter dabei am ehesten entsprechen und diese identischen Nachfragen dann durch den Verbund zusammengelegt werden können. Zur Entfaltung von Beschaffungsmarktmacht aufgrund einer rückwärtsintegrierenden vertikalen Übernahme, bei der das neue Unternehmen auf einer dem bis-herigen Betrieb des Eigners vorgelagerten Produktionsstufe tätig ist, vgl. SAUTTER, Analyse von Akquisitionen (1989), S. 251. Eine andere Position als die hier vertretene nimmt dagegen WALDECKER, Alternativen in der Unternehmensentwicklung (1995), S. 95 ein, der in der geschilderten Markt-

Verbundvorteile im Beschaffungsbereich sind darüber hinaus in Form von Kosten-einsparungen erzielbar, die sich aus einer Zusammenlegung der Einkaufsabteilun-gen beider Unternehmen ergeben. Durch eine derartige Zentralisierung des Einkaufs kommt es zu einem Abbau doppelter Aktivitäten, einer höheren Auslastung der Beschaffungsorgane und der Realisierung von Spezialisierungseffekten.[42]

Handelt es sich bei dem Übernahmeobjekt um einen Betrieb, der auf einer der dem bisherigen Unternehmen des Eigners vor- oder nachgelagerten Produktionsstufe tätig ist, zeichnet sich der Verbund folglich dadurch aus, daß einer der beiden in ihm zusammengeschlossenen Betriebe Leistungen des anderen Betriebes in Anspruch nimmt. Positive Synergieeffekte können sich dabei im Beschaffungsbe-reich insofern einstellen, als eine weitgehende Abstimmung zwischen lieferndem und beziehendem Betrieb möglich wird im Hinblick auf die Art, Qualität und Quan-tität der benötigten Güter und den jeweiligen Zeitpunkten ihrer Lieferung. Es kommt dadurch zu einer größeren Planungssicherheit in bezug auf die Güterbeschaffung, so daß bspw. der Abbau bisher unterhaltener Zwischenlager möglich wird. Darüber hinaus können Synergien auch durch die teilweise oder vollständige Zusammenle-gung der Vertriebsabteilung des vorgelagerten mit der Beschaffungsabteilung des nachgelagerten Verbundbetriebes erzielt werden.[43]

Im *Fertigungsbereich* ist es möglich, durch die Zusammenlegung der Gütererstellung beider Unternehmen zu Verbundwirkungen in Form von Kostendegressionen zu kommen, die sich dabei sowohl aus Lernkurveneffekten als auch einer besseren Auslastung der Produktionseinrichtungen ergeben können.[44] Derartige Synergieef-fekte sind insbesondere im Rahmen solcher Übernahmen realisierbar, bei denen beide Unternehmen identische, teilweise deckungsgleiche oder zumindest ver-wandte Produktsortimente herstellen, so daß entsprechende Gemeinsamkeiten bei der Fertigung genutzt werden können.[45]

---

machtwirkung keinen Verbundvorteil sieht, sondern ihre Verfolgung als finanzielles, unabhängig neben der Synergieeffektrealisierung stehendes Übernahmemotiv deutet.

42 Vgl. *SAUTTER*, Analyse von Akquisitionen (1989), S. 251.

43 Vgl. *EVERLING*, Verbundeffekt (1963), S. 205.

44 Vgl. *BÖCKEL*, Diversifikationen durch Unternehmungserwerb (1972), S. 179, *BÜHNER/SPINDLER*, Synergieerwartungen (1986), S. 605, *BÜHNER*, Bestimmungsfaktoren von Unternehmenszusammen-schlüssen (1989), S. 159, *SAUTTER*, Analyse von Akquisitionen (1989), S. 247 f., *KAHL*, Synergieargu-ment bei Unternehmenszusammenschlüssen (1992), S. 180, *FREUND*, Integration übernommener Unternehmen (1991), S. 495.

45 Vgl. *BÜHNER*, Bestimmungsfaktoren von Unternehmenszusammenschlüssen (1989), S. 159. Den-noch kann es auch bei nicht verwandten Produktsortimenten zu Verbundvorteilen aufgrund einer Integration der Fertigungsbereiche kommen. So weist *EVERLING*, Verbundeffekt (1963), S. 207 darauf hin, daß Kostendegressionen auch durch die Zusammenlegung von Hilfsbetrieben, wie der Energie-erzeugung, der Wasserversorgung oder des werksinternen Transportwesens, erzielt werden können.

Eine Realisierung positiver Verbundwirkungen im Fertigungsbereich ist ebenfalls möglich, wenn aufgrund der Übernahme zwei Unternehmen zusammenfinden, von denen das eine ein überdurchschnittlich ausgebildetes Personal mit erheblichem Fachwissen beschäftigt, aber inzwischen veraltete oder zu klein gewordene Produktionsanlagen sein eigen nennt, wogegen dem anderen qualifizierte Arbeitskräfte fehlen, es sich aber durch den Besitz groß dimensionierter, technisch überlegener Fertigungseinrichtungen auszeichnet.[46] Zu ähnlichen Verbundeffekten kommt es, wenn sich – bspw. aufgrund einer geschickten Kommunikationspolitik – eines der zusammengehenden Unternehmen einem erheblichen Anstieg der Nachfrage nach seinen Produkten gegenübersieht, wohingegen das andere die notwendigen Produktionskapazitäten besitzt, um die von den Kunden gewünschten Gütermengen in entsprechendem Umfang herzustellen.[47] Des weiteren können positive Synergiewirkungen erzielt werden, wenn sowohl der bisherige als auch der neue Betrieb des Eigners hochqualifiziertes Fertigungspersonal beschäftigen und es durch die Integration der Produktionsbereiche zu einem mit einer Effektivitätssteigerung einhergehenden Wissenstransfer zwischen den Arbeitskräften kommt.[48]

Liegt das Übernahmeobjekt auf einer dem bisherigen Unternehmen des Eigners vor- oder nachgelagerten Produktionsstufe, ist eine Realisierung von Fertigungssynergien möglich, wenn eine genauere Abstimmung und ggf. eine engere Verzahnung der Produktionen beider Betriebe erfolgen. So können z.B. Schnittstellenprobleme vermieden und bestimmte Zwischenschritte, wie eine Qualitätskontrolle der bezogenen Vorprodukte, überflüssig werden.[49] Nicht zuletzt steht die Nutzung von Produktionssynergien auch solchen Verbunden offen, in denen im Rahmen der Fertigung eines der zusammengeschlossenen Unternehmen Kuppelprodukte[50] anfallen, die in den Herstellungsprozessen des Partnerbetriebes einer sinnvollen Verwertung zuführbar sind.[51]

Im *Bereich des Absatzes* können positive Synergieeffekte bspw. erzielt werden, wenn einer der Betriebe ein breit ausgebautes Vertriebsnetz besitzt, das im Rahmen

---

46 Vgl. SIEBEN/LUTZ, Akquisition und Planung (1981), S. 21. Auch in diesem Fall sind selbstverständlich gewisse Gemeinsamkeiten zwischen den Fertigungen beider Unternehmen Voraussetzung für eine entsprechende Synergieeffektrealisierung.
47 Vgl. SIEBEN/LUTZ, Akquisition und Planung (1981), S. 21.
48 Vgl. EVERLING, Verbundeffekt (1963), S. 207, BÖCKEL, Diversifikationen durch Unternehmungserwerb (1972), S. 180.
49 Vgl. EVERLING, Verbundeffekt (1963), S. 206.
50 Der Begriff der „Kuppelprodukte" umfaßt dabei auch die bei der Produktion anfallenden Abfälle. Vgl. hierzu insbesondere RIEBEL, Kuppelproduktion (1955) sowie KLINGELHÖFER, Entsorgung und Produktion (2000).
51 Vgl. EVERLING, Verbundeffekt (1963), S. 207.

des Verbundes durch beide Unternehmen verwendet und damit besser ausgelastet wird.[52] Eine derartige gemeinsame Inanspruchnahme bereits bestehender Absatzsysteme kann insbesondere für die Übernahme ausländischer Unternehmen das Hauptmotiv darstellen. Verfügt der Auslandsbetrieb in seinem Heimatland über ein umfassendes Vertriebsnetz, ist dies ebenfalls von dem bisherigen Unternehmen des Eigners nutzbar; dessen Produkte werden so schneller und kostengünstiger an den ausländischen Markt gebracht als bei dem Aufbau eigener Absatzkanäle.[53] Des weiteren sind – soweit dies die jeweiligen Sortimente beider Unternehmen erlauben – Verbundvorteile in Form von Kostensenkungen realisierbar durch die Zentralisierung der Absatzorgane der Betriebe und die damit einhergehende Zusammenfassung von Vertriebsaktivitäten, wie der Auftragsannahme und -abwicklung, der Kundenberatung, der Werbung und dem Kundendienst.[54]

Bieten die Unternehmen jeweils Produkte an, die auf den Absatzmärkten miteinander im Wettbewerb stehen, also von den Nachfragern als gegeneinander substituierbar angesehen werden, kann die Unternehmensübernahme insofern Verbundvorteile bewirken, als durch sie das Konkurrenzverhältnis zwischen den Betrieben wegfällt und dadurch z.B. Werbeaufwendungen verringert, Preiskämpfe vermieden und die einzelnen Sortimente genau aufeinander abgestimmt werden können.[55] Derartige Synergien treten dabei auch dann ein, wenn das Konkurrenzunternehmen erworben und unmittelbar nach der erfolgten Übernahme durch den Eigner geschlossen wird, da er sich auf diese Art eines Wettbewerbers zu entledigen sucht.[56]

Verbundvorteile können auch dann erzielt werden, wenn die von den Unternehmen auf den Markt gebrachten Güter in einem substitutiven oder komplementären Verhältnis zueinander stehen und beide Betriebe zur Verbesserung ihrer Absatzchancen gewisse Marktforschungsaktivitäten unternommen haben. Im Rahmen des Unternehmenszusammenschlusses lassen sich die jeweils gewonnenen Forschungs-

---

52 Vgl. *BÖCKEL*, Diversifikationen durch Unternehmungserwerb (1972), S. 184 f., *SIEBEN/LUTZ*, Akquisition und Planung (1981), S. 21, *BÜHNER/SPINDLER*, Synergieerwartungen (1986), S. 605, *BÜHNER*, Bestimmungsfaktoren von Unternehmenszusammenschlüssen (1989), S. 159, *FREUND*, Integration übernommener Unternehmen (1991), S. 495, *KAHL*, Synergieargument bei Unternehmenszusammenschlüssen (1992), S. 180.

53 Vgl. *BÜHNER/SPINDLER*, Synergieerwartungen (1986), S. 605, *BÜHNER*, Bestimmungsfaktoren von Unternehmenszusammenschlüssen (1989), S. 159.

54 Vgl. *SAUTTER*, Analyse von Akquisitionen (1989), S. 246, *KAHL*, Synergieargument bei Unternehmenszusammenschlüssen (1992), S. 180, *FREUND*, Integration übernommener Unternehmen (1991), S. 495.

55 Vgl. *EVERLING*, Verbundeffekt (1963), S. 206.

56 Vgl. *ZIMMERER*, Beratung bei Akquisitionen (1991), S. 52.

ergebnisse dann zusammenführen und somit von beiden Verbundbetrieben für die Steigerung des Absatzes nutzen.[57] Vertreiben die Unternehmen komplementäre Produkte, so sind durch die Übernahme Vorteile auch auf zwei weiteren Wegen realisierbar: Der Verbund kann die Kompatibilität der sich gegenseitig ergänzenden Güter verbessern und sie gemeinsam anbieten, so daß ihre Attraktivität am Absatzmarkt insofern steigt, als dem Nachfrager nicht mehr voneinander getrennte Einzelprodukte verkauft werden, sondern ihm vielmehr ein vollständiges System und damit eine umfassende Problemlösung präsentiert werden kann.[58] Des weiteren sind positive Synergieeffekte insofern erzielbar, als die komplementären Güter durch den Verbund sowohl als Pakete – also in Systemform – als auch einzeln am Markt angeboten werden und die Veräußerung der Einzelprodukte dabei zu einem insgesamt höheren Preis erfolgt als die des Gesamtsystems. Durch ein derartiges Vorgehen läßt sich dann ein höherer Gewinn erwirtschaften, wenn Kunden, die eigentlich nur einen bestimmten Systembestandteil erstehen möchten, sich dazu entschließen, doch das vollständige Paket zu kaufen, da dessen Preis nur vergleichsweise geringfügig über demjenigen des gewünschten Einzelproduktes liegt.[59]

Verbundvorteile können sich im Absatzbereich ebenfalls einstellen, wenn eines der Unternehmen einen bekannten, bei den Nachfragern positive Assoziationen hervorrufenden Namen oder beliebte Marken besitzt und sich dies günstig auf den Absatz des gesamten Verbundes auswirkt. Eine solche Beeinflussung ist in Form von „Ausstrahlungseffekten" möglich, d.h., die am Absatzmarkt bestehende Beliebtheit eines der Verbundbetriebe überträgt sich durch den Zusammenschluß ebenfalls auf seinen Partnerbetrieb. Darüber hinaus kann allerdings auch derart vorgegangen werden, daß das weniger bekannte der beiden Unternehmen seinen Namen und seine eigenen Marken aufgibt und seine Produkte statt dessen unter der Firma und den Marken des Partnerunternehmens vertreibt.[60]

Positive Synergieeffekte sind im Vertriebsbereich nicht zuletzt auch dann realisierbar, wenn sich zwei Unternehmen vereinen, die zuvor in einem Kunden-Lieferanten-Verhältnis zueinander standen, und die liefernde Partei nun aufgrund des Zusammenschlusses in der Lage ist, einen Teil ihrer absatzpolitischen Aktivitäten – wie bspw. Werbung und Marktforschung – einzuschränken oder, falls ihre Produkte nicht mehr an Dritte, sondern nur noch ausschließlich an den Partnerbetrieb ver-

---

57 Vgl. hierzu auch EVERLING, Verbundeffekt (1963), S. 206.
58 Vgl. BÖCKEL, Diversifikationen durch Unternehmungserwerb (1972), S. 187 f., der als Beispiel für eine derartige Synergieerzielungsstrategie u.a. einen Möbelhersteller anführt, der eine Teppichfabrik erwirbt, sowie SAUTTER, Analyse von Akquisitionen (1989), S. 245.
59 Vgl. SAUTTER, Analyse von Akquisitionen (1989), S. 246.
60 Vgl. EVERLING, Verbundeffekt (1963), S. 206, BÖCKEL, Diversifikationen durch Unternehmungserwerb (1972), S. 184 und 187.

trieben werden, ganz einzustellen und dadurch Kosten zu senken. Darüber hinaus verringert sich entsprechend das unmittelbare Marktrisiko des liefernden Unternehmens, also die Gefahr, daß seine Güter am Markt keine Abnehmer finden. Dabei ist allerdings zu beachten, daß ein solches Risiko nicht vollständig ausgeschaltet wird, sondern sich vielmehr von der Absatzseite des liefernden Betriebes an diejenige des Verbundes verschiebt und damit für die zusammengeschlossenen Unternehmen durchaus weiterbesteht.[61]

Im *Finanzierungsbereich* können Verbundvorteile erzielt werden, wenn sich zwei Betriebe zusammenschließen, deren jeweilige Absatzentwicklungen unterschiedlichen saisonalen und konjunkturellen Rhythmen unterworfen sind. Die zyklischen Schwankungen der Einkommensströme beider Unternehmen kompensieren sich dadurch gegenseitig, so daß der Verbund insgesamt in den Genuß einer kontinuierlichen, stabilen Innenfinanzierung kommt.[62] Ähnliche Synergieeffekte treten auf, wenn als Folge der Übernahme eine neue wirtschaftliche Einheit entsteht, die im Hinblick auf die diversen von ihr angebotenen Güter sowohl auf im Wachstum begriffenen als auch in einer Reife- oder Stagnationsphase befindlichen Märkten agiert. Die auf letzteren erzielten Einkommen können so durch den Verbund abgeschöpft und in die im Aufbau befindlichen Geschäftsfelder investiert werden.[63]

Zu Synergievorteilen im Finanzierungsbereich kann es darüber hinaus auch kommen, wenn den Fremdkapitalgebern der Unternehmensverbund aufgrund seiner Größe kreditwürdiger als die bisher getrennt agierenden Einheiten erscheint. Beiden Betrieben ist es dann gestattet, sich zu Konditionen zu verschulden, die günstiger ausfallen als diejenigen, die vor der erfolgten Übernahme akzeptiert werden mußten.[64] Des weiteren ist die Realisierung von Vorteilen insofern möglich, als der Unternehmensverbund aufgrund seiner Größe Kostendegressionen im Bereich der

---

61 Vgl. *EVERLING*, Verbundeffekt (1963), S. 206.
62 Vgl. *EVERLING*, Verbundeffekt (1963), S. 207, *BÖCKEL*, Diversifikationen durch Unternehmungserwerb (1972), S. 192, *SIEBEN/LUTZ*, Akquisition und Planung (1981), S. 16 und 19, *BÜHNER/SPINDLER*, Synergieerwartungen (1986), S. 605, *BÜHNER*, Bestimmungsfaktoren von Unternehmenszusammenschlüssen (1989), S. 159. Eine ausführliche Darstellung dieser Synergieerzielungsstrategie findet sich bei *SAUTTER*, Analyse von Akquisitionen (1989), S. 184-209.
63 Vgl. *BÖCKEL*, Diversifikationen durch Unternehmungserwerb (1972), S. 192 f., *SIEBEN/LUTZ*, Akquisition und Planung (1981), S. 16, *BÜHNER/SPINDLER*, Synergieerwartungen (1986), S. 605, *BÜHNER*, Bestimmungsfaktoren von Unternehmenszusammenschlüssen (1989), S. 159.
64 Vgl. *BÖCKEL*, Diversifikationen durch Unternehmungserwerb (1972), S. 194, *BÜHNER*, Bestimmungsfaktoren von Unternehmenszusammenschlüssen (1989), S. 159, *SAUTTER*, Analyse von Akquisitionen (1989), S. 163-181. Eine andere Position nimmt dagegen *WALDECKER*, Alternativen in der Unternehmensentwicklung (1995), S. 95 ein, der in der Verbesserung der Fremdfinanzierungskonditionen keinen Verbundvorteil sieht, sondern ihre Erzielung als finanzielles, unabhängig neben der Realisierung von Synergieeffekten stehendes Übernahmemotiv deutet.

Wertpapieremission erzielen kann. Die bei einer derartigen Titelausgabe anfallenden Kosten setzen sich u.a. zusammen aus den Entgelten für Rechtsanwälte, Steuerberater und Wirtschaftsprüfer, den Ausgaben für die Herstellung und den Versand der Wertpapiere sowie den Kosten ihrer Plazierung mit Hilfe eines Bankenkonsortiums.[65]

Nicht zuletzt ist ein Verbundvorteil im Finanzierungsbereich auch dann gegeben, wenn eines der Unternehmen einen steuerlichen Verlustvortrag besitzt und der jeweils andere Betrieb entsprechende Gewinne erwirtschaftet, die mit ihm verrechnet werden können. Dem durch die Übernahme entstandenen Verbund ist es unter bestimmten Voraussetzungen möglich,[66] Erfolge in Höhe des Verlustvortrages unversteuert zu vereinnahmen.[67]

Neben dem Forschungs- und Entwicklungs-, Beschaffungs-, Fertigungs-, Absatz- und Finanzierungsbereich können durch eine Unternehmensübernahme auch im *Bereich der Verwaltung* Synergieeffekte realisiert werden. Unter dem Begriff des Verwaltungsbereichs soll dabei jener Teil des Unternehmens verstanden werden, der sich mit der Integration der bisher geschilderten betrieblichen Funktionen befaßt, sie bei der Erfüllung ihrer jeweiligen Aufgaben unterstützt und den Betrieb rechtlich repräsentiert.[68] Verbundvorteile können in diesem Bereich u.a. dadurch erzielt werden, daß die Verwaltungen beider Unternehmen vollständig oder zumindest teilweise zusammengelegt werden. Es kommt so zu einer besseren Auslastung vorhandener Kapazitäten, wie der Rechtsabteilung eines der beiden Betriebe; darüber hinaus können Doppelaktivitäten – bspw. Maßnahmen im Rahmen der Öffentlichkeitsarbeit – vermieden werden.[69]

Wird der Betrieb nach erfolgter Übernahme nicht in einer rechtlich eigenständigen Form, sondern vielmehr als juristisch unselbständiger Teil des anderen Unternehmens weitergeführt, stellen sich positive Verbundeffekte auch dadurch ein, daß Führungs- und Aufsichtsorgane des übernommenen Unternehmens – wie Vorstand und Aufsichtsrat im Falle der Aktiengesellschaft – aufgelöst werden können. Dar-

---

65 Vgl. BÖCKEL, Diversifikationen durch Unternehmungserwerb (1972), S. 194, COENENBERG/SAUTTER, Bewertung von Unternehmensakquisitionen (1988), S. 699, SAUTTER, Analyse von Akquisitionen (1989), S. 137-140.
66 Eine Darstellung der dabei in Deutschland zu beachtenden steuerrechtlichen Gesetzeslage findet sich u.a. bei SCHNEELOCH/MEYERING/PATEK, Grundlagen (2016), S. 95 f., 176 f. und 197 f.
67 Vgl. SUTTON, Economics (1980), S. 136, COENENBERG/SAUTTER, Bewertung von Unternehmensakquisitionen (1988), S. 699, SIEBEN/SIELAFF, Unternehmensakquisition (1989), S. 57, BELLINGER/VAHL, Unternehmensbewertung (1992), S. 402.
68 Vgl. SAUTTER, Analyse von Akquisitionen (1989), S. 251.
69 Vgl. hierzu auch SAUTTER, Analyse von Akquisitionen (1989), S. 252.

über hinaus entfällt mit der nicht nur wirtschaftlichen, sondern auch rechtlichen Integration des Unternehmens dessen Pflicht, einen Jahresabschluß zu erstellen; diese Aufgabe verbleibt allein bei dem juristisch selbständigen anderen Unternehmen.[70] Des weiteren kann es zu Synergievorteilen kommen, wenn der Unternehmensverbund eine solche Größe aufweist, daß die Einführung neuer, überlegener Techniken im Verwaltungsbereich ökonomisch sinnvoll wird. So ist es z.B. möglich, daß der Aufbau einer rechnergestützten Vernetzung aller betrieblichen Abteilungen erst durch das Zusammengehen beider Unternehmen zweckmäßig erscheint.[71] Nicht zuletzt sind im Verwaltungsbereich auch positive Verbundeffekte aufgrund eines Wissenstransfers zwischen den Führungskräften beider Unternehmen denkbar, der eine Verbesserung der strategischen und taktischen Führung der Betriebe zeitigt. Derartige Synergien sind dabei insbesondere dann erzielbar, wenn sich die zusammengehenden Unternehmen in der Vergangenheit zumindest teilweise ähnlichen Schwierigkeiten – wie bspw. dem Anwerben qualifizierter Arbeitskräfte oder der Abwehr einer wachsenden Konkurrenz – gegenübergesehen haben, so daß die jeweiligen Erfahrungen im Hinblick auf die Bewältigung dieser Probleme ausgetauscht werden können. Ein Wissenstransfer kann auch dann von großem Nutzen sein, wenn sich die Führungskräfte der Unternehmen auf jeweils unterschiedlichen, aber einander gut ergänzenden Gebieten durch entsprechenden Sachverstand auszeichnen. Ein Beispiel hierfür ist der Zusammenschluß zwischen einer ausländischen Gesellschaft und einem in einer jungen Wachstumsbranche wie der Nanotechnik agierenden Unternehmen. Die Führungskräfte des letzteren Betriebes können ihr Branchenwissen im Rahmen des neu entstandenen Verbundes an den ausländischen Betrieb weitergeben, wohingegen dessen Mitarbeiter das Partnerunternehmen über die betriebswirtschaftlich relevanten Gegebenheiten ihres Heimatlandes informieren.[72]

Zu beachten ist bei der hier vorgenommenen Differenzierung der Ursachen freilich, daß hinter einer Übernahme nicht ausschließlich jeweils *eines* dieser Motive stehen muß, sondern gleichzeitig oder sukzessive auch verschiedene Aspekte verfolgt wer-

---

70 Wird das neue Unternehmen dagegen als rechtlich eigenständige Tochter eines anderen Betriebes geführt, so daß es durch die Übernahme zu der Entstehung eines Konzernes kommt, müssen weiterhin beide Unternehmen bezüglich ihrer jeweiligen wirtschaftlichen Aktivitäten einen Jahresabschluß erstellen. Darüber hinaus ist das Mutterunternehmen gemäß § 290 HGB verpflichtet, für den gesamten Betriebsverbund einen Konzernabschluß anzufertigen. Ein derartiger Zwang zur Konzernabschlußerstellung kann entsprechend als ein mit der Übernahme einhergehender negativer Synergieeffekt interpretiert werden. Vgl. *KÜTING*, Verbundeffekte im Rahmen der Unternehmungsbewertung (1981), S. 184.
71 Vgl. *EVERLING*, Verbundeffekt (1963), S. 207.
72 Vgl. zur Synergieeffekterzielung aufgrund eines Transfers von Führungswissen auch *SAUTTER*, Analyse von Akquisitionen (1989), S. 253-262.

den können. Beispiele für Übernahmen, bei denen mehrere Vorgaben erreicht werden sollen, sind die folgenden vier Konstellationen:

1. Eine *gleichzeitige* Anstrebung mehrerer Vorgaben findet statt im Falle einer Übernahme, in deren Rahmen das Unternehmen vollständig in die andere Gesellschaft integriert wird, um so zahlreiche Synergieeffekte in diversen betrieblichen Funktionsbereichen zu realisieren.

2. Ebenfalls um eine *gleichzeitige* Anstrebung mehrerer Aspekte handelt es sich bei der Übernahme eines Unternehmens, das aus mehreren eigenständigen Teilen besteht, von denen einige zwecks Synergieeffekterzielung in den anderen Betrieb integriert und die übrigen eigenständig weitergeführt werden, um den aus ihrer Tätigkeit fließenden Einzelerfolg zu vereinnahmen.

3. Eine *sukzessive* Anstrebung mehrerer Vorgaben liegt im Falle der Übernahme eines Unternehmens durch einen Wettbewerber vor, der den Betrieb im Anschluß zerschlägt, um so zunächst den aus der Weiterveräußerung fließenden Einzelerfolg zu realisieren und darüber hinaus in der Zukunft in den Genuß der aus der Konkurrenzausschaltung resultierenden Verbundvorteile im Absatzbereich zu kommen.

4. Eine *sukzessive* Anstrebung mehrerer Aspekte ist auch bei einer Übernahme gegeben, in deren Rahmen der Eigner zunächst einen steuerlichen Verlustvortrag des Unternehmens ausnutzt, es danach durch eine Restrukturierung wieder wettbewerbsfähig macht und zwecks Vereinnahmung des Einzelerfolges weiterführt.

Einen Überblick über die herausgearbeiteten Ursachen der Unternehmensübernahme gibt die folgende Abbildung 2.

```
                                    ┌─────────────────────┐
                                    │ Fortführung ohne    │
                                    │ Restrukturierung    │
                                    └─────────────────────┘
              ┌──────────────┐      ┌─────────────────────┐
              │ Realisierung │      │ Fortführung mit     │
              │ des Einzel-  │──────│ Restrukturierung    │
              │ erfolges     │      └─────────────────────┘      ┌──────────────────────┐
              └──────────────┘                                   │ Weiterveräußerung    │
                                    ┌─────────────────────┐      │ als Ganzes           │
                                    │ Weiterveräußerung   │──────└──────────────────────┘
                                    └─────────────────────┘      ┌──────────────────────┐
                                                                 │ Zerschlagung         │
                                                                 └──────────────────────┘
 ┌──────────────┐
 │ Übernahme-   │                   ┌─────────────────────┐
 │ ursachen     │                   │ Synergien im        │
 └──────────────┘                   │ Forschungs- und     │
                                    │ Entwicklungsbereich │
                                    └─────────────────────┘
                                    ┌─────────────────────┐
                                    │ Synergien im        │
                                    │ Beschaffungsbereich │
                                    └─────────────────────┘
                                    ┌─────────────────────┐
              ┌──────────────┐      │ Synergien im        │
              │ Realisierung │      │ Fertigungsbereich   │
              │ positiver    │──────└─────────────────────┘
              │ Synergieeffekte│    ┌─────────────────────┐
              └──────────────┘      │ Synergien im        │
                                    │ Absatzbereich       │
                                    └─────────────────────┘
                                    ┌─────────────────────┐
                                    │ Synergien im        │
                                    │ Finanzierungsbereich│
                                    └─────────────────────┘
                                    ┌─────────────────────┐
                                    │ Synergien im        │
                                    │ Verwaltungsbereich  │
                                    └─────────────────────┘
```

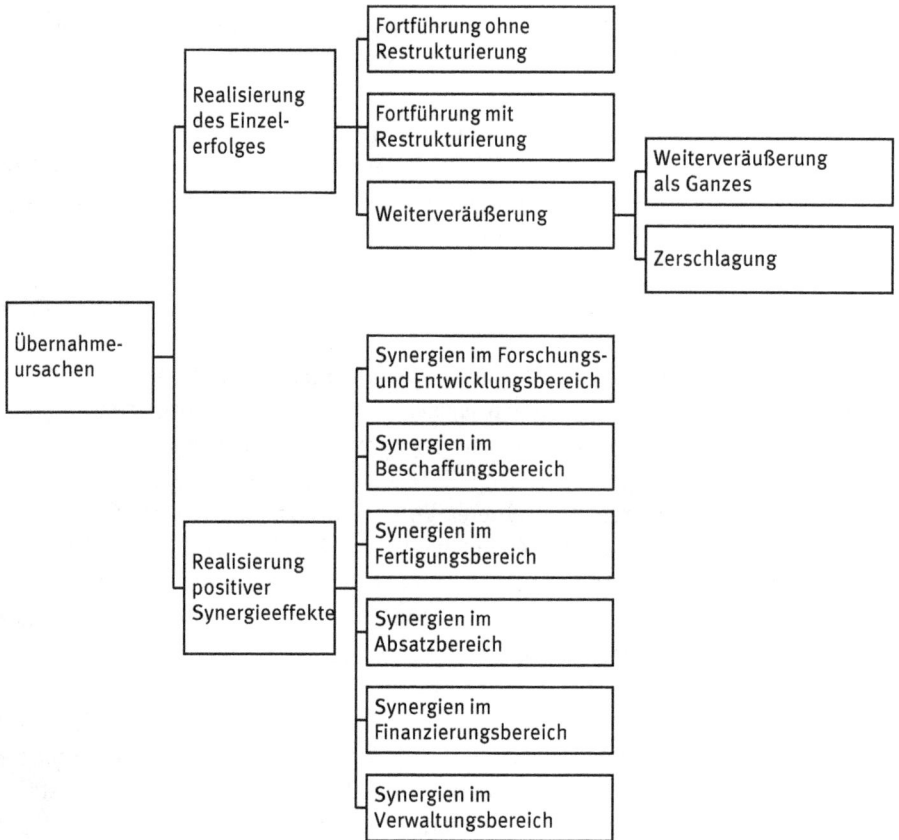

Abb. 2: Mögliche Ursachen der Unternehmensübernahme[73]

Diese, für den Fall der *Übernahme* des Eigentums an einem Unternehmen durch ein nach Gewinnmaximierung strebendes Wirtschaftssubjekt angeführten Ursachen können nun spiegelbildlich auf die *Hingabe* des Betriebes durch einen Eigner mit Gewinnmaximierungsabsicht übertragen werden: So vermögen sowohl eine *Einzelerfolgsschwäche* des Unternehmens als auch *negative Synergieeffekte* die jeweilige Ursache für den Entschluß des Eigentümers zur Durchführung einer Nachfolge darzustellen.[74] Während der Fall der Einzelerfolgsschwäche im Folgeabschnitt umfassend erläutert wird, erfährt die Problematik der negativen Synergieeffekte im Abschnitt 3.1.2.3 eine eingehende Analyse.

---

73 In enger Anlehnung an OLBRICH, Unternehmungswert (1999), S. 50.
74 So bereits OLBRICH, Unternehmungsnachfolge (2014), S. 27.

3.1.2.2 Einzelerfolgsschwäche[75]

Der Terminus der Einzelerfolgsschwäche des Unternehmens beschreibt den Umstand, daß die dem Eigner – oder ggf. seinem Verbund, wie einer Familie – in der Zukunft aus der betrieblichen Faktorkombination zufließenden Erfolge bei Beibehaltung der bisherigen Eigentumsverhältnisse geringer sein werden als jene Erfolge, die die Alternative der Übertragung des betrieblichen Eigentums verspricht.[76] Die prognostizierte unbefriedigende Gewinnerzielung bei Verbleib des Unternehmens in den Händen des Eigentümers kann dabei verschiedene Gründe haben:

1. *Unbefriedigende Erfolgsentstehung aus Marktgründen*: Zum einen ist es möglich, daß der Rückgang der Erfolgsaussichten des Betriebes auf eine drohende Verschlechterung seiner Positionierung an Absatz- und Beschaffungsmärkten zurückgeführt werden muß. So können ceteris paribus auf der Absatzseite ein steigender Wettbewerbsdruck unter den Anbietern oder eine sinkende Nachfrage zu einem Umsatzrückgang führen; auf der Beschaffungsseite vermögen eine sinkende Wettbewerbsintensität zwischen den Lieferanten oder ein Nachfrageanstieg ceteris paribus einen Kostenanstieg auszulösen. Beide Entwicklungen stellen mögliche Ursachen einer in der Zukunft beeinträchtigten Gewinnerzielung des Betriebs dar, die einen Rückzug des Eigners aus seinem unternehmerischen Engagement notwendig machen, wenn die anderweitige Anlage seines Kapitals die Erzielung eines höheren Erfolges verspricht.[77]

2. *Unbefriedigende Erfolgsentstehung aus Eignergründen*: Zum anderen kann die Einzelerfolgsschwäche des Unternehmens aus der Person des Eigentümers selbst resultieren. Handelt es sich bei dem Eigner um eine natürliche Person, stellen fortschreitendes Alter, Krankheit oder Tod Gründe[78] dar, die eine bislang

---

75 Dieser Abschnitt stammt aus *OLBRICH*, Unternehmungsnachfolge (2014), S. 28-30.

76 Vgl. in diesem Zusammenhang auch die im Abschnitt 3.4.1 gezeigte Unterscheidung zwischen betriebswirtschaftlichen, persönlichen und auf gesetzlichen Vorschriften fußenden Ursachen für eine Änderung der Eigentumsverhältnisse eines Unternehmens.

77 Vgl. zur Verschlechterung der Marktpositionierung des Unternehmens als Ursache für die Eigentumsübertragung auch *SCHOELLER*, Mittelständisches Umfeld (1991), S. 343, *KRAUS-GRÜNEWALD*, Verkäuferposition bei Akquisitionen (1994), S. 1445 f., *GRAML*, Desinvestition (1996), S. 59 f., *SEILER*, Unternehmensverkauf (2000), S. 20, ferner *QUICK*, Unternehmensbewertung (1992), S. 146.

78 Vgl. *BARNES/HERSHON*, Family Business (1976), S. 105, *SCHOELLER*, Mittelständisches Umfeld (1991), S. 343, *SPIELMANN*, Generationenwechsel (1994), S. 21, *OETKER*, Unternehmensinteresse (1997), S. 143 f., *WIEHL*, Wechsel im Nachfolgefall (1998), S. 166. Eine empirische Untersuchung des Zusammenhangs zwischen dem Alter von Geschäftsführern und dem Unternehmenserfolg nimmt *FREUND*, Unternehmensnachfolge (2000), S. 117-119 vor. Empirische Ergebnisse zum Alter des Eigentümers bei Durchführung der Nachfolge finden sich bei *ALBACH/FREUND*, Unternehmenskontinuität (1989),

erfolgreiche Betriebsführung beeinträchtigen oder vollständig verhindern und damit die zukünftigen Gewinnaussichten des Unternehmens bei Beibehaltung der bisherigen Eigentumsverhältnisse schmälern.[79] Ähnliche Konstellationen sind bei institutionellen Eignern wie z.B. einer Konzernmutter denkbar, die durch eigene interne Probleme – wie u.a. einer Insolvenz – nicht mehr in der Lage sind, eine erfolgversprechende Führung des in ihrer Hand befindlichen Unternehmens sicherzustellen. Nicht zuletzt können auch juristische Eingriffe in die Sphäre des Eigentümers, wie der Entzug seiner Gewerbeerlaubnis nach Maßgabe der §§ 35 und 51 GewO oder branchenbezogener Genehmigungen[80], die erfolgreiche Leitung seines Betriebes einschränken oder unterbinden und damit einen Eigentumswechsel erforderlich machen.

3. *Unbefriedigende Erfolgsaufteilung*: Nicht zuletzt ist festzuhalten, daß die Einzelerfolgsschwäche nicht nur auf einer auf den Markt oder den Eigner zurückzuführenden unbefriedigenden Gewinnentstehung basieren muß. Denkbar ist auch, daß die Gewinnaufteilung zwischen Unternehmer und Fiskus für einen Eigentumswechsel spricht. Dies wird dann der Fall sein, wenn die steuerliche Belastung der betrieblichen Gewinne die Besteuerung der aus anderen Quellen fließenden Erfolge in einem Ausmaß übersteigt, das eine Beendigung der unternehmerischen Tätigkeit und eine damit verbundene anderweitige Anlage des Kapitals als attraktiv erscheinen läßt.

Zu beachten ist bei den angeführten Gründen für eine Einzelerfolgsschwäche als Nachfolgeursache freilich, daß die hier differenzierten Punkte nicht völlig unabhängig voneinander sind, sondern vielmehr Dependenzen aufweisen: Insbesondere muß die Punkt 1 subsumierte verschlechterte Position des Unternehmens auf Absatz- oder Beschaffungsmärkten nicht ausschließlich auf externen Angebots- oder Nachfrageimpulsen beruhen, sondern kann selbstverständlich u.a. auch aus der unter Punkt 2 angesprochenen, bspw. durch Alter, Krankheit oder Tod beding-

---

S. 264 für den Fall des Familienunternehmens. Befunde empirischer Art im Hinblick auf die jeweilige Häufigkeit von Alter, Krankheit oder Tod als Nachfolgegründe geben *BÖS/KAYSER*, Generationenwechsel (1996), S. 3 sowie *ALBACH*, Nachfolgeregelung im Mittelstand (2000), S. 781.

79 Zu den im Zusammenhang mit einer Nachfolge aufgrund von Alter, Krankheit und Tod entstehenden sozialen und psychischen Problemen des Eigentümers sowie seiner Angehörigen vgl. *GASSER*, Nachfolgeplanung (1982), *MENZL*, Generationenwechsel (1988), S. 3-20, *KETS DE VRIES*, Family Controlled Firms (1993), S. 67 f., *BREUNINGER*, Psychologische Aspekte (1998), *FELDEN*, Tabuthemen (1998), *FREUND*, Faktoren im Nachfolgefall (1998), S. 68, *HENNERKES*, Ganzheitlicher Ansatz (1998), S. 31-33, *MAY*, Leitfaden für die Unternehmerfamilie (2000), S. 29-32, *WIMMER/KOLBECK*, Unternehmensnachfolge in mittelständischen Unternehmen (2000), S. 3-8.

80 Hierunter fallen als Beispiele die Erlaubnis für die Betreibung eines gastronomischen Gewerbes gemäß § 2 Abs. 1 GastG sowie die Erlaubnis für die Herstellung oder den Handel von Waffen nach § 21 WaffG.

ten ineffektiven oder völlig wegfallenden Führung des bisherigen Eigentümers resultieren. Des weiteren ist der exemplarische Fall denkbar, daß es der Eigner aufgrund derartiger in Punkt 2 skizzierter Führungsschwächen in der Vergangenheit versäumt hat, die betriebliche Tätigkeit in ein Niedrigsteuerland zu verlegen, und die Unternehmensgewinne daher der Punkt 3 subsumierten ungünstigen Aufteilung zwischen Fiskus und Eigner unterliegen.

3.1.2.3 Negative Synergieeffekte[81]

Die Ursache der Entscheidung für die Durchführung einer Nachfolge stellen negative Synergieeffekte grundsätzlich dann dar, wenn der Eigentümer des Unternehmens – z.B. in Gestalt einer natürlichen Person – mehrere Betriebe sein eigen nennt oder es sich bei ihm selbst um ein Unternehmen – wie im Falle eines Eigners in Form der Obergesellschaft eines Konzerns – handelt, und aus dem Verbund dieser Unternehmen negative Erfolgswirkungen resultieren, die der Erreichung des Ziels der Gewinnmaximierung zuwiderlaufen. Können die negativen Synergien nicht durch andere, erfolgversprechendere Maßnahmen – wie bspw. eine verstärkte gegenseitige Integration oder, umgekehrt, eine eingehendere Trennung der Unternehmen – beseitigt werden, wird sich der Eigentümer für eine Betriebsübertragung auf ein anderes Wirtschaftssubjekt entscheiden, um sich der verbundbedingten Gewinnminderungen zu entledigen.[82] Als Beispiele für Erfolgseinbußen aufgrund von Verbundwirkungen können die folgenden Fälle angeführt werden:

1. Es ist denkbar, daß potentielle Kunden die Produkte des einen Unternehmens nicht oder nur eingeschränkt nachfragen, da das andere dem Verbund zugehörige Unternehmen einen Konkurrenten auf den Absatzmärkten dieser Kunden darstellt.[83]

2. Handelt es sich bei den verbundenen Betrieben um frühere Wettbewerber, können in der Vergangenheit bestandene Kundenbeziehungen aufgrund des Verbundes teilweise verlorengehen, da manche Nachfrager nicht in eine zu große Dependenz zu einem einzelnen Lieferanten geraten wollen.[84]

---

81 Die folgenden Ausführungen sind entnommen aus *OLBRICH*, Unternehmungsnachfolge (2014), S. 30-32.
82 Vgl. auch *SCHIERENBECK*, Beteiligungsentscheidungen (1973), S. 63 und 80 f., *GRAML*, Desinvestition (1996), S. 91 f.
83 Vgl. *KÜTING*, Verbundeffekte im Rahmen der Unternehmungsbewertung (1981), S. 183.
84 Vgl. *KÜTING*, Verbundeffekte im Rahmen der Unternehmungsbewertung (1981), S. 183.

3. Auch im Bereich der Rechnungslegung vermögen negative Synergien einzutreten, wenn durch den Verbund z.B. eine Konzernstruktur entsteht und neben den Einzelabschlüssen darüber hinaus ein mit zusätzlichem Aufwand verbundener Konzernabschluß erstellt werden muß.[85]

4. Weisen die in dem Verbund befindlichen Betriebe unterschiedliche Unternehmenskulturen auf, kann es zwischen dem Personal beider Einheiten zu erheblichen Spannungen und Koordinationsproblemen kommen, die die Erfolgserzielung zu beeinträchtigen vermögen.[86]

5. Negative Synergien sind darüber hinaus ebenfalls auf kartellrechtliche Vorschriften zurückführbar; so können bspw. notwendige Expansionen in bestimmte Märkte nicht oder nur beschränkt durchgeführt werden, wenn die Wettbewerbsposition des Verbundes aufgrund der Stellung seiner Einzeleinheiten aus kartellrechtlicher Sicht zu dominant ist.[87]

6. Nicht zuletzt vermögen sich Gewinnbeeinträchtigungen auch dann einzustellen, wenn eine angestrebte Strategie nicht zu verwirklichen ist, da die finanziellen Mittel für umfangreichere Investitionen zur Erschließung neuer Erfolgspotentiale aufgrund der Inanspruchnahme durch verschiedene Verbundunternehmen nicht zur Verfügung stehen.[88]

Zu beachten ist im Zusammenhang mit negativen Synergieeffekten als Ursache einer Nachfolge freilich auch, daß der Eigner bei seiner Nachfolgeentscheidung *alle*, d.h. negative wie positive Erfolgswirkungen des Verbundes[89] berücksichtigen muß: So ist es möglich, daß durch die Hingabe eines Betriebes zwar negative Synergien wegfallen, aber auch bislang genutzte positive Verbundeffekte – wie sie im Abschnitt 3.1.2.1 skizziert wurden – durch den Eigentumswechsel verlorengehen können. Grundlage der Nachfolgeentscheidung aufgrund negativer Synergien muß daher eine Gesamtbetrachtung erfolgsvermindernder wie erfolgserhöhender Verbundwirkungen sein. Nur wenn der prognostizierte Erfolgsanstieg aufgrund der Eliminierung negativer Synergien den geschätzten Erfolgsrückgang durch den Verlust positiver Synergien übersteigt, ist die Entscheidung für eine Nachfolge aus

---

85 Vgl. *KÜTING*, Verbundeffekte im Rahmen der Unternehmungsbewertung (1981), S. 184.
86 Vgl. eingehend *OLBRICH*, Unternehmungswert (1999) sowie *OLBRICH*, Bewertung von Akquisitionsobjekten (2002) und die dort jeweils angegebene Literatur.
87 Vgl. *PELTZER*, Finanzierung des Unternehmenskaufs (1987), S. 973, ferner *QUICK*, Unternehmensbewertung (1992), S. 146.
88 Vgl. hierzu auch *GRAML*, Desinvestition (1996), S. 60.
89 Vgl. zur Vielzahl der negativen und positiven Erfolgswirkungen im Rahmen eines Verbunds *KÜTING*, Verbundeffekte im Rahmen der Unternehmungsbewertung (1981), S. 177.

Sicht eines rationalen, nach Gewinnmaximierung strebenden Wirtschaftssubjekts daher sinnvoll.

3.2 Formen der Unternehmensnachfolge[90]

3.2.1 Bedeutung der Nachfolgeform

Hat sich der Unternehmenseigner – sei es nun wegen der Ursache der Einzelerfolgsschwäche seines Betriebes oder aufgrund negativer Synergieeffekte – zur Durchführung einer Nachfolge entschlossen, fügt sich als Folgeproblem die Entscheidung für die dabei zu wählende Form der Übertragung des Eigentums an. Notwendig ist ein solcher Schritt deshalb, weil – wie bereits im Kapitel 2 angesprochen – mit den Alternativen der Vererbung, Schenkung, Stiftung und Veräußerung vier unterschiedliche Wege zur Verwirklichung der angestrebten Nachfolge existieren, zwischen denen der Eigner stets eine Wahl treffen muß.

Sollte der Eigentümer wider Erwarten *keine* Wahl hinsichtlich des Nachfolgeweges treffen, gilt für den Fall des institutionellen Eigners – z.B. in Form einer Konzernobergesellschaft – daß die Betriebsübertragung damit unterbleibt. Handelt es sich bei dem Eigentümer um eine natürliche Person, stellt dagegen selbst die scheinbare Unterlassung einer Wahl der Nachfolgeform durchaus die Entscheidung für einen bestimmten Nachfolgeweg dar: In einem solchen Fall verbleibt das Unternehmen in der Hand des Eigners bis zum Zeitpunkt seines Todes und geht dann im Anschluß im Wege der Vererbung – und zwar aufgrund der Unterlassung jeglicher Maßnahmen des Eigners konkret im Wege der gesetzlichen Erbfolge[91] – auf den oder die Nachfolger, also Angehörige oder den Staat[92], über. Im Falle der natürlichen Person stellt die vordergründige Unterlassung der Formentscheidung demnach den Entschluß zur Vererbung nach Maßgabe der gesetzlichen Erbfolge dar.

Um die Problematik der Formentscheidung einer eingehenderen Analyse zu unterziehen, werden im folgenden zunächst die offenstehenden Alternativen in drei unentgeltliche Übertragungsformen, bei denen der bisherige Eigner keine Gegenlei-

---

90 Teile dieses Unterkapitels sind entnommen aus *OLBRICH*, Unternehmungsnachfolge (2014), S. 32-61 und wurden aktualisiert.

91 Hat der Erblasser seine Erben nicht durch letztwillige Verfügung bestimmt oder ist diese unwirksam, tritt die gesetzliche Erbfolge ein, die in den §§ 1924-1936 BGB geregelt ist. Ein gelungener Überblick über die Regelungen der gesetzlichen Erbfolge findet sich u.a. bei *SCHERER*, Erbrecht (2005), S. 16-21.

92 Existieren keine erbenden Angehörigen oder fallen diese weg, da sie bspw. das Erbe ausschlagen, erhält gemäß § 1936 BGB der Staat den Nachlaß.

stung für das Unternehmen durch den neuen Eigentümer erhält, und eine entgeltliche Übertragungsform, bei der eine Gegenleistung erfolgt, differenziert[93] und ihre jeweiligen Grundzüge erläutert. Darauf aufbauend schließt sich im Abschnitt 3.2.4 eine Skizzierung der Herausforderungen an, denen sich der Unternehmenseigner bei der Wahl eines bestimmten Weges der Betriebsübertragung gegenübersieht.

3.2.2 Unentgeltliche Übertragung des Unternehmens

3.2.2.1 Vererbung

Die Unternehmensnachfolge im Wege der Vererbung stellt eine Form dar, bei der das Eigentum an einem Betrieb aufgrund des Todes des bisherigen Eigentümers an einen oder mehrere Nachfolger unentgeltlich übergeht.[94] Die konkrete Gestaltung der Übertragung des Unternehmens auf einen oder mehrere Erben hängt dabei von den zu Lebzeiten ergriffenen Maßnahmen des Eigners ab: Bestimmt dieser keinerlei Regelungen, in welcher Weise und auf wen sein Betrieb übergehen soll, vollzieht sich die Vererbung im Wege der gesetzlichen Erbfolge. Zieht es der Eigentümer dagegen vor, die Gestaltung der Nachfolge selbst im Rahmen einer letztwilligen Verfügung festzusetzen, so ist grundsätzlich diese für das Procedere der Vererbung maßgeblich.

Im Zuge der bereits im vorangegangenen Abschnitt kurz angesprochenen *gesetzlichen Erbfolge* nach §§ 1924-1936 BGB erben die Verwandten nach Maßgabe einer festgelegten Rangfolge sowie – falls vorhanden – der Ehegatte des Verstorbenen:[95]

1. Zunächst befinden sich die Abkömmlinge des Verstorbenen in der Position der Erben; sie repräsentieren die sog. „Erben der ersten Ordnung". Kinder erben danach zu gleichen Teilen; ist ein Kind bereits verstorben, das aber selbst Abkömmlinge hat, so rücken diese Enkel des Erblassers in die Erbenposition ihres Elternteils nach.

Beispiel: Ein verwitweter Unternehmer überträgt seine Aktiengesellschaft mittels gesetzlicher Erbfolge. Er hat vier Kinder (I, II, III, IV), von denen allerdings

---

93 Vgl. zur Unterscheidung in unentgeltliche und entgeltliche Übertragungen ferner auch HÄUSSER-MANN, Existenzgründung (1998), S. 73.
94 Vgl. zu den juristischen Grundlagen der Vererbung SCHERER, Erbrecht (2005), S. 1-5.
95 Vgl. im folgenden SCHERER, Erbrecht (2005), S. 16 f., ferner auch BASTY, Unternehmensnachfolge aus rechtlicher Sicht (1991), S. 527 f., WEINLÄDER, Unternehmensnachfolge (1998), S. 82-84, DEHMER, Unternehmernachfolge in der Steuerberatung (1999), S. 212-214, HABIG/BERNINGHAUS, Nachfolge im Familienunternehmen (2010), S. 165-167.

bereits zwei (I, II) verstorben sind. Das verstorbene Kind I hat selbst ein Kind (a), das Kind II zwei Kinder (b, c). Die Aktiengesellschaft geht damit zu je einem Viertel auf die beiden noch lebenden Kinder III und IV des Erblassers über. Die Enkel des Unternehmers treten jeweils in die Positionen ihres verstorbenen Elternteils ein, so daß Enkel a ein Viertel der Aktiengesellschaft erhält; an Enkel b und Enkel c geht jeweils ein Achtel des Unternehmens.

2. Nur dann, wenn kein Angehöriger erster Ordnung vorhanden ist, treten die „Erben zweiter Ordnung" in die Erbfolge ein. Unter den Erben zweiter Ordnung werden dabei die Eltern des Erblassers sowie deren Abkömmlinge verstanden. Letztere stellen in diesem Zusammenhang allerdings nur dann Erben dar, wenn mindestens ein Elternteil bereits verstorben ist und die Abkömmlinge in dessen Erbenposition nachrücken.

3. Für den Fall, daß auch kein Erbe der zweiten Ordnung vorhanden ist, treten analog die Großeltern und ggf. ihre Abkömmlinge – als „Erben dritter Ordnung" – in die Erbfolge ein. Finden sich keine Erben dritter Ordnung, erben noch lebende Urgroßelternteile; sonst erbt gemäß § 1928 Abs. 3 BGB derjenige Verwandte allein, der mit dem verstorbenen Unternehmenseigner am nächsten verwandt ist.

Das gemäß § 1931 BGB bestehende Erbrecht des Ehegatten des Verstorbenen steht im Rahmen der gesetzlichen Nachfolge neben dem oben in Grundzügen skizzierten Erbrecht der Verwandten. Grundsätzlich gilt dabei, daß die Erbquote des Ehegatten abhängig ist sowohl vom Grad der Verwandtschaft, in dem die übrigen Erben zu dem Verstorbenen stehen, als auch dem Güterstand, der zwischen den Eheleuten galt:[96] Lebten die Eheleute im Güterstand der Gütergemeinschaft gemäß §§ 1415 ff. BGB, erbt der Ehegatte neben Erben der ersten Ordnung in Höhe eines Viertels. Kommen Erben der zweiten Ordnung zum Zuge, beläuft sich die Erbquote des Ehegatten dagegen auf die Hälfte. Gleiches gilt, wenn Erben dritter Ordnung in die Erbfolge eintreten; in diesem Falle geht allerdings der Anteil der Abkömmlinge vorverstorbener Großeltern unter den Voraussetzungen des § 1931 Abs. 1 Satz 2 BGB – neben der 50% betragenden Quote – ebenfalls auf den Ehegatten über. Erben ab der vierten Ordnung kommen neben dem Ehegatten nicht mehr zum Zuge; letzterer ist in diesen Fällen alleine erbberechtigt. Lebten die Eheleute nicht im Stand der Gütergemeinschaft, sondern der Zugewinngemeinschaft gemäß §§ 1363 ff. BGB, gilt

---

96 Vgl., auch im folgenden, *Scherer*, Erbrecht (2005), S. 17 f., ferner *Habig/Berninghaus*, Nachfolge im Familienunternehmen (2010), S. 172 f.

das oben skizzierte Vorgehen der Erbfolge analog; lediglich die Erbquote des über-
lebenden Ehegatten erhöht sich jeweils um ein Viertel.[97]

Beispiel: Ein verheirateter Unternehmer überträgt seine Aktiengesellschaft mittels
gesetzlicher Erbfolge. Er hat zusammen mit seiner Frau, mit der er im Güterstand
der Zugewinngemeinschaft lebte, vier Kinder (I, II, III, IV), von denen allerdings
bereits zwei (I, II) verstorben sind. Das verstorbene Kind I hat selbst ein Kind (a),
das Kind II zwei Kinder (b, c). Die Aktiengesellschaft geht damit zur Hälfte an die
Ehefrau und zu je einem Achtel auf die beiden noch lebenden Kinder III und IV des
Unternehmers über. Die Enkel des Erblassers treten jeweils in die Positionen ihres
verstorbenen Elternteils ein, so daß Enkel a ein Achtel der Aktiengesellschaft erhält;
an Enkel b und Enkel c geht jeweils ein Sechzehntel des Unternehmens.

---

i **Aufgabe 2**

Skizzieren Sie die Grundzüge einer Betriebsübertragung im Wege der gesetzlichen Erbfolge! Erläutern Sie, welche Bedeutung die gesetzliche Erbfolge für die Formentscheidung und die Gestaltungsentscheidung des abgebenden Eigners hat!

Entspricht die skizzierte gesetzliche Erbfolge nicht den Vorstellungen des Unternehmenseigners, kann er von dieser abweichen und mittels einer „Verfügung von Todes
wegen" eine sog. „*gewillkürte Erbfolge*" einleiten.[98] In ihrem Rahmen nimmt der
Eigner seine letztwillige Verfügung in ein Testament oder einen Erbvertrag auf und
bestimmt auf diesem Wege die von ihm gewünschte Ausgestaltung des Betriebs-
übergangs auf seine Erben. Der Unterschied zwischen Testament (§§ 2064 ff. BGB)
und Erbvertrag (§§ 2274 ff. BGB) besteht darin, daß ersteres im Grundsatz frei widerruflich ist, wohingegen der Erbvertrag meist bereits zu Lebzeiten bindende Anordnungen enthält.[99]

Auf wen und in welcher Form das Unternehmen im Wege der Vererbung übertragen
wird, entscheidet im Rahmen der gewillkürten Erbfolge also grundsätzlich der
Eigentümer nach Maßgabe seiner individuellen Wünsche, doch muß er hierbei
bestimmte gesetzliche Rahmenbedingungen berücksichtigen. Zu nennen ist in die-

---

97 Für den Fall, daß die Eheleute weder im Stand der Gütergemeinschaft noch der Zugewinngemeinschaft, sondern vielmehr im Stand der Gütertrennung (§ 1414 BGB) lebten, vgl. die für die Erbfolge geltende Regelung des § 1931 Abs. 4 BGB.
98 Vgl. zur gewillkürten Nachfolge eingehend SCHERER, Erbrecht (2005), S. 26-52, ferner HABIG/
BERNINGHAUS, Nachfolge im Familienunternehmen (2010), S. 167 f. sowie 175-178.
99 Vgl. hierzu auch SCHINDHELM, Rechtliche Gestaltung (2000), S. 70-72, SCHERER, Erbrecht (2005),
S. 45-47.

sem Zusammenhang insbesondere das Pflichtteilsrecht:[100] Es weist nach § 2303 BGB den Abkömmlingen, dem Ehegatten und – unter bestimmten Umständen – den Eltern des Erblassers einen nicht entziehbaren Mindestanteil am Nachlaß, den sog. Pflichtteilsanspruch, zu. Die Pflichtteilsberechtigung der Eltern besteht dabei nach § 2309 BGB allerdings nur dann, wenn nicht nähere Abkömmlinge, wie insbesondere die Kinder, den Pflichtteil verlangen können oder das annehmen, was ihnen der Erblasser hinterlassen hat.[101] Nicht pflichtteilsberechtigt sind Angehörige des genannten Personenkreises grundsätzlich lediglich dann, wenn sie die Erbschaft gemäß §§ 1942 ff. BGB ausschlugen, nach Maßgabe der §§ 2339 ff. BGB für erbunwürdig erklärt wurden oder ihnen der Pflichtteil gemäß §§ 2333 ff. BGB entzogen wurde. Im Hinblick auf die Höhe der Pflichtteilsquote bestimmt § 2303 BGB, daß sie sich auf die Hälfte des jeweiligen Betrages des gesetzlichen Erbteils des Pflichtteilsberechtigten beläuft.

Beispiel: Ein verheirateter Unternehmer verstirbt. Er hat zusammen mit seiner Frau, mit der er im Güterstand der Zugewinngemeinschaft lebte, vier Kinder (I, II, III, IV), von denen allerdings bereits zwei (I, II) verstorben sind. Das verstorbene Kind I hat selbst ein Kind (a), das Kind II zwei Kinder (b, c). Der Pflichtteilsanspruch der Ehefrau beläuft sich damit auf ein Viertel des Nachlasses; der Pflichtteilsanspruch der beiden noch lebenden Kinder III und IV des Unternehmers beträgt jeweils ein Sechzehntel des Nachlasses. Die Enkel des Erblassers treten jeweils in die Pflichtteilspositionen ihres verstorbenen Elternteils ein, so daß Enkel a einen Anspruch in Höhe eines Sechzehntels hat; Enkel b und Enkel c steht jeweils ein Zweiunddreißigstel des Nachlasses als Pflichtteil zu.

Der so ermittelte Pflichtteilsanspruch führt dabei freilich nicht zu einer unmittelbaren quotalen Teilhabe des Pflichtteilsberechtigten am Nachlaß, sondern statt dessen zu einer *rein wertmäßigen Beteiligung*. Befindet sich im Nachlaß des Erblassers ein Unternehmen, muß folglich die Bewertung dieses Betriebes erfolgen, um die Höhe der Pflichtteilsansprüche zu bestimmen.[102] Der Pflichtteilsanspruch hat dadurch den

---

100 Eine ausführliche Darstellung des Pflichtteilsrechts findet sich bei SCHERER, Erbrecht (2005), S. 172-210, vgl. ebenfalls BASTY, Unternehmensnachfolge aus rechtlicher Sicht (1991), S. 534, WEINLÄDER, Unternehmensnachfolge (1998), S. 87 f., DEHMER, Unternehmernachfolge in der Steuerberatung (1999), S. 218-220, RIEDEL, Unternehmensnachfolge (2000), S. 132-134, HABIG/BERNINGHAUS, Nachfolge im Familienunternehmen (2010), S. 169-172.
101 Vgl. hierzu auch SCHERER, Erbrecht (2005), S. 172 f. und die dort angegebene Literatur.
102 Vgl. zu den dabei Anwendung findenden, grundsätzlich auf den betrieblichen Zukunftserfolgen basierenden Bewertungsmethoden der Rechtsprechung eingehend PILTZ, Rechtsprechung (1994), S. 65-316, SCHERER, Erbrecht (2005), S. 204-210.

Charakter eines – grundsätzlich sofort fälligen[103] – Anspruchs auf Zahlung eines entsprechenden Geldbetrages; die Rolle des Schuldners nimmt dabei der Erbe ein. Für die Unternehmensnachfolge kann das geschilderte Pflichtteilsrecht gravierende Konsequenzen zeitigen: Geht der Betrieb bspw. ausschließlich an einen Erben über, während andere Erben diesem gegenüber ihre Pflichtteilsansprüche geltend machen, sieht sich der Unternehmenserbe vor erhebliche Zahlungsverpflichtungen gestellt. Kann er diesen weder aus seinem Privatvermögen noch durch Entnahmen aus dem Unternehmen nachkommen, ist er ggf. gezwungen, Unternehmensteile oder sogar das Unternehmen als Ganzes zu verkaufen, um die Zahlungsansprüche mit Hilfe des Veräußerungsgewinns zu bedienen.[104]

Beispiel: Ein verheirateter Unternehmer verstirbt. Er hat zusammen mit seiner Frau, mit der er im Güterstand der Zugewinngemeinschaft lebte, vier Kinder (I, II, III, IV), von denen allerdings bereits zwei (I, II) verstorben sind. Das verstorbene Kind I hat selbst ein Kind (a), das Kind II zwei Kinder (b, c). Der Nachlaß des Unternehmers besteht ausschließlich aus seiner Süßwarenfabrik, der Königsberger Marzipan AG. Da seine Frau gelernte Konditormeisterin ist und Aufbau und Führung der Gesellschaft in der Vergangenheit stets tatkräftig unterstützte, entschied sich der Unternehmer dafür, den gesamten Betrieb seiner Frau zu vermachen. Weil sich der Wert des Unternehmens auf 10 Mio. Euro beläuft, sieht sich die Witwe nun dem Problem gegenüber, den erheblichen Pflichtteilsansprüchen ihrer Kinder und Enkel nachzukommen. Der Pflichtteilsanspruch der beiden noch lebenden Kinder III und IV des Ehepaares beträgt jeweils ein Sechzehntel des Nachlasses, also 625.000 Euro pro Kind. Die Enkel des Ehepaares treten jeweils in die Pflichtteilspositionen ihres verstorbenen Elternteils ein, so daß Enkel a ebenfalls einen Anspruch in Höhe von 625.000 Euro hat; Enkel b und Enkel c steht jeweils ein Zweiunddreißigstel, also 312.500 Euro als Pflichtteil zu. Die Witwe des Erblassers muß insgesamt folglich Pflichtteilsansprüche in Höhe von 2,5 Mio. Euro befriedigen. Da sie weder über ein entsprechend hohes Privatvermögen verfügt, aus dem sie die Summe bestreiten könnte, noch die derzeitige Gewinnsituation der AG betriebliche Entnahmen in einer solchen Höhe erlaubt, sieht sich die Ehefrau gezwungen, den Betrieb zu verkaufen, um ihren Verpflichtungen mit Hilfe des Veräußerungserlöses nachzukommen.

---

103 Vgl. zu der nur unter äußerst engen Voraussetzungen möglichen Stundung des Pflichtteilsanspruchs SCHERER, Erbrecht (2005), S. 180.
104 Vgl. hierzu u.a. ALBACH/FREUND, Unternehmenskontinuität (1989), S. 202 f., HENNERKES, Vererben oder Verkaufen (1997), S. 132 f., FLICK, Planung der Unternehmernachfolge (1998), S. 212 f., DEHMER, Unternehmernachfolge in der Steuerberatung (1999), S. 218 f., FREUND, Unternehmensnachfolge (2000), S. 32 f., SCHERER, Erbrecht (2005), S. 173 f., HABIG/BERNINGHAUS, Nachfolge im Familienunternehmen (2010), S. 170 f.

Der Nachfolgeform der Vererbung steht in der hier vorgenommenen Darstellung eine Definition voran, die u.a. das Merkmal der *Unentgeltlichkeit* der Vermögensübertragung beinhaltet, so daß die Vererbung – ebenso wie Schenkung und Stiftung – auch als Verkauf zu einem Preis in Höhe von null Geldeinheiten interpretiert werden kann. Zu beachten ist allerdings, daß man das Kriterium der Unentgeltlichkeit der Vererbung aus betriebswirtschaftlicher Sicht dann zu verneinen vermag, wenn die Erbschaftsteuer in die Betrachtung einbezogen wird: Muß der Erbe aufgrund des Vermögensübergangs Erbschaftsteuer entrichten, so kann diese Steuerzahlung entsprechend als Preis für die Übertragung des Unternehmens gedeutet werden, wenngleich dieses Entgelt freilich nicht dem bisherigen Eigentümer als Gegenleistung für seinen Betrieb, sondern statt dessen dem Staat entrichtet wird.

Die Bemessungsgrundlage der Erbschaftsteuer stellt gemäß § 10 Abs. 1 Satz 1 ErbStG der sog. steuerpflichtige Erwerb dar, d.h. die Bereicherung des Erben. Sie ergibt sich aus dem Wert des auf den Erben übergegangenen Vermögens abzüglich der mit dem Nachlaß zusammenhängenden Verbindlichkeiten (§ 10 Abs. 1 Satz 2 ErbStG).[105] Handelt es sich bei dem vererbten Vermögen um ein Unternehmen oder einen Unternehmensanteil, richtet sich die Bewertung dabei gemäß § 12 ErbStG nach den Vorschriften des BewG. Bei Anteilen an Kapitalgesellschaften, die an der Börse notiert sind, stützt sich die Bewertung auf den niedrigsten Kurs am Stichtag oder, findet kein laufender Handel statt, den letzten Kurs, der innerhalb von 30 Tagen vor dem Stichtag zustande gekommen ist (§ 11 Abs. 1 BewG). Für nicht börsennotierte Kapitalgesellschaften (§ 11 Abs. 2 Satz 1 BewG) sowie Einzelunternehmen und Personengesellschaften (§ 109 BewG) gilt es den *„gemeinen Wert"* im Sinne von § 11 Abs. 2 BewG zu ermitteln:[106]

1. In erster Linie ist der Wert des Betriebsvermögens aus Verkäufen unter fremden Dritten innerhalb der letzten zwölf Monate vor dem Stichtag abzuleiten (§ 11 Abs. 2 Satz 2 BewG).

2. Fehlen derartige zeitliche Vergleichspreise, erfolgt die Bewertung „unter Berücksichtigung der Ertragsaussichten [...] oder einer anderen anerkannten, auch im gewöhnlichen Geschäftsverkehr für nichtsteuerliche Zwecke üblichen Methode" (§ 11 Abs. 2 Satz 2 BewG), wobei der Substanzwert die Untergrenze bildet (§ 11

---

105 Vgl., auch im folgenden, eingehend OLBRICH/HARES/PAULY, Erbschaftsteuerreform (2010), MEINCKE, Erbschaftsteuergesetz (2012), S. 336-382 und 402-420, KUßMAUL, Steuerlehre (2014), S. 414-416, SCHNEELOCH/MEYERING/PATEK, Substanzsteuern (2017), S. 36 ff.
106 Vgl. hierzu ausführlich Abschnitt 3.4.3.

Abs. 2 Satz 3 BewG). Gefordert wird demnach die Ermittlung des gemeinen Werts durch betriebswirtschaftliche Methoden der Unternehmensbewertung.[107]

3. Wenn es „nicht zu offensichtlich unzutreffenden Ergebnissen führt", darf – so § 11 Abs. 2 Satz 4 i.V.m. § 199 BewG – eine Bewertung statt der unter Punkt 2 geschilderten Vorgehensweise auch nach dem in §§ 200-203 BewG geregelten „vereinfachten Ertragswertverfahren" erfolgen.

Beispiel: Der Eigentümer einer Aktiengesellschaft verstirbt überraschend; die Gesamtheit der Unternehmensanteile hat er seinem Sohn vermacht. Das vereinfachte Ertragswertverfahren ist anwendbar und ergibt einen Wert der Gesellschaft von 4 Mio. Euro, der die Bemessungsgrundlage der Erbschaftsteuer darstellt. Ein halbes Jahr vor seinem Tod erhielt der Vater von einem Großkunden das Angebot, einen 10% umfassenden Anteil der Gesellschaft zu einem Preis von 1 Mio. Euro zu übernehmen. Da der Unternehmer das Entgelt für zu niedrig hielt und der Käufer kein höheres Angebot in die Verhandlung einbringen wollte, kam der Verkauf des Aktienpakets jedoch nicht zustande. Hätte der Vater das Angebot angenommen, sähe sich der Sohn nun einer mißlichen Situation gegenüber: Der Wert des Unternehmens würde in diesem Fall nicht nach dem vereinfachten Ertragswertverfahren, sondern statt dessen anhand des für die Beteiligung erzielten Preises ermittelt. Bemessungsgrundlage für die Bestimmung der erbschaftsteuerlichen Belastung des Erben wären in diesem Fall folglich 9 Mio. Euro.

Neben dem erläuterten Wert des steuerpflichtigen Erwerbs ist die Höhe der erbschaftsteuerlichen Belastung des Erben abhängig davon, in welchem Angehörigkeitsverhältnis dieser zu dem Erblasser steht. § 15 Abs. 1 ErbStG unterscheidet hierbei drei Gruppen von Angehörigen – die sog. „Steuerklassen I, II und III" – die grundsätzlich eine jeweils unterschiedliche erbschaftsteuerliche Belastung erfahren. Der Ehegatte, Kinder[108] und ihre Abkömmlinge sowie Eltern und Voreltern werden dabei der Klasse I subsumiert; Klasse II umfaßt Geschwister[109] und ihre Kinder, Stiefeltern, Schwiegereltern und Schwiegerkinder sowie geschiedene Ehegatten. Alle übrigen Erben fallen in Klasse III. Die in Abhängigkeit von dem Wert des steuerpflichtigen Erwerbs und der Zugehörigkeit zu den Steuerklassen progressiv ansteigenden Erbschaftsteuersätze gemäß § 19 Abs. 1 ErbStG zeigt die folgende Tabelle 1.[110]

---

107 Vgl. *OLBRICH/HARES/PAULY*, Erbschaftsteuerreform (2010), S. 1250, *KUßMAUL/PFIRMANN/HELL/ MEYERING*, Unternehmensbewertung (2008), S. 472.
108 Eheliche, nichteheliche und adoptierte Kinder sowie Stiefkinder.
109 Eheliche, nichteheliche und adoptierte Geschwister sowie Stiefgeschwister.
110 Zu den Steuersätzen nach § 19 ErbStG vgl. ausführlich *KUßMAUL*, Steuerlehre (2014), S. 417 f., *SCHNEELOCH/MEYERING/PATEK*, Substanzsteuern (2017), S. 49 f.

Tab. 1: Die Steuersätze nach § 19 Abs. 1 ErbStG

Wert des steuerpflichtigen Erwerbs in Euro		Klassen mit Steuersätzen in Prozent		
		I	II	III
bis	75.000	7	15	30
bis	300.000	11	20	30
bis	600.000	15	25	30
bis	6.000.000	19	30	30
bis	13.000.000	23	35	50
bis	26.000.000	27	40	50
über	26.000.000	30	43	50

Festzuhalten bleibt in diesem Zusammenhang freilich, daß die durch den Wert des steuerpflichtigen Erwerbs und den entsprechenden Steuersatz je Steuerklasse entstehende Belastung des Erben durch diverse Steuerbefreiungen begrenzt oder sogar vollständig vermieden werden kann.

Nach Maßgabe des § 13b Abs. 1 Nr. 2 und 3 ErbStG stellen inländisches Betriebsvermögen und Anteile an Kapitalgesellschaften bei einer Beteiligungsquote von mehr als 25% sog. *„begünstigungsfähiges Vermögen"* dar. Das gemäß § 13b Abs. 2 Satz 1 ErbStG begünstigte Vermögen als Teilmenge des begünstigungsfähigen Vermögens ist schematisch wie folgt zu ermitteln:[111]

> Gemeiner Wert des begünstigungsfähigen Vermögens (§ 13b Abs. 1 ErbStG)
> − Nettowert des Verwaltungsvermögens (nicht begünstigtes Vermögen) (§ 13b Abs. 6 ErbStG)
> + Unschädliches Verwaltungsvermögen (§ 13b Abs. 7 ErbStG)
> Begünstigtes Vermögen (§ 13b Abs. 2 Satz 1 ErbStG)

Die Feststellung des (nicht) begünstigten Vermögens in Konzernstrukturen erfordert dabei eine konsolidierte Betrachtung (§ 13b Abs. 9 ErbStG).[112]

---

111 Vgl. *WEINMANN*, Erbschaft- und Schenkungsteuergesetz (2016), S. 74 f. Ausführlich vgl. *HANNES*, Erbschaftsteuerreform (2016), S. 556, *STEGER/KÖNIGER*, Erbschaftsteueranpassungsgesetz (2016), S. 1320, *WEINMANN*, Erbschaft- und Schenkungsteuergesetz (2016), S. 71-75, *INSTITUT DER WIRTSCHAFTSPRÜFER*, Erbschaftsteuer (2017), S. 48, 55 f.
112 Vgl. eingehend *STEGER/KÖNIGER*, Erbschaftsteueranpassungsgesetz (2016), S. 1323, *WEINMANN*, Erbschaft- und Schenkungsteuergesetz (2016), S. 89 f., *INSTITUT DER WIRTSCHAFTSPRÜFER*, Erbschaftsteuer (2017), S. 46 und 86-91.

Dem potentiell steuerpflichtigen Verwaltungsvermögen werden gemäß § 13b Abs. 4 ErbStG grundsätzlich Dritten zur Nutzung überlassene Grundstücke und Bauten (Nr. 1), Kapitalgesellschaftsanteile mit einer Beteiligungsquote bis zu 25% (Nr. 2), Kunstgegenstände und dergleichen sowie der privaten Lebensführung dienende Gegenstände (Nr. 3), Wertpapiere und vergleichbare Forderungen (Nr. 4) sowie Finanzmittel (Nr. 5) subsumiert.[113] Der *Nettowert des Verwaltungsvermögens* ergibt sich aus der Schuldenverrechnung, die in § 13b Abs. 6 und 8 i.V.m. § 13b Abs. 3 und 4 Nr. 5 ErbStG geregelt ist.[114] Verwaltungsvermögen gilt als *unschädlich*, d.h. es wird wie begünstigtes Vermögen behandelt, soweit sein Nettowert 10% des um den Nettowert des Verwaltungsvermögens gekürzten gemeinen Werts des Betriebsvermögens nicht übersteigt (§ 13b Abs. 7 Satz 1 ErbStG). Ausgenommen hiervon sind allerdings das junge Verwaltungsvermögen, das weniger als zwei Jahre vor dem Besteuerungszeitpunkt Teil des Unternehmensvermögens wurde, und junge Finanzmittel, die dem Unternehmen weniger als zwei Jahre vor dem Besteuerungszeitpunkt zuzurechnen waren (§ 13b Abs. 7 Satz 2 ErbStG).[115] Für den Erbfall regelt die sog. Investitionsklausel, daß Vermögensgegenstände des Verwaltungsvermögens rückwirkend nicht als solche behandelt werden, wenn sie innerhalb von zwei Jahren nach dem Tod des Erblassers unter bestimmten Voraussetzungen für Investitionen im Betrieb verwendet werden, die einer originär gewerblichen Tätigkeit dienen (§ 13b Abs. 5 ErbStG).[116] Das begünstigungsfähige Vermögen ist jedoch grundsätzlich nicht begünstigt, wenn das Verwaltungsvermögen 90% oder mehr des gemeinen Werts des begünstigungsfähigen Vermögens beträgt (§ 13b Abs. 2 Satz 2 ErbStG). Das Bestehen dieses sog. 90%-Test ist die Voraussetzung für die Gewährung der im folgenden aufgezeigten Regel- und Optionsverschonung. Ist dies nicht der Fall, entfällt eine Verschonung auch für sonst begünstigtes Vermögen.[117]

---

113 Ausführlich zu den Bestandteilen des sog. Verwaltungsvermögenskatalogs und den diesbezüglichen Ausnahmen vgl. *STEGER/KÖNIGER*, Erbschaftsteueranpassungsgesetz (2016), S. 1321 f., *WEINMANN*, Erbschaft- und Schenkungsteuergesetz (2016), S. 76-84, *INSTITUT DER WIRTSCHAFTSPRÜFER*, Erbschaftsteuer (2017), S. 60-62 und 67 f.

114 Eingehend zur Schuldenverrechnung vgl. *WEINMANN*, Erbschaft- und Schenkungsteuergesetz (2016), S. 85 f., 88 f., *INSTITUT DER WIRTSCHAFTSPRÜFER*, Erbschaftsteuer (2017), S. 48, 76 f., 82 f.

115 Zum sog. Unschädlichkeitsbetrag vgl. *REICH*, Unternehmenserbschaftsteuerrecht (2016), S. 2647, *STEGER/KÖNIGER*, Erbschaftsteueranpassungsgesetz (2016), S. 1323, *WEINMANN*, Erbschaft- und Schenkungsteuergesetz (2016), S. 86 f., *INSTITUT DER WIRTSCHAFTSPRÜFER*, Erbschaftsteuer (2017), S. 80 f.

116 Ausführlich zur Investitionsklausel vgl. *REICH*, Unternehmenserbschaftsteuerrecht (2016), S. 2648, *STEGER/KÖNIGER*, Erbschaftsteueranpassungsgesetz (2016), S. 1322, *WEINMANN*, Erbschaft- und Schenkungsteuergesetz (2016), S. 84, *INSTITUT DER WIRTSCHAFTSPRÜFER*, Erbschaftsteuer (2017), S. 70-73.

117 Vgl. mit weiteren Erklärungen *WEINMANN*, Erbschaft- und Schenkungsteuergesetz (2016), S. 75, *INSTITUT DER WIRTSCHAFTSPRÜFER*, Erbschaftsteuer (2017), S. 57 f. sowie ferner *REICH*, Unternehmenserbschaftsteuerrecht (2016), S. 2647.

Unter der Voraussetzung, daß der Wert des zuvor skizzierten begünstigten Vermögens im Sinne des § 13b Abs. 2 ErbStG – nachfolgend als *begünstigtes Unternehmensvermögen* bezeichnet – höchstens 26 Mio. Euro beträgt, stehen dem Erben grundsätzlich zwei Verschonungsmodelle zur Verfügung. Die *Regelverschonung* gemäß § 13a Abs. 1 Satz 1 ErbStG sieht einen Verschonungsabschlag in Höhe von 85% auf das begünstigte Unternehmensvermögen vor. Für den verbleibenden Teil wird dem Erben gemäß § 13a Abs. 2 ErbStG ein *Abzugsbetrag* gewährt, wonach dieser „15%-Rest" steuerlich außer Ansatz bleibt, soweit er nicht größer als 150.000 Euro ist. Überschreitet er diese Grenze, reduziert er sich um die Hälfte der Überschreitung, beträgt also null ab einem begünstigten Unternehmensvermögen nach Abzug des Verschonungsabschlags von 85% in Höhe von 450.000 Euro.[118] Alternativ zur Regelverschonung kann sich der Erbe unwiderruflich für die in § 13a Abs. 10 ErbStG geregelte *Optionsverschonung* entscheiden, wodurch das gesamte begünstigte Vermögen von der Erbschaftsteuer befreit werden kann.[119] Die Gewährung des Verschonungsabschlags bei der Regel- und der Optionsverschonung ist an folgende Bedingungen geknüpft:

– Die jährlichen Lohnsummen müssen über einen festgelegten Zeitraum einen bestimmten Prozentsatz der Ausgangslohnsumme, die sog. Mindestlohnsumme erreichen (Lohnsummenregelung gemäß § 13a Abs. 3 ErbStG). Die Ausgangslohnsumme bezieht sich dabei auf die durchschnittliche Lohnsumme der letzten fünf Wirtschaftsjahre vor der Übertragung, wobei Betriebe mit bis zu fünf Beschäftigten oder einer Ausgangslohnsumme von 0 Euro von der Regelung befreit sind. Für Betriebe von sechs bis 15 Beschäftigten gibt es gestaffelte Lohnsummengrenzen. Bei mehr als 15 Beschäftigten muß im Rahmen der Regelverschonung für fünf Jahre insgesamt kumuliert 400% (§ 13a Abs. 3 Satz 1 ErbStG) und bei der Optionsverschonung für sieben Jahre insgesamt kumuliert 700% (§ 13a Abs. 10 Satz 1 Nr. 2 und 3 ErbStG) von der Ausgangslohnsumme erhalten bleiben. Verstößt der Steuerpflichtige gegen die Lohnsummenbedingung, führt dies nicht zu einem vollständigen Verlust der Steuerbefreiung, vielmehr geht der Verschonungsabschlag in dem prozentualen Umfang unter, in dem auch die Mindestlohnsumme verletzt wird (§ 13a Abs. 3 Satz 5 ErbStG).[120]

---

118 Zum Abzugsbetrag vgl. eingehend WEINMANN, Erbschaft- und Schenkungsteuergesetz (2016), S. 33 f., INSTITUT DER WIRTSCHAFTSPRÜFER, Erbschaftsteuer (2017), S. 17 f.

119 Vgl. STEGER/KÖNIGER, Erbschaftsteueranpassungsgesetz (2016), S. 1323 f., INSTITUT DER WIRTSCHAFTSPRÜFER, Erbschaftsteuer (2017), S. 41 f.

120 Ausführlich zur Lohnsummenbedingung vgl. REICH, Unternehmenserbschaftsteuerrecht (2016), S. 2649, STEGER/KÖNIGER, Erbschaftsteueranpassungsgesetz (2016), S. 1326 f., WEINMANN, Erbschaft- und Schenkungsteuergesetz (2016), S. 34-40, INSTITUT DER WIRTSCHAFTSPRÜFER, Erbschaftsteuer (2017), S. 23-25, 41 f.

– Ferner ist die Behaltensfrist gemäß § 13a Abs. 6 ErbStG einzuhalten, innerhalb derer der Steuerpflichtige keine der in der Vorschrift aufgeführten Maßnahmen ergreifen darf. So ist es ihm z.B. nicht gestattet, den Gewerbebetrieb, einen Teilbetrieb, wesentliche Betriebsgrundlagen oder Gesellschaftsanteile zu veräußern, den Betrieb aufzugeben oder – im Falle einer Kapitalgesellschaft – aufzulösen[121] oder Entnahmen respektive Ausschüttungen vorzunehmen, welche die in § 13a Abs. 6 Satz 1 Nr. 3 ErbStG genannte Höhe übersteigen.[122] Bei der Regelverschonung beträgt diese Frist fünf Jahre (§ 13a Abs. 6 Satz 1 ErbStG) und bei der Optionsverschonung sieben Jahre (§ 13a Abs. 10 Satz 1 Nr. 6 ErbStG). Wird gegen die Behaltensbedingung verstoßen, entfallen gemäß § 13a Abs. 6 Sätze 1 und 2 ErbStG rückwirkend der Abzugsbetrag und der Verschonungsabschlag, letzterer jedoch nur zeitanteilig („pro rata temporis"-Regelung). Für Veräußerungsvorgänge gilt dies allerdings nur, wenn der Veräußerungserlös nicht innerhalb eines halben Jahres erneut in begünstigtes Unternehmensvermögen investiert wird (§ 13a Abs. 6 Sätze 3 und 4 ErbStG).[123]

– Zur Inanspruchnahme der Optionsverschonung darf das Verwaltungsvermögen darüber hinaus nicht mehr als 20% des gemeinen Werts des Betriebsvermögens betragen (§ 13a Abs. 10 Satz 2 ErbStG).[124]

Übersteigt das begünstigte Unternehmensvermögen die Schwelle von 26 Mio. Euro, liegt ein sog. *Großerwerb* vor, und der Erbe kann entweder unwiderruflich das *Abschmelzmodell für den Verschonungsabschlag* gemäß § 13c ErbStG oder widerruflich eine *Verschonungsbedarfsprüfung* gemäß § 28a ErbStG beantragen.[125] Bei ersterer Variante verringert sich der Verschonungsabschlag sowohl bei der Regel-

---

121 Unklar ist, ob auch die Auflösung infolge einer Insolvenz zur Beeinträchtigung des Verschonungsabschlags führt, vgl. hierzu OLBRICH, Unternehmensnachfolge (2007), S. 721 f., LANDSITTEL, Unternehmensnachfolge (2009), S. 19 f.

122 Zwar spricht § 13a Abs. 6 Satz 1 ErbStG davon, daß die Behaltensbedingung verletzt wird, wenn der „Erwerber" die oben genannten Maßnahmen vollzieht. Es ist allerdings davon auszugehen, daß im Falle der Aktiengesellschaft auch durch den Vorstand ausgeführte Handlungen, wie z.B. Vermögensveräußerungen, die Behaltensbedingung beeinträchtigen können. Vgl. zu dieser Problematik OLBRICH, Unternehmensnachfolge (2007), S. 722 f.

123 Zur Behaltensbedingung vgl. eingehend WEINMANN, Erbschaft- und Schenkungsteuergesetz (2016), S. 41-45.

124 Vgl. ausführlich REICH, Unternehmenserbschaftsteuerrecht (2016), S. 2649, WEINMANN, Erbschaft- und Schenkungsteuergesetz (2016), S. 49, INSTITUT DER WIRTSCHAFTSPRÜFER, Erbschaftsteuer (2017), S. 42.

125 Eingehend zur erbschaftsteuerlichen Behandlung sog. Großerwerbe vgl., auch im folgenden, STEGER/KÖNIGER, Erbschaftsteueranpassungsgesetz (2016), S. 1324 f., WEINMANN, Erbschaft- und Schenkungsteuergesetz (2016), S. 93-110 und 129-151, INSTITUT DER WIRTSCHAFTSPRÜFER, Erbschaftsteuer (2017), S. 93-102 und 107-124.

als auch bei der Optionsverschonung um jeweils 1% je volle 750.000 Euro, die der Wert des begünstigten Unternehmensvermögens über der Grenze von 26 Mio. Euro liegt (§ 13c Abs. 1 Satz 1 ErbStG).[126] Bei der Regelverschonung (85%) wird somit ab einem steuerlichen Wert von 89.750.000 Euro kein Verschonungsabschlag mehr gewährt. Bei der Optionsverschonung (100%) beträgt der Verschonungsabschlag zwar rechnerisch noch 15%, doch nach Maßgabe des § 13c Abs. 1 Satz 2 ErbStG entfällt ab einem begünstigten Unternehmensvermögen in Höhe von 90 Mio. der Verschonungsabschlag vollständig.[127] Zudem setzt die Gewährung des abschmelzenden Verschonungsabschlags voraus, daß insbesondere die jeweiligen Lohnsummen- und Behaltensbedingungen erfüllt werden (§ 13c Abs. 2 Satz 1 ErbStG). Im Zuge der individuellen Bedürfnisprüfung kann die Erbschaftsteuer auf begünstigtes Unternehmensvermögen erlassen werden, soweit der Erbe diese nicht aus seinem im Sinne des § 28a Abs. 2 ErbStG verfügbaren Vermögen begleichen kann (§ 28a Abs. 1 Satz 1 ErbStG). Auch bei der Verschonungsbedarfsprüfung sind die Lohnsummen- und Behaltensbedingungen einzuhalten, es gelten jedoch stets die strengeren Kriterien der Optionsverschonung (§ 28a Abs. 4 Satz 1 Nr. 1 und 2 ErbStG). Der eingeräumte Steuererlaß entfällt rückwirkend, wenn der Erbe innerhalb von zehn Jahren nach dem Steuerentstehungszeitpunkt weiteres verfügbares Vermögen im Sinne des § 28a Abs. 2 ErbStG durch Schenkung oder von Todes wegen erhält (§ 28a Abs. 4 Satz 1 Nr. 3 ErbStG).

Eine besondere Verschonung besteht bei der Vererbung von Beteiligungen an Personen- oder Kapitalgesellschaften, bei denen bestimmte als für *Familienunternehmen* typisch angesehene gesellschaftsvertragliche oder satzungsmäßige Beschränkungen von Entnahmen/Ausschüttungen, Verfügungsmöglichkeiten und Abfindungen existieren.[128] Unter den restriktiven Vorgaben des § 13a Abs. 9 ErbStG wird dabei ein Vorwegabschlag von höchstens 30% auf den begünstigten Teil des Unternehmensvermögens eingeräumt.[129] Dieser hat Vorrang vor den anderen, zuvor aufgezeigten Verschonungsmodellen für Unternehmensvermögen und ist in seiner Höhe unbegrenzt. Bei der Bestimmung der zusätzlich anzuwendenden Steuerbegünstigungen ist zu beachten, daß die Prüfschwelle von 26 Mio. Euro auf maximal 37 Mio. Euro erhöht wird. Insgesamt sind die Regelungen zur Erbschaftsteuerbemessung von

---

126 Vgl. kritisch hinsichtlich der mit der Stufenregelung verbundenen sprunghaften Erhöhung der Steuerbelastung WEINMANN, Erbschaft- und Schenkungsteuergesetz (2016), S. 98.

127 Vgl. hierzu kritisch WEINMANN, Erbschaft- und Schenkungsteuergesetz (2016), S. 98 f., INSTITUT DER WIRTSCHAFTSPRÜFER, Erbschaftsteuer (2017), S. 95.

128 Vgl., auch zum Folgenden, eingehend HANNES, Erbschaftsteuerreform (2016), S. 556-559, WEINMANN, Erbschaft- und Schenkungsteuergesetz (2016), S. 46-48, 99 und 139, INSTITUT DER WIRTSCHAFTSPRÜFER, Erbschaftsteuer (2017), S. 15, 37-40 und 98-100.

129 Vgl. kritisch zur praktischen Relevanz aufgrund der strengen Voraussetzungen des § 13a Abs. 9 ErbStG STEGER/KÖNIGER, Erbschaftsteueranpassungsgesetz (2016), S. 1326.

Unternehmensvermögen sehr komplex. Die Ermittlung ist aufwendig und mit erheblichen Unsicherheiten für den Steuerpflichtigen und einem entsprechend hohem Kontrollaufwand für den Fiskus verbunden.[130]

Unabhängig von der Art des vererbten Vermögens kommen die Erben des weiteren in den Genuß der *persönlichen Freibeträge* des § 16 Abs. 1 ErbStG. Grundsätzlich belaufen sie sich für den Ehegatten auf 500.000 Euro sowie für Kinder[131] und Enkel[132] des Erblassers auf 400.000 Euro;[133] alle übrigen der Steuerklasse I subsumierten Erben können dagegen nur einen Freibetrag in Höhe von 100.000 Euro in Anspruch nehmen. Für Erben der Klassen II und III beträgt der Freibetrag 20.000 Euro.[134] Eine bedeutsame Begünstigung gewährt nicht zuletzt § 19a ErbStG, der Erben in den Steuerklassen II und III im Hinblick auf die Besteuerung von nach § 13b Abs. 2 ErbStG begünstigten Vermögen einen *ermäßigten Tarif* einräumt. Diese Tarifermäßigung betrifft dabei nur jenen Teil, der im Rahmen der §§ 13a Abs. 1 und 13c ErbStG nicht verschont wird; dabei ist die Behaltensbedingung des § 13a ErbStG zu beachten, § 19a Abs. 5 Satz 1 ErbStG.[135]

Trotz der genannten Freibeträge und Tarifvergünstigungen kann die Unternehmensübertragung im Wege der Vererbung für den neuen Eigentümer mit erheblichen erbschaftsteuerlichen Belastungen einhergehen, insbesondere, da die Erbschaftsteuerschuld aus bereits versteuertem Einkommen bestritten werden muß. Vermag er die dafür notwendigen finanziellen Mittel weder durch Entnahmen aus seinem Privatvermögen noch durch Ausschüttungen aus dem Unternehmen zu erzielen, kann er infolgedessen gezwungen sein, entweder seinen gesamten Betrieb oder aber zumindest Unternehmensteile zu veräußern, um seinen erbschaftsteuerlichen Ver-

---

130 Im Hinblick auf das Erbschaftsteuerreformgesetz aus dem Jahr 2008 vgl. *Birnbaum*, Verwaltungsvermögen (2011), S. 199, hinsichtlich der noch komplexeren Regelungen im Zuge der Erbschaftsteuerreform im Jahr 2016 vgl. *Steger/Königer*, Erbschaftsteueranpassungsgesetz (2016), S. 1328. Einen Überblick über die Diskussion um die Erbschaftsteuer geben *Birk/Desens/Tappe*, Steuerrecht (2016), S. 445-448.

131 Eheliche, nichteheliche und adoptierte Kinder sowie Stiefkinder.

132 Dies gilt lediglich, soweit es sich um Kinder bereits verstorbener Kinder des Erblassers handelt, anderenfalls beträgt der Freibetrag 200.000 Euro (§ 16 Abs. 1 Nr. 2 und 3 ErbStG).

133 Neben ihrem persönlichen Freibetrag können Ehegatte und Kinder darüber hinaus jeweils einen Versorgungsfreibetrag nach Maßgabe des § 17 Abs. 1 und 2 ErbStG nutzen, vgl. hierzu ausführlich *Meincke*, Erbschaftsteuergesetz (2012), S. 606-613, *Kußmaul*, Steuerlehre (2014), S. 417, *Schneeloch/Meyering/Patek*, Substanzsteuern (2017), S. 49.

134 Zu den personenbezogenen Freibeträgen nach § 16 ErbStG vgl. ausführlich *Kußmaul*, Steuerlehre (2014), S. 416, *Schneeloch/Meyering/Patek*, Substanzsteuern (2017), S. 48 f.

135 Zur Tarifvergünstigung vgl. *Meincke*, Erbschaftsteuergesetz (2012), S. 623-625.

pflichtungen nachzukommen.[136] Es entbehrt nicht einer gewissen Ironie, daß gerade die Versilberung zur Begleichung der Erbschaftsteuerschuld einen Verstoß gegen die Behaltensbedingung darstellen kann, der dann weitere Steuerforderungen gegenüber dem Erben nach sich zieht.

3.2.2.2 Schenkung

Im Gegensatz zur Vererbung, die mit dem Tod des Unternehmenseigners einhergeht, stellt die Schenkung eine Nachfolgeform dar, bei der der Eigentümer seinen Betrieb bereits zu Lebzeiten[137] an einen oder mehrere Nachfolger unentgeltlich und freiwillig[138] übergibt.[139] Die Gestaltung der Schenkung liegt dabei grundsätzlich im Ermessen des Unternehmenseigners und wird nur durch einige wenige rechtliche Rahmenbedingungen beeinflußt. Zu nennen sind in diesem Zusammenhang insbesondere Pflichtteilsergänzungsansprüche, die sich aus den §§ 2325 ff. BGB ergeben können: Sie sollen in Grenzen vermeiden, daß der Eigner im Falle der Vererbung bestehende Pflichtteilsansprüche beeinträchtigt, indem er den Umfang seines Nachlasses durch Schenkungen zu Lebzeiten verringert. Der Wert von Schenkungen, die in der Vergangenheit vollzogen wurden, wird dem Nachlaßwert gemäß § 2325 Abs. 1 BGB daher zugerechnet. Das Ausmaß der Zurechnung reduziert sich dabei um ein Zehntel pro Jahr, das zwischen Schenkung und Erbfall verstreicht, so daß der Pflichtteilsergänzungsanspruch nach zehn Jahren vollständig erlischt.[140]

Das in der Definition der Schenkung angeführte Merkmal der *Unentgeltlichkeit* dieses Nachfolgeweges und die mögliche Deutung der Schenkung als Verkauf zu null Geldeinheiten sind ebenso wie im bereits geschilderten Fall der Vererbung freilich

---

136 Vgl. *PÖLLATH/WILLIBALD*, Steuerliche Aspekte (1991), S. 540, *FLICK*, Planung der Unternehmernachfolge (1998), S. 212 f., *FREUND*, Unternehmensnachfolge (2000), S. 28 f., ferner auch *ALBACH/FREUND*, Unternehmenskontinuität (1989), S. 142, *ARNDT*, Richtige Nachfolgeregelungen (1993), S. 24, *RIEDEL*, Unternehmensnachfolge (2000), S. 59.

137 Von der im rechtlichen Bereich bestehenden Möglichkeit einer mit dem Ableben des Eigentümers verknüpften „Schenkung von Todes wegen" gemäß § 2301 BGB soll im folgenden abgesehen werden.

138 Unentgeltliche Übertragungen, denen das Kriterium der Freiwilligkeit fehlt, wie bspw. Eigentumsübergänge aufgrund staatlicher Enteignungen, können selbstverständlich nicht dem Terminus der Schenkung subsumiert werden.

139 Zu den juristischen Grundlagen der Schenkung gemäß §§ 516 ff. BGB vgl. eingehend *STENGER*, Erbfolge (2005), S. 222-224. Rechtliche Sonderformen, wie bspw. die „gemischte Schenkung", bei der Leistung und Gegenleistung in einem Mißverhältnis stehen, werden im folgenden nicht betrachtet. Vgl. zu den Sonderformen der Schenkung bspw. *VON SOTHEN*, Steuerrecht (2005), S. 928-930, *STENGER*, Erbfolge (2005), S. 228-230, *IVENS*, Vermögensnachfolge (2012), S. 454-456 und 843.

140 Vgl. hierzu auch *HABIG/BERNINGHAUS*, Nachfolge im Familienunternehmen (2010), S. 171 und 210 f., *LORZ/KIRCHDÖRFER*, Unternehmensnachfolge (2011), S. 31.

dann aus betriebswirtschaftlicher Sicht zu verneinen, wenn schenkungsteuerliche Aspekte in die Analyse der Nachfolge durch Schenkung integriert werden. Sieht sich der Beschenkte gezwungen, aufgrund der Eigentumsübertragung Schenkungsteuer zu zahlen, so kann ihre Entrichtung analog zur Erbschaftsteuer infolge der Vererbung als Entgelt gedeutet werden, das der Beschenkte als Gegenleistung für das Unternehmen – zwar nicht gegenüber dem bisherigen Eigentümer, aber dem Staat – aufbringen muß.

Da Schenkung und Vererbung im Rahmen des ErbStG als strukturgleiche Eigentumsübertragungen behandelt werden, gelten die bereits geschilderten erbschaftsteuerlichen Regelungen grundsätzlich ebenfalls gemäß § 1 Abs. 2 ErbStG für die Ermittlung der schenkungsteuerlichen Belastung des Nachfolgers. Trotz dieser daraus resultierenden weitgehenden Deckungsgleichheit erbschaft- und schenkungsteuerlicher Verpflichtungen bestehen allerdings einige wenige Unterschiede im Hinblick auf die Ermittlung beider Steuerarten, die im folgenden eine kurze Darstellung erfahren sollen:

1. Die im Falle der Vererbung der Steuerklasse I subsumierten Eltern und Voreltern des sein Vermögen übertragenden Wirtschaftssubjekts werden bei der Schenkung statt dessen der Steuerklasse II zugeordnet (§ 15 Abs. 1 ErbStG).[141]

2. Besonderheiten bestehen ferner bei der Übertragung von Unternehmensvermögen. Diese betreffen zum einen die Bestimmung des Umfangs (nicht) begünstigten Vermögens, da die Nutzung der Investitionsklausel gemäß § 13b Abs. 5 ErbStG auf den Erbfall begrenzt ist.[142] Zum anderen können die Beschenkten zwar unter den gleichen Voraussetzungen wie die Erben in den Genuß der speziellen Begünstigungen für Unternehmensvermögen kommen, doch es sind abweichende Gestaltungsmöglichkeiten zu beachten. So kann der Abzugsbetrag nach Maßgabe des § 13a Abs. 2 ErbStG in Höhe von 150.000 Euro im Falle der Vererbung nur einmal genutzt werden, während der Nachfolger den Abzugsbetrag bei der Schenkung gemäß § 13a Abs. 2 Satz 3 ErbStG mehrfach in Anspruch zu nehmen vermag, wenn die Übertragung zeitlich gestreckt erfolgt und ein Zeitraum von jeweils mindestens zehn Jahren zwischen den einzelnen Schenkungsvorgän-

---

141 Zu den daraus resultierenden Konsequenzen vgl. *Olbrich*, Unternehmungsnachfolge (2014), S. 44.
142 Vgl. auch *Reich*, Unternehmenserbschaftsteuerrecht (2016), S. 2648, *Steger/Königer*, Erbschaftsteueranpassungsgesetz (2016), S. 1322, *Weinmann*, Erbschaft- und Schenkungsteuergesetz (2016), S. 84, *Institut der Wirtschaftsprüfer*, Erbschaftsteuer (2017), S. 70-73.

gen liegt.[143] Die Zehn-Jahres-Frist ist auch hinsichtlich der für die Anwendbarkeit der Regel- bzw. Optionsverschonung entscheidenden Grenze von 26 Mio. Euro von Bedeutung, da bei mehreren Übertragungen von Unternehmensvermögen innerhalb von zehn Jahren diese zusammenzurechnen sind (§ 13a Abs. 1 Satz 2 ErbStG). Dies hat zur Folge, daß bei einer Überschreitung der 26-Mio.-Euro-Grenze nachträglich ein sog. Großerwerb vorliegt, so daß nur noch das Modell des abschmelzenden Verschonungsabschlags nach § 13c ErbStG und die Verschonungsbedarfsprüfung nach § 28a ErbStG in Betracht kommen.[144] Für den Fall, daß das begünstigte Unternehmensvermögen mehr als 26 Mio. Euro, aber weniger als 90 Mio. Euro beträgt, kann durch eine entsprechende zeitliche Staffelung der Übertragung die Verringerung des Verschonungsabschlags abgemildert werden, da gemäß § 13c Abs. 2 Satz 2 ErbStG bei der Bestimmung des Verschonungsabschlags alle innerhalb der letzten zehn Jahre von derselben Person anfallenden Erwerbe zusammenzurechnen sind.[145] Zudem kann durch Schenkungen im Zehn-Jahres-Rhythmus ggf. verhindert werden, daß das begünstigte Unternehmensvermögen mehr als 90 Mio. Euro beträgt und somit neben der Verschonungsbedarfsprüfung die Option des abschmelzenden Verschonungsabschlags erhalten bleibt. Nicht zuletzt ist im Hinblick auf die steuerliche Begünstigung von Unternehmensvermögen zu beachten, daß der rückwirkende Wegfall des im Rahmen der Verschonungsbedarfsprüfung eingeräumten Steuererlasses vermieden werden kann, indem der Nachfolger innerhalb von zehn Jahren nach dem Steuerentstehungszeitpunkt kein weiteres verfügbares Vermögen im Sinne des § 28a Abs. 2 ErbStG durch Schenkung oder von Todes wegen erhält (§ 28a Abs. 4 Satz 1 Nr. 3 ErbStG).[146]

3. Die persönlichen Freibeträge gemäß § 16 ErbStG können im Erbfall nur einmal geltend gemacht werden, sind im Zuge zeitlich gestreckter Schenkungen aber nach § 14 Abs. 1 ErbStG mehrmals nutzbar, wenn zwischen den einzelnen Schen-

---

143 Zu § 13a Abs. 2 Satz 3 ErbStG vgl. *KUßMAUL*, Steuerlehre (2014), S. 415, *WEINMANN*, Erbschaft- und Schenkungsteuergesetz (2016), S. 34, *INSTITUT DER WIRTSCHAFTSPRÜFER*, Erbschaftsteuer (2017), S. 18 sowie kritisch *MEINCKE*, Erbschaftsteuergesetz (2012), S. 508 f.
144 Vgl. ausführlich *HANNES*, Erbschaftsteuerreform (2016), S. 559, *WEINMANN*, Erbschaft- und Schenkungsteuergesetz (2016), S. 31-33 und 102-106, *INSTITUT DER WIRTSCHAFTSPRÜFER*, Erbschaftsteuer (2017), S. 15 f., 95-97 und 100-102.
145 Zur Abschmelzung des Verschonungsabschlags vgl. *WEINMANN*, Erbschaft- und Schenkungsteuergesetz (2016), S. 104-106, *INSTITUT DER WIRTSCHAFTSPRÜFER*, Erbschaftsteuer (2017), S. 95-97 und 100-102.
146 Zu § 28a Abs. 1 Satz 1 Nr. 3 ErbStG vgl. auch *WEINMANN*, Erbschaft- und Schenkungsteuergesetz (2016), S. 147 f., *INSTITUT DER WIRTSCHAFTSPRÜFER*, Erbschaftsteuer (2017), S. 119.

kungsvorgängen Zeitabstände von jeweils mindestens zehn Jahren eingehalten werden.[147]

4. Die in den Punkten 2 und 3 dargestellte Bedeutung des Zehn-Jahres-Zeitraums zeitlich gestreckter Schenkungen ist gemäß § 14 Abs. 1 ErbStG ebenfalls für die Ermittlung des Umfangs des Wertes des steuerpflichtigen Erwerbs relevant: Wird die genannte Zeitspanne durch den Schenker eingehalten, erfolgt keine Zusammenrechnung der mit den einzelnen Schenkungsvorgängen einhergehenden Werte des steuerpflichtigen Erwerbs bei der Bestimmung der Steuerlast der Beschenkten. Von Bedeutung ist die geschilderte Regelung insofern, als sich die Schenkungssteuer nach § 19 Abs. 1 ErbStG durch einen progressiv[148] steigenden Tarif auszeichnet und sich der jeweils anzuwendende Steuersatz aus der Höhe des Wertes des steuerpflichtigen Erwerbs ergibt. Im Gegensatz zur Vererbung ist es im Falle der Schenkung damit möglich, durch eine zeitliche Streckung in den Genuß eines niedrigeren Tarifs zu kommen und die progressiv gestaltete Steuerbelastung damit abzumildern.[149]

3.2.2.3 Stiftung

Die Stiftung nach §§ 80 ff. BGB stellt eine rechtsfähige Organisation privaten Rechts[150] dar, die mit Hilfe eines ihr gewidmeten Vermögens einen bestimmten, in

---

147 Vgl. *ALBACH/FREUND*, Unternehmenskontinuität (1989), S. 212, *PÖLLATH/WILLIBALD*, Steuerliche Aspekte (1991), S. 539, *ESSER/BRAUNSCHWEIG*, Firma und Steuern (1995), S. 12, *SCHILD-PLININGER*, Übertragung von Betriebsvermögen (1998), S. 14, 76 und 97-100, *WEINLÄDER*, Unternehmensnachfolge (1998), S. 120, *DEHMER*, Unternehmernachfolge in der Steuerberatung (1999), S. 230 und 232 f., *SCHINDHELM*, Rechtliche Gestaltung (2000), S. 85, *VON SOTHEN*, Steuerrecht (2005), S. 870 f., *SCHNEELOCH*, Mittelständische Unternehmen (2006), S. 147, *HABIG/BERNINGHAUS*, Nachfolge im Familienunternehmen (2010), S. 209, *ESSKANDARI/FRANCK/KÜNNEMANN*, Unternehmensnachfolge (2012), S. 81, *MEINCKE*, Erbschaftsteuergesetz (2012), S. 6, *KUßMAUL*, Steuerlehre (2014), S. 416, *SCHNEELOCH/MEYERING/PATEK*, Substanzsteuern (2017), S. 50 f.
148 *KUßMAUL*, Steuerlehre (2014), S. 418 bezeichnet den Tarif treffend als „in doppelter Hinsicht progressiv" (im Original teils fett gedruckt), da er nicht nur in Abhängigkeit zur Höhe des Erwerbs, sondern auch zur Steuerklasse steigt.
149 Vgl. *PÖLLATH/WILLIBALD*, Steuerliche Aspekte (1991), S. 539, *SCHNEELOCH*, Steuerbelastungsvergleich (1993), Sp. 4026, *ESSER/BRAUNSCHWEIG*, Firma und Steuern (1995), S. 12, *HORSTMANN*, Gestaltung der Erbschaftsteuerbelastung (1998), S. 442 f., *SCHILD-PLININGER*, Übertragung von Betriebsvermögen (1998), S. 14, 76 und 100-109, *SCHINDHELM*, Rechtliche Gestaltung (2000), S. 85, *SCHNEELOCH*, Mittelständische Unternehmen (2006), S. 147, *HABIG/BERNINGHAUS*, Nachfolge im Familienunternehmen (2010), S. 209, *SCHNEELOCH/MEYERING/PATEK*, Substanzsteuern (2017), S. 50 f.
150 Auf die ebenfalls anzutreffenden Erscheinungsformen der Stiftung als *nichtrechtsfähige* Stiftungen des privaten Rechts sowie Stiftungen des *öffentlichen* Rechts wird im weiteren nicht eingegangen. Vgl. hierzu bspw. *MAIER*, Besteuerung der Stiftung (2001), S. 495 f.

ihrer Satzung festgelegten Zweck verfolgt. Es handelt sich bei ihr um eine juristische Person, an der – im Gegensatz bspw. zur Kapitalgesellschaft – keinerlei Anteilseigner Beteiligungen halten, so daß sie ihrer Zweckerfüllung unabhängig von ihrem Vermögensgeber in Form des Stifters oder dritten Personen selbständig nachgeht.[151] Geführt wird die Stiftung gemäß § 86 i.V.m § 26 BGB durch einen Vorstand, dem – nach Maßgabe des Willens des Stifters – weitere Organe mit speziellen Verwaltungs- und Kontrollfunktionen, wie z.B. ein Beirat oder Kuratorium, an die Seite gestellt werden können.[152]

Im Zuge der Nachfolge überträgt der Unternehmenseigner seinen Betrieb entweder bereits zu Lebzeiten („Stiftung unter Lebenden", §§ 80, 81 BGB) oder bei seinem Tod („Stiftung von Todes wegen", §§ 80, 83 BGB) einer Stiftung, die daraufhin den neuen Eigentümer des Unternehmens darstellt. Im Hinblick auf die Stiftung selbst können in diesem Zusammenhang zwei *Unterfälle* differenziert werden:

1. Zum einen ist es denkbar, daß der Eigentümer seinen Betrieb einer *bereits beste-henden Stiftung* überträgt. Eine derartige Vorgehensweise setzt allerdings voraus, daß sich der Eigentümer mit dem Zweck einverstanden erklärt, den die Stiftung verfolgt. Ist eine solche Deckung zwischen der Zielsetzung des Eigners und dem Stiftungszweck nicht gegeben, wird er von der Übertragung seines Betriebes Abstand nehmen, da er aufgrund der bereits skizzierten Unabhängigkeit der Stiftung grundsätzlich keinerlei Möglichkeit hat, auf eine Änderung des Stif-tungszwecks hinzuwirken.

2. Zum anderen vermag der Unternehmenseigner selbst eine *Stiftung zu errichten*, der er seinen Betrieb übergibt. Im Gegensatz zu der unter Punkt 1 erläuterten Konstellation ist der Eigentümer als Stiftungsgründer in diesem Fall in der Lage, den Stiftungszweck nach Maßgabe seiner eigenen subjektiven Vorstellungen individuell zu bestimmen, um die größtmögliche Deckung zwischen seiner eige-nen Zielsetzung und jener der Stiftung sicherzustellen.

In Abhängigkeit von der jeweiligen Zwecksetzung des Unternehmenseigners im Zuge der Punkt 2 subsumierten Stiftungsgründung können insbesondere zwei Stif-

---

151 Vgl. zum Begriff der Stiftung DEHMER, Unternehmernachfolge in der Steuerberatung (1999), S. 225, KUßMAUL/MEYERING, Stiftung (2004), S. 7, FRONING, Gestaltungsmöglichkeiten (2005), S. 410 f. und 607, STENGER, Erbfolge (2005), S. 322 f., HABIG/BERNINGHAUS, Nachfolge im Familienunterneh-men (2010), S. 119.
152 Zu den Organen der Stiftung vgl. die überblicksartigen Darstellungen bei FRONING, Gestaltungs-möglichkeiten (2005), S. 614 sowie OLBRICH, D&O-Versicherung (2007), S. 94-98 und die dort jeweils angegebene Literatur. KUßMAUL/MEYERING, Stiftung (2004), S. 8 f. arbeiten zudem die dem Umfeld der Stiftung zu subsumierenden Parteien heraus.

tungsarten unterschieden werden: Sucht der Eigentümer mit Hilfe seiner Stiftung das Gemeinwohl zu fördern, handelt es sich entsprechend um eine *„Gemeinnützige Stiftung"*. Das Kriterium der Gemeinnützigkeit ist nach § 52 Abs. 1 Satz 1 AO gegeben bei einer Tätigkeit, die dazu dient, „die Allgemeinheit auf materiellem, geistigem oder sittlichem Gebiet selbstlos zu fördern".[153] Die Gemeinnützige Stiftung genießt zwar umfassende Steuerbefreiungen, darf aber – um ihren gemeinnützigen Charakter nicht zu gefährden – ihr mit dem Unternehmen erzieltes Einkommen gemäß § 58 Nr. 5 AO lediglich zu maximal einem Drittel dem Stifter oder seinem Verbund mit anderen Wirtschaftssubjekten – wie bspw. seiner Familie – zukommen lassen.[154] Für einen das Ziel der Maximierung seines eigenen Gewinns oder des Gewinns seines Verbundes anstrebenden Unternehmenseigner ist die Gemeinnützige Stiftung folglich in aller Regel ungeeignet; sie soll im weiteren daher keine eingehendere Betrachtung erfahren.

Besteht der durch den Unternehmenseigner in der Stiftungssatzung festgelegte Zweck dagegen darin, einen abgegrenzten, nicht grundsätzlich jedem zugänglichen Kreis von Wirtschaftssubjekten mit den zukünftig durch die Stiftung vereinnahmten betrieblichen Erfolgen zu bedenken, liegt eine *„Privatnützige Stiftung"* vor: Sie zeichnet sich dadurch aus, daß dem bisherigen Eigentümer und – falls vorhanden – seinem Verbund mit anderen Wirtschaftssubjekten aufgrund der Übertragung des Betriebes an die Stiftung zwar grundsätzlich kein Zugriff mehr auf das Unternehmensvermögen möglich ist, die daraus resultierenden Gewinne gemäß dem Stiftungszweck aber vereinnahmt werden können.[155] Die jeweilige Ausgestaltung der Erfolgszuwendungen an den Stifter und seinen Verbund ergibt sich dabei aus den durch den Stifter festgelegten Regelungen der Stiftungssatzung. Ein Beispiel der Privatnützigen Stiftung stellt der Fall der sog. „Familienstiftung" dar, bei der die Angehörigen des Stifters – und ggf. der Stifter selbst – in den Genuß der durch die Stiftung erwirtschafteten Unternehmensgewinne gelangen.[156]

---

153 Beispiele für gemeinnützige Zwecke sind u.a. die Förderung der Wissenschaft oder der Kunst, vgl. § 52 Abs. 2 Satz 1 AO sowie *RIEDEL*, Unternehmensnachfolge (2000), S. 55, *KUßMAUL/MEYERING*, Gemeinnützige Stiftung (2004), S. 92, *HABIG/BERNINGHAUS*, Nachfolge im Familienunternehmen (2010), S. 119.

154 Vgl. zur Besteuerung und dem möglichen Ausmaß der Verbundzuwendungen im Falle der Gemeinnützigen Stiftung eingehend *WEINLÄDER*, Unternehmensnachfolge (1998), S. 78 f., *RIEDEL*, Unternehmensnachfolge (2000), S. 55 f., *SCHINDHELM*, Rechtliche Gestaltung (2000), S. 91 f., *MAIER*, Besteuerung der Stiftung (2001), S. 498-504, *KUßMAUL/MEYERING*, Gemeinnützige Stiftung (2004), S. 93-100, *HABIG/BERNINGHAUS*, Nachfolge im Familienunternehmen (2010), S. 119 und 252 f.

155 Vgl. zu den Charakteristika der Privatnützigen Stiftung den eingehenden Überblick bei *SCHWINTEK*, Rechtsfähige Stiftungen (2001), S. 36 f. und die dort angeführte Literatur.

156 Vgl. zur Unternehmensnachfolge mittels Familienstiftung insbesondere *WEINLÄDER*, Unternehmensnachfolge (1998), S. 78, *RIEDEL*, Unternehmensnachfolge (2000), S. 55 f., *MAIER*, Besteuerung der Stiftung (2001), S. 496 f., *FRONING*, Gestaltungsmöglichkeiten (2005), S. 608, *HABIG/BERNINGHAUS*,

Möglich ist es auch, Gemeinnützige Stiftung und Privatnützige Stiftung miteinander zu kombinieren: Im Rahmen einer solchen *„Doppelstiftung"* wird ein Teil der Unternehmensanteile auf eine Privatnützige Stiftung übertragen; die an diese Stiftung gehenden Anteile werden dabei mit einem Stimmrechtsumfang ausgestattet, der dem Eigner und seinem Verbund mit anderen Wirtschaftssubjekten auch in Zukunft einen ausreichenden Einfluß auf die Gesellschaft ermöglicht. Grundsätzlich werden dabei nur so viele Anteile an die Privatnützige Stiftung gegeben, wie es für die wirtschaftliche Versorgung von Eigner und Verbund durch Erfolge des Unternehmens notwendig ist. Die restlichen, wesentlichen Anteile der Gesellschaft werden dagegen an eine Gemeinnützige Stiftung übertragen, um den Vorteil der mit ihr verbundenen Steuerbefreiungen nutzen zu können.[157]

Angesichts des erläuterten Vorgangs der Unternehmensnachfolge im Wege der Stiftung wird deutlich, daß sie erhebliche Parallelen zu den beiden oben bereits vorgestellten Nachfolgeformen aufweist: Interpretiert man die Stiftung als Wirtschaftssubjekt in Gestalt eines Erben, weist die Unternehmensübertragung im Rahmen der Stiftung von Todes wegen Züge der Vererbung auf; wird die Stiftung dagegen als Beschenkter gesehen, kann die Stiftung unter Lebenden als Nachfolge in Form der Schenkung gedeutet werden. Die skizzierte Strukturgleichheit der Stiftung im Vergleich mit Vererbung und Schenkung zeigt sich ebenfalls im Hinblick auf die Pflichtteilsproblematik: Überträgt der Erblasser sein Vermögen auf eine Stiftung von Todes wegen, ohne ebenfalls den Pflichtteilsberechtigten ihren jeweiligen Mindestanteil am Nachlaß zukommen zu lassen, können diese ihren Pflichtteilsanspruch gegenüber der Stiftung geltend machen. Gleiches gilt analog im Hinblick auf Pflichtteilsergänzungsansprüche im Falle der Stiftung unter Lebenden.[158]

Die angeführten Parallelen zu den Alternativen sowohl der Vererbung als auch der Schenkung bejaht auch das ErbStG und unterzieht die Vermögensübertragung auf eine Stiftung[159] daher gemäß § 1 Abs. 1 Nr. 1 und 2 i.V.m. § 3 Abs. 2 Nr. 1 und § 7 Abs. 1 Nr. 8 ErbStG einer diesen beiden Nachfolgewegen entsprechenden Besteuerung.[160]

Nachfolge im Familienunternehmen (2010), S. 118 f. und 250 f. Einen gelungenen Überblick über die steuerrechtlichen Abgrenzungen des Begriffs der Familienstiftung geben *Kußmaul/Meyering*, Familienstiftung (2004), S. 136.

157 Vgl. hierzu *Maier*, Besteuerung der Stiftung (2001), S. 497, ferner auch *Weinläder*, Unternehmensnachfolge (1998), S. 79.

158 Vgl. hierzu *Götz*, Instrument der Unternehmensnachfolge (2000), S. 2871 f.

159 Wird in den weiteren Ausführungen der Begriff der „Stiftung" verwandt, ist damit stets die Privatnützige Stiftung gemeint.

160 Vgl. zur Belastung der Privatnützigen Stiftung mit Erbschaft- respektive Schenkungsteuer *Pöllath/Willibald*, Steuerliche Aspekte (1991), S. 541, *Weinläder*, Unternehmensnachfolge (1998), S. 78 f., *Riedel*, Unternehmensnachfolge (2000), S. 55, *Schindhelm*, Rechtliche Gestaltung (2000),

Die Vermögensübertragung auf eine Stiftung unterliegt grundsätzlich einer Besteuerung nach Steuerklasse III (§ 15 Abs. 1 ErbStG). Handelt es sich jedoch um eine Familienstiftung, stehen der im Zuge der Steuerlastbemessung anzuwendende Tarif und der von der Bemessungsgrundlage abzuziehende persönliche Freibetrag dabei nach § 15 Abs. 2 Satz 1 ErbStG in Abhängigkeit zu den von dem Stifter bestimmten Angehörigen, die durch die Stiftung Zuwendungen erhalten werden: Maßgeblich sind jener Steuersatz und Freibetrag, die sich aus der Steuerklasse desjenigen Begünstigten ergeben, der das entfernteste Angehörigkeitsverhältnis zu dem Stifter aufweist. Neben einer solchen Besteuerung der Vermögensübertragung selbst muß die Stiftung in Gestalt der Familienstiftung darüber hinaus gemäß § 1 Abs. 1 Nr. 4 ErbStG im Abstand von jeweils 30 Jahren die sog. „Erbersatzsteuer" entrichten. Das Stiftungsvermögen wird in diesem Zusammenhang einer Besteuerung unterzogen, deren Umfang gemäß § 15 Abs. 2 Satz 3 ErbStG jener Steuerlast entspricht, die – im Hinblick auf Steuersatz und persönliche Freibeträge – entstünde, wenn das Vermögen von einem Erblasser auf zwei Kinder übergehen würde.[161] Die Verschonungsmodelle für begünstigtes Unternehmensvermögen finden im Falle der Erbersatzsteuer bei Familienstiftungen analog zur Vererbung und Schenkung Anwendung (§ 13a Abs. 11 ErbStG).[162]

3.2.3 Entgeltliche Übertragung des Unternehmens

Bei der entgeltlichen Übertragung des Unternehmens handelt es sich um die Unternehmensnachfolge in Form des Verkaufs. Sie zeichnet sich dadurch aus, daß der bisherige Eigentümer einen Preis von seiten des neuen Eigners als Gegenleistung für die Übertragung des Betriebes erhält.[163] Als Entgelt kann dabei sowohl eine Geldgröße als auch ein anderer Vermögensgegenstand, wie bspw. ein Aktienpaket oder eine Immobilie, zwischen Veräußerer und Erwerber vereinbart werden.[164] Der Käufer

---

S. 91, *KUßMAUL/MEYERING*, Privatnützige Stiftung (2004), *KUßMAUL/MEYERING*, Familienstiftung (2004), *VON SOTHEN*, Steuerrecht (2005), S. 822, *STENGER*, Erbfolge (2005), S. 323, *HABIG/BERNINGHAUS*, Nachfolge im Familienunternehmen (2010), S. 250 f., *MEINCKE*, Erbschaftsteuergesetz (2012), S. 27-33, 331 und 587 f.

161 Kritisch hierzu vgl. *MEINCKE*, Erbschaftsteuergesetz (2012), S. 331. Zur Erbersatzsteuer vgl. ferner *FRIELING*, Gestaltungsinstrument (2015), S. 217-224.

162 Vgl. *WEINMANN*, Erbschaft- und Schenkungsteuergesetz (2016), S. 51, 95, 106 f. und 150, *INSTITUT DER WIRTSCHAFTSPRÜFER*, Erbschaftsteuer (2017), S. 43, 103 und 106.

163 Die privatrechtlichen Grundlagen des Verkaufs finden sich in §§ 433 ff. BGB.

164 Die betriebswirtschaftlich ebenfalls dem Verkauf zu subsumierende Hingabe des Unternehmens gegen ein nichtmonetäres Entgelt wird juristisch nicht als Verkauf, sondern als Tausch gedeutet. Auf den Tausch finden gemäß § 480 BGB ebenfalls die Vorschriften der §§ 433 ff. BGB Anwendung.

vermag es – je nach Absprache der Vertragsparteien – sowohl unmittelbar als Ganzes als auch in Gestalt mehrerer zeitlich gestreckter Raten zu entrichten.

Ob der sich aus dem Preis abzüglich der Veräußerungskosten ergebende Gewinn, den der Verkäufer aufgrund der Transaktion vereinnahmt, dabei der Einkommen- respektive Körperschaftsteuer sowie der Gewerbeertragsteuer unterliegt, ist zunächst abhängig von der Art des bisherigen Eigentümers.[165] Darüber hinaus beeinflußt das Rechtskleid des verkauften Unternehmens die steuerlichen Folgen. Trennt sich der Verkäufer von einem Einzelunternehmen, einem Anteil an einer Personengesellschaft oder einer Komplementärbeteiligung an einer Kommanditgesellschaft auf Aktien (KGaA), ist ferner insbesondere nach der Art des bisherigen Eigentümers, dem Verkauf seines Eigentums an dem Unternehmen im ganzen oder in Teilen sowie dem Zeitrahmen des Verkaufs zu differenzieren. Hält der Verkäufer Eigentum in Form einer Beteiligung an einer Aktiengesellschaft (AG), einer Gesellschaft mit beschränkter Haftung (GmbH) oder eines Kommanditanteils an einer KGaA, werden die ertragsteuerlichen Konsequenzen zum einen durch die Größe seiner Beteiligung, die Vermögenssphäre, in der das Eigentum gehalten wird, sowie die Haltedauer bestimmt. Zum anderen spielt die – im Abschnitt 3.3.2 noch näher zu erläuternde – Umsetzungsart der Unternehmensnachfolge, d.h. ob es sich um eine Übertragung der Anteile (englisch als „share deal" bezeichnet) oder der Wirtschaftsgüter (englisch als „asset deal" bezeichnet) der Kapitalgesellschaft handelt, eine Rolle.

Betriebswirtschaftlich ebenfalls als Verkauf[166] zu deuten und damit diesem Nachfolgeweg zu subsumieren sind jene Betriebsübergaben, bei denen sich der neue Eigentümer bereit erklärt, das dafür zu zahlende Entgelt in Form *zeitlich gestreckter, wiederkehrender Leistungen* an den Verkäufer oder Angehörige des Verkäufers, wie

---

165 Eingehend, auch im folgenden, *OLBRICH*, Unternehmungsnachfolge (2014), S. 49-59 und die dort angegebene Literatur. Zu den ertragsteuerlichen Belastungen des Veräußerungsgewinns vgl. ebenfalls *SCHNEELOCH*, Betriebliche Steuerpolitik (2009), S. 368-370, *KUSSMAUL*, Steuerlehre (2014), S. 550-559, *SCHNEELOCH/MEYERING/PATEK*, Grundlagen (2016), S. 71-76.
166 Im Gegensatz zu der hier vorgenommenen *betriebswirtschaftlichen* Qualifizierung der Betriebsübergabe gegen wiederkehrende Leistungen als Verkauf werden derartige Vorgänge zivil- und steuerrechtlich außerordentlich differenziert bewertet und in Abhängigkeit von ihrer jeweiligen Ausgestaltung oftmals nicht der Unternehmensveräußerung zugeordnet. Dementsprechend unterschiedlich sind auch die jeweiligen steuerlichen Konsequenzen, die mit einer Betriebsübergabe gegen wiederkehrende Leistungen einhergehen können. Vgl. hierzu eingehend *VON SOTHEN*, Steuerrecht (2005), S. 904 f. und 946-984, *STENGER*, Erbfolge (2005), S. 261-268, *SCHNEELOCH/MEYERING/PATEK*, Steuerliche Gewinnermittlung (2017), S. 176 ff., ferner auch *RIEDEL*, Unternehmensnachfolge (2000), S. 67 f., *HABIG/BERNINGHAUS*, Nachfolge im Familienunternehmen (2010), S. 226 f. Eine eingehende Analyse des Zusammenhangs zwischen Gestaltung der Entgeltzahlung und Bemessung des Werts des zu übereignenden Unternehmens findet sich bei *TOLL*, Zahlungsmodalitäten (2011).

bspw. seine Ehefrau, zu entrichten. Im Hinblick auf die jeweilige Höhe der – häufig bis zum Lebensende des Empfängers – periodisch zu gewährenden Leistung lassen sich dabei zwei Formen differenzieren: Zum einen kann der Umfang der einzelnen Zahlungen – wie u.a. im Falle der „dauernden Last"[167] – in Abhängigkeit von der jeweiligen Erfolgsstärke des Unternehmens stehen, sich also z.B. in Form eines Prozentsatzes des Jahresgewinns ergeben. Zum anderen vermögen die periodisch fälligen Zahlungen – exemplarisch kann hierfür die „Leibrente"[168] angeführt werden – fixer Natur und damit unabhängig von der Erfolgsträchtigkeit des Betriebs zu sein. Während von ersterer Gestaltung der Leistungsempfänger bei einer positiven und der Leistungsgeber bei einer negativen Unternehmensentwicklung profitiert, gilt dies vice versa für die zweite Konstellation.

Der dargestellte Unternehmensverkauf zu einem Preis in Form wiederkehrender Leistungen kann dabei auch als *Spezialfall* eines Verkaufs zu einem *Preis in Raten* gedeutet werden. Während bei einem „gewöhnlichen" Verkauf zu einem Preis in Raten in aller Regel ein fixer Gesamtpreis in fixe Teilzahlungen zerlegt wird, die über einen festgelegten Zeitraum periodisch zu entrichten sind, ist der Spezialfall des Preises in Form wiederkehrender Leistungen dagegen meist mindestens durch eines der beiden folgenden Charakteristika geprägt:

1. Ist der Betrag der periodisch zu leistenden Zahlung abhängig von der dabei jeweils vorliegenden Erfolgsstärke des Unternehmens, kann sich der Umfang der einzelnen Rate damit im Zeitablauf verändern. Ein derartiges Charakteristikum der *Unsicherheit über die Ratenhöhe* fehlt in aller Regel im Falle des gewöhnlichen Preises in Raten, bei dem das Ausmaß der einzelnen Zahlungen bereits ex ante zwischen Käufer und Verkäufer vertraglich festgelegt wird. Zu beachten ist allerdings, daß auch bei gewöhnlichen Kaufpreiszahlungen in Raten in Ausnahmefällen vertragliche Vereinbarungen denkbar sind, die eine Variabilität der Einzelzahlungen bedingen; so können die Teilentgelte bspw. an die jeweilige Inflationsrate angepaßt werden.

2. Die Entrichtung der wiederkehrenden Leistungen kann ebenfalls an die Lebensdauer des Empfängers gekoppelt werden. Neben der ausschließlichen Abhängigkeit der Zahlungen von der Lebensdauer des Empfängers vermögen die Vertragsparteien dabei auch eine Höchst- oder Mindestlaufzeit zu vereinbaren. Bei erste-

---

167 Vgl. zum Begriff der „dauernden Last" SCHNEELOCH/MEYERING/PATEK, Steuerliche Gewinnermittlung (2017), S. 179, 181 ff., ferner STENGER, Erbfolge (2005), S. 265 f.
168 Zum Terminus der „Leibrente" vgl. SCHNEELOCH/MEYERING/PATEK, Steuerliche Gewinnermittlung (2017), S. 178 ff., ferner STENGER, Erbfolge (2005), S. 264 f., HABIG/BERNINGHAUS, Nachfolge im Familienunternehmen (2010), S. 226 f.

rer stellt der Käufer seine Zahlungen im Falle eines noch lebenden Leistungsempfängers bei Erreichen der vereinbarten Zeitgrenze ein. Bei letzterer muß der
Käufer im Falle des vorzeitigen Ablebens des Leistungsempfängers Zahlungen
weiterhin bis zur vereinbarten Zeitgrenze – z.B. an die Erben des Leistungsempfängers – entrichten.[169]

Unabhängig von der konkreten Ausgestaltung im Einzelfall wissen beide Transakti-
onsparteien bei einer Kopplung der Leistungen an die Lebensdauer bei Vertragsab-
schluß nicht, über welchen Gesamtzeitraum die periodischen Zahlungen zu leisten
sind; auch Höchst- oder Mindestlaufzeiten vermögen lediglich Ober- oder Unter-
grenzen festzulegen. Das damit vorliegende Charakteristikum der *Unsicherheit über
die Ratenanzahl* ist im Zusammenhang mit einer gewöhnlichen Vereinbarung eines
Preises in Raten im allgemeinen nicht anzutreffen, da die Dauer der Ratenzahlun-
gen und damit die Gesamtzahl der Raten meist im vorhinein zwischen Käufer und
Verkäufer eine vertragliche Fixierung erfahren. Allerdings sind auch bei Vereinbarungen einer gewöhnlichen Ratenzahlung in Ausnahmefällen Regelungen denkbar,
die die Gesamtzahl der Raten ex ante offen lassen. So kann bspw. bei der Veräußerung eines Unternehmens mit kontaminiertem Grundstück zwischen Käufer und
Verkäufer dann eine Kürzung der Ratenanzahl vertraglich vorgesehen werden,
wenn sich nach dem Eigentumsübergang herausstellt, daß die Beseitigung der
Bodenverschmutzung für den neuen Eigner mit erheblichem Sanierungsaufwand
einhergeht.[170]

Aufgabe 3

Erläutern Sie vor dem Hintergrund der Ausführungen zu Nachfolgeursachen und Nachfolgeformen,
inwiefern eine familienunabhängige Nachfolgedefinition eine zweckmäßige Grundlage für die Analyse der Nachfolgeproblematik darstellt!

3.2.4 Komplexität der Formwahl

Die vorausgegangenen Ausführungen zur Formwahl haben deutlich gemacht, daß
dem Unternehmenseigner eine Vielzahl möglicher Formen der Nachfolge offensteht.
Dabei wurde gezeigt, daß der Eigentümer nicht nur zwischen den Wegen der entgeltlichen und unentgeltlichen Betriebsübertragung zu wählen hat, sondern im
Rahmen der unentgeltlichen Nachfolge darüber hinaus die Unterfälle der Vererbung, Schenkung und Stiftung differenzieren muß, die er alternativ zu dem Verkauf

---

169 Vgl. hierzu u.a. *STENGER*, Erbfolge (2000), S. 290.
170 Vgl. zu dieser Problematik eingehend *TILLMANN*, Grundstückskontaminationen (1998).

seines Betriebes verwirklichen kann. Einen Überblick über die dargestellten Nachfolgeformen und ihre Merkmalsausprägungen in bezug auf Gegenleistung des Empfängers, Art des Eigentümers und – im Falle einer natürlichen Person als Eigentümer – Zeitpunkt der Übertragung gibt die folgende Abbildung 3.

Nachfolgeformen \\ Merkmale	Vererbung	Schenkung	Stiftung	Verkauf
Gegenleistung des Empfängers	Unentgeltlich, aber Erbschaftsteuer an Fiskus	Unentgeltlich, aber Schenkungsteuer an Fiskus	Unentgeltlich, aber Erbschaft- bzw. Schenkungsteuer an Fiskus; im Falle der Familienstiftung zusätzlich Erbersatzsteuer alle 30 Jahre	Entgeltlich, Preis als Einmalzahlung oder Ratenzahlung
Art des übertragenden Eigentümers	Natürliche Person	Natürliche Person oder institutioneller Eigner	Natürliche Person oder institutioneller Eigner (bei letzterem nicht als Stiftung von Todes wegen)	Natürliche Person oder institutioneller Eigner
Übertragungszeitpunkt bei natürlicher Person als Eigner	Im Todesfall	Zu Lebzeiten	Zu Lebzeiten oder im Todesfall	Zu Lebzeiten

Abb. 3: Formen der Unternehmensnachfolge

Aufgrund der Vielzahl der Nachfolgeformen und der mit ihnen jeweils verbundenen unterschiedlichen Konsequenzen stellt die Entscheidung des Eigners für den von ihm einzuschlagenden Übertragungsweg eine äußerst anspruchsvolle betriebswirtschaftliche Problematik dar. Verschärft wird die Komplexität der Entscheidung für die Nachfolgeform dabei durch die vielfältigen Gestaltungsmöglichkeiten, die dem Eigner im Zuge der einzelnen Übertragungswege als Maßnahmen zur Verfügung stehen, um sein Nachfolgeziel so weitgehend wie möglich zu erreichen.

3.3 Gestaltung der Unternehmensnachfolge

3.3.1 Entscheidung für die Nachfolgegestaltung[171]

Hat der Eigentümer durch den Vergleich der jeweiligen Erfolgsträchtigkeiten der möglichen Nachfolgewege die voraussichtlich gewinnmaximale Übertragungsform identifiziert, folgt die Entscheidung für die Nachfolgegestaltung. Der Terminus der *Nachfolgegestaltung* umfaßt dabei die Gesamtheit der Maßnahmen des Eigentümers, mit denen er die von ihm angestrebte Form der Betriebsübertragung zu realisieren sucht. Von Bedeutung ist die Entscheidung des Eigners für die Nachfolgegestaltung insofern, als es nicht einen einzigen, alternativenlosen Ablauf der Durchführung der Vererbung, Schenkung, Stiftung oder Veräußerung gibt, sondern vielmehr eine Vielzahl unterschiedlicher Maßnahmen existiert, mit denen die avisierte Nachfolgeform vollzogen werden kann.

Angesichts der diversen Möglichkeiten der Verwirklichung der Unternehmensübertragung muß der Eigentümer eine Wahl treffen, mit welchen Maßnahmen er den von ihm als sinnvoll erachteten Nachfolgeweg beschreiten will. Grundsätzlich kann im Hinblick auf diese Entscheidung für die Nachfolgegestaltung festgehalten werden, daß sich ein rational handelnder Eigentümer stets für die Durchführung jener Maßnahmen entschließen wird, die ihm oder seinem Verbund mit anderen Wirtschaftssubjekten, wie bspw. einem Konzern oder einer Familie, in der Zukunft den im Vergleich zu den übrigen alternativen Nachfolgemaßnahmen größten denkbaren Erfolg versprechen. Im Rahmen der Nachfolgegestaltung ist der Eigner also bestrebt, die ausgewählte Nachfolgeform vor dem Hintergrund seines individuellen Entscheidungsfeldes in jener Art und Weise zu verwirklichen, daß sein Ziel der Gewinnmaximierung so weit wie möglich erreicht wird. Da das gestalterische Potential der einzelnen Nachfolgeformen ihre jeweilige Erfolgsträchtigkeit beeinflußt, müssen die Entscheidung für die Nachfolgeform und die Entscheidung für die Nachfolgegestaltung nicht ausschließlich sukzessiv aufeinanderfolgen, sondern können durchaus *Interdependenzen* aufweisen: Zum einen vermag die Entscheidung für die Nachfolgeform bereits vor dem Hintergrund der jeweils denkbaren Gestaltungen getroffen zu werden, die die mit den Nachfolgeformen verbundenen Gewinne beeinflussen und somit auch für die Formwahl relevant sind. Zum anderen vermag der Eigner u.U. erst im Rahmen seiner Entscheidung für die Nachfolgegestaltung festzustellen, daß seine ursprünglich getroffene Formwahl im Vergleich zu anderen Nachfolgewegen nicht die erfolgsmaximale Gestaltung verspricht, so daß er seinen bereits gefällten Entschluß im Hinblick auf die Nachfolgeform revidieren muß.

---

[171] Die Ausführungen dieses Abschnitts stammen aus OLBRICH, Unternehmungsnachfolge (2014), S. 73-79.

Wie sich die dem Eigner offenstehenden Maßnahmen darstellen und strukturieren lassen, mit denen er die Nachfolgeform entsprechend seinem Ziel der Gewinnmaximierung zu gestalten vermag, wird im folgenden aufgezeigt. Eine eingehendere Erläuterung erfahren mögliche Gestaltungsmaßnahmen im Rahmen des Kapitels 4, dort bezogen auf die jeweilige Nachfolgeform. Es kann zwischen der Gestaltung *vor* und der Gestaltung *nach* Eigentumsübergang unterschieden werden: Gemeinsam ist den beiden Fällen subsumierten Maßnahmen, daß sie im Vorfeld des Vollzugs der Nachfolge durch den Eigner beschlossen werden, um eine möglichst erfolgversprechende Übertragung des Unternehmens sicherzustellen. Während die Maßnahmen der Gestaltung vor Eigentumsübergang allerdings die Vorbereitung von Betrieb und Nachfolger auf den Eignerwechsel oder die Durchführung des Eignerwechsels selbst betreffen und ihre Realisierung zeitlich somit vor dem Übergang des Unternehmens liegt oder diesen selbst zum Inhalt hat, werden die Maßnahmen der Gestaltung nach Eigentumsübergang erst im Anschluß an den Vollzug der Betriebsübertragung verwirklicht.

Für die Gestaltungsmaßnahmen vor Eigentumsübergang gilt, daß sie im Grundsatz drei verschiedene Zwecksetzungen verfolgen können, um eine möglichst erfolgversprechende Unternehmensübertragung sicherzustellen, und zwar die Maximierung des Erfolges der Unternehmensfortführung, die Maximierung des Erfolges der Unternehmensveräußerung sowie die Verringerung der im Zuge der Unternehmensübertragung anfallenden Steuerlast:[172]

1. Maßnahmen zur *Maximierung des Erfolges der Unternehmensfortführung* bieten sich dem Eigner stets dann an, wenn er den Betrieb in einer Form zu übertragen sucht, durch die dessen zukünftige Gewinne weiterhin ihm oder mit ihm verbundenen Wirtschaftssubjekten zufließen werden. Obwohl das Unternehmen aus seinem Portefeuille ausscheidet, hat er daher Interesse daran, daß es auch in den nach dem Eigentumsübergang liegenden Perioden attraktive Ergebnisse generieren wird. Der bisherige Eigentümer verfolgt vor diesem Hintergrund die Zielsetzung, durch Maßnahmen der Nachfolgegestaltung vor dem Übergang seines Eigentums sicherzustellen, daß sein Verbund mit anderen Wirtschaftssubjekten in Zukunft möglichst hohe Erfolge im Zuge der Unternehmensfortführung zu realisieren vermag. Um diese Aufgabe zu erfüllen, können die Aktivitäten des Eigners an drei unterschiedlichen Sachverhalten anknüpfen, und zwar den

---

172 Die Maßnahmen zur Maximierung von Fortführungs- und Veräußerungserfolg beziehen sich auf den Erfolg *ohne* Berücksichtigung steuerlicher Abzüge. Die hier vorgenommene Differenzierung zwischen (Brutto-)Erfolgswirkungen einerseits und Steuereffekten andererseits dient der Analyse der einzelnen denkbaren Ansatzpunkte der Gestaltungsmaßnahmen. Eine schlußendlich zu fällende Entscheidung über die durchzuführende Nachfolgegestaltung muß sich jedoch selbstverständlich stets an den Erfolgsaussichten nach Steuern orientieren.

Betriebsexterna, den Betriebsinterna und dem Eigentumsübergang selbst: Im Zuge der *betriebsexternen Maßnahmen* strebt der Eigentümer danach, die Stellung des Unternehmens auf seinen Absatz- und Beschaffungsmärkten möglichst erfolgversprechend zu gestalten, während die *betriebsinternen Maßnahmen* dazu dienen, den inneren Prozessen, Strukturen und kulturellen Werten und Normen des Unternehmens eine für den Nachfolger möglichst gewinnbringende Form zu geben. Die den *Eigentumsübergang betreffenden Maßnahmen* werden dazu eingesetzt, den Vorgang des Wechsels des Unternehmens in die Hände des Nachfolgers so erfolgsträchtig wie möglich zu gestalten.

2. Wird das Unternehmen veräußert, fließen seine zukünftigen Erfolge nicht mehr dem Alteigentümer und ggf. seinem Verbund mit anderen Wirtschaftssubjekten, sondern dem Käufer des Betriebes zu. Der abgebende Eigentümer hat in diesem Fall folglich kein Interesse daran, die Gewinne der Unternehmensfortführung zu maximieren, sondern sucht statt dessen Maßnahmen durchzuführen, die eine *Maximierung des Erfolges der Unternehmensveräußerung* versprechen. Diese können ebenso wie im Falle der Maßnahmen zur Maximierung des Erfolges der Unternehmensfortführung in Betriebsexterna, Betriebsinterna und den Eigentumsübergang betreffende Aktivitäten unterschieden werden. Sie verfolgen den Zweck, die Attraktivität des Unternehmens aus der Sicht möglicher Käufer zu erhöhen, um damit deren Bereitschaft, einen höheren Preis im Rahmen der Verkaufsverhandlungen zu akzeptieren, zu steigern.

3. Nicht zuletzt vermögen die Maßnahmen des abgebenden Eigners darauf abzuzielen, eine *Verringerung der im Zuge der Unternehmensübertragung anfallenden Steuerlast* zu erreichen. Da auf eine Berücksichtigung diesbezüglicher Aktivitäten im Kapitel 4 verzichtet und auf die einschlägige, zahlreich vorhandene Steuerliteratur[173] verwiesen wird, sollen zumindest an dieser Stelle exemplarische Gestaltungsmaßnahmen aufgezeigt werden.[174] Strebt der Eigner eine Übertragung in Form der Vererbung, Schenkung oder Stiftung an, wird er im Rahmen seiner Nachfolgegestaltung bemüht sein, der damit einhergehenden *Schenkung- respektive Erbschaftsteuerlast* möglichst zu begegnen. So macht die im Abschnitt 3.2.2.1 dargestellte Berechnungsweise der schenkung- und erbschaftsteuerlichen Bemessungsgrundlage deutlich, daß es zum Zwecke einer Steuerentlastung des Nachfolgers sinnvoll sein kann, vor der Eigentumsübertragung einen Wechsel des juristischen Kleides des Betriebes vorzunehmen: Handelt es sich um eine

---

173 Vgl. stellvertretend *SCHNEELOCH*, Betriebliche Steuerpolitik (2009), S. 167 f., 317, 363-370, 400 f., 459-461, 468 f. Zu den steuerlichen Gestaltungsmaßnahmen beim Verkauf vgl. auch *OLBRICH*, Unternehmungsnachfolge (2014), S. 184 f., 197 f.
174 Weitere Beispiele finden sich in *OLBRICH*, Unternehmungsnachfolge (2014), S. 78 f.

Kapitalgesellschaft, an deren Nennkapital der Alteigentümer nur zu 25% oder weniger beteiligt ist, wird diese nach Abs. 1 Nr. 3 nicht von der Begünstigung des § 13b ErbStG erfaßt. Die Umwandlung in eine – ohne Ansehen der Anteilsgröße von § 13b Abs. 1 Nr. 1 ErbStG erfaßte – Personengesellschaft kann daher sinnvoll sein.[175] Strebt der Eigentümer eine Unternehmensveräußerung an, richten sich seine Maßnahmen analog auf die Verringerung der Belastung seines Verkaufserfolges mit *Ertragsteuern*. Handelt es sich bei dem abgebenden Eigner um eine juristische Person, die z.B. ein Unternehmen im Rechtskleid der Kapitalgesellschaft zu veräußern sucht, vermag eine Gestaltung zum Zwecke der Verringerung der Ertragsteuerbelastung u.a. darin zu bestehen, die Unternehmensübertragung nicht durch den Verkauf der Gesamtheit der Wirtschaftsgüter der Gesellschaft, sondern durch die Veräußerung ihrer Anteile zu vollziehen: Während ein etwaiger Veräußerungsgewinn bei der ersten Variante gemäß § 8 Abs. 1 KStG i.V.m. § 16 EStG der Körperschaftsteuer unterliegt und auch gewerbeertragsteuerlich belastet wird, ist er im Falle der zweiten Gestaltungsalternative nach § 8b Abs. 2 Satz 1 und Abs. 3 Satz 1 KStG in Höhe von 95% von der Körperschaftsteuer und – aufgrund der Maßgeblichkeit der körperschaftsteuerlichen Gewinnermittlung für das Gewerbesteuerrecht nach § 7 Satz 4, 2. Halbsatz GewStG – auch von der Gewerbeertragsteuer befreit.

Mit der Übertragung des Eigentums am Unternehmen und der damit verbundenen Leitungsmacht auf den neuen Eigner ist die Nachfolge grundsätzlich realisiert, und es können den Maßnahmen der Gestaltung vor Eigentumsübergang ggf. Maßnahmen der Gestaltung nach Eigentumsübergang folgen. Derartige, im Vorfeld der Nachfolge beschlossene Maßnahmen wird der Alteigentümer nur durchführen, wenn diese seinem Gewinnziel entsprechen und der Nachfolger – falls dies notwendig ist – einem solchen Vorgehen zustimmt.[176] Ähnlich den Aktivitäten vor Vollzug der Nachfolge können dabei verschiedene Zwecksetzungen differenziert werden, die die Maßnahmen nach Eigentumsübergang verfolgen, und zwar zum einen die Maximierung des Erfolges der Unternehmensfortführung, zum anderen die Maximierung des Erfolges der Unternehmensveräußerung:[177]

1. Maßnahmen zur *Maximierung des Erfolges der Unternehmensfortführung* wird der Alteigentümer dann in Angriff nehmen, wenn er den Betrieb in einer Form übereignet hat, durch die dessen Gewinne weiterhin ihm oder mit ihm verbundenen Wirtschaftssubjekten zufließen werden. Ähnlich wie bei den möglichen Aktivitä-

---

175 Vgl. *LANDSITTEL*, Unternehmensnachfolge (2009), S. 15.
176 Vgl. ausführlich *OLBRICH*, Unternehmungsnachfolge (2014), S. 79-82.
177 Vgl., auch im folgenden, eingehend *OLBRICH*, Unternehmungsnachfolge (2014), S. 82-85.

ten vor der Eigentumsübertragung können die Maßnahmen auf die Betriebsexterna und die Betriebsinterna ausgerichtet sein.[178]

2. Maßnahmen zur *Maximierung des Erfolges der Unternehmensveräußerung* strebt der abgebende Eigentümer dann an, wenn er das Unternehmen nicht im Zuge einer Vererbung, Schenkung oder Stiftung, sondern mittels eines Verkaufs überträgt. Inhaltlich entsprechen die Aktivitäten der Maximierung des Veräußerungserfolges im Grundsatz jenen auf den Fortführungserfolg des Unternehmens abzielenden Maßnahmen, ihr Zweck liegt jedoch in der Erzielung eines möglichst hohen Veräußerungserfolges. Dabei gilt, daß der Käufer ceteris paribus um so mehr bereit sein wird, dem Alteigentümer ein attraktives Entgelt zu leisten, je stärker er davon ausgeht, daß die Mitwirkung des Verkäufers in dem Unternehmen eine Steigerung seiner Gewinne verspricht.

3.3.2 Dimensionen der Nachfolgegestaltung[179]

Aufgrund der vielfältigen Gestaltungsoptionen der Nachfolge bietet es sich an, mögliche Maßnahmen in „Dimensionen" der Nachfolgegestaltung zu bündeln, um das Gestaltungsproblem zu systematisieren. Eine erste Dimension stellt dabei die *Nachfolgeumsetzung* dar, die das Procedere des Eigentumsübergangs des Unternehmens betrifft, sie läßt sich in die beiden Problembereiche der Umsetzungsart und der Umsetzungsdauer differenzieren.[180] Bezüglich der Umsetzungsart geht es um die Frage, ob das Unternehmen mittels Übertragung seiner Anteile oder seiner Wirtschaftsgüter an den Nachfolger gegeben wird, ob also der Rechtsträger (Anteilstransfer) oder dessen Vermögens und Schulden (Wirtschaftsgütertransfer) Gegenstand des Eigentumsübergangs sind. Letzterer betrifft sowohl die von dem Unternehmen bilanzierten Aktiva und Passiva als auch nicht bilanzierte Positionen, wie bspw. ihren Geschäftswert. Da der Anteilstransfer in der Übertragung der gesellschaftsrechtlichen Beteiligung des abgebenden Eigentümers besteht, ist dieser nur in denjenigen Fällen möglich, in denen das Unternehmen die Rechtsform einer Personen- oder Kapitalgesellschaft aufweist; handelt es sich um ein Einzelunterneh-

---

178 Die im Hinblick auf die Gestaltung vor Eigentumsübergang angeführte Kategorie der den Eigentumsübergang selbst betreffenden Maßnahmen entfällt hier selbstverständlich, da der Wechsel des Unternehmens in die Hände des Nachfolgers bereits vollzogen worden ist und daher kein Objekt weiterer Aktivitäten darstellt.

179 Die Ausführungen dieses Abschnitts sind entnommen aus *HERING/OLBRICH*, Unternehmensnachfolge (2006), S. 5818 f., *HERING/OLBRICH*, Unternehmensnachfolge (2007), Sp. 1843-1845 und wurden aktualisiert.

180 Ausführlich zur Dimension der Nachfolgeumsetzung vgl. *OLBRICH*, Unternehmungsnachfolge (2014), S. 87-100.

men, kommt dagegen ausschließlich die Übergabe der Wirtschaftsgüter in Betracht.[181] Die Konsequenzen beider Umsetzungsvarianten unterscheiden sich z.B. im Hinblick auf Übertragungsaufwand, Wertschöpfungsfolgen oder Haftungsfragen. In bezug auf die Umsetzungsdauer muß geklärt werden, ob die Übertragung entweder unmittelbar innerhalb eines Zeitpunkts (Strategie der augenblicklichen Nachfolge) oder über eines mehr oder weniger langen Zeitraums (Strategie der gestreckten Nachfolge) vollzogen werden soll.[182] Diese Gestaltungsentscheidung ist mit erheblichen Konsequenzen verbunden und betrifft u.a. die Kooperationsmöglichkeiten zwischen altem und neuem Eigner.

Die Dimension der *Nachfolgeparteien* hat die Zahl der Wirtschaftssubjekte, zwischen denen sich der Wechsel von Eigentum und Leitungsmacht stattfindet, zum Inhalt.[183] Der Eigentümer muß entscheiden, ob er seinen Betrieb auf lediglich ein Wirtschaftssubjekt (Strategie der Einzelnachfolge) oder aber an eine Mehrzahl von Wirtschaftssubjekten (Strategie der Gruppennachfolge) überträgt.[184] Beide Strategien können mit höchst unterschiedlichen Ergebnissen, bspw. in Form einer Bündelung oder Streuung der Leitungsmacht innerhalb der Familie oder einer Verschärfung oder Reduktion der Pflichtteilsproblematik, einhergehen. Zudem muß beachtet werden, ob das Unternehmen von einem oder mehreren bisherigen Eigentümern abgegeben wird. Von Bedeutung ist diese Unterscheidung – die im Folgeabschnitt 3.3.3 näher untersucht wird –, da der betrachtete Eigentümer z.B. aus verhandlungstaktischen oder steuerlichen Gründen in seiner Nachfolgegestaltung eingeschränkt sein kann, wenn nicht nur er, sondern auch andere Gesellschafter eine Eigentumsübergabe anstreben.

Inhalt der Dimension des *Nachfolgeobjekts* als Unternehmenselement, das durch den bisherigen Eigentümer transferiert wird, sind zwei Fragestellungen:[185] Zum

---

181 Vgl. *SIEBEN/SIELAFF*, Unternehmensakquisition (1989), S. 32, *HINZ*, Unternehmensbesteuerung (1995), S. 304 f., *PICOT*, Kauf (2013), S. 26-28. Die Gestaltungsentscheidung im Rahmen der Nachfolgeumsetzung trifft hinsichtlich des Entschlusses zwischen Anteils- und Wirtschaftsgüterverkauf folglich nur auf *Gesellschaften* zu: Trägt der betroffene Betrieb das Rechtskleid des Einzelunternehmens, entfällt für den abgebenden Eigner der Entscheidungszwang, da ihm in diesem Falle die Option des Anteilsverkaufs nicht zur Verfügung steht. Eröffnen kann sich der Eigentümer diese Option freilich, indem er sein Einzelunternehmen im Zuge eines Rechtsformwechsels vor der Übereignung in eine Gesellschaft umwandelt.
182 Vgl. zu dieser Differenzierung auch *HÄUSSERMANN*, Existenzgründung (1998), S. 72 f.
183 Zur Dimension der Nachfolgeparteien vgl. eingehend *OLBRICH*, Unternehmungsnachfolge (2014), S. 101-112.
184 Vgl. zur Differenzierung zwischen einem und mehreren Nachfolgern auch *HÄUSSERMANN*, Existenzgründung (1998), S. 72 f.
185 Vgl. zur Dimension des Nachfolgeobjekts ausführlich *OLBRICH*, Unternehmungsnachfolge (2014), S. 113-122.

einen muß der Eigentümer in bezug auf den Umfang des Nachfolgeobjekts entscheiden, ob er sich von seinem gesamten Betrieb bzw. Anteil oder lediglich von einem Teil seines Unternehmens bzw. Anteils trennen wird.[186] Von Bedeutung ist diese Gestaltungsoption, da mit ihrer jeweiligen Ausübung unterschiedliche Folgen, bspw. hinsichtlich einer Teilhabe des Alteigners am zukünftigen Unternehmenserfolg, verbunden sind. Entschließt sich der bisherige Eigentümer für eine teilweise Übertragung, ist zu beachten, daß nur dann von einer Nachfolge gesprochen werden kann, wenn neben dem Übergang des Eigentums auch die Abgabe der Leitungsmacht im Hinblick auf den Betrieb erfolgt – eine Voraussetzung, deren Vorliegen insbesondere im Falle der Umsetzungsart des Wirtschaftsgütertransfers in bestimmten Fällen nur vergleichsweise schwierig zu beurteilen ist. Zum anderen geht es im Hinblick auf die Anzahl der Nachfolgeobjekte um die Frage, ob der Eigentümer sein zu übertragendes Eigentum als einzelne Einheit, d.h. ein Nachfolgeobjekt, abzugeben gedenkt oder ob er dieses im Vorfeld der Nachfolge zerlegt, um mehrere unternehmerische Elemente, d.h. mehrere Nachfolgeobjekte, übereignen zu können. Die Frage der Objektanzahl ist eng verknüpft mit der Entscheidung im Hinblick auf Zeitpunkt versus Zeitraum und der Entscheidung, eine Übergabe an einen oder aber mehrere Nachfolger vorzunehmen.

Die Dimension der *Nachfolgeführung*[187] hat die Ausübung des dispositiven Faktors sowohl vor der als auch im Anschluß an die Übertragung des Unternehmens zum Inhalt und geht mit zwei Fragestellungen einher:[188] Erstens hat der Eigentümer im Rahmen der Frage des Führungssubjekts ex ante zu entscheiden, wer die Elementarfaktorkombination im Vorfeld der Nachfolge steuert. Zum einen kann er selbst dieses – hier als „Führungssubjekt" bezeichnete – Wirtschaftssubjekt sein, zum anderen kann er sich jedoch auch einer angestellten Person (oder einer Personenmehrzahl), wie eines Geschäftsführers oder Vorstands, bedienen, die die Tätigkeit des dispositiven Faktors ausübt. Von Bedeutung ist diese Entscheidung z.B. bezüglich der Überlegung, ob im Vorfeld der Nachfolge eine Führungsmannschaft aufgebaut werden soll, die später selbst als Erwerber des Unternehmens auftreten kann („management buy out"). Zweitens kommt die Frage des Führungssubjekts *ex post*

---

186 Zur Differenzierung zwischen der Nachfolge im Hinblick auf das Gesamtunternehmen und auf einen Unternehmensteil vgl. auch *HÄUSSERMANN*, Existenzgründung (1998), S. 73, *HABIG/BERNINGHAUS*, Nachfolge im Familienunternehmen (2010), S. 117 f.
187 Im Sinne GUTENBERGS soll unter dem Begriff der Führung die Steuerung der Elementarfaktoren – ausführende Arbeitsleistung, Betriebsmittel, Werkstoffe – des Unternehmens und damit der dispositive Faktor innerhalb der Produktionsfaktoren verstanden werden. Vgl. *GUTENBERG*, Einführung (1958), S. 27, *GUTENBERG*, Unternehmensführung (1962), S. 20, *GUTENBERG*, Betriebswirtschaftslehre (1983), S. 131-133.
188 Ausführlich zur Dimension der Nachfolgeführung vgl. *OLBRICH*, Unternehmungsnachfolge (2014), S. 123-133.

hinzu, die die Entscheidung betrifft, ob der dispositive Faktor nach dem Eigentumsübergang durch dieselbe Person erbracht wird, die dies bereits im Vorfeld der Nachfolge tat, oder ob die Nachfolge statt dessen mit einem Wechsel des Führungssubjekts einhergeht. Hier ergeben sich für den Alteigentümer u.a. Möglichkeiten der
Unterstützung des Nachfolgers in der Unternehmensleitung und der Vereinnahmung einer Vergütung als angestellte Führungskraft oder freiberuflicher Berater.
Einen graphischen Überblick über die Dimensionen der Nachfolgegestaltung gibt
Abbildung 4.

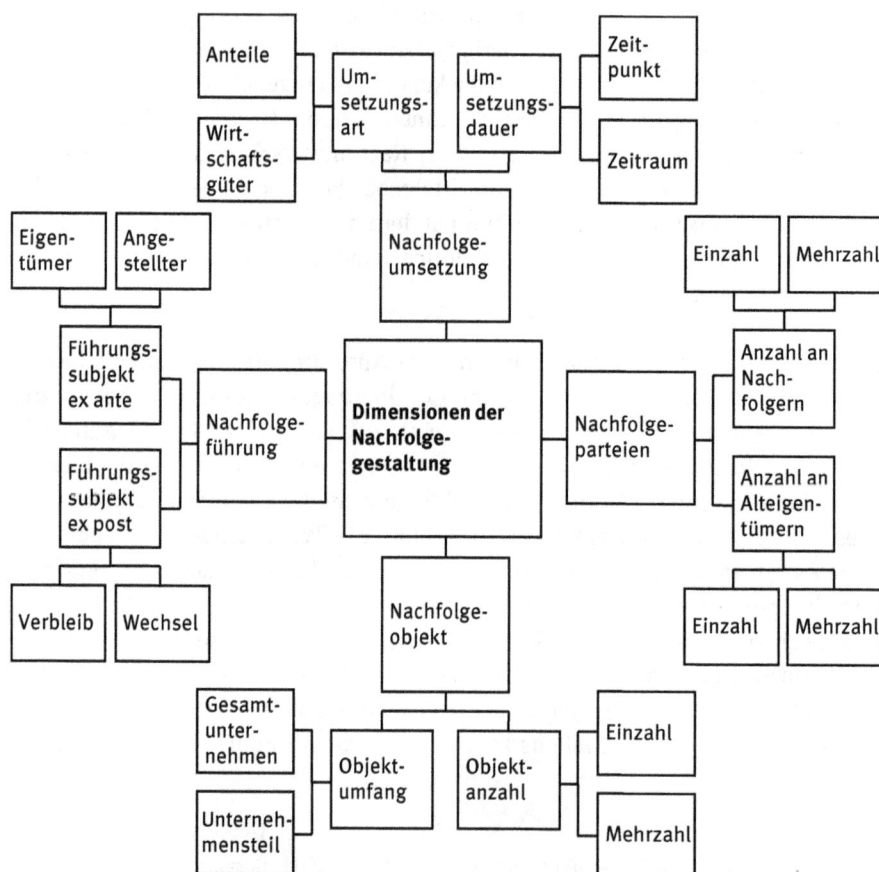

Abb. 4: Dimensionen der Nachfolgegestaltung[189]

---

189 In sehr enger Anlehnung an OLBRICH, Unternehmungsnachfolge (2014), S. 239.

3.3.3 Gesellschafterindependenz und Gesellschafterdependenz

Die Gestaltung des Nachfolgekonzepts ist– wie bereits im Abschnitt 3.3.2 angesprochen – u.a. davon abhängig, ob weitere Gesellschafter existieren und wie sich diese
hinsichtlich der Nachfolgeaktivitäten verhalten. Im Hinblick auf die Ausführungen
des Kapitels 4 ist festzuhalten, daß die dort erörterten Fragestellungen im Zusammenhang mit der Wahl der Nachfolgeform und der darauf fußenden Nachfolgegestaltung aus der Sicht eines sein Eigentum übertragenden Wirtschaftssubjektes
betrachtet werden, das entweder das Unternehmen als Ganzes in Händen hält oder,
sollte es weniger als 100% der Anteile an dem Unternehmen sein eigen nennen, von
Miteigentümern umgeben ist, die sich gegenüber seinen Nachfolgeaktivitäten passiv verhalten und daher keiner eingehenderen Beachtung im Rahmen der Herausarbeitung der Nachfolgelösung bedürfen.[190] Der Eigentümer ist in einer solchen Situation bei der Entwicklung seines Nachfolgekonzepts also unabhängig von dem Verhalten anderer Gesellschafter. Eine derartige, hier *„Gesellschafterindependenz"*
genannte Konstellation, die einer Vielzahl von Veröffentlichungen zum Thema der
Nachfolge – meist ausschließlich implizit –, als Prämisse zugrunde liegt,[191] ist dabei
allerdings keineswegs selbstverständlich: Denkbar ist ebenfalls eine Konstellation,
bei der sich ein Unternehmenseigner mindestens einem Miteigentümer gegenübersieht, der seinen Nachfolgebestrebungen keineswegs passiv, sondern vielmehr aktiv
gegenübersteht und sie zu seinem eigenen Vorteil nutzen will. Der Erfolg der Nachfolge aus Sicht des abgebenden Eigentümers wird dann nicht nur von den von ihm
vorgenommenen Maßnahmen beeinflußt, sondern ist darüber hinaus von dem Verhalten wenigstens eines anderen Anteilseigners abhängig – eine Situation, die hier
als *„Gesellschafterdependenz"* bezeichnet werden soll. Da dem Kapitel 4 die Prämisse der Gesellschafterindependenz zugrunde liegt, soll die Gesellschafterdependenz zumindest an dieser Stelle anhand eines Beispiels skizziert werden, um die
Unterschiede zwischen beiden Konstellationen deutlich zu machen und grundlegende Lösungswege des Unternehmenseigners aufzuzeigen.

Ein einfaches Beispiel für den Fall der Gesellschafterdependenz ist folgende Situation: Eine Kapitalgesellschaft gehört einem die Eigentumsübertragung anstrebenden Gesellschafter (im folgenden auch als „abgebender Gesellschafter" bezeichnet)
und einem Miteigentümer (im weiteren auch „verbleibender Gesellschafter"
genannt). Der abgebende Gesellschafter sucht seine Beteiligung in Höhe von 51% zu

---

190 Hierzu, auch im folgenden, eingehend mit weiteren Beispielen OLBRICH, Unternehmungsnachfolge (2014), S. 107-112. Zu möglichen Konsequenzen der Gesellschafterdependenz vgl. ferner
HERING/OLBRICH, Gesellschafterdependenz (2005), S. 326-328.
191 Die dargestellte Prämisse liegt bspw. den Ausführungen von WEINLÄDER, Unternehmensnachfolge (1998), RIEDEL, Unternehmensnachfolge (2000) sowie HABIG/BERNINGHAUS, Nachfolge im Familienunternehmen (2010) zugrunde.

verkaufen. Er findet einen Investor, der interessiert ist, exakt diesen Gesellschafts-anteil zu erwerben: Eine geringere Position reicht dem Erwerber nicht, da er dann keine Mehrheit in der Gesellschafterversammlung hätte, eine größere Position will er nicht, da ihm bereits 51% einen ausreichend großen Einfluß sichern. Verhielte sich der Miteigentümer gegenüber den Nachfolgeaktivitäten des abgebenden Gesell-schafters *passiv*, wäre die geschilderte Situation als unproblematisch zu beurteilen: Der bisherige Eigentümer könnte seinen Anteil in Höhe von 51% verkaufen.

Die Situation stellt sich dagegen anders im Falle eines verbleibenden Gesellschaf-ters dar, der die Nachfolgebestrebungen des abgebenden Miteigentümers zu seinem *eigenen Vorteil* zu nutzen versucht, indem er ebenfalls an den Investor herantritt, um ihm einen Teil seiner Beteiligung zu verkaufen. Vermag der Investor von dem verbleibenden Gesellschafter bspw. 10% zu erwerben, ist er darüber hinaus nicht mehr an dem gesamten Anteilspaket des abgebenden Gesellschafters, sondern nur noch an dem Kauf von 41% interessiert. Der abgebende Gesellschafter ist somit nicht in der Lage, seine Nachfolge unabhängig zu vollziehen: So kann die *Geheim-haltung* der geplanten Beteiligungsübertragung bis zum Zeitpunkt ihrer Durchfüh-rung störende Aktivitäten des verbleibenden Gesellschafters im Vorfeld der Nachfol-ge verhindern, doch wird sie in der Praxis nur schwierig zu verwirklichen sein. Es stellt sich die Frage, ob dem abgebenden Gesellschafter neben der wenig praktika-blen Lösung der Geheimhaltung des anstehenden Eignerwechsels auch alternative Maßnahmen offenstehen, um sich vor dessen den Nachfolgeerfolg schädigenden Verhalten zu schützen. Dazu zählt zum einen die *Senkung der Preisforderung*, um das Verkaufsangebot des verbleibenden Gesellschafters unattraktiv erscheinen zu lassen, und zum anderen letzterem eine *Unterlassungszahlung* zu leisten, damit die-ser sein Verkaufsangebot zurückzieht. Während von ersterer Lösung der Käufer profitiert, ist der zweite Weg für den verbleibenden Gesellschafter entsprechend attraktiv. Stehen dem abgebenden Gesellschafter beide Optionen offen, wird er sich für jene Alternative entscheiden, die ihm letztendlich den größeren Erfolg verspricht und seine Konzessionsgrenze (Entscheidungswert der Beteiligung) nicht unter-schreitet.

Aufgabe 4

Erläutern Sie die Begriffe der Gesellschafterindependenz und der Gesellschafterdependenz! Skiz-zieren Sie einen exemplarischen Fall der Gesellschafterdependenz; wiederholen Sie dabei nicht das im Text angeführte Beispiel, sondern arbeiten Sie eigenständig eine Konstellation heraus!

3.4 Unternehmensnachfolge als Bewertungsanlaß

3.4.1 Grundlagen der Unternehmensbewertung

Die Einigung über den Unternehmenswert stellt eine zentrale Erfolgsdeterminante der Unternehmensnachfolge im Wege des Verkaufs dar. Versetzt man sich in die Position des Verkäufers (Bewertungssubjekt), der einen Nachfolger für sein Unternehmen (Bewertungsobjekt) sucht, wird deutlich, daß dieses nicht „unter Wert" verkauft werden darf. Ein Verkauf ist dabei genau dann wirtschaftlich nicht nachteilig, wenn der erhaltene *Preis* mindestens dem *Wert* des verkauften Gegenstands entspricht.[192] Jedes Urteil über die ökonomische Angemessenheit des Preises für die Unternehmensübereignung erfordert daher eine *Unternehmensbewertung*. Auch im Rahmen der unentgeltlichen Nachfolge kann sich die Frage nach dem Wert für das abzugebende Unternehmen bei der Pflichtteils- und Steuerbemessung stellen. Insofern ist die Theorie der Unternehmensbewertung integraler Bestandteil der Unternehmensnachfolge, wobei zwischen objektiver, subjektiver und funktionaler Unternehmensbewertungskonzeption unterschieden werden kann.

Im Mittelpunkt der *objektiven Bewertungstheorie*[193] steht der objektive Unternehmenswert, der möglichst unabhängig von subjektiven Interessen sowie Möglichkeiten einer konkreten Bezugsperson und unter Einbeziehung von Größen, die von jedermann realisiert werden können, ermittelt werden soll.[194] Der Unternehmenswert wird demnach als eine dem Unternehmen anhaftende Eigenschaft interpretiert.[195] Der Grundgedanke ist die Bestimmung eines unparteiischen Werts, um die Interessengegensätze zwischen den Bewertungsinteressenten zu überwinden. Doch gerade zu Vermittlungszwecken durch einen unparteiischen Bewerter ist es notwendig, die Interessen der Beteiligten einzubeziehen, um keine Konfliktpartei zu benachteiligen oder zu bevorzugen. Zudem verhindert die Abstraktion von dem Bewertungssubjekt und der Aufgabenstellung eine hinreichende Entscheidungsunterstützung. Aus dieser Objektbezogenheit und Entpersonifizierung folgt eine

---

192 Vgl., auch im folgenden, *HERING*, Unternehmensbewertung (2014), S. 3 ff. Zum Verhältnis von Wert und Preis vgl. *NEUMANN*, Preis und Wert (1872), S. 275 ff., 322 ff., *ROST*, Wert- und Preistheorie (1908), *ENGELS*, Entscheidungstheorie (1962), S. 37-39, *MÜNSTERMANN*, Wert und Bewertung (1966), S. 151, *MATSCHKE*, Grundlagen (2013).
193 Zur objektiven Bewertungslehre vgl. stellvertretend *MELLEROWICZ*, Wert der Unternehmung (1952) und *MORAL*, Industrielle Unternehmungen (1920). Zur Entwicklung der objektiven Sichtweise innerhalb der Unternehmensbewertung und deren Vertretern vgl. eingehend *QUILL*, Unternehmensbewertung (2016), S. 118-145 und das dort angeführte Schrifttum sowie kompakt *SCHILDBACH*, Hydra (2017).
194 Vgl. hierzu und zum Folgenden *MATSCHKE/BRÖSEL*, Unternehmensbewertung (2013), S. 14-17 sowie *MANDL/RABEL*, Unternehmensbewertung (1997), S. 6 f.
195 Vgl. *PEEMÖLLER*, Werttheorien (2015), S. 4.

starke Orientierung an vergangenen und gegenwärtigen statt an erwarteten zukünftigen Verhältnissen. Im Rahmen der objektiven Bewertungslehre entwickelten sich anstelle einer in sich geschlossenen Theorie zahlreiche widersprüchliche Meinungen, wie bestimmte Einzelprobleme der Bewertung zu lösen seien. Gebräuchlich ist die Ermittlung von Substanz- und objektiven Ertragswerten oder einer Kombination aus beiden.

Eine jüngere Variante der objektiven Lehre ist die angelsächsisch geprägte *kapitalmarkttheoretische (auch finanzierungstheoretische oder marktwertorientierte) Unternehmensbewertung*[196].[197] Im Gegensatz zur älteren objektiven Theorie wird der Unterschied zwischen Preis und Wert ignoriert.[198] Zugrunde liegt ein Verständnis des Unternehmenswerts als eines objektiven, „wahren", für jedermann gleichen Marktwerts, weshalb es treffender wäre, vom Marktpreis statt vom Marktwert zu sprechen.[199] Die kapitalmarktorientierte Bewertung errichtet eine auf der – im Folgeabschnitt 3.4.2 näher zu erläuternden – Finanzierungstheorie beruhende idealisierte Modellwelt, wobei der Marktpreis eines Unternehmens der Summe aus den Marktwerten der Handelsobjekte entspricht. Gängige Bewertungsmethoden sind insbesondere die „Discounted Cash Flow"-Ansätze (DCF-Ansätze).

Im Gegensatz zu den objektiven Konzeptionen hat ein Unternehmen nach Auffassung der *subjektiven Unternehmensbewertung*[200] für jedes Bewertungssubjekt einen grundsätzlich verschiedenen, individuellen Wert, und als zentrale Bewertungsprinzipien[201] gelten die Subjektivität, die Zukunftsbezogenheit und die Gesamtbewer-

---

196 Deutschsprachige Vertreter der kapitalmarkttheoretischen Wertlehre sind u.a. DRUKARCZYK, KRUSCHWITZ und SPREMANN. Vgl. *DRUKARCZYK/SCHÜLER*, Unternehmensbewertung (2016), *KRUSCHWITZ/LÖFFLER*, DCF (2006) und *SPREMANN*, Valuation (2004). Zur angelsächsischen Literatur vgl. stellvertretend *KOLLER/GOEDHART/WESSELS*, Valuation (2015) und *RAPPAPORT*, Shareholder Value (1999).

197 Zur Geschichte der Bewertungstheorie der deutschen sowie der angelsächsischen Schule vgl. ausführlich *HERING*, Quo vadis? (2004), *HERING*, Unternehmensbewertung (2014), S. 325-342, *QUILL*, Unternehmensbewertung (2016).

198 Ausführlich zur markwertorientierten Unternehmensbewertung vgl. *HERING*, Unternehmensbewertung (2014), S. 205-300, *MATSCHKE/BRÖSEL*, Unternehmensbewertung (2013), S. 26-51 und die dort jeweils angeführte Literatur.

199 Vgl. *HERING*, Unternehmensbewertung (2014), S. 207.

200 Zur subjektiven Unternehmensbewertung vgl. z.B. *KÄFER*, Bewertung der Unternehmung (1946), *BUSSE VON COLBE*, Zukunftserfolg (1957), *MÜNSTERMANN*, Wert und Bewertung (1966). Eingehend zur subjektiven Unternehmensbewertung vgl. *QUILL*, Unternehmensbewertung (2016), S. 93-117 und die dort angegebene Literatur.

201 Zu diesen Prinzipien vgl. *MÜNSTERMANN*, Wert und Bewertung (1966), S. 18-28, *MANDL/RABEL*, Unternehmensbewertung (1997), S. 7 f., *MATSCHKE/BRÖSEL*, Unternehmensbewertung (2013), S. 18-20, *HERING*, Unternehmensbewertung (2014), S. 25-32, *OLBRICH*, Unternehmungsnachfolge (2014), S. 146-149.

tung. Nach dem Grundsatz der Subjektivität bestimmen Zielsystem und Entscheidungsfeld des Bewertungssubjekts den Unternehmenswert.[202] Die Vorstellung, daß sich der Wert eines Gutes aus seinem Grenznutzen im Hinblick auf die zugrunde gelegte Zielsetzung ergibt, geht dabei auf die von HERMANN HEINRICH GOSSEN[203] und CARL MENGER[204] begründete subjektive Wertlehre zurück. Der Grundsatz der Zukunftsbezogenheit[205] bedeutet, daß ausschließlich die in der Zukunft aus dem Unternehmen resultierenden Zahlungsströme relevant sind, während vergangene betriebliche Erfolge ohne Bedeutung bleiben; denn für das Gewesene gibt der Kaufmann nichts[206]. Eng verbunden mit dem Zukunftsbezug ist das im Abschnitt 3.4.2.3 näher zu untersuchende Problem der Unsicherheit, denn dem Bewertenden ist es unmöglich, die in der Zukunft liegenden ökonomischen Einflußfaktoren und die aus dem Unternehmen fließenden Zahlungsströme genau vorauszusehen. Das Prinzip der Gesamtbewertung impliziert, daß das zu bewertende Unternehmen als wirtschaftliche Einheit zu verstehen ist, da die Summe der Einzelwerte aufgrund von Kombinationseffekten aus dem Zusammenwirken der einzelnen Betriebskomponenten nicht dem Gesamtwert entsprechen muß.[207]

Die *funktionale Unternehmensbewertung*[208] erweitert die Prinzipien der Subjektivität, der Zukunftsbezogenheit und der Gesamtbewertung um den Grundsatz der Zweckabhängigkeit der Bewertung. Nach diesem ist der Wert eines Unternehmens nicht nur für jedes Bewertungssubjekt verschieden, sondern kann auch in Abhängigkeit vom verfolgten Zweck variieren. Ob ein mit einem bestimmten Modell ermittelter

---

202 Zur Subjektivität im allgemeinen und der Entscheidungsfeldbezogenheit im speziellen vgl. ausführlich HERING, Unternehmensbewertung (2014), S. 27-32 und die dort angegebene Literatur. Frühzeitig den Subjektbezug der Bewertung nennend vgl. u.a. KREUTZ, Wertschätzung (1909), S. 31, BERLINER, Wert des Geschäfts (1913), S. 12 f., MIRRE, Ertragswert (1913), S. 156 ff., 160, 165, SCHMALENBACH, Werte von Unternehmungen (1917), S. 4.
203 Vgl. GOSSEN, Gesetze (1854).
204 Vgl. MENGER, Volkswirtschaftslehre (1871).
205 Vgl. zur Zukunftsbezogenheit der Unternehmensbewertung z.B. bereits VON OEYNHAUSEN, Kapitalwert (1822), S. 306.
206 Dieses geflügelte Wort ist z.B. zitiert bei MÜNSTERMANN, Wert und Bewertung (1966), S. 21. Vgl. ferner SCHMALENBACH, Werte von Unternehmungen (1917), S. 11.
207 Zum Gesamtbewertungsprinzip vgl. bereits u.a. SCHMALENBACH, Aktiengesellschaft (1911), S. 484 f., MIRRE, Ertragswert (1913), S. 167, AULER, Unternehmung als Wirtschaftseinheit (1926), S. 42. Vgl. ferner HERING, Unternehmensbewertung (2014), S. 28, MATSCHKE/BRÖSEL, Unternehmensbewertung (2013), S. 20 und die dort angeführte Literatur.
208 Zu den Begründern zählen SIEBEN, MATSCHKE und MOXTER. Vgl. z.B. MATSCHKE, Entscheidungswert (1975), MOXTER, Grundsätze (1983) und SIEBEN, Entscheidungswert (1976), S. 491-504. Zur Entwicklungsgeschichte und den Vertretern der funktionalen Unternehmensbewertung vgl. eingehend – mit weiteren Nachweisen – QUILL, Unternehmensbewertung (2016), S. 145-170 sowie MATSCHKE/BRÖSEL, Unternehmensbewertung (2013), S. 22-25.

Unternehmenswert brauchbar ist oder nicht, richtet sich nach dem mit der Rechnung verfolgten Zweck.[209]

Aufgabe 5

Erklären Sie kurz die Unterschiede und Gemeinsamkeiten der subjektiven sowie der funktionalen Bewertungstheorie!

Bevor im folgenden die funktionale Bewertungstheorie eine ausführlichere Darstellung erfährt, sollen die grundlegenden Merkmale der aufgezeigten Bewertungskonzeptionen in Abbildung 5 zusammengefaßt werden.

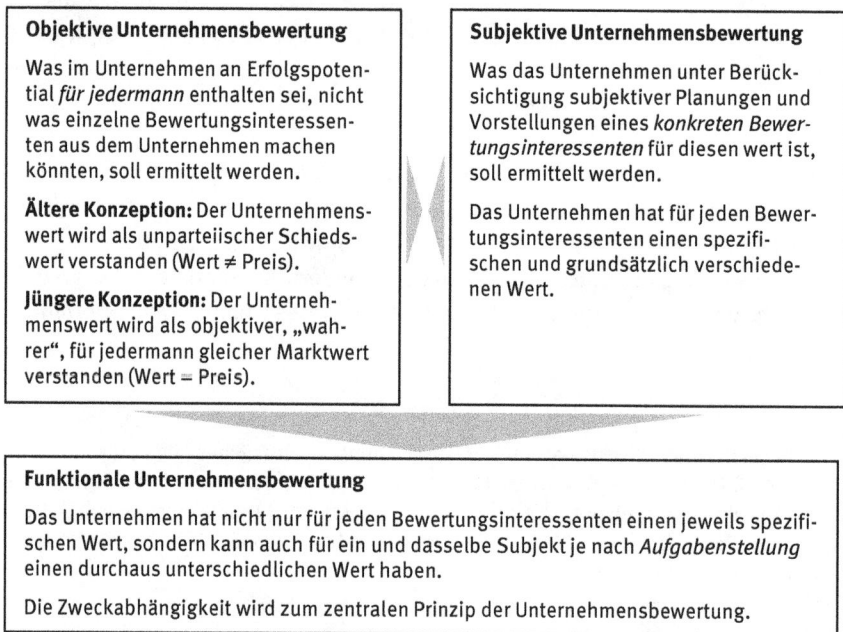

Objektive Unternehmensbewertung

Was im Unternehmen an Erfolgspotential *für jedermann* enthalten sei, nicht was einzelne Bewertungsinteressenten aus dem Unternehmen machen könnten, soll ermittelt werden.

Ältere Konzeption: Der Unternehmenswert wird als unparteiischer Schiedswert verstanden (Wert ≠ Preis).

Jüngere Konzeption: Der Unternehmenswert wird als objektiver, „wahrer", für jedermann gleicher Marktwert verstanden (Wert = Preis).

Subjektive Unternehmensbewertung

Was das Unternehmen unter Berücksichtigung subjektiver Planungen und Vorstellungen eines *konkreten Bewertungsinteressenten* für diesen wert ist, soll ermittelt werden.

Das Unternehmen hat für jeden Bewertungsinteressenten einen spezifischen und grundsätzlich verschiedenen Wert.

Funktionale Unternehmensbewertung

Das Unternehmen hat nicht nur für jeden Bewertungsinteressenten einen jeweils spezifischen Wert, sondern kann auch für ein und dasselbe Subjekt je nach *Aufgabenstellung* einen durchaus unterschiedlichen Wert haben.

Die Zweckabhängigkeit wird zum zentralen Prinzip der Unternehmensbewertung.

Abb. 5: Merkmale verschiedener Unternehmensbewertungskonzeptionen[210]

Die Lehre von der funktionalen Unternehmensbewertung unterscheidet drei Hauptzwecke oder Hauptfunktionen, denen ein Unternehmenswert dienen kann: Entscheidung, Vermittlung und Argumentation.[211] Diese beziehen sich auf interperso-

---

209 Zur Zweckabhängigkeit der Bewertung vgl. bereits RICHTER, Bewertung (1942), S. 106.
210 In Anlehnung an MATSCHKE/BRÖSEL, Unternehmensbewertung (2013), S. 15.
211 Dies und das Folgende entnommen aus HERING, Unternehmensbewertung (2014), S. 5 ff.

nale Konfliktsituationen und erfolgen bei Bewertungen, die auf eine Änderung der Eigentumsverhältnisse zielen. Als wichtigste Funktion der Unternehmensbewertung erweist sich die Bereitstellung des *Entscheidungswerts*.[212] Dieser gibt als subjektiver *Grenzpreis* die äußerste Schranke der Konzessionsbereitschaft einer Verhandlungspartei an.[213] Der Käufer eines Unternehmens wird nicht mehr als seinen Grenzpreis zu zahlen bereit sein, weil anderenfalls der Kauf wirtschaftlich unvorteilhaft wäre. Analog akzeptiert der Verkäufer nur ein Preisangebot, das nicht unter seinem Grenzpreis liegt. Der Entscheidungswert entspricht investitionstheoretisch dem *kritischen Preis*, bei dem der zu erwerbende oder zu veräußernde Zahlungsstrom aus wirtschaftlicher Sicht gerade noch nicht nachteilig ist (im Idealfall ist die Transaktion zum Grenzpreis genau zielsetzungsneutral, also weder vorteilhaft noch unvorteilhaft).

Im Rahmen der Vermittlungsfunktion wird ein Schieds- oder *Arbitriumwert* aus dem Intervall zwischen dem Grenzpreis des Verkäufers und dem Grenzpreis des Käufers gesucht (z.B. das arithmetische Mittel beider Grenzpreise). Die Aufgabe des Vermittlers besteht darin, die wirtschaftlichen Vorteile aus der Unternehmensveräußerung möglichst *gerecht* auf Käufer und Verkäufer zu verteilen. Sofern das Einigungsintervall leer ist, weil der Entscheidungswert des Verkäufers den Grenzpreis des Käufers übersteigt, muß evtl. der Schiedswert diejenige Partei schützen, der die Transaktion aufgezwungen wird (z.B. Abfindung mindestens in Höhe des Grenzpreises eines zwangsweise ausscheidenden Gesellschafters).[214] Als Vermittler kann auch der (z.B. anonyme) Markt fungieren: Jeder frei gezahlte Preis trägt als Marktergebnis Züge eines offenbar beiden Parteien akzeptablen Kompromisses und ist insofern ein Arbitriumwert.[215] Umgekehrt braucht aber nicht jeder – etwa von einem Gutachter vorgeschlagene – Arbitriumwert auch tatsächlich zu einem Marktpreis werden.

Als Verhandlungs- oder *Argumentationswert* bezeichnet man einen vorgeblichen Entscheidungs- oder auch Arbitriumwert, der in der Verhandlung der anderen Par-

---

212 Zum Begriff des Entscheidungswerts vgl. MATSCHKE, Gesamtwert (1972), S. 147, MATSCHKE, Entscheidungswert (1975), S. 26 f., SIEBEN/SCHILDBACH, Bewertung ganzer Unternehmungen (1979), S. 455 f., MOXTER, Grundsätze (1983), S. 9, OLBRICH, Unternehmensbewertung (1981), S. 12-14, MATSCHKE/BRÖSEL, Unternehmensbewertung (2013), S. 131 ff., HERING, Unternehmensbewertung (2014), S. 37 ff.
213 Zur Grenzpreiseigenschaft des Werts vgl. schon VON OEYNHAUSEN, Kapitalwert (1822), S. 306, MIRRE, Ertragswert (1913), S. 163, LIEBERMANN, Ertragswert (1923), S. 55, AXER, Verkaufswert (1932), S. 5, 19.
214 Vgl. MATSCHKE, Kompromiß (1969), MATSCHKE, Arbitriumwert (1979), SIEBEN/SCHILDBACH, Bewertung ganzer Unternehmungen (1979), S. 456 f., MOXTER, Grundsätze (1983), S. 22, MATSCHKE/BRÖSEL, Unternehmensbewertung (2013), S. 477 ff., MATSCHKE, Methoden (2013), S. 71 ff.
215 Vgl. z.B. HERING/OLBRICH, Preis und Entschädigung (2003), S. 1519.

tei gegenüber vertreten wird, um die eigenen Preisvorstellungen zu begründen. Beide Parteien halten ihre wahren Grenzpreise natürlich geheim und streben ein Verhandlungsergebnis an, das möglichst weit von ihrem Entscheidungswert entfernt ist.[216] Der Argumentationswert ist *parteiisch* und dient nur der Verhandlungstaktik.[217]

Die folgende Abbildung 6 enthält einen Überblick über die Hauptfunktionen bzw. Wertarten der funktionalen Unternehmensbewertung.

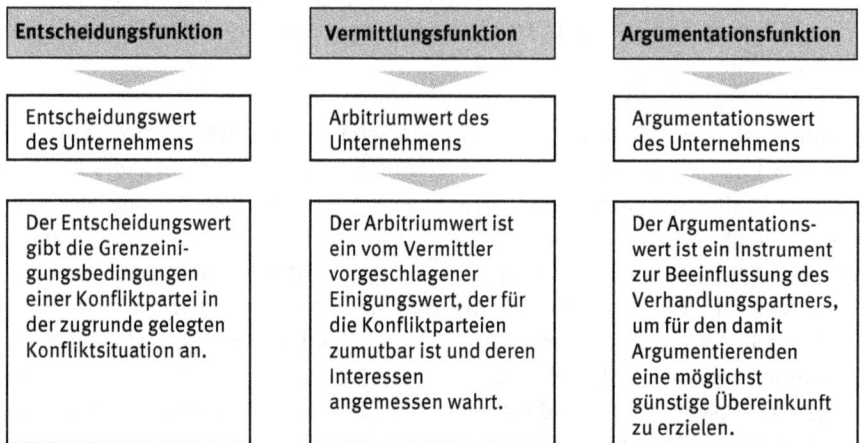

Entscheidungsfunktion	Vermittlungsfunktion	Argumentationsfunktion
Entscheidungswert des Unternehmens	Arbitriumwert des Unternehmens	Argumentationswert des Unternehmens
Der Entscheidungswert gibt die Grenzeinigungsbedingungen einer Konfliktpartei in der zugrunde gelegten Konfliktsituation an.	Der Arbitriumwert ist ein vom Vermittler vorgeschlagener Einigungswert, der für die Konfliktparteien zumutbar ist und deren Interessen angemessen wahrt.	Der Argumentationswert ist ein Instrument zur Beeinflussung des Verhandlungspartners, um für den damit Argumentierenden eine möglichst günstige Übereinkunft zu erzielen.

Abb. 6: Hauptfunktionen der funktionalen Unternehmensbewertung[218]

Außer den Hauptfunktionen Entscheidung, Vermittlung und Argumentation existieren noch einige Nebenfunktionen, die sich auf Bewertungen beziehen, die nicht auf eine Änderung der Eigentumsverhältnisse ausgerichtet sind. In bezug auf die Unternehmensnachfolge ist insbesondere die *Steuerbemessungsfunktion*, bei der die Ermittlung von steuerrechtlichen Bemessungsgrundlagen im Mittelpunkt steht, relevant. Diese erfährt im Abschnitt 3.4.3 hinsichtlich der Erbschaft- und Schenkungsteuerbemessung eine eingehendere Untersuchung. Weitere Nebenfunktionen sind u.a. die *Bilanzfunktion*, in der das Unternehmen z.B. nach handelsrechtlichen Nor-

---

216 Zum (vertragstheoretischen) Verhältnis von Argumentations- und Arbitriumwert vgl. MATSCHKE, Vertragstheorie 1 (2008), MATSCHKE, Vertragstheorie 2 (2009), MATSCHKE/BRÖSEL, Unternehmensbewertung (2013), S. 563 ff.
217 Vgl. MATSCHKE, Argumentationswert (1976), BRÖSEL, Argumentationsfunktion (2004), HERING/BRÖSEL, Argumentationswert (2004), MATSCHKE/BRÖSEL, Unternehmensbewertung (2013), S. 607 ff.
218 In Anlehnung an MATSCHKE/BRÖSEL, Unternehmensbewertung (2013), S. 52.

men im Jahresabschluß abzubilden ist und die *Vertragsgestaltungsfunktion*, bei der es um bindende Bewertungsregelungen im Rahmen gesellschaftsrechtlicher Verträge geht.[219]

Wie bereits dargestellt, finden Unternehmensbewertungen gemäß den Hauptfunktionen typischerweise im Vorfeld von Verhandlungen, welche die Konditionen einer *Änderung der Eigentumsverhältnisse* von Unternehmen betreffen, statt.[220] Immer wenn ein Kauf (Akquisition), ein Verkauf (Desinvestition), eine Fusion (Verschmelzung) oder eine Spaltung von ganzen Unternehmen oder Unternehmensteilen erfolgen soll, stellt sich die Frage nach dem gerade noch akzeptablen geldlichen Äquivalent für die Änderung der Verfügungsmacht über das Unternehmen. Diese Änderung der Eigentumsverhältnisse kann aus rein betriebswirtschaftlichen Gründen erfolgen (z.B. Investitionsrechnung, Unternehmensstrategie), aber auch aus persönlichen wie Alter (Unternehmensnachfolge) und familiären Beweggründen (Ehescheidung, Erbauseinandersetzung). Schließlich erzwingt u.U. auch eine gesetzliche Vorschrift die Festsetzung einer unternehmenswertabhängigen Abfindung (z.B. für außenstehende Aktionäre gemäß §§ 304, 305 AktG oder für die Inhaber von Mehrfachstimmrechtsaktien nach § 5 EGAktG).

Neben der Differenzierung von eigentums(struktur)ändernden Bewertungsfällen nach den Anlässen ist auch eine solche nach den abstrakten *Konfliktsituationen* möglich. Die Grundtypen lassen sich

- im Hinblick auf die Art der Eigentumsänderung in Konfliktsituationen vom Typ des Kaufs/Verkaufs und vom Typ der Fusion/Spaltung,

- in bezug auf den Grad der Verbundenheit in jungierte (verbundene) und disjungierte (unverbundene) Konfliktsituationen,

- hinsichtlich des Grades der Dominanz in dominierte und nicht dominierte Konfliktsituationen,

---

219 Vgl. *HERING*, Unternehmensbewertung (2014), S. 7. Zu den Nebenfunktionen vgl. umfassend *BRÖSEL*, Nebenfunktionen (2006), *BRÖSEL/ZWIRNER/PETERSEN*, Nebenfunktionen (2013).
220 Dies und das Folgende entnommen aus *HERING*, Unternehmensbewertung (2014), S. 15 ff. Zu weiteren Systematisierungen möglicher Bewertungsanlässe vgl. *MANDL/RABEL*, Unternehmensbewertung (1997), S. 14, *MATSCHKE/BRÖSEL*, Unternehmensbewertung (2013), S. 66, *DRUKARCZYK/SCHÜLER*, Unternehmensbewertung (2016), S. 4.

– im Hinblick auf den Grad der Komplexität in eindimensionale und mehrdimensionale Konfliktsituationen sowie

– bezüglich der Abgrenzung des Bewertungsobjekts in limitierte und nicht limitierte Konfliktsituationen

einteilen.[221]

Unter die Konfliktsituation vom Typ *Kauf/Verkauf* fallen jene Anlässe, bei denen eine der Konfliktparteien (Verkäufer) das Eigentum am *Bewertungsobjekt* (Unternehmen oder Unternehmensanteil) zugunsten der anderen Konfliktpartei (Käufer) aufgibt und dafür von letzterer eine Gegenleistung erhält.[222] Eine Fusionssituation liegt vor, wenn die Konfliktparteien mehrere Unternehmen verschmelzen möchten und die Eigentümer der bisher selbständigen Teile dabei Eigentum an dem entstehenden neuen Ganzen erwerben. Der einer *Fusion* entgegengesetzte Fall heißt *Spaltung* (des Ganzen in mehrere Teile).

Eine verbundene oder *jungierte* Konfliktsituation ist dadurch gekennzeichnet, daß sich mindestens eine Konfliktpartei gleichzeitig noch in Verhandlungen über andere Unternehmenskäufe, -verkäufe, -fusionen oder -spaltungen befindet, woraus sich Auswirkungen auf den betrachteten Grenzpreis ergeben können.[223] Eine *disjungierte* oder unverbundene Konfliktsituation setzt voraus, daß die Parteien beide zeitgleich nur über eine einzige Transaktion verhandeln oder aber daß mit möglichen anderen Verhandlungen keinerlei Interdependenzen bestehen.

Dominierte und *nicht dominierte* Konfliktsituationen unterscheiden sich im Hinblick auf die einseitige Durchsetzbarkeit einer Änderung der Eigentumsverhältnisse des Bewertungsobjekts. In einer nicht dominierten Konfliktsituation besitzt keine der Konfliktparteien die Machtposition, die Eigentumsverhältnisse ohne Zustimmung der jeweils anderen Partei zu ändern. Falls jedoch die Transaktion auch gegen den erklärten Willen der Gegenpartei durchgesetzt werden kann, spricht man von einer dominierten Konfliktsituation. Die dominierte Situation ist *fragmentiert*, wenn die dominierte oder die dominierende Partei nicht deckungsgleich ist mit entweder der Käufer- oder der Verkäuferpartei. Sofern sowohl die dominierte als auch die domi-

---

221 Vgl. hierzu und zum Folgenden MATSCHKE, Entscheidungswert (1975), S. 30-55, MATSCHKE, Arbitriumwert (1979), S. 30-42, OLBRICH/HEINZ, Pflichtangebot (2009), MATSCHKE/BRÖSEL, Unternehmensbewertung (2013), S. 87 ff.
222 Dies und das Folgende im wesentlichen entnommen aus HERING, Unternehmensbewertung (2014), S. 16-18.
223 Vgl. MATSCHKE, Entscheidungswert (1975), S. 336 ff.

nierende Partei jeweils genau mit entweder der Käufer- oder der Verkäuferpartei übereinstimmen, liegt eine *nicht fragmentierte* dominierte Konfliktsituation vor.[224]

Wenn die Parteien lediglich über einen einzigen konfliktlösungsrelevanten Sachverhalt verhandeln – etwa den Preis bei einem Kauf oder Verkauf bzw. die Beteiligungsquote bei einer Fusion oder Spaltung –, spricht man von einer *eindimensionalen* Konfliktsituation. Sobald noch andere Sachverhalte zum Verhandlungsgegenstand werden, bspw. die Fortführung der Firma, die Übernahme des alten Personals, die Haftung für Altlasten, die Wahl des Sitzes der Gesellschaft oder die Schließung von Standorten, stellt sich die Konfliktsituation *mehrdimensional* dar. Die eine ein- oder mehrdimensionale Situation begründenden Verhandlungssachverhalte heißen *originär*. Dagegen stehen *derivative* konfliktlösungsrelevante Sachverhalte wie etwa die Wahl der Bewertungsmethode oder die Bemessung des Zinsfußes nur in einem Mittel-Zweck-Zusammenhang zu einem originären Sachverhalt, bspw. dem Kaufpreis.

Ist der Umfang des Bewertungsobjekts zum Bewertungszeitpunkt klar abgrenzbar, liegt eine *limitierte*, anderenfalls eine *nicht limitierte* Konfliktsituation, wie z.B. beim Anteilserwerb mit Pflichtangebot, vor. Gemäß den Regelungen des WpÜG ist ein Aktienerwerber beim Überschreiten der Kontrollgrenze von 30% der Stimmrechte verpflichtet, den weiteren Aktionären der sog. Zielgesellschaft ein Pflichtangebot abzugeben. Er kann somit nicht mehr nur die gewollte Anzahl an Aktien erwerben, sondern muß sämtliche Aktien – ohne den tatsächlichen Umfang zu kennen – annehmen, die ihm angeboten werden. Zugleich entsteht bei dieser Konstellation eine dominierte Konfliktsituation.[225]

Die dargestellten Ausprägungen der Konfliktsituationen sind in der folgenden Abbildung 7 zusammengefaßt.

---

224 Zum Merkmal der Fragmentierung vgl. *HERING/OLBRICH*, Mehrstimmrechte (2001), S. 23-25.
225 Zu limitierten und nicht limitierten Konfliktsituationen vgl. *OLBRICH/HEINZ*, Pflichtangebot (2009), *OLBRICH/RAPP*, Vorzugsaktien (2011). Vgl. ferner *MATSCHKE/BRÖSEL*, Unternehmensbewertung (2013), S. 107.

```
┌─────────────┐ ┌─────────────┐
│ Disjungierte│ │ Jungierte   │
│ Situation   │ │ Situation   │
└─────────────┘ └─────────────┘
    Nein └──────────────┘ Ja
         ┌─────────────────┐
         │ Verbindung zu   │
         │ anderen Konflikt-│
         │ situationen?    │
```

┌──────────────┐   ┌──────────────┐
│ Situation vom│ Ja   Nein   │ Nicht   │
│ Typ Kauf/   │   │ dominierte   │
│ Verkauf   │   │ Situation   │
└──────────────┘   └──────────────┘

```
        ┌──────────────┐   ┌──────────────┐   ┌──────────────┐
        │ Wechsel der  │   │ Ausprägungen │   │ Eigentums-   │
        │ Eigentümer?  │   │ der Konflikt-│   │ änderung von │
        │              │   │ situation    │   │ einer Partei │
        │              │   │              │   │ erzwingbar?  │
```

┌──────────────┐   ┌──────────────┐
│ Situation vom│   │ Dominierte   │
│ Typ Fusion/ │   │ Situation   │
│ Spaltung   │ Nein   Ja   │   │
└──────────────┘   └──────────────┘

```
┌──────────────┐              ┌──────────────┐
│ Umfang des   │              │ Mehrzahl konflikt-│
│ Bewertungsobjekts│          │ lösungsrelevanter │
│ abgrenzbar?  │              │ Sachverhalte?│
└──────────────┘              └──────────────┘

 Ja          Nein            Ja            Nein
┌────────┐ ┌────────┐      ┌────────┐   ┌────────┐
│Limitierte│ │Nicht   │    │Mehr-   │   │Ein-    │
│Situation │ │limitierte│  │dimensionale│ │dimensionale│
│          │ │Situation │  │Situation│  │Situation│
└────────┘ └────────┘      └────────┘   └────────┘
```

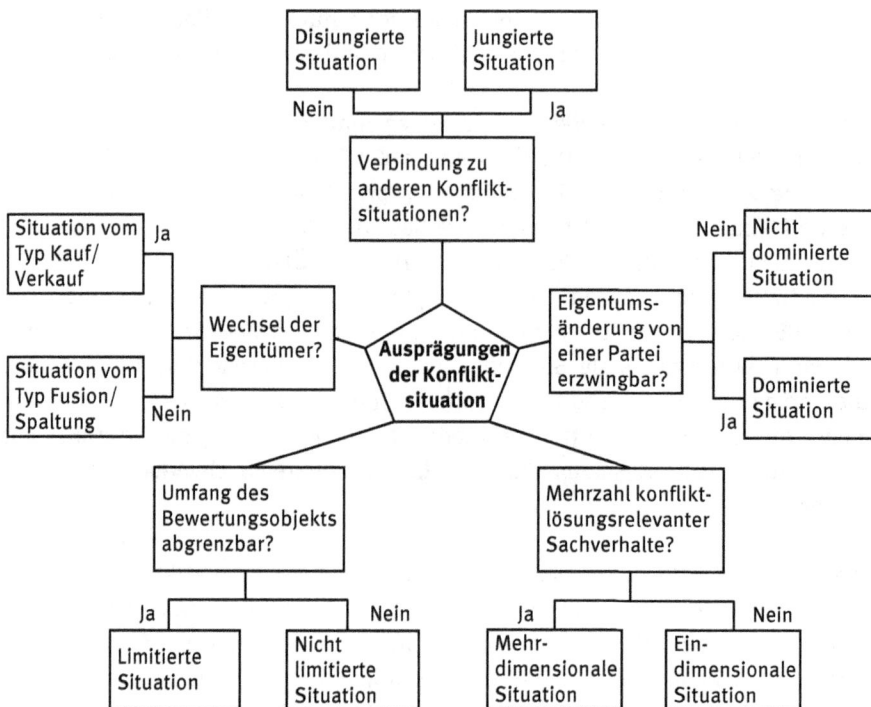

Abb. 7: Konfliktsituationen der Unternehmensbewertung[226]

3.4.2 Verkauf als Bewertungsanlaß

3.4.2.1 Grundlagen der Grenzpreisermittlung

Entscheidet sich ein Eigentümer für eine Unternehmensnachfolge *im Wege des Verkaufs*, z.B. weil keine geeigneten verbundinternen Nachfolger vorhanden sind, wird er bei rationaler Handlungsweise die Veräußerung nur durchführen, wenn der nach dem Verkauf erreichbare Grad der Zielerfüllung nicht geringer ist als ohne Verkauf. Dies setzt die Kenntnis des eigenen Entscheidungswerts voraus, der – wie bereits erläutert – von Zielsetzung und Entscheidungsfeld des Eigners abhängig ist. Im Rahmen der *Konfliktsituation des Kaufs/Verkaufs* spielt die Höhe des möglichen Preises eine zentrale Rolle, so daß oft ausschließlich der Preis als konfliktlösungsrelevanter

---

226 Quelle: *OLBRICH/HEINZ*, Pflichtangebot (2009), S. 548 in Anlehnung an *OLBRICH*, Unternehmungswert (1999), S. 13.

Sachverhalt angesehen wird.[227] Durch diese starke Vereinfachung bildet der Entscheidungswert den kritischen Preis; aus Sicht des präsumtiven Verkäufers die Preisuntergrenze. Im Rahmen der hier betrachteten Konfliktsituation wird ferner vorausgesetzt, daß bei den Konfliktparteien Entscheidungsfreiheit vorliegt und der Grenzpreis des Verkäufers (zur Veranschaulichung als Punktwert vorhanden) den des Käufers unterschreitet ($p^*_K > p^*_V$), wodurch das Einigungsintervall der Parteien zwischen dem höheren, maximal zahlbaren Preis aus Sicht des Käufers (Entscheidungswert des Käufers, p^*_K) und dem niedrigeren, mindestens zu fordernden Preis aus Sicht des Verkäufers (Entscheidungswert des Verkäufers, p^*_V) liegt.

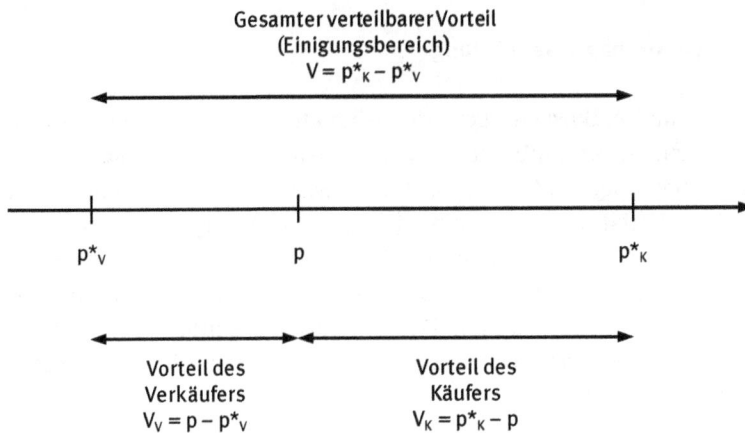

Gesamter verteilbarer Vorteil
(Einigungsbereich)
$$V = p^*_K - p^*_V$$

p^*_V p p^*_K

Vorteil des
Verkäufers
$V_V = p - p^*_V$

Vorteil des
Käufers
$V_K = p^*_K - p$

Abb. 8: Einigungssituation in einer eindimensionalen Konfliktsituation (Kauf/Verkauf)[228]

Bei dem in der Abbildung 8 dargestellten Fall ist für beide Parteien eine Einigung vorteilhaft. Sowohl Käufer als auch Verkäufer erreichen einen Vorteil, nämlich $V_K = p^*_K - p$ bzw. $V_V = p - p^*_V$, der ihnen frei zur Verfügung steht. Damit der Kauf bzw. Verkauf durchgeführt wird, müssen beide Parteien jedoch die Vorteilhaftigkeit erkennen und sich auf einen Preis einigen, der die Bedingung $p^*_K \geq p \geq p^*_V$ erfüllt.

Im Rahmen des Verhandlungs- und Einigungsprozesses entscheidet sich, abhängig von Verhandlungsgeschick und Verhandlungsmacht der Konfliktparteien, wie der im Einigungsbereich liegende *gesamt verteilbare Vorteil* $V = p^*_K - p^*_V$ auf diese aufgeteilt wird. Der Vorteil des einen kann dabei nur zu Lasten des anderen erhöht werden. Der eigene Entscheidungswert ist in der Verhandlungssituation vertraulich

---

227 Vgl. hierzu und zum Folgenden *MATSCHKE/BRÖSEL*, Unternehmensbewertung (2013), S. 135-137.
228 In enger Anlehnung an *MATSCHKE/BRÖSEL*, Unternehmensbewertung (2013), S. 136.

zu behandeln und darf der anderen Konfliktpartei nicht bekannt sein, um eine Schwächung der eigenen Verhandlungsposition zu vermeiden. Eingesetzt wird der *Argumentationswert* als Gesamtheit von Begründungen, die auf eine Besserung der eigenen Verhandlungsposition bzw. Schwächung der Position des Verhandlungspartners ausgerichtet sind, um möglichst nah an den vermuteten Entscheidungswert der anderen Partei heranzukommen. Neben der Kenntnis des eigenen und einer Vermutung bezüglich des gegnerischen Entscheidungswerts ist zusätzlich eine Vorstellung über das anzustrebende Verhandlungsergebnis notwendig, um brauchbare Argumentationswerte entwickeln zu können.[229] Einigen sich Käufer und Verkäufer auf einen Preis, stellt dieser zugleich einen Arbitriumwert dar.

3.4.2.2 Verfahren der Grenzpreisermittlung

In der theoretischen und praktischen Bewertungsliteratur findet sich eine Vielzahl an Bewertungsmethoden, weshalb im folgenden herauszuarbeiten ist, welche Methoden[230] zur Bestimmung des Grenzpreises des Verkäufers geeignet sind, wobei finanzwirtschaftliche Verfahren im Mittelpunkt der Betrachtung stehen sollen.[231] „Aus finanzwirtschaftlicher Sicht wird mit dem" Verkauf „eines Unternehmens ein künftiger Zahlungsstrom" abgegeben, „welcher i.d.R. in hohem Maße unsicher ist. Diesen Zahlungsstrom gilt es zu bewerten. Das betriebswirtschaftliche Problem der Unternehmensbewertung erweist sich darum als ein Anwendungsfall der Investitions- und Finanzierungstheorie."[232]

In der *Finanzierungstheorie* werden – wie bereits im Abschnitt 3.4.1 angesprochen – Marktprozesse und Marktergebnisse unter idealisierten Bedingungen erklärt, um einen hypothetischen, objektiven Marktgleichgewichtspreis zu ermitteln, wobei von einem vollkommenen sowie vollständigen Gesamtmarkt bei Vollständigkeit des Wettbewerbs ausgegangen wird.[233] *Vollkommenheit des Marktes* ist gegeben, wenn allen Marktteilnehmern für jeden möglichen Umweltzustand bekannt ist, welchen finanziellen Rückfluß die am Markt gehandelten Wertpapiere (Zahlungsströme)

---

229 Vgl. auch *MATSCHKE/BRÖSEL*, Unternehmensbewertung (2013), S. 609, 611.
230 Die Begriffe Methode, Modell, Verfahren und Ansatz werden synonym verwandt.
231 Für einen Überblick über mögliche Unternehmensbewertungsmethoden vgl. z.B. *MATSCHKE/ BRÖSEL*, Unternehmensbewertung (2013), S. 123, *MANDL/RABEL*, Methoden (2015), S. 56, *BALLWIESER/ HACHMEISTER*, Unternehmensbewertung (2016), S. 6.
232 *HERING*, Unternehmensbewertung (2014), S. 3, dort bezogen auf den Kauf. Vgl. ferner *ENGELS*, Entscheidungstheorie (1962), S. 110-113, *MÜNSTERMANN*, Wert und Bewertung (1966), S. 151, *MOXTER*, Grundsätze (1983), S. 14, *COENENBERG*, Unternehmensbewertung (1992), S. 93 und 96.
233 Vgl. *HERING*, Unternehmensbewertung (2014), S. 309. Ferner vgl. *MATSCHKE/BRÖSEL*, Unternehmensbewertung (2013), S. 124.

liefern.[234] Das heißt, es bestehen keine Informationsasymmetrien, so daß jeder denselben Wissensstand hat. Zudem sind Höhe und Struktur der Rückflüsse eines Zahlungsstroms für alle Marktteilnehmer gleich. Jeder Zahlungsstrom kann dabei ohne Transaktionskosten zum gleichen Preis in unbegrenztem Umfang gekauft oder verkauft werden. Durch die *Vollständigkeit des Marktes* spannen die Zahlungsströme den gesamten Umweltzustandsraum auf, d.h., sie können beliebig strukturierte andere Zahlungsströme durch Linearkombination nachbilden. Für einen gegebenen zu bewertenden Zahlungsstrom genügt die schwächere Voraussetzung, daß er im von den gehandelten Zahlungsströmen aufgespannten Vektorraum liegt, also von ihnen nachgebildet werden kann (sog. „Spanning"-Eigenschaft). Bei *Vollständigkeit des Wettbewerbs* haben die Marktteilnehmer keine Marktmacht und können die Marktpreise der gehandelten Zahlungsströme nicht beeinflussen. Neue Zahlungsströme ändern nicht die am Markt herrschenden Preise, weil die Marktteilnehmer lediglich als Mengenanpasser agieren können (sog. „Competivity"-Eigenschaft). Der zu ermittelnde sog. objektive Marktwert bzw. -preis stellt sich aber nur unter den idealen Bedingungen theoretisch ein.

In der *Investitionstheorie* geht es weniger um die Erklärung von Marktprozessen und -ergebnissen als vielmehr darum, dem Einzelfall angepaßte Entscheidungshilfen zur Lösung realer betriebswirtschaftlicher Bewertungsprobleme zu geben. Aus dieser Zielsetzung folgt, daß die Investitionstheorie auf die jeweiligen individuellen Verhältnisse des Bewertungssubjekts abstellt und nicht die Perspektive des Gesamtmarktes wählt. Im Mittelpunkt steht dabei die wirtschaftliche Beurteilung der Vorteilhaftigkeit von Zahlungsströmen. Im Bewertungsmodell sollen daher möglichst die subjektiven Ziele, Handlungsmöglichkeiten, Einschränkungen und Erwartungen des Bewertungssubjekts Berücksichtigung finden. Die Investitionstheorie sucht deshalb nach Regeln für optimale Entscheidungen unter individuellen Zielfunktionen auf unvollkommenen und unvollständigen Märkten.[235] Die folgende Tabelle 2 enthält eine Gegenüberstellung der zentralen Unterschiede zwischen Investitions- und Finanzierungstheorie.

---

234 Dies und das Folgende entnommen aus *HERING*, Unternehmensbewertung (2014), S. 211 f. Zu den dargestellten Prämissen vgl. *WILHELM*, Marktwertmaximierung (1983), S. 521, 528 f., *BREUER*, Marktwertmaximierung (1997), S. 223 f. Zum vollkommenen und unvollkommenen Kapitalmarkt bei Sicherheit vgl. ferner *HERING*, Investitionstheorie (2015), S. 33 f., 139 ff.
235 Vgl. *HERING*, Unternehmensbewertung (2014), S. 304. Ferner vgl. *MATSCHKE/BRÖSEL*, Unternehmensbewertung (2013), S. 124.

Tab. 2: Wesentliche Unterschiede zwischen Finanzierungs- und Investitionstheorie[236]

	Finanzierungstheorie	Investitionstheorie
Hauptziel	Erklärung von Marktprozessen und Marktergebnissen	Entscheidungsunterstützung bei der Lösung realer betriebswirtschaftlicher Probleme
unterstellte Bedingungen	idealisierte Verhältnisse	reale Verhältnisse
Zweck	Ermittlung eines hypothetisch objektiven Marktgleichgewichtspreises	wirtschaftliche Beurteilung der Vorteilhaftigkeit von Zahlungsströmen
Perspektive	aggregierter Gesamtmarkt	Verhältnisse des Entscheidungssubjekts

Zu den *finanzwirtschaftlichen Verfahren*, die auf der *Finanzierungstheorie* beruhen, zählen DCF-Verfahren, mit deren Hilfe Marktwerte ermittelt werden sollen. Die als anglo-amerikanische Alternative zum in Deutschland gebräuchlichen Ertragswertverfahren der Unternehmensbewertung interpretierbaren DCF-Ansätze stellen kein in sich geschlossenes Konzept dar, sondern zerfallen in einzelne miteinander konkurrierende Varianten, die unter realistischen Bedingungen jeweils unterschiedliche Bewertungsergebnisse liefern.[237] Bekannte *DCF-Verfahren* sind der APV-Ansatz („Adjusted Present Value" = angepaßter Barwert), der WACC-Ansatz („Weighted Average Cost of Capital" = gewogene durchschnittliche Kapitalkosten) und der „Equity"-Ansatz (Equity = Eigenkapital). Während beim Equity-Ansatz als Nettoverfahren (Eigenkapitalbewertungsansatz) der Wert des Eigenkapitals direkt ermittelt wird, ist beim APV- und WACC-Ansatz als Bruttoverfahren (Gesamtkapitalbewertungsansatz, „Entity"-Ansatz) zuerst der Unternehmensgesamtwert zu bestimmen, von dem dann der Marktwert des Fremdkapitals subtrahiert wird, um zum gesuchten Eigenkapital(markt)wert zu gelangen.

Die Rechengröße „Cash-flow" als erfolgswirtschaftlicher Umsatzüberschuß zwischen Unternehmen und Umwelt bedarf umfangreicher Modifikationen, die sich am Grundmuster einer Kapitalflußrechnung orientieren, um Rückschlüsse über die letztlich interessierenden Ausschüttungen des Unternehmens an seine Eigner

---

236 In sehr enger Anlehnung an HERING, Unternehmensbewertung (2014), S. 304 und 309 sowie MATSCHKE/BRÖSEL, Unternehmensbewertung (2013), S. 125.

237 Zu den DCF-Verfahren vgl. ausführlich HERING, Unternehmensbewertung (2014), S. 263 ff., MATSCHKE/BRÖSEL, Unternehmensbewertung (2013), S. 697 ff. Vgl. ferner auch BALLWIESER/HACHMEISTER, Unternehmensbewertung (2016), S. 137 ff., DRUKARCZYK/SCHÜLER, Unternehmensbewertung (2016), S. 81 ff.

ermöglichen zu können.[238] In der praxisorientierten Literatur finden sich viele unterschiedliche Empfehlungen bestimmter Berechnungsschemata für den bewertungsrelevanten Zahlungsstrom.[239] Die Fixierung auf den isolierten Cash-flow des Bewertungsobjekts als Ausgangsbasis der Betrachtung birgt jedoch die Gefahr in sich, wichtige und bewertungsrelevante finanzielle Interdependenzen zwischen Bewertungsobjekt und Bewertungssubjekt zu ignorieren. In der finanzierungstheoretisch geprägten Unternehmensbewertung wird oft das „Capital Asset Pricing Model" (CAPM)[240] verwendet, um risikoadjustierte, objektspezifische Kalkulationszinsfüße zu ermitteln. Die Anwendbarkeit des CAPM auf reale Bewertungssituationen ist aber bereits deshalb zweifelhaft, da es das Entscheidungsmodell der Portefeuilleauswahl[241] in ein Gleichgewichtsmodell überführt, woraus die Annahme eines allgemeinverbindlichen, für alle Anleger gültigen Einheitsportefeuilles folgt.[242]

Insgesamt versuchen DCF-Methoden, Modelle der Gleichgewichtstheorie auf reale Bewertungssituationen zu übertragen und damit direkt eine Formel für den Unternehmenswert zu erreichen. Problematisch sind hierbei nicht nur die idealisierten Bedingungen der Modellwelt, sondern auch die Koppelung partiell inkompatibler Gleichgewichtsmodelle. So werden die Bewertungsgleichungen nach MODIGLIANI/ MILLER[243] mit dem CAPM kombiniert, obwohl diese unvereinbare Prämissen im Hinblick auf Präferenzfreiheit, Planungshorizont und Berücksichtigung von Steuern aufweisen.[244]

Eine zweite Strömung innerhalb der Literatur, die auf finanzierungstheoretische Erkenntnisse Bezug nimmt, ist die *„strategische"*[245] *Unternehmensbewertung*. Dieses Konzept präsentiert sich aber nicht als eigenständige, in sich geschlossene Lehre und greift eher punktuell auf Modellbausteine und Grundgedanken aus der Finan-

---

238 Vgl., auch im folgenden, teils eng angelehnt, HERING, Unternehmensbewertung (2014), S. 217-219.

239 Übersichten über mögliche Ermittlungsschemata für den „Cash-flow" zeigen GÜNTHER, Controlling (1997), S. 112-118, MATSCHKE/BRÖSEL, Unternehmensbewertung (2013), S. 707-713.

240 Das Bewertungsmodell geht zurück auf SHARPE, Capital Asset Prices (1964), LINTNER, Valuation of Risk Assets (1965), MOSSIN, Equilibrium (1966).

241 Zur Theorie der Wertpapiermischung vgl. HERING, Unternehmensbewertung (2014), S. 230-233 und die dort angeführte Literatur.

242 Eingehend zur Kritik am CAPM vgl. HERING, Unternehmensbewertung (2014), S. 233 ff., HERING, Investitionstheorie (2015), S. 297 ff.

243 Vgl. MODIGLIANI/MILLER, Taxes and the Cost of Capital (1963).

244 Zur Problematik der inkompatiblen Prämissen der DCF-Ansätze vgl. HERING, Unternehmensbewertung (2014), S. 263, 281 und 298 sowie HERING, Konzeptionen (2000), S. 445-447.

245 Zum Begriff der Strategie vgl. Abschnitt 4.2.1.

zierungstheorie zurück. Bekannt in diesem Zusammenhang ist vor allem das Realoptionsverfahren.[246]

Sämtliche auf der Finanzierungstheorie beruhende Bewertungsmodelle sind für die Entscheidungswertermittlung ungeeignet, da weder die subjektive Zielsetzung noch das individuelle Entscheidungsfeld des Bewertungssubjekts Berücksichtigung finden. Sie können allenfalls Argumentationswerte und evtl. auch Schiedswerte generieren. Ungeachtet aller Kritik haben die finanzierungstheoretischen Bewertungsmethoden der angelsächsischen Schule inzwischen an Bedeutung gewonnen. Durch die vereinfachten Kommunikationsmöglichkeiten und die wachsende ökonomische Vernetzung nehmen deutsche Wirtschaftswissenschaftler in zunehmendem Maße die Forschungsansätze der angelsächsischen Schule wahr. Umgekehrt geschieht das seit dem letzten Weltkrieg nicht mehr; der Wissenstransfer bleibt auf diese Weise eine Einbahnstraße, was Rückwirkungen auf die Bewertungslehre im deutschen Sprachraum erzeugt. Es gibt einerseits eine Neigung von Wissenschaftlern, der international weniger rezipierten Schule den Rücken zu kehren und lieber „Kolonien" der unerschütterlich von sich überzeugten angelsächsischen Schule zu bilden. Andererseits wächst die Bereitschaft deutscher Unternehmen, Praktikerverfahren und andere Beratungsprodukte angelsächsischer Provenienz als angeblich weltweiten Standard oder sogar Stand der Kunst nachzufragen, was wiederum Lehr- und Aufklärungsbedarf hervorruft.[247]

Zu den Praktikerformeln zählen insbesondere die *Multiplikatorverfahren*, wie bspw. die „Methode des börsennotierten Vergleichsunternehmens" („similar public company approach") oder die „Methode der kürzlichen Akquisition" („recent acquisition approach").[248] Diese versuchen, über die am Markt zu beobachtenden Preise „vergleichbarer" Unternehmen oder Aktien auf den Wert des betrachteten Unternehmens zu schließen. Der Preis des Vergleichsbetriebs wird hierfür durch eine Bezugsgröße (i.d.R. der Gewinn des Vergleichsbetriebs) dividiert; diese Kennziffer

---

246 Vgl. HERING, Unternehmensbewertung (2014), S. 289.
247 In Auszügen entnommen aus HERING, Quo vadis? (2004), S. 112-114, HERING, Unternehmensbewertung (2014), S. 332-335. Es finden sich zunehmend auch im englischsprachigen Schrifttum Publikationen zur deutschen Bewertungstheorie, vgl. z.B. HERING/OLBRICH/STEINRÜCKE, Internet Companies (2006), OLBRICH/BRÖSEL/HASSLINGER, Airport Slots (2009), MATSCHKE/BRÖSEL/MATSCHKE, Fundamentals (2010), BRÖSEL/TOLL/ZIMMERMANN, Financial Crisis (2011), BRÖSEL/MATSCHKE/OLBRICH, Entrepreneurial Business (2012), LERM/ROLLBERG/KURZ, Venture Capital (2012), HERBENER/RAPP, Investment Appraisal (2016), HERING/TOLL/KIRILOVA, Milestone Financing (2016), RAPP/OLBRICH/VENITZ, Value Investing (2017). Ob diese von Vertretern der angelsächsischen Wertlehre aufgegriffen und zur Weiterentwicklung ihres Theoriegebäudes führen werden, bleibt abzuwarten. Vgl. ferner auch MATSCHKE, Grundzüge (2013), S. 31, Fußnote 6, MATSCHKE/BRÖSEL, Unternehmensbewertung (2013), S. 19 und 23 f., Fußnote 67, OLBRICH, Unternehmungsnachfolge (2014), S. 150 f., Fußnote 48.
248 Hierzu und zum Folgenden OLBRICH, Unternehmungsnachfolge (2014), S. 151 f.

wird anschließend mit der entsprechenden Bezugsgröße des zu bewertenden Unternehmens multipliziert.[249] Bei allen Vergleichsverfahren ist – neben der Schwierigkeit, ein mit dem Bewertungsobjekt vergleichbares Unternehmen zu finden[250] – vor allem der fehlende Theoriebezug zu bemängeln.[251] Die „Verfahren gewichten die gewollte Einfachheit der Methode schwerer als die Brauchbarkeit des Ergebnisses und sprechen sich allein dadurch [..] ihr eigenes Urteil"[252].

Anders als die zur Entscheidungswertermittlung ungeeigneten finanzierungstheoretischen Verfahren und Praktikerformeln beachten *investitionstheoretische Verfahren* – wie bereits angesprochen – die subjektive Zielsetzung und das individuelle Entscheidungsfeld des Bewertungssubjekts. Das im Abschnitt 3.1.1 vorausgesetzte Eigentümerziel der Gewinnmaximierung als Maximierung des Wohlstands kann dabei in seiner zeitlichen Struktur so konkretisiert werden, daß sich zwei grundsätzliche, im allgemeinen nicht äquivalente Operationalisierungsmöglichkeiten unterscheiden lassen, und zwar die Vermögens- und die Einkommensmaximierung:[253] Ein das Ziel der *Vermögensmaximierung* verfolgendes Wirtschaftssubjekt sucht – unter der Nebenbedingung eines fest vorgegebenen regelmäßigen Einkommensstroms – dasjenige Investitions- und Finanzierungsprogramm, welches eine maximale Geldausschüttung gemäß seiner Konsumpräferenz ermöglicht. Für jeden Zeitpunkt ist ein Gewichtungsfaktor vorzugeben, der die subjektive Wertschätzung einer Ausschüttung (Konsumentnahme) in Relation zu den anderen möglichen Ausschüttungszeitpunkten widerspiegelt. Die Zielfunktion entspricht der Summe der gewichteten Entnahmebeträge. Endvermögens- oder Endwertmaximierung und Barwertmaximierung sind folglich Spezialfälle der Vermögensmaximierung. Um erstere

---

249 Zu den Multiplikatorverfahren vgl. BUCHNER/ENGLERT, Unternehmensvergleich (1994), BUCHNER, Unternehmensbewertung (1995), BÖCKING/NOWAK, Unternehmensbewertung (1999), SEPPELFRICKE, Multiplikatorverfahren (1999), OLBRICH, Bewertung von Unternehmungsanteilen (2000), S. 455-457, OLBRICH, Elektronisches Geschäft (2002), S. 689-692, OLBRICH/FREY, Multiplikatorverfahren (2013), S. 315-323, RAPP, Sanierungs- und Reorganisationsentscheidung (2014), S. 205 f.

250 So handelt es sich bei Betrieben aufgrund der Spezifika ihrer jeweiligen Absatz- und Beschaffungsmärkte, ihrer unterschiedlich gestalteten Strukturen und Prozesse sowie der verschiedenartigen Qualifikationen ihrer Arbeitskräfte weitgehend um Unikate, so daß die Auswahl eines angeblich vergleichbaren Unternehmens mehr oder minder willkürlich erfolgen muß. Vgl. GUTENBERG, Betriebswirtschaftliche Theorie (1929), S. 26, BUCHNER, Unternehmensbewertung (1995), S. 413, OLBRICH, Bewertung von Unternehmungsanteilen (2000), S. 458 f., HERING/OLBRICH, Unsicherheitsproblem bei der Entschädigung (2003), S. 1582, HERING/OLBRICH, Beteiligungen (2009), S. 367, OLBRICH, Unternehmungsnachfolge (2014), S. 152.

251 Zu den Schwachpunkten der Multiplikatorverfahren vgl. eingehend OLBRICH, Bewertung von Unternehmungsanteilen (2000), S. 458 f., OLBRICH/FREY, Multiplikatorverfahren (2013), S. 324-327.

252 HERING, Investition und Unternehmensbewertung (2002), S. 81.

253 Zu den Entnahmezielsetzungen vgl., auch im folgenden eng angelehnt, HERING, Investitionstheorie (2015), S. 20-22 oder HERING, Unternehmensbewertung (2014), S. 26 f.

handelt es sich dann, wenn Ausschüttungen am Ende des Planungszeitraums mit eins und zu allen übrigen Zeitpunkten mit null gewichtet werden. Umgekehrt liegt Barwertmaximierung vor, wenn die Eigentümer ausschließlich an sofortigem Konsum in maximal möglicher Höhe interessiert sind. Von einer *Einkommensmaximierung* wird dagegen gesprochen, wenn ein Wirtschaftssubjekt – unter der Nebenbedingung fest vorgesehener Ausschüttungen zu einzelnen Zeitpunkten (insbesondere im Endzeitpunkt) – bestrebt ist, die Breite eines Entnahmestroms mit gegebener Struktur zu maximieren. Im einfachsten Fall eines „uniformen" Entnahmestroms steht den Eignern in jeder Periode der gleiche Betrag als Einkommen neben den fixen Entnahmen zur Verfügung.

Das zusammen mit dem Ziel des Bewertungssubjekts zu beachtende Entscheidungsfeld entspricht aus Sicht der finanzwirtschaftlichen Unternehmensbewertung dem finanziellen Aktionsraum, der in erster Linie durch die strikte Nebenbedingung der jederzeitigen Zahlungsfähigkeit (Liquidität) begrenzt wird. Zusätzlich können von Fall zu Fall weitere Restriktionen wirken, z.B. Kreditbeschränkungen (Kreditlinien), Ausschlußbedingungen bei Wahlproblemen, Ganzzahligkeitsforderungen oder freiwillige Kapitalstrukturrestriktionen.[254] Auch der anzuwendende Grenzsteuersatz des Eigentümers ist ein individuelles Charakteristikum seines Entscheidungsfelds.

Da die Beurteilung eines zukünftigen, unsicheren Zahlungsstroms, der zwischen dem Unternehmen und seinen Eigentümern fließt, im Vordergrund der Unternehmensbewertung steht, dienen Zahlungen, und zwar die Geldausschüttungen des Unternehmens an die Anteilseigner, als Rechengröße. Einlagen der Anteilseigner werden als negative Geldentnahmen mit den Ausschüttungen verrechnet.[255] Nach dem Theorem von LÜCKE können alternativ auch Gewinngrößen Verwendung finden, was aber nur bei sachgemäßer Bemessung kalkulatorischer Zinsen gelingt.[256] Zu den investitionstheoretischen Verfahren zählen das *Ertragswertverfahren* (Zukunftserfolgswertverfahren)[257] und das *Zustands-Grenzpreismodell* (ZGPM)[258].[259]

---

254 In enger Anlehnung an *HERING*, Unternehmensbewertung (2014), S. 29. Vgl. auch *HERING*, Investitionstheorie (2015), S. 196 ff.

255 Vgl. *HERING*, Unternehmensbewertung (2014), S. 32.

256 Vgl. *LÜCKE*, Investitionsrechnungen (1955). Zum allgemeinen Beweis des LÜCKE-Theorems vgl. für den Fall des vollkommenen Kapitalmarktes *HAX*, Investitionstheorie (1985), S. 149-151 und für den Fall des unvollkommenen Kapitalmarkts *HERING*, Investitionstheorie (2015), S. 249 f. und die dort angeführte Literatur.

257 Die in der Investitionstheorie gebräuchliche Bezeichnung „Ertragswert" wird in vielen Schriften zur Unternehmensbewertung durch die des Zukunftserfolgswerts ersetzt. Die zwei Traditionsbegriffe „Ertragswert" und „Zukunftserfolgswert", die beide aus sprachlicher Sicht durchaus kritisch zu betrachten sind, werden im folgenden synonym verwandt. Zu den Begriffen des Zukunftserfolgswerts und des Ertragswerts vgl. *MÜNSTERMANN*, Gesamtwert des Betriebes (1952), S. 214 f., *BUSSE VON*

Zur Berücksichtigung der Unsicherheit können die im Abschnitt 3.4.2.3 näher zu behandelnden investitionsrechnerischen Methoden der *Sensitivitäts- und Risikoanalyse* herangezogen werden, so daß sich der Entscheidungswert durch Alternativrechnungen mit unterschiedlichen angenommenen Datenszenarien seinem Wesen gemäß als Bandbreite herauskristallisiert.[260] Ein investitionstheoretisches Verfahren zur Grenzpreisbestimmung in divisionalisierten Unternehmen bei unvollkommenem Markt und Unsicherheit stellt das *Modell der approximativ dekomponierten Bewertung* dar.

Im einfachsten Fall agiert das Bewertungssubjekt auf einem vollkommenen Kapitalmarkt und kann zum einheitlichen Kalkulationszins i beliebig hohe Geldbeträge anlegen oder als Kredit aufnehmen.[261] Besteht überdies keine Datenunsicherheit (oder rechnet der Bewerter fest mit dem Eintreffen seiner einwertigen Prognose), so ergibt sich der Grenzpreis oder Entscheidungswert eines Unternehmens direkt als *Ertragswert*[262] (Zukunftserfolgswert) E zum Kalkulationszins i, d.h. als Kapitalwert des zwischen Unternehmen und Bewertungssubjekt fließenden künftigen Zahlungsstroms **g**.[263] Im Bewertungszeitpunkt t = 0 fällt annahmegemäß keine Zahlung an, da – wie in der Investitionsrechnung üblich – alle Zahlungen auf das Periodenende bezogen werden und am Anfang des Planungszeitraums lediglich der erst zu ermittelnde Grenzpreis oder der tatsächliche ausgehandelte Preis steht. Der Planungs-

---

COLBE, Zukunftserfolg (1957), S. 11 f., MATSCHKE/BRÖSEL, Unternehmensbewertung (2013), S. 244 f., HERING, Unternehmensbewertung (2014), S. 20, Fußnote 2.

258 Vgl. HERING, Unternehmensbewertung (2014), S. 45 ff., 256 und 303 ff., HERING, ZGPM (2000). Für die hier betrachtete Konfliktsituation vom Typ des Kaufs/Verkaufs gilt das ZGPM, während das Zustands-Grenzquotenmodell (ZGQM) in den Fällen der Spaltung und Fusion Anwendung findet. Zur Fusion vgl. HERING, Fusion (2004), HERING/TOLL, Vermögensmaximierung (2009), MATSCHKE/BRÖSEL, Unternehmensbewertung (2013), S. 380 ff., HERING, Unternehmensbewertung (2014), S. 87 ff. Zur Spaltung vgl. BYSIKIEWICZ/MATSCHKE/BRÖSEL, Spaltung (2005), BYSIKIEWICZ, Spaltung (2008), MATSCHKE/BRÖSEL, Unternehmensbewertung (2013), S. 414 ff., HERING, Unternehmensbewertung (2014), S. 162 ff.

259 Allgemein zur investitionstheoretischen Bewertung vgl. auch BALLWIESER, Komplexitätsreduktion (1990), KRAG/KASPERZAK, Unternehmensbewertung (2000), S. 29 ff., MANDL/RABEL, Unternehmensbewertung (1997), S. 66 ff.

260 Vgl. HERING, Unternehmensbewertung (2014), S. 9 und 14.

261 Dies und das Folgende in teilweiser sehr enger Anlehnung an HERING, Unternehmensbewertung (2014), S. 37 ff.

262 Zum Ertragswertverfahren vgl. ebenfalls MATSCHKE/BRÖSEL, Unternehmensbewertung (2013), S. 244 ff., OLBRICH, Unternehmungsnachfolge (2014), S. 152-157. Zu Zahlenbeispielen vgl. HERING/TOLL, Bewertung auf vollkommenem Markt (2012), S. 1104 f., HERING/TOLL, Partialmodell (2013), S. 192-194, HERING/TOLL, BWL-Klausuren (2015), S. 169-174.

263 Vgl. hierzu SCHMALENBACH, Werte von Unternehmungen (1917), S. 1-3, MOXTER, Grundsätze (1983), S. 14, LAUX/FRANKE, Bewertung von Unternehmungen (1969), S. 206, LEUTHIER, Interdependenzproblem (1988), S. 179 f.

zeitraum umfaßt n Perioden, so daß in den Zahlungsüberschüssen zum Zeitpunkt t = n auch geschätzte Endwerte des Vermögens oder der Schulden enthalten sind.

$$E = \sum_{t=1}^{n} g_t \cdot (1+i)^{-t} \, .$$

Selbst wenn Käufer und Verkäufer eines Unternehmens auf demselben Kapitalmarkt operieren und (vor Steuern) den gleichen Kalkulationszins verwenden, gelangen sie im allgemeinen nicht zum gleichen Grenzpreis, weil dann zwar die finanzwirtschaftlichen, aber nicht notwendig auch die realwirtschaftlichen Gegebenheiten des jeweiligen Entscheidungsfeldes übereinstimmen. Beide Seiten unterscheiden sich bspw. im unternehmerischen Geschick sowie in bezug auf das Synergiepotential und die steuerlichen Rahmenbedingungen (nutzbare Freibeträge und Verlustvorträge, individueller Grenzsteuersatz). Die Zahlungsreihe des Bewertungsobjekts umfaßt neben den Ausschüttungen an das Bewertungssubjekt auch die indirekten Zahlungskonsequenzen aus den Synergieeffekten:[264] Verfügt z.B. das zu bewertende Unternehmen über unausgelastete moderne Fertigungskapazitäten, die der Verkäufer nicht zu nutzen weiß, so kann (nur) der Käufer sie dazu einsetzen, eigene veraltete Anlagen stillzulegen, die Produktion in das neue Werk zu verlagern und auf diese Weise Kosten zu sparen. Das Unternehmen ist also ceteris paribus für den Käufer wertvoller als für den Verkäufer – anderenfalls gäbe es auch gar keinen Verhandlungsspielraum hinsichtlich des zwischen beiden zu vereinbarenden Preises.

Die Interpretation des Ertragswerts als Entscheidungswert oder Grenzpreis bei vollkommenem Kapitalmarkt ergibt sich am schnellsten, wenn man auf den Begriff des *Kapitalwerts*[265] zurückgreift. Der Unternehmenskauf zum Preis p stellt eine vorteilhafte Investition dar, wenn der Kapitalwert C aus Sicht des Käufers (bezeichnet mit C_K) nichtnegativ ist: $C_K = -p + E_K \geq 0 \Leftrightarrow p \leq E_K$. Der Ertragswert E_K ist also als *kritischer Preis* die *Preisobergrenze*, die der Käufer gerade noch akzeptieren kann, ohne daß der Kauf für ihn ökonomisch nachteilig wird. Umgekehrt überlegt sich der Verkäufer, daß gelten muß: $C_V = p - E_V \geq 0 \Leftrightarrow p \geq E_V$. Für den Verkäufer bildet sein Ertragswert E_V ebenfalls den kritischen Preis, nämlich die *Preisuntergrenze*. Der Grenzpreis definiert in der Kalkulation beider Seiten jeweils die kritische Anfangsaus- oder -einzahlung, bei der das Vorzeichen des Kapitalwerts wechselt. Das Einigungsintervall für die Preisverhandlungen wird durch die jeweiligen Entschei-

264 Vgl. *Matschke*, Entscheidungswert (1975), S. 309-318, *Serfling/Pape*, Unternehmensbewertung (1995), S. 943, *Ossadnik*, Synergie-Controlling (1997), S. 1823.
265 Zum Kriterium des Kapitalwerts vgl. z.B. *Bitz/Ewert/Terstege*, Investition (2012), S. 62-85, *Hering*, Investitionstheorie (2015), *Perridon/Steiner/Rathgeber*, Finanzwirtschaft (2017), S. 56-59. Vgl. auch Unterkapitel 5.1.

dungswerte begrenzt: Im Bereich $E_V \leq p \leq E_K$ ist die Unternehmensübereignung zum Preis p für Käufer und Verkäufer ein vorteilhaftes Geschäft mit nichtnegativem Kapitalwert.

Da Unternehmen i.d.R. kein bestimmtes, im voraus bekanntes „Verfallsdatum" haben, werden in den Modellen der Unternehmensbewertung zumindest für die späteren Jahre gerne „*ewige Renten*" angenommen, d.h. sich gleichförmig bis ins Unendliche erstreckende Zahlungsströme. Es wird also mangels besserer Informationen gleichsam ein finanzmathematischer Durchschnittsüberschuß als Annuität geschätzt. Nach der „kaufmännischen Kapitalisierungsformel" hat ein Unternehmen, das zu allen Zeitpunkten von t = 1, t = 2, t = 3 bis t → ∞ jeweils den konstanten Betrag g an die Eigentümer ausschüttet, den Ertragswert[266]

$$E = \frac{g}{i}.$$

Werden im Rahmen einer Detailplanungsphase die jeweiligen Zahlungsüberschüsse g_t der Perioden t = (1, ..., n) einzeln abgeschätzt und nur für die nachfolgende ewige Rentenphase gleichbleibende Zahlungsüberschüsse in Höhe von g unterstellt, dann ergibt sich der Ertragswert folglich aus:[267]

$$E = \sum_{t=1}^{n} g_t \cdot \left(1+i\right)^{-t} + \frac{g}{i} \cdot \left(1+i\right)^{-n}.$$

Eine leichte Abwandlung der „ewigen Rente" folgt aus der (allerdings nur vordergründig) realistischer wirkenden Annahme, der Ausschüttungsstrom des Unternehmens bleibe nicht konstant, sondern wachse von Zeitpunkt zu Zeitpunkt mit der Rate ω unter der Voraussetzung ω < i (anderenfalls strebte der Ertragswert gegen unendlich). Nach diesem sog. *Dividendenwachstumsmodell* berechnet sich der Ertragswert wie folgt:

$$E = \sum_{t=1}^{\infty} g \cdot \frac{(1+\omega)^{t-1}}{(1+i)^t} = \frac{g}{i-\omega}.$$

Zur Entscheidungswertermittlung unter realistischen Bedingungen ist darauf hinzuweisen, daß grundsätzlich sowohl ein steuerkorrigierter Kalkulationszins als auch steuerkorrigierte Zahlungsüberschüsse zum Einsatz kommen müssen. Wenn der Veräußerungsgewinn besteuert wird, dann bedarf ferner der Ertragswert einer

---

266 Zur Herleitung der folgenden (und anderer) Ertragswertformeln vgl. HERING, Unternehmensbewertung (2014), S. 319 ff.
267 Vgl. zu diesem Vorgehen z.B. INSTITUT DER WIRTSCHAFTSPRÜFER, IDW-S1 (2000), S. 832 f.

Korrektur, um den Grenzpreis des Verkäufers zu ermitteln. Für diesen Fall ist der Grenzpreis um die Steuerzahlung des Verkäufers zu erhöhen.[268] Zudem sind mit dem Verkauf verbundene Transaktionskosten auf den Grenzpreis aufzuschlagen, wie z.B. Kosten, die für die Ausfertigung der Verträge anfallen.[269]

_i_ Aufgabe 6

Aufgrund fehlender geeigneter verbundinterner Nachfolger entscheidet sich der Unternehmer Mark für den Verkauf seiner Euro GmbH. Herr Pleite ist an einer Unternehmensgründung interessiert; er möchte jedoch keinen Geschäftsbetrieb selbst aufbauen, sondern ein bereits bestehendes Unternehmen übernehmen.

a) In einer ersten Schätzung geht der Alteigentümer Mark davon aus, daß mit dem Verkauf der Euro GmbH der (in t = 0 beginnende) Zahlungsstrom g_V = (0, 50, 60, 40, 20) einhergeht. Anschließend erwartet er eine ewige Rente in Höhe von 10 Geldeinheiten pro Jahr. Der Kalkulationszins beträgt 1% p.a. Berechnen Sie den Ertragswert E_V, und zeigen Sie Herrn Mark, welchen Verkaufspreis p* er mindestens verlangen muß, damit der Verkauf nicht ökonomisch nachteilig wird!

b) Herr Mark revidiert seine Prognose. Er erwartet nun, daß die Euro GmbH in t = 1 einen Einzahlungsüberschuß in Höhe von 15 GE aufweist, der losgelöst von Erfolgsschwankungen und Konjunktur auf unabsehbare Zeit mit der Rate ω = 0,005 wachsen wird. Der Kalkulationszins beträgt 1% p.a. Berechnen Sie den Ertragswert E_V!

c) Herr Pleite überlegt sich, die Euro GmbH zu kaufen. Er erwartet, daß mit dem Kauf der Euro GmbH der (in t = 0 beginnende) Zahlungsstrom g_K = (0, 200, 300, 400, 350) verbunden ist. Der Kalkulationszins beträgt 3% p.a. Bestimmen Sie den Ertragswert E_K, und begründen Sie, welchen Kaufpreis p* Herr Pleite höchstens zahlen darf, damit der Kauf nicht ökonomisch nachteilig wird! Verdeutlichen Sie ferner mit Hilfe eines vollständigen Finanzplans (VOFI), daß dieser Grenzpreis die letzte Möglichkeit eines vorteilhaften oder zumindest genau zielsetzungsneutralen Geschäfts darstellt! Gehen Sie dabei von einer vollständigen Fremdfinanzierung aus!

d) Interpretieren Sie die in der Aufgabe zugrunde gelegte Konfliktsituation! Gehen Sie dabei insbesondere auf die Möglichkeit einer Einigung zwischen den beiden Konfliktparteien ein!

Das dargestellte investitionstheoretische Modell des Ertragswerts verkörpert eine spezielle Art der Entscheidungswertermittlung[270], das die Komplexität des Bewertungskalküls reduziert. So beruht die Wertfindung auf einer Partialbetrachtung, weil nicht das vollständige Entscheidungsfeld des Bewertungssubjektes explizit einbezogen, sondern das Bewertungsobjekt allein mit der günstigsten Alternativinvestition verglichen wird.[271] Der Diskontsatz spiegelt dabei die Rendite der besten

---

268 Vgl. MOXTER, Grundsätze (1983), S. 179 f., OLBRICH, Unternehmungsnachfolge (2014), S. 154 f.
269 Vgl. OLBRICH, Unternehmungsnachfolge (2014), S. 155.
270 Vgl. MATSCHKE, Entscheidungswert (1975), S. 23-25.
271 Vgl. SIEBEN, Bewertungs- und Investitionsmodelle (1967), S. 133, des weiteren auch LAUX/FRANKE, Bewertung von Unternehmungen (1969), S. 205-223, HERING, Unternehmensbewertung (2014), S. 38 f., OLBRICH, Unternehmungsnachfolge (2014), S. 152 f.

Alternativinvestition wider und entspricht im *vollkommenen Markt* dem exogen vorgegebenen Marktzins i. Der Kalkulationssatz ist im vollkommenen Markt ein Marktdatum; jede überschüssige Geldeinheit kann dazu eingesetzt werden, zum Zins i eine Geldanlage vorzunehmen oder einen bestehenden Kredit zu tilgen, und zwar ohne Mengenbeschränkung. Unter diesen Prämissen gilt die FISHER-Separation, welche es ermöglicht, Zahlungsströme einzeln durch Abzinsen mit dem Marktzins zu bewerten.[272]

Wird die Prämisse, der abgebende Eigentümer agiere auf einem vollkommenen Kapitalmarkt, aufgehoben, kann sich die Entscheidungswertermittlung auf Basis des gezeigten Partialmodells des Ertragswerts dagegen als problematisch darstellen. Schwächen hat die Ertragswertmethode dann insofern, als ihre Anwendung im Falle eines *unvollkommenen Kapitalmarktes* die Kenntnis der Grenzzinsfüße voraussetzt, die als Diskontierungssätze Verwendung finden müssen:[273] Sie ergeben sich im Gegensatz zum vollkommenen Markt nicht als exogenes Datum, sondern resultieren modellendogen aus den Zahlungsreihen der Grenzobjekte, also jener Geldverwendungen, die in der optimalen Investitions- und Finanzierungslösung gerade noch – d.h. nur teilweise – verwirklicht werden. Grenzobjekte zeichnen sich folglich dadurch aus, daß sie weder gänzlich vorteilhaft noch gänzlich unvorteilhaft sind.[274] Im Falle eines unvollkommenen Kapitalmarktes sind die Grenzzinsfüße also nicht exogen vorgegeben, sondern müssen grundsätzlich modellendogen im Rahmen einer Totalbetrachtung ermittelt werden, die das gesamte Entscheidungsfeld des abgebenden Eigners mit allen zur Verfügung stehenden Kapitalanlage- und Kapitalaufnahmemöglichkeiten explizit berücksichtigt. Nur unter günstigen Bedingungen ergibt sich der Grenzpreis dann noch als Ertragswert, also durch ein Partialmodell.

Der mit Hilfe eines Totalmodells bestimmte Kalkulationszins ist dabei als Lenkpreis – d.h. als optimale Geltungszahl im Sinne SCHMALENBACHS – zu interpretieren, der sich aus den subjektiven Gegebenheiten des Alteigentümers, also seinen Zielen sowie seinen Investitions- und Finanzierungsalternativen, ergibt. Das Problem der Unternehmenswertermittlung kann dann als Fragestellung der pretialen Lenkung gedeutet werden, die den Einsatz knapper Faktoren – hier das Kapital des Eigentümers – effizient zu steuern sucht.[275] Wurden die endogenen Grenzzinssätze im Rah-

---

272 Vgl. zum vollkommenen Markt z.B. *HERING*, Investitionstheorie (2015), S. 23 ff. und 33 ff.

273 So, auch im folgenden, *OLBRICH*, Unternehmungsnachfolge (2014), S. 156 f.

274 Allein in Ausartungsfällen ist es denkbar, daß ein Grenzobjekt ganz oder gar nicht zu realisieren ist. Vgl. zu Grenzobjekten und Grenzzinssätzen ausführlich *HERING*, Investitionstheorie (2015), S. 144 f.

275 Vgl. zur pretialen Lenkung *SCHMALENBACH*, Verrechnungspreise (1909), *SCHMALENBACH*, Wirtschaftslenkung (1947), ebenfalls *HASENACK*, Gestaltung der Eigenverantwortlichkeit (1957), *JAENSCH*, Wert und Preis (1966), S. 26-32, *ARMAND*, Décentralisation des décisions (1968), *ALBACH*, Innerbe-

men einer Totalbetrachtung bestimmt, können sie entsprechend in die partialanalytische Bewertungsformel einfließen, die damit den entscheidungs- und investitionstheoretisch korrekten Grenzpreis des Unternehmens herausarbeitet. Allerdings ist die Anwendung dieses Partialmodells dann für den Eigentümer nicht mehr vonnöten, da er den gesuchten Entscheidungswert bereits im Rahmen des Totalmodells identifiziert hat.[276]

Trotz der skizzierten grundsätzlichen Schwierigkeiten der Anwendung der Ertragswertmethode im unvollkommenen Markt ist festzuhalten, daß sich der Alteigentümer bei der Entscheidungswertermittlung in vielen Fällen mit dem Partialmodell des Ertragswerts begnügen kann und somit nicht auf aufwendigere Totalmodelle zurückgreifen muß.[277] Ursache hierfür ist die Tatsache, daß der endogene Grenzzins aufgrund des Entscheidungsfeldes des Alteigentümers häufig bekannt sein wird: So ist insbesondere in Fällen, in denen der abgebende Eigner eine natürliche Person darstellt, die auf eine längere Phase der erfolgreichen unternehmerischen Betätigung zurückschauen kann, davon auszugehen, daß über die Zeit entsprechendes Vermögen angesammelt wurde und es sich bei dem Grenzzins des Eigners folglich um den ihm offenstehenden Anlagezins handelt. Neben der Kenntnis der investitionstheoretischen korrekten Steuerungszinsfüße erfordert die Anwendbarkeit des Ertragswertverfahrens, daß das Bewertungssubjekt – wie der im vorliegenden Buch betrachtete Alteigentümer – nur finanzielle Ziele in Gestalt einer Maximierung der Einzahlungsüberschüsse verfolgt.[278] Darüber hinaus darf das Bewertungsobjekt keine Umschichtungen der Grenzobjekte im Investitions- und Finanzierungsprogramm verursachen.[279]

Auf einem – realistischerweise anzunehmenden – unvollkommenen Kapitalmarkt gestaltet sich die Unternehmensbewertung, wie beschrieben, deutlich komplexer. Mit Hilfe des *allgemeinen Zustands-Grenzpreismodells* als Totalmodell lassen sich auch auf einem unvollkommenen Kapitalmarkt Grenzpreise für Unternehmen ermit-

---

triebliche Lenkpreise (1974), MATSCHKE, Lenkungspreise (1993), HERING, Unternehmensbewertung (2014), HERING, Investitionstheorie (2015).

276 Vgl. zu diesem „Dilemma der Lenkpreistheorie" HIRSHLEIFER, Optimal Investment Decision (1958), S. 340, HAX, Investitions- und Finanzplanung (1964), S. 441, ADAM, Kostenbewertung (1970), S. 177 f., MATSCHKE, Lenkungspreise (1993), Sp. 2588 f. sowie HERING, Unternehmensbewertung (2014), S. 46 und HERING, Investitionstheorie (2015), S. 144-150.

277 Hierzu, auch im folgenden, OLBRICH, Unternehmungsnachfolge (2014), S. 172.

278 Zu der dem Ertragswertverfahren zugrundeliegenden Annahme, daß das Bewertungssubjekt ausschließlich finanzielle Ziele verfolgt, vgl. BUSSE VON COLBE, Zukunftserfolg (1957), S. 18 f., SIEBEN/SCHILDBACH, Bewertung ganzer Unternehmungen (1979), S. 459, SIEBEN, Unternehmensbewertung (1993), Sp. 4323.

279 Vgl. HERING, Unternehmensbewertung (2014), S. 53-57.

teln und die Gültigkeitsvoraussetzungen der Ertragswertmethode herausarbeiten.[280] Das Modell ist dadurch gekennzeichnet, daß es auf zentraler Ebene des Bewertungssubjekts zu lösen ist und möglichst umfassend dessen Problemstellungen in sich integriert. Das ZGPM kombiniert die Totalmodelle zur Grenzpreisbestimmung von LAUX/FRANKE[281] sowie von JAENSCH und MATSCHKE[282]. So wird der Entscheidungswert als Grenzpreis im Rahmen einer linearen Optimierung auf der Grundlage der Simultanplanungsansätze von HAX und WEINGARTNER[283] in zwei Schritten ermittelt. In einem ersten Schritt wird beim ZGPM das Investitions- und Finanzierungsprogramm als *Basisprogramm* berechnet, das den Zielfunktionsbeitrag maximiert, ohne daß es zu einer Änderung der Eigentumsverhältnisse hinsichtlich des Bewertungsobjekts kommt. Zur Bestimmung des Basisprogramms ist ein linearer Optimierungsansatz aufzustellen, der die Zielfunktion – Vermögens- oder Einkommensmaximierung – sowie die aus dem Entscheidungsfeld resultierenden Handlungsmöglichkeiten und zu beachtenden Restriktionen enthält. Das so formulierte Optimierungsproblem kann dann mit Hilfe des Simplexalgorithmus gelöst werden. In einem zweiten Schritt wird für den Fall des Verkaufs das Bewertungsobjekt aus dem Investitions- und Finanzierungsprogramm entfernt oder für den Fall des Kaufs in dieses aufgenommen. Wiederum sind Zielfunktion und Nebenbedingungen für das Optimierungsproblem zu formulieren. Das Ergebnis dieses Schritts ist das *Bewertungsprogramm*, das den mindestens zu fordernden Verkaufspreis bzw. den maximal zahlbaren Kaufpreis[284] als Entscheidungswert bestimmt, wobei der Zielfunktionswert des Basisprogramms mindestens wieder zu erreichen ist.

Im folgenden soll von einem Verkäufer ausgegangen werden, der das Ziel der Vermögensmaximierung verfolgt, d.h., er strebt nach einer möglichst großen Summe GW gewichteter Konsumentnahmen, wobei eine Entnahme G_t im Zustand t mit dem Gewicht w_t in die Zielfunktion eingeht.[285] Geplant wird über einen Raum von n möglichen künftigen Zuständen. In der Ausgangssituation (heutiger Zustand t = 0) stehen insgesamt m Investitions- oder Finanzierungsobjekte zur Diskussion. Die

---

280 Zum ZGPM vgl. auch im folgenden, ausführlich HERING, Unternehmensbewertung (2014), S. 45 ff., 74 ff., 303 ff. und kurz HERING, ZGPM (2000). Vgl. ferner MATSCHKE/BRÖSEL, Unternehmensbewertung (2013), S. 206 ff., HERING/TOLL, Totalmodell (2013), HERING/TOLL, Bewertung auf unvollkommenem Markt (2013), OLBRICH, Unternehmungsnachfolge (2014), S. 159-162.

281 Vgl. LAUX/FRANKE, Bewertung von Unternehmungen (1969).

282 Vgl. JAENSCH, Wert und Preis (1966), S. 138, JAENSCH, Unternehmungsbewertung (1966), S. 664 f., MATSCHKE, Gesamtwert (1972), S. 153-155, MATSCHKE, Entscheidungswert (1975), S. 253-257, 387-390 sowie auch SIEBEN, Bewertungs- und Investitionsmodelle (1967).

283 Vgl. HAX, Investitions- und Finanzplanung (1964) und WEINGARTNER, Capital Budgeting (1963).

284 Eine Modellvariante, in der dieser Preis nicht sofort in einer Summe anfällt, sondern als Ratenzahlung mit vorgegebener Struktur vereinbart ist, entwickelt TOLL, Zahlungsmodalitäten (2011).

285 Hierzu HERING, Unternehmensbewertung (2014), S. 60 f., 84-86, OLBRICH, Unternehmungsnachfolge (2014), S. 160-162. Die folgenden Passagen stammen aus *ebenda*.

zustandsabhängige Zahlungsreihe des Objekts j sei $\mathbf{g}_j := (g_{j0}, g_{j1}, \ldots, g_{jt}, \ldots, g_{jn})$ mit g_{jt} als Zahlungsüberschuß im Zustand t. Die Entscheidungsvariable x_j gibt an, wie häufig das Objekt j realisiert wird. Dabei kann für bestimmte x_j ggf. auch eine Obergrenze x_j^{max} existieren. Des weiteren komme es in jedem Zustand t zu einem festen Zahlungssaldo b_t, welcher negativ, null oder positiv sein kann und unabhängig von den zu beurteilenden Objekten ist.[286] Darüber hinaus gilt es, mit Hilfe von Liquiditätsnebenbedingungen zu gewährleisten, daß der Zahlungssaldo b_t sowie die Rückflüsse aus den Investitions- und Finanzierungsobjekten in jedem Zustand t für die Entnahme des Einkommens ausreichen. Die Variablen G_t und x_j sind auf nichtnegative Werte beschränkt. Vor dem Hintergrund der definierten Symbole resultiert das *Basisprogramm* damit aus dem folgenden linearen Optimierungsansatz:[287]

$$\text{max. GW; GW:} = \sum_{t=0}^{n} w_t \cdot G_t$$

$$-\sum_{j=1}^{m} g_{jt} \cdot x_j + G_t \le b_t \qquad \forall\, t \in \{0,1,2,\ldots,n\}$$

$$x_j \le x_j^{max} \qquad \forall\, j \in \{1,2,\ldots,m\}$$

$$G_t, x_j \ge 0 \qquad \forall\, t \text{ und } j$$

Der Simplexalgorithmus ermöglicht die leichte Ermittlung des Basisprogramms aus Finanzierungs- und Investitionsmöglichkeiten, das als Ausgangspunkt der Bewertung dient und zu einem maximalen Zielfunktionswert von GW* führen möge. Jede Eigentumsänderung des betrachteten Unternehmens zu einem Preis in Höhe von p ist nur dann ökonomisch akzeptabel, wenn sie nach entsprechender optimaler Umstrukturierung des Basisprogramms mindestens wieder den alten Zielwert GW* liefert, der für das Bewertungssubjekt auch bei Verzicht auf den Verkauf des Betriebs erreichbar ist.

Verkauft der Eigentümer sein Unternehmen, entgeht ihm damit in der Zukunft die aus dem Betrieb resultierende Zahlungsreihe $\mathbf{g}_V := (0, g_{V1}, \ldots, g_{Vt}, \ldots, g_{Vn})$ mit g_{Vt} als Zahlungsüberschuß des Unternehmens im Zustand t; dafür erhält er in t = 0 als Entgelt den Preis p. Gesucht wird somit als Entscheidungswert der Preis, den das Bewertungssubjekt mindestens als Gegenleistung für den Betrieb vereinnahmen muß, ohne sich durch die Unternehmensnachfolge schlechter zu stellen als bei der Verwirklichung des alternativ zur Verfügung stehenden Basisprogramms. Folglich ist p zu minimieren unter den Restriktionen des ursprünglichen Entscheidungsfelds, verringert um den Zahlungsstrom aufgrund des Eignerwechsels des Unterneh-

---

286 Der Saldo b_t ergibt sich damit aus vordisponierten Zahlungen, wie bspw. fix vorgegebenen Entnahmen, Gehältern, laufenden Erlöseinnahmen oder dem Kapitaldienst von Altschulden.
287 Vgl. *HERING*, Unternehmensbewertung (2014), S. 60 f.

mens und erweitert um die Mindestvorgabe für den gewichteten Entnahmewert GW. Das *Bewertungsprogramm* ergibt sich aus dem folgenden linearen Optimierungsansatz:[288]

$$\text{min. U; U} := p$$

$$-\sum_{j=1}^{m} g_{j0} \cdot x_j + G_0 - p \leq b_0$$

$$-\sum_{j=1}^{m} g_{jt} \cdot x_j + G_t \quad \leq b_t - g_{Vt} \ \forall t \in \{1,2,...,n\}$$

$$-\sum_{t=0}^{n} w_t \cdot G_t \quad \leq -GW^*$$

$$x_j \quad \leq x_j^{max} \quad \forall j \in \{1,2,...,m\}$$

$$G_t, p, x_j \quad \geq 0 \quad \forall t \text{ und } j$$

Der Simplexalgorithmus generiert die optimale Lösung des Ansatzes und liefert damit neben dem gesuchten Grenzpreis $U^* = p^*$ – d.h. dem Entscheidungswert, den der Eigentümer seinem Unternehmen zumißt – auch das durch den Wegfall der Zahlungsreihe des Betriebs umstrukturierte optimale Investitions- und Finanzierungsprogramm des Verkäufers. Mit Hilfe der Dualitätstheorie ergibt sich durch Umformung die komplexe Bewertungsformel:[289]

$$p^* = \underbrace{\sum_{t=1}^{n} g_{Vt} \cdot \rho_t}_{\substack{\text{Ertragswert des} \\ \text{Bewertungsobjekts}}} + \underbrace{\delta \cdot GW^* - \sum_{t=0}^{n} b_t \cdot \rho_t - \sum_{C_j > 0} x_j^{max} \cdot C_j}_{\substack{\text{Kapitalwertänderung durch Umstrukturierung} \\ \text{vom Basis- zum Bewertungsprogramm} \\ \leq 0}}.$$

Wenn die endogenen Grenzzinsfüße des Bewertungsprogramms dieselben sind wie im Basisprogramm, vereinfacht sich diese Grenzpreisformel zur Ertragswertformel:

$$p^* = \sum_{t=1}^{n} g_{Vt} \cdot \rho_t .$$

Beispiel:[290] Der Entscheidungswert aus Verkäufersicht soll auf Basis des ZGPM ermittelt werden. Betrachtet werden dabei drei künftige – als Zeitpunkte im Jahresabstand interpretierte – Zustände unter der Zielsetzung der Vermögensmaximierung in

---

288 Vgl. HERING, Unternehmensbewertung (2014), S. 84 f.

289 Vgl. hierzu eingehend HERING, Unternehmensbewertung (2014), S. 85 f.

290 Erstmals veröffentlicht wurde das im folgenden aufgezeigte Beispiel in OLBRICH, Unternehmungsnachfolge (2005), S. 167-169. Für ein Zahlenbeispiel bezüglich eines nach Einkommensmaximierung strebenden Verkäufers vgl. HERING, Unternehmensbewertung (2014), S. 78-84.

Form der Endwertmaximierung. Es gilt also GW = G_n =: EW. Um die Komplexität des Beispielfalls begrenzt zu halten, wird von einem überschaubaren Entscheidungsfeld des Verkäufers mit nur wenigen Handlungsmöglichkeiten ausgegangen: Zum einen kann das Bewertungssubjekt eine Sachinvestition I mit der Zahlungsreihe (–100, 20, 20, 120) realisieren; zum anderen steht es dem Verkäufer offen, Geldanlagen H zu einem Habenzins von 5% p.a. zu tätigen. Im Rahmen seines Kontokorrentkredits S ist es dem Bewertungssubjekt darüber hinaus möglich, kurzfristige Mittel zu einem Sollzins von 10% p.a. aufzunehmen. Aus Innenfinanzierung erzielt der Verkäufer jährliche Überschüsse b_t in Höhe von 90 Geldeinheiten. Einen Teil dieser Überschüsse machen die Erfolge g_{vt} (0, 70, 30, 10) des zu veräußernden Unternehmens aus. Gesucht wird vor diesem Hintergrund der minimale Veräußerungspreis p, durch dessen Erhalt in t = 0 der abgebende Eigentümer das Ausscheiden des Betriebes aus seinem Portefeuille finanzwirtschaftlich gerade noch auszugleichen vermag. Eine Übersicht über die Ausgangsdaten gibt die folgende Tabelle 3.

Tab. 3: Ausgangsdaten des Beispiels

Jahr t	I	S_0	S_1	S_2	H_0	H_1	H_2	g_{vt}	$b_t - g_{vt}$
0	–100	1			–1				90
1	20	–1,1	1		1,05	–1		70	20
2	20		–1,1	1		1,05	–1	30	60
3	120			–1,1			1,05	10	80
Grenze	1	∞	∞	∞	∞	∞	∞		

Für das gegebene Beispiel ergibt sich das Basisprogramm aus dem folgenden linearen Optimierungsansatz.

max. EW; EW := G_3

$$
\begin{aligned}
100\,I - 1\,S_0 + 1\,H_0 &\leq 90 \\
-20\,I + 1{,}1\,S_0 - 1\,S_1 - 1{,}05\,H_0 + 1\,H_1 &\leq 90 \\
-20\,I + 1{,}1\,S_1 - 1\,S_2 - 1{,}05\,H_1 + 1\,H_2 &\leq 90 \\
-120\,I + 1{,}1\,S_2 - 1{,}05\,H_2 + G_3 &\leq 90 \\
I &\leq 1 \\
G_3,\, I,\, H_0,\, H_1,\, H_2,\, S_0,\, S_1,\, S_2 &\geq 0
\end{aligned}
$$

In der Basissituation führt das Bewertungssubjekt in t = 0 die Sachinvestition durch. Da hierzu der durch Innenfinanzierung in der Periode vereinnahmte Überschuß von 90 Geldeinheiten nicht ausreicht, bedarf es darüber hinaus zur Finanzierung in t = 0 eines Kredits. In t = 1 und t = 2 hingegen werden Geldanlagen realisiert. Als maximales Endvermögen EW erzielt der betrachtete Eigentümer am Schluß des dritten Jahres EW* = 434,6475 Geldeinheiten. In der folgenden Tabelle 4 findet sich das skizzierte Basisprogramm in Form eines vollständigen Finanzplans (VOFIs).

Tab. 4: Basisprogramm des Bewertungssubjekts

Zeitpunkt	t = 0	t = 1	t = 2	t = 3
Investition I	−100	20	20	120
b_t	90	90	90	90
Kredit S	10	−11		
Geldanlage H		−99	−114,95	−220,6975
Guthaben/Schuld	−10	99	213,95	434,6475

Im Hinblick auf das Bewertungsprogramm gilt folglich, daß für das Bewertungssubjekt im Falle des Verkaufs des Unternehmens wenigstens ein Endvermögen in Höhe von 434,6475 Geldeinheiten erzielbar bleiben muß. Der vor diesem Hintergrund mindestens für den Betrieb zu vereinnahmende Preis p* resultiert dabei aus dem im weiteren dargestellten linearen Ansatz.

$$\min. \; U; \; U := p$$

$$
\begin{aligned}
100\,I - 1\,S_0 + 1\,H_0 - p &\leq 90 \\
-20\,I + 1{,}1\,S_0 - 1\,S_1 - 1{,}05\,H_0 + 1\,H_1 &\leq 20 \\
-20\,I + 1{,}1\,S_1 - 1\,S_2 - 1{,}05\,H_1 + 1\,H_2 &\leq 60 \\
-120\,I + 1{,}1\,S_2 - 1{,}05\,H_2 + G_3 &\leq 80 \\
I &\leq 1 \\
G_3 &\geq 434{,}6475 \\
G_3, I, H_0, H_1, H_2, S_0, S_1, S_2, p &\geq 0
\end{aligned}
$$

Für den Grenzpreis des zu veräußernden Unternehmens gilt (wie man mit dem Simplexalgorithmus errechnet) p* = 102,0397. Das Bewertungsprogramm setzt sich zusammen aus der Sachinvestition und einer Geldanlage in t = 0, t = 1 und t = 2. Die folgende Tabelle 5 zeigt das Bewertungsprogramm in Form eines vollständigen Finanzplans. Der Vergleich zwischen Basis- und Bewertungsprogramm macht deutlich, daß es durch den Verkauf des Unternehmens zu einer Wandlung der Programmstruktur kommt, die mit einer Änderung der endogenen Grenzzinsfüße des Eigentümers einhergeht. Während das Bewertungssubjekt in der Basissituation in t = 0 einen Kredit zu 10% aufnimmt und in t = 1 und t = 2 Geldanlagen zu 5% tätigt, ermöglicht die Betriebsveräußerung in jedem Jahr die Realisierung der Geldanlage, so daß die Kreditaufnahme in t = 0 folglich entfällt.

Tab. 5: Bewertungsprogramm des Bewertungssubjekts

Zeitpunkt	t = 0	t = 1	t = 2	t = 3
Investition I	−100	20	20	120
$b_t - g_{Vt}$	90	20	60	80
p*	102,0397			
Kredit S				
Geldanlage H	−92,0397	−44,6020	−86,8321	−211,1737
Guthaben/Schuld	92,0397	136,6417	223,4738	434,6475

Entsprechend belaufen sich die Grenzzinsfüße also durch den Eignerwechsel des Betriebes nicht mehr, wie in der Ausgangssituation, im ersten Jahr auf 10% und in den Folgejahren auf 5%, sondern betragen in allen Perioden 5%. Läßt man die Daten des Beispiels in die oben angeführte komplexe Bewertungsformel eingehen, ergibt sich:[291]

$$p^\star = \underbrace{\sum_{t=1}^{n} g_{Vt} \cdot \rho_t}_{\substack{\text{Ertragswert des} \\ \text{Bewertungsobjekts}}} + \underbrace{EW^\star \cdot \rho_n}_{\substack{\text{Kapitalwert} \\ \text{des} \\ \text{Basisprogramms}}} - \underbrace{(\sum_{t=0}^{n} b_t \cdot \rho_t + \sum_{C_j > 0} x_j^{max} \cdot C_j)}_{\substack{\text{Kapitalwert des Bewertungsprogramms} \\ \text{(noch einschließlich Bewertungsobjekt)}}}$$

$$= \frac{70}{1{,}05} + \frac{30}{1{,}05^2} + \frac{10}{1{,}05^3} + \frac{434{,}6475}{1{,}05^3} - \left(90 + \frac{90}{1{,}05} + \frac{90}{1{,}05^2} + \frac{90}{1{,}05^3} - 100 + \frac{20}{1{,}05} + \frac{20}{1{,}05^2} + \frac{120}{1{,}05^3} \right)$$

$$= 102{,}0397.$$

Das vorgestellte ZGPM folgt den Prinzipien der Gesamtbewertung, der Subjektivität und der Zukunftsbezogenheit, wobei Zielsystem und Entscheidungsfeld des Bewertungssubjekts unmittelbar berücksichtigt werden. Insgesamt ist die *investitionstheoretische Unternehmensbewertung* prädestiniert zur Berechnung von Entscheidungswerten, wodurch sie sich automatisch auch als Grundlage zur Schiedswert- und Argumentationswertbestimmung eignet. Im Rahmen der drei Hauptfunktionen der Unternehmensbewertung erweist sich die investitionstheoretische Sicht somit als überlegen.[292]

---

291 Vgl. allgemein HERING, Unternehmensbewertung (2014), S. 86 i.V.m. S. 63 sowie speziell für den Fall der Endwertmaximierung HERING/OLBRICH, Börsengang junger Unternehmen (2002), S. 151.
292 Vgl. HERING, Unternehmensbewertung (2014), S. 203.

3.4.2.3 Besonderheiten der Grenzpreisermittlung bei Unsicherheit

In der Realität vollzieht sich die Ermittlung des Grenzpreises unter den Rahmenbe-dingungen eines *offenen Entscheidungsfeldes*[293]:[294] So sind die Erwartungen im Hin-blick auf die aus dem Betrieb fließenden Zahlungsströme mehrwertig, da sie auf-grund ihres Zukunftsbezugs nicht exakt vorausgesagt, sondern lediglich geschätzt werden können. Zudem sind Entscheidungsvariablen und Nebenbedingungen nur unvollständig bekannt, und auch der Planungszeitraum bleibt nach hinten offen, da das Setzen eines Planungshorizonts ausschließlich willkürlich erfolgen kann. Im Zuge der Grenzpreisermittlung muß diese Unsicherheit daher eine entsprechende Berücksichtigung finden, wobei dem Bewertungssubjekt sowohl unsicherheitsver-dichtende als auch unsicherheitsaufdeckende Verfahren zur Verfügung stehen.

Das Ziel der unsicherheitsverdichtenden Verfahren ist die Überführung der in die Grenzpreisbestimmung eingehenden Informationen in einen Punktwert.[295] Eine Vor-gehensweise besteht darin, die Unsicherheit durch eine Verringerung der Zahlungs-überschüsse zu berücksichtigen, wobei die Korrektur nur willkürlich erfolgen kann. Alternativ findet sich der noch problematischere Vorschlag, eine Verdichtung durch die Adjustierung des Kalkulationszinses zu erreichen, indem der Zins um einen Risi-kozuschlag erhöht wird. Die unsicherheitsverdichtenden Verfahren sind bereits des-halb äußerst angreifbar, da mit der Komprimierung des Entscheidungswerts in eine Punktgröße ein erheblicher Informationsverlust einhergeht. Das eigentliche Unsi-cherheitsproblem bleibt ungelöst, und dem so ermittelten Grenzpreis, obzwar er ein-wertig ist, fehlt es an Aussagekraft.

Mit Hilfe von unsicherheitsaufdeckenden Verfahren, wie Sensitivitäts- und Risiko-analysen, wird die Unsicherheit dagegen nicht unter Informationsverlust „wegge-rechnet", sondern in vollem Umfang offengelegt.[296] Die *Sensitivitätsanalyse*[297] unter-

---

293 Zum offenen Entscheidungsfeld vgl. ADAM, Planung und Entscheidung (1996), S. 16-25.

294 So, auch im folgenden, HERING, Unternehmensbewertung (2014), S. 7-9, OLBRICH, Unterneh-mungsnachfolge (2014), S. 164 f. Vgl. ferner ebenfalls BRETZKE, Berücksichtigung des Risikos (1976), BALLWIESER, Kalkulationszinsfuß (1981), S. 99, BRETZKE, Risiken (1988). Allgemein zu Strukturdefek-ten vgl. ADAM, Planung und Entscheidung (1996), S. 10-15 und Abschnitt 4.1.1.

295 Vgl., auch im folgenden, eingehend HERING, Investitionstheorie (2015), S. 273 f., 292-310, OLBRICH, Unternehmungsnachfolge (2014), S. 165 f., vgl. ebenfalls JAENSCH, Wert und Preis (1966), S. 64-72, SIEBEN/SCHILDBACH, Bewertung ganzer Unternehmungen (1979), S. 460 f., BALLWIESER, Kal-kulationszinsfuß (1981), S. 101 f., MOXTER, Grundsätze (1983), S. 146-158, SIEGEL, Unsicherheit und Komplexitätsreduktion (1994), S. 463-468, ALTROGGE, Investition (1996), S. 384 f.

296 Vgl. hierzu und zum Folgenden HERING, Unternehmensbewertung (2014), S. 42-44.

297 Vgl. zur Sensitivitätsanalyse ausführlich DINKELBACH, Sensitivitätsanalysen (1969), GAL, Sensiti-vitätsanalyse (1973), ALTROGGE, Investition (1996), S. 385-389, ADAM, Investitionscontrolling (2000), S. 354-356, SCHULTE/LITTKEMANN, Investitionscontrolling (2006), S. 636-642, BITZ/EWERT/TERSTEGE,

sucht die Empfindlichkeit des Entscheidungswerts im Hinblick auf Variationen der Datenannahmen. Wenn z.B. beim Ertragswertverfahren mehrere Datenkonstellationen möglich sind, werden eben auch mehrere Ertragswerte berechnet. Auf diese Weise ergibt sich zumindest eine Bandbreite für den Unternehmenswert, d.h. ein Mindest- und ein Höchstertragswert. Die Bandbreitengrenzen sind natürlich subjektiv und entsprechen damit dem Wesen des Entscheidungswerts. Ein pessimistischer Bewerter wird einen niedrigeren Mindestertragswert finden als ein neutraler Bewerter, und ein optimistisches Bewertungssubjekt überschätzt womöglich den maximalen Ertragswert. Sofern für alternative Datenkonstellationen subjektive Wahrscheinlichkeiten ableitbar sind, läßt sich die Bandbreite des Ertragswerts noch durch Verteilungsinformationen ergänzen. Um eine subjektive Wahrscheinlichkeitsdichte des Ertragswerts herzuleiten, bietet sich das Verfahren der *simulativen Risikoanalyse*[298] an. Es bestimmt mit Hilfe von Simulationen aus angenommenen Verteilungen der in die Unternehmensbewertung eingehenden Größen (Zahlungsreihen, Kalkulationszinsfüße) die statistische Verteilung des Entscheidungswerts als Zielgröße. Die durch die Risikoanalyse gewonnenen Ergebnisse zeigen dem Unternehmenseigentümer das gesamte denkbare Spektrum der Größen, die sein Entscheidungswert mit unterschiedlichen Wahrscheinlichkeiten anzunehmen vermag. Inwieweit der Verkäufer auf der Grundlage dieser Resultate eine Eingrenzung des Unternehmenswerts vornimmt, um in der Verhandlung mit dem präsumtiven Käufer eine nicht zu unterschreitende Konzessionsgrenze vor Augen zu haben, obliegt seiner individuellen Beurteilung der Situation. „Da die Wahrscheinlichkeitsschätzungen in hohem Maße subjektiv sind, kann ggf. wiederum eine Sensitivitätsanalyse darüber Aufschluß liefern, ob die ermittelte Dichtefunktion bei einer Variation der eingehenden Wahrscheinlichkeitsverteilungen annähernd stabil bleibt oder wesentlichen Änderungen unterliegt."[299]

Die Quantifizierung des Entscheidungswerts als Bandbreite oder Verteilung mit Hilfe von Sensitivitäts- und Risikoanalysen ist jedoch grundsätzlich nur für den Spezialfall des vollkommenen Kapitalmarkts möglich. Um das gleiche für den Normalfall des unvollkommenen Kapitalmarkts zu ermöglichen, muß ein auf diese Bedingungen zugeschnittenes *heuristisches*[300] *Planungssystem zur Investitionsrechnung* eingesetzt werden. Als geeignet erweist sich hierfür das Verfahren der *appro-*

Investition (2012), S. 179-188, GÖTZE, Investitionsrechnung (2014), S. 388-400, HERING, Investitionstheorie (2015), S. 322-334.
298 Die Risikoanalyse geht zurück auf HERTZ, Risk Analysis (1964). Zum Vorgehen der Risikoanalyse vgl. Unterkapitel 5.1 und die dort angeführte Literatur. Ein Beispiel für die simulative Risikoanalyse bei der Grenzpreisbestimmung aus Sicht des Verkäufers findet sich in OLBRICH, Unternehmungsnachfolge (2014), S. 168 f.
299 HERING, Unternehmensbewertung (2014), S. 43.
300 Zum Begriff der Heuristik vgl. Abschnitt 4.1.1.

ximativen Dekomposition, das eine approximative dezentrale Lenkpreissteuerung in einem divisionalisierten Unternehmen mit den Instrumenten der Sensitivitäts- und Risikoanalyse sowie der rollierenden Planung kombiniert.[301] Lediglich überschaubare Bewertungssituationen unter Unsicherheit, wie sie z.B. in kleineren Unternehmen gegeben sein dürften, können auch durch Berechnungsmodelle am ZGPM (unter bestimmten Voraussetzungen auch am Ertragswertverfahren) selbst bewältigt werden, ohne eine Dekomposition in einen zentralen und mehrere divisionale Entscheidungsbereiche vorzunehmen.[302] Auch im Rahmen der approximativ dekomponierten Unternehmensbewertung sind die Grundschwierigkeiten der Prognose freilich nicht aus der Welt zu schaffen. Sie treten vielmehr in den Bandbreitenschätzungen besonders klar zutage, weil die Heuristik gerade keinen Versuch unternimmt, das Nichtwissen hinsichtlich der künftigen Entwicklung durch Verdichtungen zu kaschieren.[303]

Im Ergebnis läßt sich festhalten, daß die Entscheidungswertermittlung unter den Rahmenbedingungen eines *offenen Entscheidungsfeldes* massive heuristische Komplexitätsreduktionen erfordert. Möglich ist letztlich nur eine investitionstheoretisch fundierte Schätzung des unsicheren Entscheidungswerts als Grenzpreis-Bandbreite (oder Dichtefunktion). Mit einem in diesem Sinne glaubwürdig ermittelten Entscheidungswert ist die Aufgabe der Unternehmensbewertung im Grunde beendet. Sofern der Käufer einen Preis anbietet, der in die Bandbreite fällt, bedarf es einer unternehmerischen Abwägung der Chancen und Risiken gemäß der individuellen Risikoneigung des Verkäufers. Diese rein unternehmerische Entscheidung läßt sich in keiner Weise formalisieren und fällt nicht in den Zuständigkeitsbereich der Unternehmensbewertung. Nur wenn der Preis der Gegenpartei außerhalb der Bandbreite des Entscheidungswerts bleibt, gibt bereits die Bewertung eine eindeutige Entscheidungsempfehlung.[304]

---

301 Zur heuristischen Investitionsbewertung bei unvollkommenem Kapitalmarkt und Unsicherheit vgl. *HERING*, Unternehmensbewertung (2014), S. 174 ff., *HERING*, Investitionstheorie (2015), S. 354 ff. Zur approximativ dekomponierten Unternehmensbewertung vgl. *HERING*, Unternehmensbewertung (2014), S. 182 ff., ferner ebenfalls *MATSCHKE/BRÖSEL*, Unternehmensbewertung (2013), S. 277 ff.
302 Vgl. *HERING*, Investition und Unternehmensbewertung (2002), S. 72. Zur simulativen Unternehmensbewertung unter Zugrundelegung des ZGPM vgl. *HERING/SCHNEIDER/TOLL*, Simulative Unternehmensbewertung (2013), *HERING/TOLL/SCHNEIDER*, Bewertung unter Unsicherheit (2014).
303 Teils entnommen aus *HERING*, Unternehmensbewertung (2014), S. 184.
304 In enger Anlehnung an *HERING*, Unternehmensbewertung (2014), S. 12 und 44.

3.4.3 Erbschaft- und Schenkungsteuerbemessung als Bewertungsanlaß

Im Rahmen der Steuerbemessungsfunktion als Nebenfunktion der Unternehmensbewertung hat der Bewerter die Aufgabe, die Steuerbemessungsgrundlage unter Beachtung fiskalischer Regelungen zu ermitteln.[305] So bedarf die Besteuerung in erster Linie der Rechtssicherheit und der Gerechtigkeit. Bei der steuerlichen Bewertung handelt es sich zudem regelmäßig um Massenverfahren, die eine Vereinfachung erfordern. Von zentraler Bedeutung ist dabei die Objektivierung der Bewertung, damit das Bewerterermessen ausgeschaltet oder zumindest begrenzt wird.[306] Die durch Gesetzgebung und Rechtsprechung vorgegebenen Typisierungen sollen Argumentationsspielräume verringern, indem z.B. auf Durchschnittsgrößen bei der Bewertung zurückgegriffen wird.[307] Neben den vor allem der Rechtssicherheit dienenden Restriktionen ist im Sinne der Steuergerechtigkeit das Prinzip der Besteuerung nach Maßgabe der individuellen wirtschaftlichen Leistungsfähigkeit des Steuerpflichtigen zu berücksichtigen.[308] Inwieweit bei der steuerrechtlichen Wertfindung betriebswirtschaftliche Überlegungen und somit bewertungstheoretische Erkenntnisse beachtet werden können oder auch müssen, richtet sich nach den durch Norm und Rechtsordnung gemachten Vorgaben und dem gewährten Interpretationsrahmen.[309] Der für die Erbschaft- und Schenkungsteuerbemessung bei Unternehmen und Unternehmensanteilen relevante § 11 BewG sieht – wie bereits im Abschnitt 3.2.2.1 aufgezeigt wurde – eine Bewertungshierarchie vor, die sich im Hinblick auf Objektivierung bzw. Typisierung und Berücksichtigung betriebswirtschaftlicher, insbesondere bewertungstheoretischer Anforderungen unterscheidet.

Auf der ersten Stufe steht der Börsenkurs, der lediglich für vererbte oder verschenkte Anteile an börsennotierten Kapitalgesellschaften relevant ist. Aus bewer-

---

305 Vgl. *SIEBEN*, Entscheidungswert (1976), S. 494, *BRÖSEL*, Nebenfunktionen (2006), S. 138 f., *BRÖSEL/ZWIRNER/PETERSEN*, Nebenfunktionen (2013), S. 483 f. sowie ausführlich zur Steuerbemessungsfunktion *SIELAFF*, Steuerbemessungsfunktion (1977), *BRUCKMEIER/ZWIRNER/MUGLER*, Steuerbemessung (2013), *HUNDRIESER*, Steuerbemessungsfunktion (2015).

306 Vgl. *MOXTER*, Grundsätze (1983), S. 26 und 37 sowie ferner *BALLWIESER/HACHMEISTER*, Unternehmensbewertung (2016), S. 1 f.

307 Vgl. *MOXTER*, Grundsätze (1983), S. 25 und 32, *OLBRICH/HARES/PAULY*, Erbschaftsteuerreform (2010), S. 1253. Zum Typisierungsbegriff vgl. auch *BREIMANN*, Typisierungsgerechtigkeit (2014), S. 75-79.

308 Eingehend zum Leistungsfähigkeitsprinzip im Rahmen der Besteuerung vgl. *BIRK*, Leistungsfähigkeitsprinzip (1983). Im Hinblick auf die Erbschaft- und Schenkungsteuer vgl. *BREIMANN*, Typisierungsgerechtigkeit (2014), S. 100 f. und die dort angeführte Literatur.

309 Zur wirtschaftlichen Betrachtungsweise als zentrales Rechtsinstitut des Steuerrechts vgl. *SCHNEELOCH/MEYERING/PATEK*, Substanzsteuern (2017), S. 119 ff. Für einen Lösungsansatz zwischen wirtschaftlicher und formalrechtlicher Betrachtung bezogen auf die Teilwertermittlung als steuerlichen Bewertungsanlaß vgl. *PEUTHERT/HURLEBAUS/HERING*, Teilwertermittlung (2010).

tungstheoretischer Sicht ist diese Vorgehensweise ungeeignet, da der Aktienkurs lediglich den Preis einer marginalen Eigentumsänderung widerspiegelt, nicht aber den Preis, der mit der Übertragung der Leitungsmacht einhergehen würde.[310] Die Bezugnahme auf den Börsenkurs entspricht jedoch dem Verständnis des gemeinen Werts, der gemäß § 9 Abs. 2 BewG durch den Preis bestimmt wird, der für einen Gegenstand im gewöhnlichen Geschäftsverkehr – ohne Rücksicht auf ungewöhnliche oder persönliche Verhältnisse – bei einer Veräußerung zu erzielen wäre. In diesem Zusammenhang verzichtet der Gesetzgeber demzufolge auf die Beachtung bewertungstheoretischer Erkenntnisse und gibt ein typisiertes Verfahren vor, das erheblich zur Vereinfachung der Wertfindung beiträgt.[311]

Für nicht börsennotierte Kapitalgesellschaften und Personenunternehmen (Einzelunternehmen oder Anteile an Personengesellschaften) basiert die erbschaft- und schenkungsteuerliche Bewertung gemäß § 11 Abs. 2 Satz 2 BewG vorrangig auf Verkäufen unter fremden Dritten innerhalb der letzten zwölf Monate vor dem Bewertungsstichtag. Die Bewertung erfolgt somit vergangenheitsbezogen, und es ist davon auszugehen, daß der Umfang des Bewertungsobjekts zwischen vergangener, tatsächlich stattgefundener und der zum Besteuerungszeitpunkt unterstellten Transaktion oft nicht identisch ist. Die zudem fehlende Ausrichtung am Bewertungssubjekt zeigt sich insbesondere daran, daß der in der vergangenen Transaktion erzielte Preis durch Verhandlungsgeschick und -macht der teilnehmenden Parteien beeinflußt wurde.[312] Auch an dieser Stelle wird deutlich, daß nicht die betriebswirtschaftliche Betrachtungsweise, sondern die Vereinfachung, d.h. die Praktikabilität bei der Steuerbemessung im Vordergrund steht.[313]

Fehlen derartige zeitliche Vergleichspreise, sind – wie bereits im Abschnitt 3.2.2.1 angeführt wurde – betriebswirtschaftliche Bewertungsmethoden für die Besteuerung von Erbschaften und Schenkungen relevant. Konkret sagt § 11 Abs. 2 Satz 2 BewG: Der Unternehmenswert ist „unter Berücksichtigung der Ertragsaussichten [...] oder einer anderen anerkannten, auch im gewöhnlichen Geschäftsverkehr für nichtsteuerliche Zwecke üblichen Methode zu ermitteln; dabei ist die Methode anzuwenden, die ein Erwerber der Bemessung des Kaufpreises zu Grunde legen würde."

---

310 Zur mangelnden Eignung von Börsenkursen zur Ermittlung des Gesamtwert eines Unternehmens vgl. z.B. *MÜNSTERMANN*, Wert und Bewertung (1966), S. 136-138.
311 Vgl. *MÖLLMANN*, Erbschaft- und schenkungsteuerliche Unternehmensbewertung (2010), S. 408 f. Zur Erbschaft- und Schenkungsteuerbemessung anhand von Börsenkursen vgl. ferner *BREIMANN*, Typisierungsgerechtigkeit (2014), S. 47.
312 Vgl. *HERING/OLBRICH*, Beteiligungen (2009), S. 367.
313 Zur Erbschaft- und Schenkungsteuerbemessung anhand von vergangenen Verkäufen unter Dritten vgl. auch *MÖLLMANN*, Erbschaft- und schenkungsteuerliche Unternehmensbewertung (2010), S. 409-413, *BREIMANN*, Typisierungsgerechtigkeit (2014), S. 47-50.

Mit der Eingrenzung auf eine Kaufpreisbemessung fordert der Gesetzeswortlaut die Bewertung des vererbten bzw. verschenkten Unternehmens oder Unternehmensanteils im Sinne der Entscheidungsfunktion der funktionalen Bewertungstheorie, d.h. eine subjektbezogene und zukunftsorientierte Gesamtbewertung.[314] In Betracht kommen somit nur die – in den Abschnitten 3.4.2.2 und 3.4.2.3 dargestellten – zur Entscheidungswertermittlung geeigneten investitionstheoretischen Verfahren. Die im § 11 Abs. 2 Satz 2 BewG erlaubte Methodenvielfalt („oder einer anderen anerkannten, [...] üblichen Methode") kann sich somit nur auf das investitionstheoretische Modellspektrum (Ertragswert als Partialmodell, ZGPM als Totalmodell und approximativ dekomponierte Bewertung als heuristisches Verfahren) beziehen.[315]

Der Steuerpflichtige stellt den Erwerber dar, weshalb der steuerlich relevante Wert der Entscheidungswert des Steuerpflichtigen ist.[316] Dieser beachtet u.a. das individuelle Zielsystem und das individuelle Entscheidungsfeld des Steuerpflichtigen, so daß dessen Leistungsfähigkeit infolge des Vermögenszuwachses aufgrund der Vererbung/Schenkung erfaßt wird.[317] Die Entscheidungswertermittlung erfolgt dabei im Sinne des Rationalprinzips unter der Annahme der bestmöglichen Verwendung durch den Eigentümer, was auch dem Prinzip der Besteuerung nach der wirtschaftlichen Leistungsfähigkeit entspricht.[318] Wird von der Fortführung der unternehmerischen Tätigkeit ein breiterer Zahlungsstrom erwartet als von der Liquidation, ist diese der Bewertung zugrunde zu legen. Unter der Voraussetzung, daß eine Veräußerung möglich ist und diese höhere Zahlungsüberschüsse als der Verbleib des Nachfolgers im Unternehmen verspricht, erfolgt die Besteuerung auf Basis des Liquidationswerts. Dies kann z.B. dann der Fall sein, wenn dem Nachfolger bestimmte Qualifikationen für eine erfolgreiche Unternehmensfortführung fehlen (wie bei einer Vererbung einer Steuerberaterkanzlei an einen Nachfolger, der selbst kein Steuerberater ist). Wenn dieser dennoch aus nichtökonomischen Gründen im Unternehmen – z.B. um das Lebenswerk des Alteigentümers nicht in fremde Hände zu geben – verbleibt, muß die Bewertung auf der Annahme einer Liquidation und somit auf der ökonomisch vorteilhafteren Lösung basieren, um das Leistungsfähigkeitsprinzip nicht zu verletzen und zusätzliche Bewertungsspielräume zu vermeiden.

---

314 Vgl. *Olbrich/Hares/Pauly*, Erbschaftsteuerreform (2010), S. 1250, ferner *Matschke/Brösel*, Unternehmensbewertung (2013), S. 76.

315 Vgl. *Olbrich/Hares/Pauly*, Erbschaftsteuerreform (2010), S. 1255.

316 Vgl. *Olbrich/Hares/Pauly*, Erbschaftsteuerreform (2010), S. 1250. Anderer Ansicht hingegen *Schröder*, Erbschaft- und Schenkungsteuer (2014), S. 80-85.

317 Vgl. *Olbrich/Hares/Pauly*, Erbschaftsteuerreform (2010), S. 1250 f.

318 Vgl. hierzu und zum Weiteren eingehend *Olbrich/Hares/Pauly*, Erbschaftsteuerreform (2010), S. 1252.

Für den Fall, daß der Nachfolger die unternehmerische Tätigkeit fortführt und dies der bestmöglichen Verwendung entspricht, ist für eine subjektbezogene Abschätzung der Zahlungsüberschüsse zwingend dessen spezifische Position im Unternehmen als Teil des Entscheidungsfelds zu beachten. Dies soll im folgenden am Beispiel einer Schenkung von GmbH-Anteilen verdeutlicht werden.[319]

Beispiel: Zur Schenkungsteuerbemessung wird auf das investitionstheoretisch fundierte Ertragswertverfahren zurückgegriffen, da der endogene Grenzzins des Beschenkten bekannt ist. Befindet sich der Nachfolger in der Position des Alleingesellschafters oder der eines Mehrheitsgesellschafters, erfolgt die Prognose der Zahlungsüberschüsse unter der Zugrundelegung der von ihm zukünftig vollzogenen Unternehmensführung; lediglich der Anteil am Zahlungsstrom ist unterschiedlich. Umfaßt die Schenkung dagegen nur eine Beteiligung in Höhe von 50% der GmbH, wird es dem Beschenkten i.d.R. verwehrt bleiben, seine für optimal gehaltene Geschäftsführung durchzusetzen. In dieser Konstellation müssen die Zahlungsüberschüsse unter Annahme der mit mindestens einem weiteren Gesellschafter im Konsens vereinbarten Unternehmensführung prognostiziert werden. Erhält der Beschenkte nur die Position eines Minderheitsgesellschafters und sieht sich zugleich einem dominanten Mehrheitsgesellschafter oder einer die Mehrheit besitzenden Koalition gegenüber, gehen in die Bewertung jene auf den Beschenkten entfallenden Überschüsse ein, die aus der von dieser Mehrheit zukünftig vollzogenen Geschäftsführung resultieren.

Die Verwendung investitionstheoretischer Verfahren erfüllt zwar die Anforderungen einer betriebswirtschaftlichen Unternehmensbewertung und genügt dem Prinzip der Besteuerung nach der wirtschaftlichen Leistungsfähigkeit, aber sie eröffnet erhebliche Argumentationsspielräume. So wird der Steuerpflichtige, um seine Steuerlast zu reduzieren, seinen intern ermittelten Entscheidungswert gegenüber dem Fiskus selbstverständlich geheimhalten. Gegenüber der Steuerbehörde wird er vielmehr einen vermeintlichen Entscheidungswert, d.h. einen unter seinem tatsächlichen Entscheidungswert liegenden Argumentationswert, anführen, mit dem Ziel, sich mit dem Fiskus auf einen Arbitriumwert zu einigen, der möglichst niedrig ausfällt.[320]

---

319 Vgl., auch im folgenden, *OLBRICH/HARES/PAULY*, Erbschaftsteuerreform (2010), S. 1251 f.
320 Vgl. eingehend *OLBRICH/HARES/PAULY*, Erbschaftsteuerreform (2010), S. 1252 sowie ferner *WAGNER*, Empirische Überprüfung (2011), S. 86. Kritisch zur Argumentationfunktion bei der Erbschaft- und Schenkungsteuerbemessung vgl. *KUßMAUL/PFIRMANN/HELL/MEYERING*, Unternehmensbewertung (2008), S. 477, *MEYERING*, Bewertungskalküle (2011), S. 276 f.

Argumentationsspielräume können bei der Wahl der Methode an sich und der Bemessung einzelner innerhalb der Methode eingehenden Bewertungsparameter (z.B. Zahlungsüberschüsse, Diskontsatz und Planungshorizont) entstehen. Um diesen begegnen zu können und die Praktikabilität der Steuererhebung zu erhöhen, hat der Gesetzgeber für die Erbschaft- und Schenkungsteuerbemessung Typisierungen vorgegeben. § 11 Abs. 2 Satz 3 ErbStG legt in diesem Zusammenhang den Substanzwert als Untergrenze fest und schreibt zudem die Ermittlungsweise dieser Wertgröße – basierend auf den gemeinen Werten der betrieblichen Wirtschaftsgüter abzüglich der Schulden – vor.[321]

Die Bewertung kann auch nach dem in §§ 200-203 BewG geregelten vereinfachten Ertragswertverfahren erfolgen, sofern es „nicht zu offensichtlich unzutreffenden Ergebnissen führt"[322] (§ 11 Abs. 2 Satz 4 i.V.m. § 199 ErbStG).[323] Die Methodik beruht auf der Ermittlung eines, so § 201 Abs. 1 und 2 BewG, „zukünftig nachhaltig zu erzielende[n] Jahresertrag[s]", der im Regelfall aus den Durchschnittserträgen der vergangenen[324] drei Wirtschaftsjahre gebildet wird.[325] Multipliziert werden soll dieser „Jahresertrag" gemäß § 200 Abs. 1 BewG mit einem Kapitalisierungsfaktor[326], der nach § 203 Abs. 1 BewG 13,75 beträgt. Die Typisierung beim vereinfachten Ertragswertverfahren besteht darin, daß an die Stelle einer individuellen Ausschüttungsprognose eine Fortschreibung des vergangenen Steuerbilanzgewinns tritt und statt

---

321 Zum Substanzwert im Rahmen der Erbschaft- und Schenkungsteuerbemessung vgl. z.B. BRUCK-MEIER/ZWIRNER/MUGLER, Steuerbemessung (2013), S. 493.

322 Zur problematischen Auslegung der Wendung „offensichtlich unzutreffend" vgl. MEYERING, Bewertungskalküle (2011), S. 279 f., WASSERMANN, Unternehmensbewertung (2010), S. 185 f., BREIMANN, Typisierungsgerechtigkeit (2014), S. 217-229. MATSCHKE/BRÖSEL, Unternehmensbewertung (2013), S. 77 weisen in diesem Zusammenhang darauf hin, daß aufgrund der in das vereinfachte Ertragswertverfahren eingehenden Bewertungsgrößen i.d.R. ein „offensichtlich unzutreffendes" Ergebnis vorliegt, „weshalb ausschließlich die Entscheidungswertermittlung aus Sicht eines Steuerpflichtigen sachgerecht wäre."

323 Vgl., auch im folgenden, OLBRICH/HARES/PAULY, Erbschaftsteuerreform (2010), S. 1253, OLBRICH, Unternehmungsnachfolge (2014), S. 37 f. Zum vereinfachten Ertragswertverfahren vgl. ferner MEYERING, Bewertungskalküle (2011), S. 279 f., BRUCKMEIER/ZWIRNER/MUGLER, Steuerbemessung (2013), S. 493-503, HANNES, Erbschaftsteuerreform (2016), S. 554, WEINMANN, Erbschaft- und Schenkungsteuergesetz (2016), S. 159-166, SCHNEELOCH/MEYERING/PATEK, Substanzsteuern (2017), S. 32 ff.

324 WASSERMANN, Unternehmensbewertung (2010), S. 186 f. weist zu Recht darauf hin, daß diese Vergangenheitsorientierung dem bewertungstheoretischen Grundsatz der Zukunftsbezogenheit zuwiderläuft.

325 Das Gesetz spricht von „Erträgen", gemeint sind aber „Erfolge" im Sinne des Saldos aus Erträgen und Aufwendungen. So schreibt § 202 BewG den durch bestimmte Korrekturen modifizierten Gewinn gemäß § 4 Abs. 1 Satz 1 EStG als Rechengröße vor.

326 Gemäß § 203 Abs. 2 BewG wird das Bundesministerium der Finanzen ermächtigt, „durch Rechtsverordnung mit Zustimmung des Bundesrates den Kapitalisierungsfaktor an die Entwicklung der Zinsstrukturdaten anzupassen."

eines individuellen Planungshorizonts eine ewige Lebensdauer unterstellt wird. Durch die Vorgabe eines Kapitalisierungsfaktors finden zudem weder der endogene Grenzzins noch die subjektive Risikoneigung Beachtung.[327] Daher wird der „verein- fachte" Ertragswert i.d.R. nicht dem Entscheidungswert des Steuerpflichtigen ent- sprechen, weshalb grundsätzlich von einer Durchbrechung des Leistungsfähig- keitsprinzips auszugehen ist. Da die Anwendung des vereinfachten Ertragswertver- fahrens optional[328] ist, sind in der Praxis nur solche Verletzungen des Leistungsfä- higkeitsprinzips zu erwarten, die zugunsten der Steuerpflichtigen und zu Lasten des Fiskus ausfallen, so daß diese nicht zu beanstanden sind.[329] Denn der Erbe/ Beschenkte wird nur einen unter seinem Entscheidungswert liegenden „vereinfach- ten" Ertragswert akzeptieren und sich bei einer Überschreitung – unter Berufung auf die „Kann"-Vorschrift des § 199 BewG – für eine investitionstheoretische Bewer- tung einsetzen.

Insgesamt ist für die Erbschaft- und Schenkungsteuerbemessung der Entschei- dungswert des Steuerpflichtigen intern mit Hilfe eines investitionstheoretisch fun- dierten Verfahrens zu ermitteln. Nur dieser entspricht dem im Gesetzeswortlaut zur Bestimmung der Bemessungsgrundlage gewünschten und dem Leistungsfähig- keitsprinzip genügenden Wert. Alternativ kann, unter den oben gezeigten Voraus- setzungen, eine typisierte Größe durch Anwendung des in der Norm vorgegebenen vereinfachten Ertragswertverfahrens herangezogen werden. Als Untergrenze ist der Substanzwert zu beachten.

In Teilen der Literatur wird der Wortlaut des § 11 Abs. 2 Satz 2 BewG jedoch anders verstanden. Es wird oft eine Vielfalt an zulässigen Methoden, neben dem Ertrags- wertverfahren insbesondere DCF-Verfahren und Multiplikatormethoden, disku- tiert.[330] Deren Anwendbarkeit wird vor dem Hintergrund der „Ertragsaussichten"

---

327 Vgl., auch im weiteren, ausführlich OLBRICH/HARES/PAULY, Erbschaftsteuerreform (2010), S. 1253. Zu den Typisierungen beim vereinfachten Ertragswertverfahren vgl. ferner BREIMANN, Typi- sierungsgerechtigkeit (2014), S. 124-154.

328 Gemäß § 199 Abs. 1 und 2 BewG „kann das vereinfachte Ertragswertverfahren (§ 200) ange- wendet werden, wenn dieses nicht zu offensichtlich unzutreffenden Ergebnissen führt." Anderer Auffassung und die Anwendbarkeit des vereinfachten Ertragswert nur dann als erlaubt ansehend, wenn die Verwendung von Ertragswertverfahren branchenüblich ist vgl. SCHIFFERS, Bewertung von Unternehmensvermögen (2009), S. 551, BRUCKMEIER/ZWIRNER/MUGLER, Steuerbemessung (2013), S. 492.

329 Zur Unschädlichkeit einer solchen asymmetrischen Durchbrechung des Leistungsfähigkeits- prinzips zugunsten des Steuerpflichtigen vgl. OLBRICH/HARES/PAULY, Erbschaftsteuerreform (2010), S. 1253 und die dort angeführten Quellen.

330 Die Anwendbarkeit von DCF-Verfahren befürworten KUßMAUL/PFIRMANN/HELL/MEYERING, Unter- nehmensbewertung (2008), S. 476 f., HENSELMANN/BARTH, Übliche Bewertungsmethoden (2009), S. 9, SCHIFFERS, Bewertung von Unternehmensvermögen (2009), S. 550, MEYERING, Bewertungskalkü-

berücksichtigenden Verfahren und/oder „anderer anerkannter, üblicher" Methoden begründet. Das Ertragswertverfahren wird dabei oft im Sinne des in der Praxis verbreiteten Ertragswertverfahrens nach IDW S 1 interpretiert.[331] Dieses vermischt jedoch investitions- und finanzierungstheoretische Erkenntnisse und dient – auch wenn vom „objektivierten" Unternehmenswert die Rede ist –, ebenso wie bereits im Abschnitt 3.4.2.2 für finanzierungstheoretische DCF-Verfahren und Multiplikatormethoden herausgearbeitet, in erster Linie der Argumentationsfunktion.[332] Neben den Multiplikatorverfahren werden weitere Praktikerformeln in Gestalt der von den jeweiligen Berufsverbänden und Standesorganisationen herausgegebenen Bewertungsempfehlungen genannt.[333] In Teilen des Schrifttums wird den „branchenüblichen" Verfahren sogar ein Vorrang gegenüber den „Ertragsaussichten" beachtenden Methoden eingeräumt.[334]

Das Ertragswertverfahren nach IDW S 1, DCF-Verfahren und Praktikerformeln ignorieren oder verletzen zumindest das Subjektivitätsprinzip. Vor allem letztere verstoßen je nach Ausgestaltung auch gegen die Grundsätze der Zukunftsorientierung und/oder der Gesamtbewertung. Selbst wenn diese Methoden die „Ertragsaussichten" berücksichtigen und/oder branchenüblich und anerkannt sind, stellen sie dennoch Argumentationswerte im Rahmen von in der Praxis stattfindenden Kaufpreis*verhandlungen* dar, dienen aber nicht der im Gesetzeswortlaut geforderten Kaufpreis*bemessung* und genügen nicht dem Prinzip der Besteuerung nach der wirt-

---

le (2011), S. 277, WOLLNY, Erbschaftsteuer (2012), S. 271, BRUCKMEIER/ZWIRNER/MUGLER, Steuerbemessung (2013), S. 492, LORENZ, Erbschaftsteuerrecht (2015), S. 150-152, BIEG/KUßMAUL/WASCHBUSCH, Investition (2016), S. 291. Die Zulässigkeit von Multiplikatoren bei der Erbschaft- und Schenkungsteuerbemessung bejahen DÖRNER/PFÄNDNER, Erbschaftsteuerreform (2009), S. 469, HENSELMANN/BARTH, Übliche Bewertungsmethoden (2009), S. 10, SCHIFFERS, Bewertung von Unternehmensvermögen (2009), S. 550, WOLLNY, Erbschaftsteuer (2012), S. 271, BRUCKMEIER/ZWIRNER/MUGLER, Steuerbemessung (2013), S. 492, LORENZ, Erbschaftsteuerrecht (2015), S. 152-155.

331 Vgl. z.B. DÖRNER/PFÄNDNER, Erbschaftsteuerreform (2009), S. 469-471, HENSELMANN/BARTH, Übliche Bewertungsmethoden (2009), S. 10, SCHIFFERS, Bewertung von Unternehmensvermögen (2009), S. 550, LORENZ, Erbschaftsteuerrecht (2015), S. 147-150. Zur Bedeutung des Ertragswertverfahrens nach IDW S 1 in Literatur und Rechtsprechung vgl. HINZ, Unternehmensbewertung (2011), S. 305 und die dort angeführten Quellen.

332 Kritisch zu diesem „Bewertungsstandard" des IdW vgl. ausführlich FISCHER-WINKELMANN, IDW S 1 (2003), HERING, IDW-S1 (2004), HERING/BRÖSEL, Argumentationswert (2004), FISCHER-WINKELMANN, Grundsätze (2006), MATSCHKE/BRÖSEL, Unternehmensbewertung (2013), S. 54-60, 245, 303 und 782-794.

333 Vgl. hierzu SCHIFFERS, Bewertung von Unternehmensvermögen (2009), S. 551, der auch die diesbezüglichen Ländererlasse einbezieht.

334 Vgl. etwa SCHIFFERS, Bewertung von Unternehmensvermögen (2009), S. 551, BRUCKMEIER/ZWIRNER/MUGLER, Steuerbemessung (2013), S. 491 f., BIEG/KUßMAUL/WASCHBUSCH, Investition (2016), S. 291.

schaftlichen Leistungsfähigkeit.[335] Auch zum Zweck der Typisierung können die zuvor genannten Bewertungsverfahren bereits deshalb nicht überzeugen, da der Gesetzgeber das vereinfachte Ertragswertverfahren vorgibt.[336] Vielmehr eröffnet eine solche Methodenpluralität dem Steuerpflichtigen erhebliche Argumentationsspielräume. Dessenungeachtet befürwortet die Gesetzesbegründung eine solche Vielfalt an Bewertungsmethoden, und es werden Multiplikatormethoden explizit genannt.[337] Die Gesetzesbegründung steht hier im Widerspruch zu Gesetzeswortlaut und Leistungsfähigkeitsprinzip.[338] Es wird die Argumentationsfunktion (Gesetzesbegründung) mit der Entscheidungsfunktion (Gesetzeswortlaut) verwechselt.[339]

Im Ergebnis sind die angeführten Methoden nicht nur aus bewertungstheoretischer Sicht problematisch, sondern erschweren aufgrund der daraus resultierenden Methodenpluralität auch die Steuerpraxis erheblich.[340] So vergrößern sich die Spielräume, wenn der Steuerpflichtige und die Steuerbehörden nicht nur im Hinblick auf die Parametergrößen einer Bewertungsmethode, sondern auch hinsichtlich der Wahl des Verfahrens selbst in Auseinandersetzung geraten.[341] Die damit verbundenen Konflikte zwischen beiden Parteien und auch die damit einhergehende Belastung der Finanzgerichte lassen die Praktikabilität einer breiten steuerlichen Methodenvielfalt daher aus Sicht von Fiskus und Rechtsprechung als fragwürdig erscheinen. So wie eine Methodenpluralität aus Sicht der Steuerpraxis abzulehnen ist, so ist sie aus Sicht des Steuerpflichtigen jedoch zu begrüßen. Einen Überblick über die herausgearbeiteten Ergebnisse enthält die folgende Tabelle 6.

---

335 Vgl. *OLBRICH/HARES/PAULY*, Erbschaftsteuerreform (2010), S. 1255.
336 Vgl. im Hinblick auf Multiplikatormethoden *MEYERING*, Bewertungskalküle (2011), S. 278. Zu den Scheintypisierungen und Bewertungsspielräumen bei den DCF-Verfahren vgl. *OLBRICH/HARES/PAULY*, Erbschaftsteuerreform (2010), S. 1254 und die dort angeführte Literatur.
337 Vgl. *BT-DRUCKS.* 19/718, Gesetzentwurf der Bundesregierung, Entwurf eines Gesetzes zur Reform des Erbschaftsteuer- und Bewertungsrechts (Erbschaftsteuerreformgesetz – ErbStRG) vom 28.01.2008, S. 38.
338 Vgl. *OLBRICH/HARES/PAULY*, Erbschaftsteuerreform (2010), S. 1255.
339 Zum Widerspruch von Gesetzesbegründung und Gesetzeswortlaut infolge der Verwechslung von Argumentationsfunktion und Entscheidungsfunktion vgl. auch *MATSCHKE/BRÖSEL*, Unternehmensbewertung (2013), S. 76.
340 Vgl. hierzu und zum Folgenden *OLBRICH/HARES/PAULY*, Erbschaftsteuerreform (2010), S. 1255.
341 *KUßMAUL/PFIRMANN/HELL/MEYERING*, Unternehmensbewertung (2008), S. 478 fragen berechtigterweise, ob die Finanzbehörden in solchen Auseinandersetzungen eigene Bewertungsgutachten einholen werden und wer die Kosten dieser zusätzlichen Gutachten tragen solle.

Tab. 6: Synopsis der Bewertungsalternativen und ihrer Charakteristika[342]

Kriterien	Bewertungsalternativen		
	Investitionstheoretische Verfahren	Vereinfachtes Ertragswertverfahren	Methodenpluralität
Bewertungskalkül	Barwertkalkül (im Fall des Partialmodells Ertragswert)	Barwertkalkül	Investitions- und kapitalmarkttheoretische Methoden, Praktikerverfahren
Herleitung der Bewertungsparameter?	Zielsystem und Entscheidungsfeld des Steuerpflichtigen	Steuerbilanz, BewG	Je nach Methode
Aus § 11 Abs. 2 Satz 2 BewG herleitbar?	Ja	Nein	Nein
Beachtung des Leistungsfähigkeitsprinzips?	Ja	Nein, Verletzung des Prinzips nur zugunsten des Steuerpflichtigen	
Typisierungen?	Nein	Ja	Nein
Argumentationsspielräume?	Groß	Klein	Sehr groß
Anwendbarkeit in der Steuerpraxis?	Ja, soweit von Steuerpflichtigem vorgebrachte Parametergrößen für Fiskus plausibel	Ja	Nein (allerdings in Gesetzesbegründung befürwortet)
Attraktivität für Steuerpflichtigen?	Hoch	Höher (wenn optionale Alternative zur investitionstheoretischen Bewertung)	Am höchsten

---

342 In enger Anlehnung an *OLBRICH/HARES/PAULY*, Erbschaftsteuerreform (2010), S. 1256.

4 Heuristische Nachfolgeplanung

4.1 Nachfolgeplanung als schlechtstrukturiertes Problem

4.1.1 Begriff der Heuristik

Um bei der Nachfolgeplanung das Problem der Formwahl und der damit verbundenen Gestaltung der Betriebsübertragung zu lösen, ist zunächst zu beachten, daß es sich durch diverse Strukturdefekte auszeichnet. Diese Schlechtstrukturierung steht einer *optimalen* Lösung des Problems im Wege, das infolgedessen lediglich im Zuge einer *heuristischen* Vorgehensweise bewältigt werden kann. Das Schrifttum ist sich uneinig über die Abgrenzung des Begriffs „Heuristik", denn es finden sich sowohl eine enge als auch eine weitgefaßte Auslegung des Terminus.[1] Die erste, enge Auffassung sieht in der Heuristik eine Vorgehensweise, die Probleme bewältigen soll, die sich effizienten, zu einem Optimum führenden Lösungsansätzen verschließen. Die Heuristik ist danach eine quasi rechentechnische Herangehensweise in Gestalt einer „zweitbesten" Lösung. Die weitgefaßte Auslegung (und ihr soll im folgenden gefolgt werden) enthält diese enge Auffassung als einen speziellen Anwendungsfall, geht aber deutlich darüber hinaus, da sie die Heuristik allgemein als *Strukturierungsregel* deutet. Zur Anwendung kommt diese Strukturierungsregel dann, wenn ein Ausgangsproblem angetroffen wird, das zunächst schlechtstrukturiert und daher nicht lösbar ist. Zielsetzung der Strukturierungsregel ist es, dieses Ausgangsproblem in Unterprobleme zu zerlegen, wobei die Zerlegung zu Teilproblemen führen soll, die wohlstrukturiert und damit lösbar sind und deren Lösung eine zwar nicht optimale, aber befriedigende Bewältigung des Ausgangsproblems in Aussicht stellt. Das jeweilige Vorgehen der Problemzerlegung ergibt sich dabei aus den im Einzelfall vorgefundenen Strukturmängeln des zu lösenden Ausgangsproblems. Bis zu vier Arten von Strukturdefekten können für die Schlechtstrukturierung verantwortlich zeichnen, nämlich Wirkungs-, Bewertungs-, Zielsetzungs- und Lösungsdefekte:

1. Sollte nicht bekannt sein, wie viele Variablen relevant oder welcher Art sie sind, oder besteht Unklarheit, wie sich das Niveau der jeweiligen Variablen auf die Ausprägungen der für das Problem relevanten Merkmale auswirkt, liegt eine *wirkungsdefekte* Problemsituation vor.

---

1 Zu den folgenden Erläuterungen des Begriffes der Heuristik und der sich anschließenden Darstellung möglicher Strukturmängel vgl. *ADAM*, Planung in schlechtstrukturierten Entscheidungssituationen (1983), S. 484-494, *ADAM*, Heuristische Planung (1989), Sp. 1414-1419.

2. Sind die relevanten Merkmale gar nicht oder nur unvollkommen quantifizierbar, handelt es sich um einen *Bewertungsdefekt*.

3. Ist das bei der Lösung des Problems relevante Ziel unbekannt oder werden verschiedene Ziele gesetzt, die miteinander konkurrieren, besteht ein *Zielsetzungs-defekt*.

4. *Lösungsdefekt* ist ein Problem dann, wenn zwar weder Wirkungs-, Bewertungs- noch Zielsetzungsdefekt anzutreffen sind, aber keine Verfahren existieren, die es effizient lösen könnten. Häufig ist dieser Defekt im Falle kombinatorischer Probleme anzutreffen, die allein mittels einer vollständigen Enumeration optimal lösbar sind.[2]

4.1.2 Strukturdefekte der Unternehmensnachfolge[3]

Vor dem Hintergrund des Zieles der Gewinnmaximierung des Unternehmenseigners kann im Hinblick auf die Wahl der Nachfolgeform grundsätzlich festgehalten werden, daß sich der Eigentümer stets für jenen Weg der Betriebsübergabe entscheiden wird, der ihm – oder seinem Verbund mit anderen Wirtschaftssubjekten, wie bspw. einem Konzern oder einer Familie – in der Zukunft den im Vergleich zu den übrigen alternativen Nachfolgewegen größtmöglichen Erfolg verspricht. Von welchen Faktoren die jeweilige Erfolgsträchtigkeit der Nachfolgeformen und damit der gewinnmaximierende Übergabeweg im einzelnen abhängen können, soll im folgenden anhand des Falls eines Eigners in Gestalt einer natürlichen Person, der eine Gewinnmaximierung aus Sicht seiner Familie verfolgt, exemplarisch herausgearbeitet werden:

1. Die Unternehmensübertragung im Wege der *Schenkung* stellt dann die aus Sicht des Eigentümers zu wählende Nachfolgeform dar, wenn dieser seinen Betrieb dadurch auf Familienmitglieder übergeben kann, denen er sowohl die Fähigkeit als auch den Willen zutraut, das Unternehmen in der Zukunft erfolgreich zu führen und auf diese Weise Gewinne zu vereinnahmen, die höher sind als jene, die die Alternativen der Stiftung, Veräußerung oder Vererbung versprechen. Selbstverständlich gilt im Hinblick auf die Vererbung, daß der Eigner auch in ihrem

---

2 Vgl. ADAM, Planung in schlechtstrukturierten Entscheidungssituationen (1983), S. 486 f. Die oben skizzierte enge Auffassung des Begriffs der Heuristik beschränkt sich auf die Bewältigung lösungsdefekter Problemstellungen.
3 Die Ausführungen dieses Abschnitts stammen teilweise aus OLBRICH, Unternehmungsnachfolge (2014), S. 61-67 und 136 f. und wurden aktualisiert sowie an die neue Rechtslage angepaßt.

Zuge die Übertragung auf geeignete Familienmitglieder vornehmen kann. Dennoch ist eine Vielzahl von Gründen denkbar, die die Schenkung als im Vergleich zur Vererbung attraktivere Nachfolgeform erscheinen lassen: So ist es zum einen möglich, daß der bisherige Eigner z.B. aus Alters- oder Krankheitsgründen keine gewinnmaximierende Unternehmensführung mehr sicherstellen kann und er sich daher bereits vor seinem Tode von dem Unternehmen trennen will. Zum anderen vermag er durch die Schenkung im Gegensatz zur Vererbung seine familieninternen Nachfolger im Rahmen ihrer Unternehmensführung mit seinem Wissen und etwaigen Netzwerken zu unterstützen und ihnen beratend zur Seite zu stehen.

Des weiteren ist es denkbar, durch die Schenkung eine geringere Belastung mit Schenkung- respektive Erbschaftsteuer zu erzielen, als es im Zuge der Vererbung der Fall wäre. So sind bspw. mittels einer zeitlich gestreckten, die gesetzlich vorgeschriebenen Zehn-Jahres-Zeiträume beachtenden Schenkung der persönliche Freibetrag des § 16 ErbStG und der Abzugsbetrag des § 13a Abs. 2 ErbStG, dessen Anwendbarkeit vorausgesetzt, mehrfach nutzbar, und auch der Tarifprogression des § 19 Abs. 1 ErbStG kann der Eigner dadurch ggf. begegnen. Für den Fall umfangreichen Unternehmensvermögens können durch Schenkungen im Zehn-Jahres-Rhythmus u.U. ein Überschreiten der 26-Mio.-Euro-Grenze und die mit dem Vorliegen eines Großerwerbs verbundenen steuerlichen Nachteile evtl. vollständig verhindert werden. Anderenfalls bietet eine solche zeitliche Staffelung zumindest die Möglichkeit, daß das begünstigte Unternehmensvermögen weniger als 90 Mio. Euro beträgt und somit neben einer individuellen Verschonungsbedarfsprüfung eine Inanspruchnahme des Modells des abschmelzenden Verschonungsabschlags erlaubt ist und zugleich die Abschmelzung des Verschonungsabschlags verringert werden kann.[4] Steuerlich vorteilhafter als die Vererbung kann die Schenkung auch dann sein, wenn der Eigentümer davon ausgeht, daß der Unternehmenswert, welcher der Besteuerung zugrunde liegt, im in der Zukunft liegenden Erbfall höher ausfallen wird, als es bei einer zeitlich vorgezogenen Schenkung der Fall wäre.[5] Nicht zuletzt kann die Schenkung auch inso-

---

4 Vgl. Abschnitt 3.2.2.2 und die dort angeführte Literatur.
5 Vgl. hierzu eingehend PÖLLATH/WILLIBALD, Steuerliche Aspekte (1991), S. 539, SCHILD-PLININGER, Übertragung von Betriebsvermögen (1998), S. 76 und 84-96 sowie auch ALBACH/FREUND, Unternehmenskontinuität (1989), S. 212, HORSTMANN, Gestaltung der Erbschaftsteuerbelastung (1998), S. 442, DEHMER, Unternehmernachfolge in der Steuerberatung (1999), S. 232 f., SCHINDHELM, Rechtliche Gestaltung (2000), S. 85 f., SCHNEELOCH, Mittelständische Unternehmen (2006), S. 147, HABIG/BERNINGHAUS, Nachfolge im Familienunternehmen (2010), S. 209 f. Eine Steigerung des schenkung-respektive erbschaftsteuerlichen Unternehmungswertes ist z.B. dann möglich, wenn eine Bewertung auf Basis des vereinfachten Ertragswertverfahrens erfolgen soll und ein zukünftiger Anstieg der dafür herangezogenen Orientierungsgröße „Durchschnittsertrag" – der wiederum „regelmäßig

fern die im Vergleich zur Vererbung erfolgversprechendere Betriebsübertragung darstellen, als sie eine Verringerung der Pflichtteilsansprüche ermöglicht, denen sich der neue Unternehmenseigner im Erbfalle im vollen Umfang gegenüber-sähe.[6]

2. Die Nachfolge im Wege der *Vererbung* ist dann als gewinnmaximierende Nach-folgeform denkbar, wenn der bisherige Eigentümer – analog zum oben geschil-derten Fall der Schenkung – sein Unternehmen auf diesem Wege auf Familien-mitglieder zu übertragen vermag, von denen er überzeugt ist, daß sie das Unter-nehmen in der Zukunft erfolgreich führen können und führen wollen und somit Gewinne vereinnahmen werden, die die durch Schenkung, Stiftung oder Veräu-ßerung erzielbaren Erfolge voraussichtlich übersteigen. Zwar kann der Eigner eine solche Übertragung auf geeignete Familienmitglieder auch im Wege der Schenkung vornehmen, doch sind trotz der unter Punkt 1 skizzierten vielfältigen Vorzüge der Schenkung diverse Konstellationen denkbar, in denen die Verer-bung einen höheren Erfolg verspricht: Zum einen stellt sich die Vererbung als vorteilhaft dar, wenn der bisherige Eigentümer aufgrund seines Wissens, seiner Netzwerke[7] und ähnlichem erfolgreicher unternehmerisch tätig ist, als es seine Nachfolger vermögen. Es liefe dann dem Ziel der Gewinnmaximierung entgegen, wenn der bisherige Eigner seine unternehmerische Tätigkeit durch eine Schen-kung vorzeitig unterbräche, anstatt sie bis zu seinem Ableben fortzuführen. Vor-teilhaft kann eine solche bis zum Todesfall fortgesetzte unternehmerische Betäti-gung des Eigners insbesondere auch dann sein, wenn seine präsumtiven fami-lieninternen Nachfolger vor ihrer Übernahme des Unternehmens andere Ein-künfte, z.B. aus nichtselbständiger Arbeit, realisieren, deren Erzielung sie nach der erfolgten Betriebsübertragung aufgeben müßten: Geht der Eigentümer bis zu seinem Tode erfolgreich seiner Unternehmenstätigkeit nach, realisiert die Fami-lie bis zu diesem Zeitpunkt somit Einkünfte sowohl aus dem Unternehmen als auch aus den bisherigen Einkunftsquellen der präsumtiven Nachfolger. Wird statt dessen vorzeitig eine Übertragung des Betriebes im Wege der Schenkung vollzogen, bleibt – unter der Prämisse, daß der abgebende Eigner nach der Nachfolge keiner anderen beruflichen Tätigkeit mehr nachgeht – der Familie lediglich der Gewinn aus dem Unternehmen, während die Erfolge der durch die Nachfolger in der Vergangenheit ausgeübten Beschäftigungen ausbleiben.

---

aus den Betriebsergebnissen (§ 202) der letzten drei vor dem Bewertungsstichtag abgelaufenen Wirt-schaftsjahre herzuleiten" ist (§ 201 Abs. 2 Satz 1 BewG) – vermutet wird.

6 Vgl. STENGER, Erbfolge (2005), S. 220.

7 Vgl. zur Bedeutung der Netzwerke des bisherigen Eigentümers im Rahmen der Nachfolge insbe-sondere WIEHL, Wechsel im Nachfolgefall (1998).

Nicht zuletzt können auch schenkung- respektive erbschaftsteuerliche Gründe für die Vererbung und gegen die Schenkung sprechen: Prognostiziert der Eigner bspw. eine Schrumpfung des steuerlich relevanten Unternehmenswertes im Zeitverlauf, geht er entsprechend davon aus, daß die Steuerbelastung im in der Zukunft liegenden Erbfall ceteris paribus geringer ausfallen wird als im Falle einer zeitlich vorgelagerten Schenkung. Auch vermag es aus Investitions- und Finanzierungsüberlegungen des Eigentümers und seiner Familie sinnvoller sein, die Steuerzahlung erst zeitlich später im Falle der Vererbung zu entrichten, anstatt sie früher im Zuge der Schenkung zu leisten.[8]

3. Die *Stiftung* stellt den im Vergleich zu Schenkung, Vererbung und Veräußerung gewinnmaximierenden Nachfolgeweg insbesondere in der folgenden Situation dar: Der Eigentümer schätzt sein Unternehmen als erfolgversprechend ein, er hat aber innerhalb der Familie keine geeigneten potentiellen Nachfolger, die nach einer Schenkung oder Vererbung fähig und willens wären, die Gewinnpotentiale des Betriebes in der Zukunft durch eine geschickte Fortführung auszunutzen. Statt dessen befürchtet der Eigner, daß nachfolgende Familienmitglieder aus Unwissenheit oder aufgrund von Streitigkeiten untereinander nach einer Übertragung die Zerschlagung des Betriebes vornähmen und sich so der Zukunftserfolge beraubten. Des weiteren stellt auch die Veräußerung keine attraktive Lösung dar, da die Preisgebote potentieller Käufer dem abgebenden Eigner zu gering erscheinen. Die gewinnmaximale Lösung kann in diesem Fall durch die Übertragung des Unternehmens auf eine durch familienfremde Personen geführte Familienstiftung realisiert werden: Zum einen gelingt es dem abgebenden Eigner auf diese Weise, das Unternehmen der als nachteilig eingeschätzten Entscheidungsgewalt der Familienmitglieder zu entziehen;[9] zum anderen vermeidet er den Verkauf des Betriebes zu einem aus seiner Sicht unvorteilhaften Preis. Die Stiftungslösung erlaubt damit in der Zukunft den Schutz der Unternehmenssubstanz vor den Angehörigen des Eigners bei gleichzeitiger Vereinnahmung der laufenden betrieblichen Erfolge durch die Familie.

4. Der *Verkauf* des Unternehmens stellt dann die zu wählende Nachfolgeform dar, wenn sich der Eigner aufgrund eines attraktiven Veräußerungsgewinns und dessen lukrativer Anlage in der Zukunft einen höheren Erfolg für die Familie ver-

---

8 Vgl. zu Vorteilhaftigkeitsüberlegungen im Hinblick auf den Zeitpunkt der Steuerzahlung ausführlich SCHILD-PLININGER, Übertragung von Betriebsvermögen (1998), S. 76 und 80-83 sowie ferner auch HORSTMANN, Gestaltung der Erbschaftsteuerbelastung (1998), S. 442.

9 Zum mit Hilfe von Stiftungen realisierbaren Schutz des Unternehmens vor Familieneinflüssen vgl. DEHMER, Unternehmernachfolge in der Steuerberatung (1999), S. 225, SCHINDHELM, Rechtliche Gestaltung (2000), S. 90, MAIER, Besteuerung der Stiftung (2001), S. 496, HABIG/BERNINGHAUS, Nachfolge im Familienunternehmen (2010), S. 248 f.

spricht als bei der Übertragung im Wege der Schenkung und Vererbung oder der Einbringung in eine Stiftung. Dies wird dann der Fall sein, wenn das Unternehmen aus Sicht des Eigners keine Erfolgspotentiale mehr aufweist, deren zukünftige Ausschöpfung durch die Familie im Vergleich mit dem zu realisierenden Veräußerungserfolg lohnend wäre. Zu beachten ist im Rahmen des Vergleichs insbesondere auch, daß im Gegensatz zu familieninternen Nachfolgelösungen keine Substitution von Erfolgsquellen vorgenommen wird: Besitzen potentielle familieninterne Nachfolger andere Einkunftsarten, z.B. in Form nichtselbständiger Arbeit, die bei Übernahme des Unternehmens wegfallen würden, erlaubt der Verkauf die Vereinnahmung des Veräußerungserfolges bei paralleler Aufrechterhaltung der übrigen Erfolgsquellen der Familie.[10] Zeichnet sich das Unternehmen hingegen durch erhebliche Erfolgspotentiale aus, bietet sich der Verkauf als gewinnmaximale Lösung insbesondere dann an, wenn innerhalb der Familie keine geeigneten Nachfolger zur Verfügung stehen, die fähig und willens wären, nach einer Schenkung oder Vererbung des Betriebes eine Realisierung der potentiellen Zukunftserfolge vorzunehmen.[11] Auch die unter Punkt 3 angesprochene Stiftungslösung kann in einem solchen Fall unattraktiver als der Verkauf sein, da in ihrem Zuge das Unternehmensvermögen aus dem Familienportefeuille ausscheidet und somit zu einem späteren Zeitpunkt nicht mehr für eine gewinnbringende Liquidation zur Verfügung steht. Ebenfalls ist es denkbar, daß der Eigner keine ihm geeignet erscheinenden familienfremden Führungskräfte zu finden vermag, die eine erfolgversprechende Leitung des Unternehmens in Stiftungshand sicherstellen könnten.

Die oben angeführten Konstellationen, bei denen die Schenkung, Vererbung, Stiftung und Veräußerung jeweils als die mögliche gewinnmaximale Übertragungslösung dargestellt wurden, machen deutlich, daß *keine allgemeingültige* Aussage über die Erfolgsträchtigkeit der einzelnen Übertragungsformen und damit die Entscheidung über den einzuschlagenden Nachfolgeweg getätigt werden kann. Bestimmt werden die Auswirkungen der Übergabewege auf die Realisierung des Gewinnmaximierungsziels vielmehr durch Aspekte wie u.a. die Art des Eigners – bspw. ist einem institutionellen Eigner die Übertragungsform der Vererbung versperrt –, die Erfolgsperspektiven des Unternehmens, die Existenz fähiger und motivierter Nachfolger innerhalb des Verbundes des Eigners[12], die alternativen Verdienstmöglichkeiten der Nachfolger, die substanz- wie auch ertragsteuerlichen Rahmenbedingungen sowie die Präsenz interessierter Käufer und die Höhe ihrer Preisgebote.

---

10 Vgl. FREUND, Unternehmensnachfolge (2000), S. 91.
11 Vgl. SCHILDBACH, Verkäufer und Unternehmen (1995), S. 627 und 629, ferner auch MAY, Leitfaden für die Unternehmerfamilie (2000), S. 28, KNACKSTEDT, Unternehmernachfolge (2013), S. 858.
12 Vgl. auch ALBACH/FREUND, Unternehmenskontinuität (1989), S. 187 f. und 264 f.

Eng verbunden mit der Wahl der Nachfolgeform ist die Frage der *Nachfolgegestaltung*, als Gesamtheit der Maßnahmen des Eigentümers, mit denen er die von ihm angestrebte Form der Eigentumsübertragung zu realisieren sucht. Wie im Abschnitt 3.3.2 aufgezeigt, kann die avisierte Nachfolgeform mittels einer Vielzahl unterschiedlicher Maßnahmen vollzogen werden. So vermag die Übereignung des Betriebes bspw. unmittelbar im ganzen oder aber zeitlich gestreckt zu erfolgen, indem die Unternehmensteile in mehreren Schritten übertragen werden. Darüber hinaus kann der abgebende Eigentümer u.a. Veränderungen der betrieblichen Prozesse und Strukturen vornehmen, um den Erfolg der Nachfolge zu erhöhen. Die Auswahl von Form und Gestaltung der Nachfolge ist dabei Gegenstand der *Nachfolgeplanung*, mit der der abgebende Eigentümer künftige Entwicklungen frühzeitig zu berücksichtigen sucht, um offenstehende Handlungsalternativen zu erkennen und nach Maßgabe ihres Beitrags zur Erreichung seines Nachfolgezieles auswählen zu können.[13] Angesichts der im Abschnitt 4.1.1 erläuterten möglichen Strukturdefekte und der in diesem Abschnitt skizzierten Faktoren, die die Wahl der Nachfolgeform und der Nachfolgegestaltung beeinflussen, wird deutlich, daß die im Zuge der Nachfolgeplanung vorzunehmende Entscheidung des Eigners für einen bestimmten Nachfolgeweg und die im einzelnen durchzuführenden Maßnahmen seiner Beschreitung grundsätzlich ein *schlechtstrukturiertes, zunächst nicht lösbares Ausgangsproblem* darstellt. Ursache einer derartigen mangelnden Lösbarkeit sind gleich drei Arten von Strukturdefekten, die die Problemsituation kennzeichnen:

1. Interpretiert man die aufgrund der Nachfolge an den abgebenden Eigentümer oder seinen Verbund mit anderen Wirtschaftssubjekten fließenden Zahlungsüberschüsse als die für die Problemsituation relevanten Merkmale, wird deutlich, daß das Ausgangsproblem einen Strukturmangel in Form eines *Wirkungsdefektes* aufweist. Dies ist deswegen der Fall, weil dem Eigentümer nicht umfassend bekannt ist, sowohl welcher Art die Variablen – wie bspw. Führungsfähigkeiten und Führungswille verbundinterner Nachfolger oder einer Stiftungsorganisation, alternative zukünftige Verdienste verbundinterner Nachfolger, Konzessionsgrenzen potentieller Käufer, Führungsfähigkeit des bisherigen Eigners, Marktumgebung des Unternehmens – im einzelnen sind und welche genaue Anzahl sie aufweisen als auch, welcher Zusammenhang zwischen dem Niveau der Variablen und den zu erwartenden Zahlungsüberschüssen besteht.

2. Die Deutung der Zahlungsüberschüsse als relevante Merkmale offenbart zudem, daß das Ausgangsproblem auch durch einen *Bewertungsdefekt* gekennzeichnet

---

13 Die Nachfolgeplanung ist damit ein Teilgebiet der Unternehmensplanung. Vgl. ausführlich zum Wesen der Unternehmensplanung und ihrer Abgrenzung zur Improvisation ROLLBERG, Unternehmensplanung (2001), S. 1 f.

ist. Ein derartiger Strukturmangel liegt dabei insofern vor, als Unklarheit darüber herrscht, wie die aus der Nachfolge zu erwartenden Erfolge quantifiziert werden können, in welchem zahlenmäßig bestimmten Umfang also die aus der Nachfolge resultierenden Zahlungsüberschüsse an den abgebenden Eigentümer oder seinen Verbund mit anderen Wirtschaftssubjekten fließen werden.

3. Nicht zuletzt leidet das Ausgangsproblem unter einem *Zielsetzungsdefekt*: Zum einen ergibt er sich aus der Frage, wie der der Gewinnmaximierung zugrunde zu legende Planungshorizont abzugrenzen ist; die notwendige Fixierung des Planungszeitraums kann durch den abgebenden Eigentümer lediglich in mehr oder minder willkürlicher Form erfolgen.[14] Zum anderen ist zu beachten, daß aufgrund der Unsicherheit der Zukunft neben das Gewinnziel ein Sicherheitsziel tritt, denn mögliche, zur Auswahl stehende Nachfolgelösungen vermögen nicht nur mit Gewinnchancen, sondern ebenfalls mit Verlustgefahren einherzugehen.[15] Für den abgebenden Eigentümer bedeutet dies, daß er seine Form- und Gestaltungsentscheidung in aller Regel nicht ausschließlich auf der Grundlage des maximal möglichen Gewinns fällen, sondern auch drohende negative Entwicklungen berücksichtigen wird. Letztendlich muß er sich folglich für eine Lösung entschließen, die ihm als attraktiv erscheinende Gewinnaussichten verspricht, ohne dabei sein individuelles Sicherheitsbedürfnis außer acht zu lassen. Lediglich in der Ausnahmesituation ausgeprägter Risikofreude wird sich der abgebende Eigentümer ausschließlich an den Erfolgsperspektiven einer Nachfolgelösung orientieren, ohne zugleich zu hinterfragen, ob sie die mit dieser Alternative ebenfalls verbundenen Gefahren einer negativen Entwicklung rechtfertigen.

Soll die Wahl der Nachfolgeform und der Nachfolgegestaltung im Rahmen einer heuristischen Vorgehensweise beantwortet werden, ist es folglich notwendig, das schlechtstrukturierte, von den erläuterten Wirkungs-, Bewertungs- und Zielsetzungsdefekten gekennzeichnete Ausgangsproblem in wohlstrukturierte und damit lösbare Unterprobleme zu überführen.[16] Welche unterschiedlichen Transformationsschritte dabei im einzelnen vorzunehmen sind, wird im folgenden Abschnitt überblicksartig dargestellt.

---

14 Vgl. zum Problem des willkürlich gewählten Planungshorizonts HERING, Investitionstheorie (2015), S. 11 f.

15 Zu Gewinn- versus Sicherheitsziel vgl. ausführlich HERING, Investitionstheorie (2015), S. 13-15.

16 Vgl. ferner auch MENKE, Unternehmernachfolge (1998), S. 18 f., der ebenfalls darauf hinweist, daß das Nachfolgeproblem nicht optimal, sondern nur heuristisch gelöst werden kann.

4.1.3 Aufbau der Nachfolgeheuristik

Die im folgenden anzuwendende Heuristik, mit deren Hilfe die Frage der Wahl der Nachfolgeform und der Nachfolgegestaltung einer Lösung zugeführt werden soll, beruht im Grundsatz auf fünf verschiedenen Transformationsschritten:

1. Das wirkungs-, bewertungs- und zieldefekte Ausgangsproblem der Form- und Gestaltungsentscheidung wird zunächst in zwei strategische Teilkomplexe der Gestaltung der Nachfolge aufgespalten, und zwar in die Ansatzpunkte der Basisstrategien und der Kombinativstrategien der Gestaltung.

2. Die Nachfolgeformen der Vererbung, Schenkung, Stiftung und Veräußerung werden im Anschluß in die herausgearbeiteten Strategierahmen eingebunden, so daß sich im Ergebnis eine Vielzahl möglicher Form-Gestaltungs-Kombinationen sowohl als alternativer Basisstrategien als auch Kombinativstrategien ergibt.

3. In einem dritten Schritt werden die Art und Anzahl der Variablen identifiziert, die jeweils für den Erfolg der einzelnen Basisstrategien wie auch der Kombinativstrategien verantwortlich zeichnen.

4. Im Anschluß bedarf es der Ermittlung des Zusammenhangs zwischen dem Niveau der in Schritt 3 herausgearbeiteten Variablen und der Höhe des Erfolges, den die Basisstrategien und Kombinativstrategien dem Unternehmenseigentümer jeweils versprechen.

5. Auf der Grundlage der in den Schritten 1 und 2 differenzierten Form-Gestaltungs-Kombinationen als alternativer Basisstrategien und Kombinativstrategien und der in Schritt 3 identifizierten Variablen sowie der in Schritt 4 ermittelten Zusammenhänge zwischen ihrem jeweiligen Niveau und den Erfolgsaussichten der Strategien schätzt der abgebende Eigentümer das Ausmaß der mit den Strategiealternativen einhergehenden Erfolge. Im Anschluß wird er sich bei rationalem Verhalten für jene Basis- oder Kombinativstrategie entscheiden, die ihm den höchsten Grad der Erreichung seines Gewinnmaximierungszieles bei Beachtung seiner Sicherheitsbedürfnisse verspricht. Da die Strategiewahl den „Schlußstein" der heuristischen Nachfolgeplanung und somit die letztendliche Lösung des Nachfolgeproblems darstellt, ist ihr das eigenständige fünfte Kapitel des Buches gewidmet.

Eine graphische Darstellung des skizzierten Aufbaus der Heuristik gibt die folgende Abbildung 9.

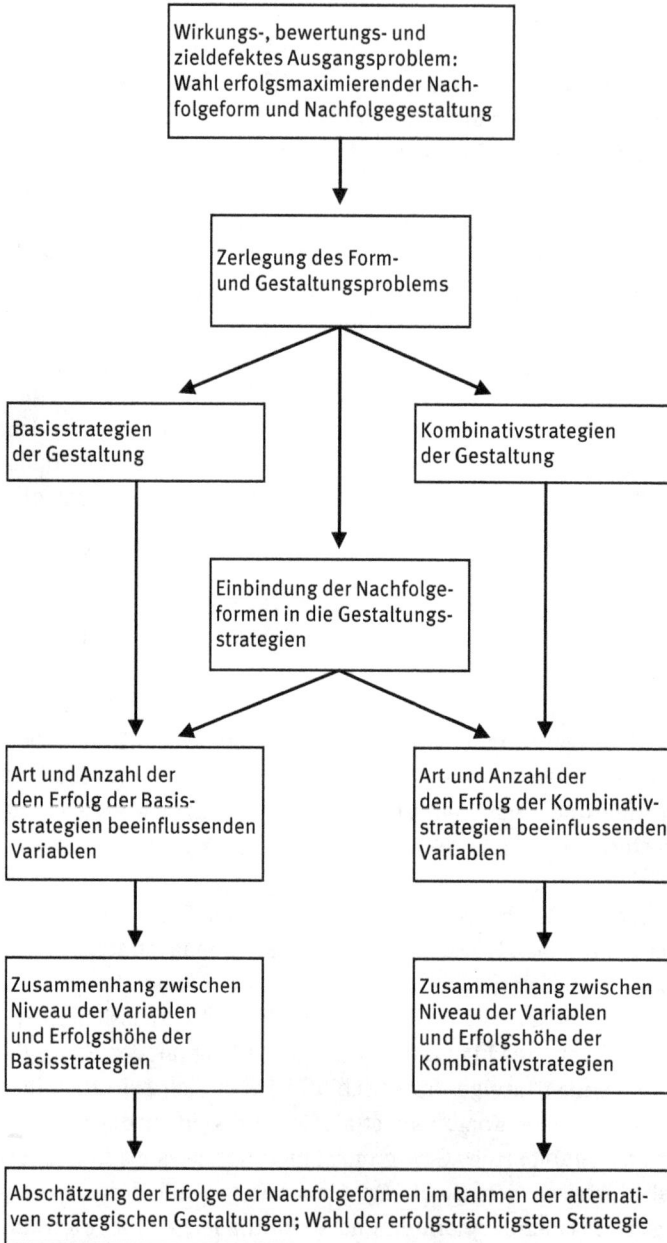

Abb. 9: Aufbau der Heuristik

4.2 Basisstrategien der Unternehmensnachfolge

4.2.1 Wesen der Basisstrategien

Unter dem Terminus der „Strategie" ist nach HELMUTH VON MOLTKE[17] „die Fortbildung des ursprünglich leitenden Gedankens entsprechend den stets sich ändernden Verhältnissen" und damit – aufgrund der Unsicherheit der Zukunft – „ein System der Aushilfen" zu verstehen. Die Strategie beschreibt folglich die zielgerichtete Ressourcenallokation und Improvisation auf der obersten Planungsebene.[18] Charakteristisch ist dabei insbesondere die mangelnde Vorhersehbarkeit[19] von Entwicklungen jenseits des noch überschaubaren, detailliert planbaren zeitlichen Horizonts.[20] Unter dem Begriff der „Taktik" ist dagegen die zielgerechte Ausschöpfung jener Erfolgspotentiale zu verstehen, die im Rahmen der Strategie eröffnet wurden. Zu beachten ist, daß der Terminus „taktisch" dabei von einer Vielzahl betriebswirtschaftlicher Autoren mit dem Begriff „operativ" vertauscht wird.[21] Gemäß dem militärischen Sprachgebrauch ist die operative Planung jedoch der taktischen übergeordnet, so daß hauptsächlich zwischen Strategie und Taktik differenziert werden muß, während operative Überlegungen dazwischen angesiedelt sind.[22]

Als *Charakteristikum* der Basisstrategien ist festzuhalten, daß sie sich jeweils lediglich auf *eine einzelne* Nachfolgeform konzentrieren, die übrigen möglichen Wege der Übertragung des Unternehmens im Rahmen einer bestimmten Basisstrategie folglich nicht betrachtet werden. Der grundlegende Gestaltungsrahmen der Basisstrategien ergibt sich dann aus den folgenden beiden Merkmalen:[23]

1. *Nachfolgezeit*: Im Hinblick auf die Nachfolgezeit steht es dem Eigentümer frei, die Übereignung seines Betriebes entweder in einem einzelnen Zeitpunkt oder aber gestreckt, also durch die sukzessive, einen mehr oder minder langen Zeitraum umfassende Übergabe des Unternehmens in einzelnen Teilen zu vollziehen.

---

17 *VON MOLTKE*, Militärische Werke (1900), S. 293.
18 Vgl. *HERING*, Unternehmensbewertung (2014), S. 289, ebenfalls zum Begriff der Strategie auch *HINTERHUBER*, Wettbewerbsstrategie (1990), S. 49 f., *ROLLBERG*, Strategische Unternehmensführung (1996), S. 13 f., *KEUPER*, Management (2001), S. 22-24, *NIEDERDRENK*, Strategien (2001), *ROLLBERG*, Unternehmensplanung (2001), S. 24.
19 Vgl. *HINTERHUBER*, Wettbewerbsstrategie (1990), S. 32 und 44.
20 Vgl. *HERING*, Unternehmensbewertung (2014), S. 289.
21 Vgl. z.B. *ADAM*, Planung und Entscheidung (1996), S. 314-318.
22 Vgl. z.B. *VON MANSTEIN*, Verlorene Siege (2011), S. 174, *KOCH*, Integrierte Unternehmensplanung (1982), S. 36 f., *HINTERHUBER*, Wettbewerbsstrategie (1990), S. 49 f., *HERING*, Unternehmensbewertung (2014), S. 290.
23 Die folgenden Ausführungen stammen aus *OLBRICH*, Unternehmungsnachfolge (2014), S. 173 f.

2. *Nachfolgeranzahl*: In bezug auf die Nachfolgeranzahl vermag der Eigentümer zu wählen, seinen Betrieb entweder einem einzelnen neuen Eigner oder aber – durch Teilung des Unternehmens – einer Mehrzahl neuer Eigentümer zu übertragen.

Angesichts der beiden Grundmerkmale der Basisstrategien und der jeweils möglichen Ausprägungen dieser Merkmale können letztendlich vier verschiedene Formen der Basisstrategie differenziert werden, und zwar die augenblickliche Einzelnachfolge, in deren Rahmen das Unternehmen in einem Zeitpunkt auf einen Nachfolger übergeht, die gestreckte Einzelnachfolge, durch die der Betrieb in einem Zeitraum einem Nachfolger anvertraut wird, die augenblickliche Gruppennachfolge, bei der das Unternehmen in einem Zeitpunkt in die Hände mehrerer Nachfolger wechselt, und die gestreckte Gruppennachfolge, die darauf abzielt, eine zeitraumbezogene Nachfolge auf mehrere neue Eigentümer sicherzustellen (vgl. Abbildung 10).

Grundmerkmale		Nachfolgezeit	
		Zeitpunkt	*Zeitraum*
Nach-folger-anzahl	*Einzahl*	Augenblickliche Einzelnachfolge	Gestreckte Einzelnachfolge
	Mehrzahl	Augenblickliche Gruppennachfolge	Gestreckte Gruppennachfolge

Abb. 10: Basisstrategien der Nachfolge

Angesichts der Tatsachen, daß vier Formen der Basisstrategie zu unterscheiden sind, einem Eigentümer im Falle der natürlichen Person vier Nachfolgeformen (Vererbung, Schenkung, Stiftung, Veräußerung) offenstehen und jede Basisstrategie jeweils ausschließlich eine einzige Nachfolgeform betrachtet, können folglich sechzehn alternative Basisstrategien differenziert werden, zwischen denen der Eigentümer eine Wahl zu treffen vermag.[24] Sie sollen in den anschließenden Abschnitten 4.2.2 und 4.2.3 eine eingehende Darstellung erfahren.

---

24 Handelt es sich bei dem Eigentümer um eine juristische Person, der die Nachfolgeform der Vererbung versperrt ist, stehen in einem solchen Fall selbstverständlich lediglich zwölf Basisstrategien zur Verfügung.

4.2.2 Einzelnachfolge

4.2.2.1 Augenblickliche Einzelnachfolge

4.2.2.1.1 Vererbung

Vorteilhaftigkeitskriterien der Vererbung im Wege der augenblicklichen Einzelnachfolge

Erfolgt die Vererbung im Gewande der augenblicklichen Einzelnachfolge, bedeutet dies für ihre grundsätzliche Ausgestaltung, daß der Erblasser das Unternehmen in einem Zeitpunkt auf einen einzelnen Nachfolger überträgt. Die Vorteilhaftigkeit der Vererbung im Rahmen der augenblicklichen Einzelnachfolge basiert dabei auf jenen Gruppen von Charakteristika, die erstens für die Vererbung, zweitens für den Wechsel in die Hände nur eines einzelnen Nachfolgers und drittens für die zeitpunktbezogene Übertragung sprechen. Für die Wahl der *Vererbung* können dabei die folgenden, stets unter der Ceteris-paribus-Prämisse geltenden Aspekte angeführt werden, die bereits im Abschnitt 4.1.2 kurz angesprochen wurden:[25]

1. Die Vererbung bietet sich für die Nachfolge um so mehr an, je größer die im Rahmen einer Fortführung auszuschöpfenden Erfolgspotentiale des Unternehmens im Vergleich zu seinem voraussichtlichen Veräußerungserfolg sind: Die Übertragung des Betriebes durch den Eigner innerhalb seines Verbundes mit anderen Wirtschaftssubjekten, wie einer Familie, eröffnet diesem Verbund damit die Möglichkeit, durch die Nutzung der unternehmerischen Erfolgspotentiale entsprechend attraktive Gewinne zu realisieren (*Charakteristikum des höheren Fortführungserfolges des Unternehmens*).

2. Die Vererbung ist um so geeigneter für eine gewinnmaximale Nachfolge, je stärker der bisherige Eigentümer davon überzeugt ist, daß er sein Unternehmen auf diesem Wege auf ein Mitglied seines Verbundes mit anderen Wirtschaftssubjekten zu übertragen vermag, das den Betrieb in der Zukunft kompetent führen kann und führen will und somit für den Verbund entsprechend umfangreiche Erfolge vereinnahmen wird (*Charakteristikum der verbundinternen Führungskompetenz*).[26]

---

25 Die folgenden Ausführungen zur Vorteilhaftigkeit der Vererbung basieren auf den von OLBRICH, Unternehmungsnachfolge (2014), S. 68-71 angeführten Vorteilhaftigkeitskriterien.

26 MOOG/FELDEN, Humankapital (2009) zeigen, daß die persönlichen Eigenschaften des Nachfolgers auch Einfluß auf seine Kapitalaufnahmemöglichkeiten haben und damit die erfolgreiche zukünftige Leitung des Unternehmens beeinflussen können.

3. Des weiteren stellt die Vererbung eine um so attraktivere Nachfolgeform dar, je höher die Unternehmensführungsqualitäten des bisherigen Eigentümers im Vergleich zu seinem Nachfolger – bspw. aufgrund seiner Erfahrung und seiner persönlichen Kontakte – sind. Es widerspräche dem Ziel der Gewinnmaximierung, wenn der bisherige Eigner seine unternehmerische Tätigkeit durch eine vorgezogene frühere Nachfolge vorzeitig einstellte, anstatt sie bis zu seinem Ableben fortzuführen (*Charakteristikum der relativen Führungskompetenz des bisherigen Eigentümers*).

4. Die Vererbung ist ebenfalls als um so geeigneterer Nachfolgeweg zu beurteilen, je geringer der Nutzen ist, den eine etwaige Führungsunterstützung des nachfolgenden Verbundmitglieds von seiten des früheren Eigentümers im Anschluß an die Unternehmensübertragung verspricht. Ursache kann sein, daß der Nachfolger bereits eigenes fundiertes Wissen und eigene tragfähige persönliche Kontakte aufgebaut hat und ein Kompetenztransfer von seiten des Alteigentümers daher redundant ist. Vermag der abgebende Eigentümer seinem Nachfolger nach der Übereignung keine Hilfe mehr zu sein, spricht dies nicht gegen die Eignung der Vererbung als Übertragungsform, da diese aufgrund der zeitlichen Verknüpfung der Nachfolge mit dem Ableben des Eigners jegliche Möglichkeit eines anschließenden Kompetenztransfers unterbindet (*Charakteristikum der Unnötigkeit eines Kompetenztransfers nach Übereignung*).

5. Darüber hinaus ist die bis zum Todesfall hinausgezögerte Nachfolge auch dann um so gewinnträchtiger, je größer die Erfolge sind, die der präsumtive verbundinterne Nachfolger vor seiner Betriebsübernahme aus anderen Einkunftsquellen, z.B. durch nichtselbständige Arbeit, realisiert, deren Vereinnahmung er im Zuge der Nachfolge aufgeben müßte: Führt der Eigentümer bis zu seinem Tode erfolgreich sein Unternehmen, nimmt der Verbund bis zu diesem Zeitpunkt somit Einkünfte sowohl aus dem Betrieb als auch aus der bisherigen Einkunftsquelle des präsumtiven Nachfolgers ein. Wird statt dessen frühzeitig die Nachfolge vollzogen, bleibt dem Verbund ausschließlich der Gewinn aus dem Unternehmen, während die Erfolge der durch den Nachfolger in der Vergangenheit ausgeübten Tätigkeit ausbleiben (*Charakteristikum des Opportunitätseinkommens des verbundinternen Nachfolgers*).

6. Zweckmäßig ist die Vererbung insbesondere auch dann, wenn der Eigner – bspw. aus Unlust – nach der Unternehmensübertragung keine andere berufliche Tätigkeit auszuüben gedenkt. Wäre dies dagegen der Fall, könnte eine frühzeitige, bereits vor seinem Ableben vollzogene Nachfolge sinnvoller als eine Vererbung sein, da seine Familie dann sowohl die durch den Nachfolger erzielten Unternehmenserfolge als auch die Einkünfte aus den neuen beruflichen Aktivitäten des Eigners vereinnahmen kann. Durch eine Übertragung erst im Zeitpunkt

des Todes des Eigners würde eine solche Ausschöpfung mehrerer Einkunftsquellen dagegen verhindert (*Charakteristikum des mangelnden Opportunitätseinkommens des bisherigen Eigentümers*).

7. Die Vererbung ist um so geeigneter für eine gewinnmaximale Nachfolge, je geringer die Steuerbelastung im in der Zukunft liegenden Erbfall im Vergleich zur Steuerbelastung einer frühzeitigeren Übertragung (Substanzsteuer bei Schenkung oder Stiftung unter Lebenden, Ertragsteuern bei Veräußerung) oder einer anderen ebenfalls todesfallbezogenen Übertragung (Substanzsteuer bei Stiftung von Todes wegen) voraussichtlich ausfällt. Dies ist – hier für den Fall des Vergleichs zwischen Vererbung einerseits und Schenkung oder Stiftung unter Lebenden andererseits – z.B. dann der Fall, wenn der Eigner eine Schrumpfung des schenkung- respektive erbschaftsteuerlich relevanten Unternehmenswertes im Zeitverlauf prognostiziert, so daß die Vererbung steuerlich günstiger ausfällt (*Charakteristikum der relativ geringen Steuerlast*).

8. Ebenso stellt sich die Vererbung als um so zweckmäßigere Nachfolgeform dar, je sinnvoller es aus Investitions- und Finanzierungsüberlegungen des Eigentümers und seines Verbundes mit anderen Wirtschaftssubjekten ist, die Schenkung- respektive Erbschaftsteuerzahlung erst zeitlich später im Falle der Vererbung zu entrichten, anstatt sie im Zuge einer früheren Übertragung, bspw. im Zuge der Schenkung, zu leisten (*Charakteristikum des relativ geringen Barwerts der Steuerlast*).[27]

Für die Wahl der Vererbung des Unternehmens auf nur einen *einzelnen Nachfolger* sprechen die folgenden, ebenfalls stets unter Gültigkeit der Ceteris-paribus-Prämisse formulierten Charakteristika:

1. Die Übertragung des Betriebes auf lediglich einen neuen Eigentümer ist dann zweckmäßig, wenn unter den potentiell als Nachfolger zur Verfügung stehenden Mitgliedern des Verbundes des bisherigen Eigners mit anderen Wirtschaftssubjekten lediglich eine Person vorhanden ist, die den Betrieb in der Zukunft voraussichtlich erfolgreich führen kann und führen will. Dies vermag entweder daraus zu resultieren, daß andere, als Nachfolger in Frage kommende Verbundmitglieder gar nicht existieren oder aber existieren, sich aber durch mangelndes Interesse und fehlende Führungsqualitäten auszeichnen. Je ungeeigneter diese sind, desto vorteilhafter kann die Entscheidung des Erblassers für nur einen

---

27 Vgl. *SCHILD-PLININGER*, Übertragung von Betriebsvermögen (1998), S. 76 und 80-83, ferner *HORSTMANN*, Gestaltung der Erbschaftsteuerbelastung (1998), S. 442.

Nachfolger sein (*Charakteristikum des einzelnen kompetenten verbundinternen Nachfolgers*).

2. Auch wenn innerhalb des Verbundes des Erblassers mit anderen Wirtschaftssubjekten eine Mehrzahl potentieller Nachfolger zur Verfügung steht, von denen jeder sowohl fähig als auch willens ist, eine gewinnträchtige Unternehmensführung sicherzustellen, kann sich die Übertragung des Betriebes auf lediglich einen neuen Eigentümer dennoch durchaus als sinnvoll darstellen. Dies wird um so mehr der Fall sein, je stärker der Erblasser die Entstehung negativer Synergieeffekte befürchtet, die sich bei einer Übertragung des Unternehmens auf mehrere Erben und im Zuge deren gemeinsamer Leitung des Betriebes ergeben können. So ist es u.a. möglich, daß zwischen den denkbaren Nachfolgern persönliche Konflikte existieren, die eine gemeinsame erfolgreiche Führung verhindern. Gleiches kann sich z.B. einstellen, wenn die Nachfolger unterschiedliche Auffassungen über die zukünftig notwendige Ausrichtung des Betriebes auf Absatz- und Beschaffungsmärkten hegen und sich im Rahmen der unternehmerischen Entscheidungsfindung daher gegenseitig blockieren (*Charakteristikum der negativen Synergien zwischen kompetenten verbundinternen Nachfolgern*).

3. Eine Übertragung des Unternehmens auf nur einen Nachfolger bietet sich auch dann an, wenn zwar andere, ebenfalls für die Betriebsführung geeignete und damit als Nachfolger in Frage kommende Verbundmitglieder existieren, diese aber Einkommen aus anderen Quellen, z.B. durch nichtselbständige oder eigene selbständige Arbeit, realisieren, deren Vereinnahmung sie infolge der Übereignung aufgeben müßten: Je umfangreicher diese durch eine Einbindung in den Betrieb versiegenden Zahlungsströme sind, desto zweckmäßiger stellt sich die Wahl nur eines Nachfolgers dar: Dem Verbund fließen so die Einkünfte sowohl aus dem Unternehmen als auch aus den bisherigen Einkunftsquellen der übrigen, nicht zum Zuge gekommenen potentiellen Nachfolger zu (*Charakteristikum der Opportunitätseinkommen kompetenter verbundinterner Nachfolger*).

4. Die Vererbung an nur einen Nachfolger stellt sich darüber hinaus dann als um so zweckmäßiger dar, je geringer die durch die Übertragung entstehende Erbschaftsteuerbelastung ausfällt, bspw., da der ihr zugrundeliegende steuerliche Unternehmenswert nur sehr gering ausfällt. Denn je höher die Steuerforderung ist, der sich ein einzelner Erbe des Unternehmens gegenübersähe, desto problematischer ist es, die bei einer Vererbung auf mehrere Personen mögliche Minderung der Steuerbelastung[28] aufgrund der Entscheidung für nur einen Nachfolger nicht auszunutzen (*Charakteristikum der relativ niedrigen Erbschaftsteuerlast*).

---

28 Vgl. hierzu Abschnitt 4.2.3.1.1.

5. Nicht zuletzt stellt die Vererbung des Unternehmens an nur einen Nachfolger eine um so attraktivere Nachfolgeform dar, je geringer die Konfrontation dieses Nachfolgers mit Pflichtteilsansprüchen anderer Erben ausfällt – entweder, weil andere Erben überhaupt nicht existieren oder aber statt dessen weiteres Vermögen neben dem Betrieb vorhanden ist, das ausreicht, die Pflichtteilsansprüche der übrigen Erben zu befriedigen, ohne den Betrieb in eine finanzielle Schieflage zu manövrieren oder ihn gar vollständig oder zumindest teilweise verkaufen zu müssen (*Charakteristikum der mangelnden Pflichtteilsbelastung des Nachfolgers*).

Im Hinblick auf die Unternehmensübertragung im Rahmen eines *Zeitpunkts* ist zunächst festzuhalten, daß die Vererbung im Zuge eines Zeitraumes ohnehin nur eingeschränkt möglich ist: Da sich die Nachfolge im Wege der Vererbung durch eine Verknüpfung mit dem Ableben des bisherigen Eigners auszeichnet und der die Übertragung auslösende Todesfall zeitpunktbezogen ist, stellt sich die Vererbung scheinbar stets als zeitpunktbezogene Übereignungsform dar. Nichtsdestoweniger ist es dem abgebenden Eigentümer möglich, der Nachfolge mittels Vererbung eine zeitraumbezogene Ausprägung zu verleihen, wenn er sich des *Instruments der Testamentsvollstreckung* bedient. Da sich die Vererbung im Rahmen der augenblicklichen Einzelnachfolge innerhalb eines Zeitpunkts vollzieht, soll an dieser Stelle keine eingehendere Diskussion der Maßnahme der Testamentsvollstreckung erfolgen; ihr Inhalt und ihre Eignung für das Gewinnmaximierungsziel des Eigners werden statt dessen im Zuge der zeitraumbezogenen Vererbung mittels gestreckter Einzelnachfolge grundlegend herausgearbeitet. Festzuhalten sind vor dem Hintergrund der Charakteristika der augenblicklichen Einzelnachfolge im Hinblick auf die zeitpunktbezogene Vererbung allerdings zwei Aspekte:

1. Zum einen bietet sich eine zeitpunktbezogene, also ohne Testamentsvollstreckung vonstatten gehende Vererbung des Unternehmens ceteris paribus um so mehr an, je überzeugter der Erblasser davon ist, daß sein präsumtiver Nachfolger sowohl fähig als auch willens ist, sofort im Anschluß an den Todesfall des Alteigentümers eine gewinnmaximierende Führung des Betriebes sicherzustellen. Die Notwendigkeit einer zeitweiligen Unternehmensführung durch einen Testamentsvollstrecker entfällt dann folglich (*Charakteristikum der Unmittelbarkeit der Führungskompetenz*).

2. Zum anderen stellt sich eine zeitpunktbezogene Vererbung des Unternehmens ceteris paribus als um so sinnvoller da, je geringer die Einkünfte sind, die der verbundinterne Nachfolger vor seiner Übernahme des Unternehmens aus anderen Quellen, bspw. durch nichtselbständige Arbeit, erzielt, deren Vereinnahmung er infolge der Betriebsübereignung aufgeben müßte: Für eine zeitweilige Leitung des Unternehmens durch einen Testamentsvollstrecker, die die parallele Realisierung sowohl der betrieblichen Gewinne als auch der übrigen Einkünfte

des Nachfolgers erlauben würde, besteht in einem solchen Fall folglich kein Bedarf (*Charakteristikum des mangelnden Opportunitätseinkommens des verbundinternen Nachfolgers*).

Gestaltung der Vererbung im Wege der augenblicklichen Einzelnachfolge

Entscheidet sich der Unternehmenseigner bei seiner Wahl von Form und Gestaltung der Nachfolge für die Vererbung im Rahmen der augenblicklichen Einzelnachfolge, muß er darüber hinaus ebenfalls einen Entschluß treffen, wie er die Übereignung innerhalb dieses strategischen Gesamtkonzepts eingehender gestalten will. Von Bedeutung ist die Entscheidung des Eigners für eine weitergehende Nachfolgegestaltung insofern, als es nicht einen einzigen, alternativenlosen Ablauf der Durchführung der Vererbung mittels augenblicklicher Einzelnachfolge gibt, sondern vielmehr eine Vielzahl unterschiedlicher Maßnahmen existiert, mit denen die avisierte Nachfolge vollzogen werden kann. Angesichts der diversen Möglichkeiten der Verwirklichung der Unternehmensübertragung muß der Eigner folglich eine Wahl treffen, mit welchen Maßnahmen er die Vererbung im Zuge der augenblicklichen Einzelnachfolge umsetzen will. Grundsätzlich kann im Hinblick auf diese Entscheidung für die Nachfolgegestaltung festgehalten werden, daß sich ein rational handelnder Eigentümer stets für jene Maßnahmen entscheiden wird, die ihm oder seinem Verbund mit anderen Wirtschaftssubjekten vor dem Hintergrund seines individuellen Entscheidungsfeldes in der Zukunft den im Vergleich zu den übrigen alternativen Nachfolgemaßnahmen größten Erfolg versprechen.[29] Die denkbaren Gestaltungsmaßnahmen der Vererbung im Rahmen der augenblicklichen Einzelnachfolge betreffen die Vorbereitung von Betrieb und Nachfolger auf den Eignerwechsel oder die Durchführung des Eignerwechsels selbst, so daß ihre Realisierung zeitlich folglich vor dem Übergang des Unternehmens liegt oder diesen selbst zum Inhalt hat.[30]

Mit Maßnahmen zur *Maximierung des Erfolges der Unternehmensfortführung* soll eine möglichst gewinnträchtige Unternehmensübertragung sichergestellt werden. Diese bieten sich dem Eigner insofern an, als er den Betrieb im Rahmen der Vererbung in einer Form zu übertragen sucht, durch die dessen zukünftige Gewinne weiterhin mit ihm verbundenen Wirtschaftssubjekten zufließen werden.[31] Um diese Aufgabe zu erfüllen, können die Gestaltungsmaßnahmen des bisherigen Eigentümers, wie bereits im Abschnitt 3.3.1 herausgearbeitet wurde, an zwei unterschiedli-

---

29 So bereits OLBRICH, Unternehmungsnachfolge (2014), S. 73.
30 Vgl. OLBRICH, Unternehmungsnachfolge (2014), S. 74.
31 Diese und die folgenden Ausführungen stammen aus OLBRICH, Unternehmungsnachfolge (2014), S. 75 f.

chen Sachverhalten anknüpfen, und zwar den Betriebsexterna und den Betriebsinterna.

Im Fall der Vererbung mittels augenblicklicher Einzelnachfolge bestehen betriebsexterne Maßnahmen zur Maximierung des Fortführungserfolges bspw. in dem Abschluß langfristiger Verträge mit Lieferanten und Abnehmern, die der Eigner aufgrund seiner Netzwerke und Erfahrungen zu besonders günstigen Konditionen realisiert, seinem Nachfolger aber aufgrund fehlender persönlicher Beziehungen oder mangelnder Erfahrung nicht erzielbar gewesen wären.[32] Der abgebende Eigentümer stellt somit vor dem Eigentumsübergang sicher, daß der Erbe das Unternehmen auf Basis attraktiver Kontrahierungen auf der Absatz- und Beschaffungsseite fortführen kann. Eine betriebsinterne Ausrichtung haben dagegen u.a. Aktivitäten, mit denen der bisherige Eigner im Kreise seines Personals um Verständnis für den Eigentumswechsel und Sympathie für den Nachfolger wirbt, um etwaige Ängste oder Mißtrauen bei der Belegschaft und damit einhergehende Motivationseinbrüche, Widerstände oder Kündigungen der Mitarbeiter zu unterbinden.[33]

Als Beispiel einer sowohl betriebsexterne als auch betriebsinterne Aspekte beinhaltenden Maßnahme kann eine Situation angeführt werden, in der das Unternehmen eine in verschiedene Branchen diversifizierte Struktur aufweist: Der präsumtive Nachfolger vermag aufgrund seiner in der Vergangenheit durchlaufenen Ausbildung lediglich die erfolgsträchtige Fortführung bestimmter Unternehmensteile zu gewährleisten, während ihm die erfolgsträchtige Leitung der übrigen Geschäftsbereiche aufgrund fehlenden Branchenwissens verwehrt ist. In einem solchen Fall steht es dem Eigner offen, bereits im Vorfeld seiner Betriebsübergabe – z.B. im Hinblick auf seine Investitionstätigkeit – eine strategische Neupositionierung des Unternehmens vorzunehmen, die den Schwerpunkt auf jene Wirtschaftszweige legt, in denen der Erbe eine erfolgreiche Betriebsführung voraussichtlich sicherstellen können wird.[34] Ebenfalls eine sowohl Betriebsexterna als auch -interna betreffende Aktivität stellt die eingehende Unterrichtung des Nachfolgers durch den abgebenden Eigner im Hinblick auf Marktcharakteristika wie auch innere Unternehmensgegebenheiten dar, die der Vorbereitung des Erben auf die Betriebsführung dienen.

---

32 Vgl. hierzu ferner ebenfalls WIEHL, Wechsel im Nachfolgefall (1998), S. 167, HECHELTJEN, Nachfolge (1999), S. 45 f.

33 Vgl. auch HESS, Generationenwechsel (1982), S. 30 f., RIETMANN, Rolle des Treuhänders (1988), S. 157, HECHELTJEN, Nachfolge (1999), S. 46 f., SCHUBERT/KRAMER, Handlungsempfehlungen (2000), S. 56-59, SIES, Unternehmensnachfolge (2000), S. 53.

34 Vgl. zur strukturellen Anpassung des Betriebes an die Fähigkeiten des Nachfolgers ebenfalls HABIG/BERNINGHAUS, Nachfolge im Familienunternehmen (2010), S. 83 f.

4.2.2.1.2 Schenkung

Vorteilhaftigkeitskriterien der Schenkung im Wege der augenblicklichen Einzelnachfolge

Nimmt der Eigner nicht eine Vererbung, sondern eine Schenkung im Wege der augenblicklichen Einzelnachfolge vor, überträgt er den Betrieb folglich unentgeltlich zu Lebzeiten in einem Zeitpunkt auf einen einzelnen Nachfolger. Die Vorzüge der Schenkung nach Maßgabe der augenblicklichen Einzelnachfolge beruhen dabei entsprechend auf jenen Gruppen von Charakteristika, die erstens die Schenkung, zweitens die Auswahl nur eines einzelnen Nachfolgers und drittens die zeitpunktbasierte Übertragung als attraktiv erscheinen lassen. Für die Wahl der *Schenkung* sprechen dabei die im weiteren stets unter der Ceteris-paribus-Prämisse skizzierten Konstellationen, die im Abschnitt 4.1.2 schon in Grundzügen vorgestellt wurden:[35]

1. Ebenso wie im Falle der Vererbung bietet sich die Nachfolge im Wege der Schenkung um so mehr an, je umfangreicher die im Zuge einer Fortführung auszuschöpfenden Erfolgspotentiale des Unternehmens im Vergleich zu seinem voraussichtlichen Veräußerungserfolg sind: Gibt der Eigner seinen Betrieb innerhalb seines Verbundes mit anderen Wirtschaftssubjekten, wie einer Familie, an einen Nachfolger weiter, macht er es dem Verbund damit möglich, die unternehmerischen Erfolgspotentiale auszunutzen und auf diese Weise entsprechende Gewinne zu vereinnahmen (*Charakteristikum des höheren Fortführungserfolges des Unternehmens*).

2. Eine weitere Parallele zwischen Vererbung und Schenkung besteht darin, daß sich auch letztere als um so geeigneter für eine gewinnmaximale Nachfolge darstellt, je überzeugter der bisherige Eigentümer davon ist, daß er seinen Betrieb im Rahmen dieser Nachfolgeform auf ein Mitglied seines Verbundes mit anderen Wirtschaftssubjekten übereignen kann, das in der Zukunft eine kompetente Führung des Unternehmens sowohl gewährleisten kann als auch will und somit für den Verbund erfolgreich wirken wird (*Charakteristikum der verbundinternen Führungskompetenz*).

3. Im Gegensatz zur Vererbung handelt es sich bei der Schenkung um eine um so attraktivere Nachfolgeform, je geringer die Unternehmensführungsqualitäten des bisherigen Eigentümers im Vergleich zu seinem Nachfolger sind. Die Ursachen hierfür können einerseits auf der Seite des abgebenden Eigners, wie in

---

35 Die weiteren Ausführungen zu den Vorzügen der Schenkung basieren auf den von OLBRICH, Unternehmungsnachfolge (2014), S. 68-71 angeführten Vorteilhaftigkeitskriterien.

Gestalt von Alter, Krankheit oder schlicht und ergreifend Unlust liegen, andererseits aber auch auf Eigenschaften des Nachfolgers – z.B. eine fundiertere Ausbildung oder eine höhere Motivation – zurückzuführen sein. Es liefe in einer solchen Konstellation dem Ziel der Gewinnmaximierung zuwider, wenn der bisherige Eigner seine unternehmerischen Aktivitäten bis zu seinem Ableben fortsetzte, anstatt sie durch eine vorgezogene frühere Nachfolge bereits vor seinem Todesfall auf seinen Nachfolger zu übertragen (*Charakteristikum der relativen Führungsinkompetenz des bisherigen Eigentümers*).

4. Die Schenkung ist darüber hinaus als nicht ungeeignete Übertragungsform einzuschätzen, wenn eine Führungsunterstützung des Nachfolgers durch den früheren Eigentümer im Anschluß an die Unternehmensübergabe Nutzen zu stiften vermag. Zu bejahen ist die Vorteilhaftigkeit eines solchen Kompetenztransfers von dem Schenker auf den Nachfolger insbesondere dann, wenn ersterer umfangreiches Wissen über Unternehmen und Märkte angesammelt und persönliche Netzwerke aufgebaut hat. Fehlen dem Nachfolger derartige Erfahrungen und Kontakte bislang, kann er von der Hilfe des Alteigentümers erheblich profitieren. Möglich wird ein solcher Kompetenztransfer im Rahmen der Schenkung dadurch, daß sie – im Gegensatz zur Vererbung – nicht an das Ableben des Eigentümers gebunden ist, sondern bereits vor dessen Todesfall erfolgt und damit die Unterstützung des Nachfolgers durch den Alteigentümer im Anschluß an die Übereignung[36] gestattet (*Charakteristikum der Notwendigkeit eines Kompetenztransfers nach Übereignung*).

5. Die bereits vor dem Todesfall des Eigentümers vollzogene Nachfolge ist ebenfalls dann um so erfolgversprechender, je geringer die Einkünfte sind, die der präsumtive verbundinterne Nachfolger vor seiner Übernahme des Unternehmens aus anderen Quellen, bspw. durch nichtselbständige Arbeit, erzielt, deren Realisierung er infolge der Betriebsübereignung aufgeben müßte: Vollzieht der Eigentümer frühzeitig vor seinem Tode eine Nachfolge, verliert der Verbund damit ab diesem Zeitpunkt nur geringe oder, im Grenzfall, keine Einkünfte aus anderen Quellen des Nachfolgers, so daß eine Verschiebung der Unternehmensübertragung bis auf den Zeitpunkt des Ablebens des bisherigen Eigentümers nicht notwendig ist (*Charakteristikum des mangelnden Opportunitätseinkommens des verbundinternen Nachfolgers*).

---

36 Denkbar ist es freilich auch, einen Kompetenztransfer zu gewährleisten, bevor der präsumtive Nachfolger in die Eignerposition eintritt. So kann der zukünftige Nachfolger bspw. zunächst als Angestellter im Unternehmen tätig sein und auf diese Weise Kenntnisse über die betrieblichen Zusammenhänge erlangen.

6. Attraktiv ist die Schenkung des weiteren, wenn der Eigner – z.B. aufgrund seiner Branchenkenntnisse oder persönlichen Kontakte – nach der Übereignung seines Unternehmens einer anderen beruflichen Tätigkeit nachgehen will, sei es nun in Form einer erneuten Selbständigkeit, bspw. als Berater, oder aber im Rahmen eines Beschäftigungsverhältnisses. Sinnvoll ist eine frühzeitige, bereits vor dem Ableben des Eigners vollzogene Nachfolge dann insofern, als dem Verbund des Eigentümers in diesem Fall sowohl die durch den Nachfolger erzielten Unternehmensgewinne als auch die Erfolge aus der neuen beruflichen Tätigkeit des Eigners zur Verfügung stehen. Eine Übertragung in Form der Vererbung würde eine derartige Vereinnahmung mehrerer Einkünfte dagegen verhindern (*Charakteristikum des Opportunitätseinkommens des bisherigen Eigentümers*).

7. Um so geeigneter ist die Schenkung für eine gewinnmaximale Nachfolge ebenfalls, je geringer sich die Steuerbelastung im frühzeitigen Schenkungsfall im Vergleich zur Steuerbelastung einer anderen ebenfalls frühzeitigen Übertragung (Substanzsteuer bei Stiftung unter Lebenden, Ertragsteuern bei Veräußerung) oder einer zukünftigen, an das Ableben des Eigners gebundenen Nachfolge (Substanzsteuer bei Vererbung oder Stiftung von Todes wegen) darstellt. Vergleicht man z.B. die Schenkung mit der Vererbung oder der Stiftung von Todes wegen, kann erstere dann steuerliche Vorteile haben, wenn von einem im Zeitablauf wachsenden schenkung- respektive erbschaftsteuerlichen Wert des Unternehmens ausgegangen werden muß (*Charakteristikum der relativ geringen Steuerlast*).

8. Nicht zuletzt stellt sich die Schenkung als um so zweckmäßiger dar, je überzeugter der bisherige Eigentümer davon ist, in der Zukunft nach erfolgter Übertragung des Betriebes weiterzuleben, bestenfalls mindestens noch zehn Jahre. Von Bedeutung ist dies im Hinblick auf die Pflichtteilsergänzungsansprüche gemäß §§ 2325 ff. BGB, die in Grenzen vermeiden sollen, daß der Eigner im Falle der Vererbung Pflichtteilsansprüche beeinträchtigt, indem er den Umfang seines Nachlasses durch Schenkungen zu Lebzeiten reduziert. Der Wert jener Schenkungen, die in den letzten zehn Jahren vollzogen wurden, wird dem Nachlaßwert daher nach Maßgabe des § 2325 Abs. 3 BGB zeitanteilig zugerechnet.[37] Liegt ein größerer Zeitraum zwischen der Übertragung des Unternehmens und dem Ableben des bisherigen Eigners, kann er einer Belastung seines Nachfolgers mit Pflichtteilsergänzungsansprüchen folglich durch die Schenkung vollständig begegnen (*Charakteristikum der Verringerbarkeit der Pflichtteilsbelastung des Nachfolgers*).

---

37 Vgl. hierzu auch Habig/Berninghaus, Nachfolge im Familienunternehmen (2010), S. 171 und 210 f., Lorz/Kirchdörfer, Unternehmensnachfolge (2011), S. 31.

Für den Entschluß des Eigentümers, seinen Betrieb mittels Schenkung auf lediglich einen *einzelnen Nachfolger* zu übertragen, sprechen die im weiteren ebenfalls stets unter Gültigkeit der Ceteris-paribus-Prämisse skizzierten fünf Charakteristika:

1. Ebenso wie bei der bereits geschilderten Vererbung des Unternehmens auf nur einen Nachfolger ist auch die Übertragung auf einen einzelnen neuen Eigentümer im Falle der Schenkung dann zweckmäßig, wenn unter den potentiell als Nachfolger zur Verfügung stehenden Verbundmitgliedern lediglich ein Wirtschaftssubjekt vorhanden ist, das den Betrieb zukünftig vermutlich erfolgreich führen kann und führen will. Ursache hierfür kann zum einen sein, daß andere Verbundmitglieder, die als Nachfolger in Frage kommen könnten, gar nicht existieren oder aber existieren, aber nicht qualifiziert oder nicht willens sind, das Unternehmen sinnvoll zu führen. Je ungeeigneter diese sind, desto zweckmäßiger kann der Entschluß des Schenkers für nur einen Nachfolger sein (*Charakteristikum des einzelnen kompetenten verbundinternen Nachfolgers*).

2. Selbst wenn innerhalb des Verbundes des Schenkers mit anderen Wirtschaftssubjekten eine Mehrzahl potentieller fähiger und motivierter Nachfolger zur Verfügung steht, kann sich die Unternehmensübertragung auf lediglich einen neuen Eigentümer dennoch als zweckmäßig darstellen: Hiervon kann um so mehr ausgegangen werden, je stärker der Schenker befürchtet, daß negative Synergieeffekte – ebenso wie im Falle der Vererbung – aus einer Übertragung des Betriebes auf mehrere Nachfolger und deren gemeinsamer Leitungstätigkeit resultieren werden – sei es, daß zwischen den denkbaren Nachfolgern persönliche Spannungen oder aber schlicht Meinungsunterschiede über die sinnvollste Unternehmensstrategie bestehen, die einer gemeinsamen erfolgreichen Führung entgegenstehen (*Charakteristikum der negativen Synergien zwischen kompetenten Nachfolgern*).

3. Eine Übereignung des Unternehmens auf nur einen Nachfolger bietet sich dann ebenfalls an, wenn zwar auch weitere Verbundmitglieder vorhanden sind, die eine kompetente Betriebsführung sicherstellen könnten, diese jedoch aus anderen Quellen, bspw. nichtselbständiger Arbeit, Erfolge erzielen, deren Vereinnahmung sie bei Eintritt in die Nachfolgerposition aufgeben müßten: Je ergiebiger diese durch eine Einbindung in den Betrieb versiegenden Einkunftsquellen sind, desto sinnvoller ist die Entscheidung des Eigners, nur einen einzelnen Nachfolger zu bestimmen. Dem Verbund bleiben damit die Zahlungsströme sowohl aus dem Unternehmen als auch den Tätigkeiten der übrigen zwar geeigneten, aber dennoch nicht in den Betrieb integrierten Wirtschaftssubjekte (*Charakteristikum der Opportunitätseinkommen kompetenter verbundinterner Nachfolger*).

4. Analog zu der Vererbung auf nur einen Nachfolger stellt sich auch die Übertragung des Betriebes auf nur ein Wirtschaftssubjekt mittels Schenkung dann als um so sinnvoller dar, je geringer die durch die Übereignung entstehende Schenkungsteuerbelastung ausfällt, z.B., da der steuerliche Wert des Unternehmens eine nur geringe Höhe aufweist. Denn je höher die Forderung des Fiskus gegenüber einem einzelnen Nachfolger ist, desto fragwürdiger mutet es an, die bei einer Schenkung auf mehrere Personen[38] mögliche Minderung der Belastung mit Schenkungsteuer aufgrund der Entscheidung für nur einen Nachfolger nicht in Anspruch zu nehmen (*Charakteristikum der relativ niedrigen Schenkungsteuerlast*).

5. Nicht zuletzt muß festgehalten werden, daß die Wahl nur eines Nachfolgers im Rahmen der Schenkung als um so zweckmäßiger zu beurteilen ist, je niedriger die Pflichtteilsergänzungsansprüche übriger Verbundmitglieder ausfallen werden, denen sich der Nachfolger im Todesfall des früheren Eigners gegenübersieht. Sei es, weil – wie oben bereits Punkt 8 subsumiert – vermutlich mehrere Jahre (bestenfalls mehr als zehn) zwischen Schenkung und Ableben liegen werden, übrige erbende Verbundmitglieder neben dem Nachfolger nicht existieren oder ein ausreichend umfangreiches Vermögen zusätzlich zu dem Unternehmen vorhanden ist, mit dem die Pflichtteilsergänzungsansprüche der übrigen Erben Befriedigung erfahren können, ohne den Nachfolger und sein Unternehmen in finanzielle Bedrängnis zu bringen (*Charakteristikum der mangelnden Pflichtteilsbelastung des Nachfolgers*).

Als Charakteristika, die für die Entscheidung des Eigentümers sprechen, sein Unternehmen im Wege einer Schenkung innerhalb eines *Zeitpunkts* auf einen Nachfolger zu übertragen, können die folgenden Aspekte unter Gültigkeit der Ceteris-paribus-Prämisse angeführt werden:

1. Zum einen bietet sich eine zeitpunktbezogene Schenkung des Unternehmens um so mehr an, je überzeugter der abgebende Eigentümer davon ist, daß sein präsumtiver Nachfolger sowohl fähig als auch willens ist, unmittelbar im Anschluß an die Übereignung eine gewinnmaximierende Führung des Betriebes sicherzustellen. Die Notwendigkeit eines – durch eine zeitraumbezogene Schenkung möglichen – schrittweisen „Hineinwachsens" des Nachfolgers und eines fortlaufenden „Kontrollierens" des Nachfolgers durch den Alteigentümer entfällt folglich (*Charakteristikum der Unmittelbarkeit der Führungskompetenz des Nachfolgers*).

---

38 Vgl. hierzu Abschnitt 4.2.3.1.2.

2. Darüber hinaus handelt es sich bei der zeitpunktbezogenen Schenkung im Gegensatz zu einer zeitlich gestreckten Übergabe um eine um so attraktivere Übereignungsvariante, je geringer die Unternehmensführungsqualitäten des bisherigen Eigentümers im Vergleich zu seinem Nachfolger sind. Verspricht die Führung durch den bisherigen Eigner einen geringeren Erfolg als die Führung durch den Nachfolger, besteht für den Alteigentümer kein Grund, eine zeitraumbezogene Schenkung zu vollziehen und sich damit lediglich schrittweise von der eigenen Leitungsmacht zu trennen, da eine unmittelbare vollständige Übergabe der Leitungsmacht mit einem höheren Grad der Erreichung des Zieles der Gewinnmaximierung einhergeht (*Charakteristikum der relativen Führungsinkompetenz des bisherigen Eigentümers*).

3. Des weiteren ist die zeitpunktbezogene Übereignung dann um so erfolgversprechender, je geringer die Einkünfte sind, die der Beschenkte vor seiner Übernahme des Unternehmens aus anderen Quellen, bspw. durch nichtselbständige Arbeit, erzielt, deren Vereinnahmung er infolge des Eintritts in die Position des Nachfolgers aufgeben müßte: Für eine zeitlich gestreckte Übereignung, durch die dem Verbund des Eigners mit anderen Wirtschaftssubjekten zumindest innerhalb eines gewissen Zeitraums sowohl die betrieblichen Gewinne als auch die übrigen Einkünfte des Nachfolgers zufließen würden, besteht in einer solchen Situation folglich keine Notwendigkeit (*Charakteristikum des mangelnden Opportunitätseinkommens des verbundinternen Nachfolgers*).

4. Attraktiv ist die Schenkung zu einem Zeitpunkt ebenfalls, wenn der Eigner bestrebt ist, im Anschluß an die Übertragung seines Unternehmens einer anderen beruflichen Aktivität zum Zwecke der Einkunftserzielung nachzugehen. Kann eine derartige Betätigung, z.B. aus zeitlichen oder rechtlichen Gründen, nicht parallel zur unternehmerischen Tätigkeit erfolgen, liegt es nahe, die Schenkung in einem Zeitpunkt zu vollziehen, so daß dem Verbund des Eigentümers in diesem Fall sowohl die durch den Nachfolger erzielten Unternehmensgewinne als auch die Erfolge aus der neuen beruflichen Tätigkeit des Schenkers zur Verfügung stehen, was bei einer schrittweisen Lösung nicht unmittelbar möglich wäre (*Charakteristikum des Opportunitätseinkommens des bisherigen Eigentümers*).

5. Nicht zuletzt ist die Übertragung des Betriebes mittels zeitpunktbezogener Schenkung als um so attraktiver einzuschätzen, je geringer die durch die Übereignung entstehende Schenkungsteuerbelastung ausfällt, z.B., da der steuerliche Unternehmenswert vergleichsweise niedrig ist. Denn je höher sich die Steuerforderung des Fiskus darstellt, desto weniger nachvollziehbar ist es dann, die bei einer über mehrere Zehn-Jahres-Zeiträume verteilten Schenkung mögliche Verringerung der Steuerlast aufgrund der Entscheidung für eine zeitpunktbezo-

gene Schenkung nicht zu nutzen (*Charakteristikum der relativ niedrigen Schenkungsteuerlast*).[39]

Gestaltung der Schenkung im Wege der augenblicklichen Einzelnachfolge

Ebenso wie im Falle der Vererbung muß der Unternehmenseigner auch im Falle der Schenkung im Rahmen der augenblicklichen Einzelnachfolge einen Entschluß treffen, wie er die Nachfolge innerhalb dieses strategischen Gesamtkonzepts eingehender gestalten will, da eine Vielzahl unterschiedlicher Maßnahmen offensteht, mit denen die avisierte Übereignung vollzogen werden kann. Auch bei der Schenkung gilt dabei selbstverständlich der Grundsatz, daß ein nach dem Rationalprinzip agierender Eigentümer jene Maßnahmen anstreben wird, die ihm oder seinem Verbund mit anderen Wirtschaftssubjekten vor dem Hintergrund seines individuellen Entscheidungsfeldes den im Vergleich zu den übrigen alternativen Nachfolgemaßnahmen größten zukünftigen Gewinn versprechen.[40]

Im Gegensatz zur Vererbung, bei der der abgebende Eigner aufgrund der an sein Ableben geknüpften Übertragung lediglich Gestaltungsmaßnahmen vor dem Eigentumswechsel zu vollziehen vermag, steht es ihm im Falle der Schenkung offen, Gestaltungsmaßnahmen sowohl *vor* dem Wechsel des Betriebes in die Hände seines Nachfolgers als auch *nach* Vollzug dieser Übereignung zu realisieren.[41] Da die Maßnahmen zur Sicherung einer möglichst erfolgreichen Unternehmensnachfolge inhaltlich aufgrund der Strukturgleichheit der Nachfolgeformen Vererbung und Schenkung weitgehend den bereits für den Fall der Vererbung im Zuge der augenblicklichen Einzelnachfolge angeführten Aktivitäten entsprechen, sollen sie im folgenden nur knapp skizziert werden, um Redundanzen zu vermeiden.

Ebenso wie im Falle der Vererbung bieten sich dem Eigner Maßnahmen zur *Maximierung des Erfolges der Unternehmensfortführung* auch bei der Schenkung an, da er seinen Betrieb innerhalb seines Verbundes mit anderen Wirtschaftssubjekten überträgt; die unternehmerischen Erfolge fließen dem Verbund folglich auch im Anschluß an die Nachfolge zu.[42] Der Alteigentümer ist vor diesem Hintergrund bestrebt, vor dem Eigentumsübergang Maßnahmen der Nachfolgegestaltung zu vollziehen, die seinem Nachfolger in der Zukunft möglichst attraktive Unternehmensgewinne versprechen. Die dabei denkbaren Aktivitäten sind inhaltlich dek-

---

39 Zu den steuerlichen Vorteilen der gestreckten Schenkung vgl. Abschnitte 3.2.2.2, 4.1.2 und 4.2.2.2.2.
40 Vgl. OLBRICH, Unternehmungsnachfolge (2014), S. 73.
41 Vgl. OLBRICH, Unternehmungsnachfolge (2014), S. 75, 82.
42 Vgl., auch zum Folgenden, OLBRICH, Unternehmungsnachfolge (2014), S. 75 f.

kungsgleich mit jenen, die oben bereits im Zuge der Vererbung angeführt wurden: Mit *betriebsexternen Maßnahmen* – wie dem Abschluß günstiger langfristiger Verträge – sucht der Eigentümer das Unternehmen möglichst erfolgversprechend auf seinen Absatz- und Beschaffungsmärkten zu positionieren, während die *betriebsinternen Maßnahmen* hingegen – bspw. in Form einer organisationalen, an den Anforderungen des präsumtiven Nachfolgers orientierten Neuausrichtung – darauf abzielen, die inneren Abläufe, Strukturen und kulturellen Gegebenheiten des Unternehmens in eine für den zukünftigen Eigner möglichst lukrative Gestalt zu bringen.

Ihren Abschluß finden die oben geschilderten Maßnahmen der Gestaltung vor Eigentumsübergang mit dem Wechsel des Unternehmens von dem Schenker auf den Nachfolger.[43] Sind die eigenkapitalbasierte Verantwortung und Leitungsmacht auf den neuen Eigner übertragen worden, ist die Nachfolge realisiert; die Lenkung der Geschicke des Unternehmens und seiner Eigentumsverhältnisse durch den bisherigen Eigentümer endet damit an dieser Stelle. Zu beachten ist allerdings, daß es dem Schenker in Ausnahmefällen unter bestimmten Umständen möglich ist, die Übertragung des Eigentums gegen den Willen des neuen Eigners rückgängig zu machen und damit in den Status vor Vollzug der Schenkung zurückzukehren: Beispiel für eine solche – wegen ihres Ausnahmecharakters hier nicht eingehender[44] dargestellte – Rückgängigmachung des Eignerwechsels ist der Widerruf einer Schenkung des Unternehmens durch den früheren Eigentümer[45] nach § 530 Abs. 1 BGB, wenn sich der Nachfolger aufgrund einer erheblichen Verfehlung gegen den Schenker oder seine nahen Angehörigen des groben Undanks schuldig gemacht hat. Bejaht wird das Vorliegen groben Undanks u.a. dabei, wenn der Beschenkte das Leben des Schenkers oder eines seiner Angehörigen bedrohte oder ihn körperlich mißhandelte.[46]

Ist die Nachfolge durch den abgebenden Eigentümer vollzogen worden, können den Maßnahmen der Gestaltung vor Eigentumsübergang ggf. Maßnahmen der Gestaltung *nach* Eigentumsübergang folgen, die genauso wie die Aktivitäten im Vorfeld

---

43 Diese und die folgenden Ausführungen stammen aus *OLBRICH*, Unternehmungsnachfolge (2014), S. 79-85 und wurden aktualisiert.
44 Eine ausführliche Darstellung der Möglichkeiten der Rückgängigmachung der Schenkung des Unternehmens findet sich bei *STENGER*, Erbfolge (2005), S. 273-289, vgl. ferner ebenfalls *WESTERMANN*, Störungen (1991), S. 510-518, *KOLLHOSSER*, Aktuelle Fragen (1994), S. 248-253, *KLUMPP*, Schenkung von Gesellschaftsanteilen (1995), S. 387-389.
45 Nach herrschender Meinung ist ein solcher Widerruf lediglich dann grundsätzlich möglich, wenn es sich bei Schenker und Beschenktem jeweils um natürliche Personen handelt; sind der frühere Eigentümer oder der Nachfolger dagegen juristische Personen, besteht keine Widerrufoption. Vgl. *PALANDT*, Bürgerliches Gesetzbuch (2016), S. 760.
46 Vgl. eingehend *PALANDT*, Bürgerliches Gesetzbuch (2016), S. 760 mit weiteren Beispielen.

der Übereignung dazu dienen, eine für den abgebenden Eigner und seinen Verbund mit anderen Wirtschaftssubjekten möglichst erfolgsträchtige Nachfolge sicherzustellen. Zu diesem Zwecke werden sie durch den Schenker zwar bereits vor dem Eigentumsübergang beschlossen, aber erst im Anschluß an diesen Schritt durchgeführt. Die Position, aus der heraus der Schenker seine Aktivitäten in bezug auf das Unternehmen verwirklicht, vermag dabei verschiedener Art zu sein: Der Alteigentümer kann – bspw. als angestellter Geschäftsführer – in dem Unternehmen beschäftigt[47] sein, einen Platz in einem Kontrollgremium[48] – wie einen Posten in Aufsichtsrat oder Beirat – innehaben oder als unabhängiger Berater[49] gegenüber dem Unternehmen fungieren. Als Voraussetzungen für die Realisierung von Gestaltungsmaßnahmen nach Eigentumsübergang müssen letztlich zwei Kriterien erfüllt sein:

1. Ein rational agierender, das Ziel der Gewinnmaximierung verfolgender Eigner wird Gestaltungen nach Eigentumsübergang lediglich dann ins Auge fassen, wenn sie einen positiven Einfluß auf den Erfolg versprechen, den er oder sein Verbund mit anderen Wirtschaftssubjekten aufgrund der Nachfolge anstrebt. Ist dies – z.B. aufgrund des fortgeschrittenen Alters des abgebenden Eigners oder seiner Hinwendung zu einer anderen gewinnträchtigen, nicht mit dem Betrieb verknüpften beruflichen Betätigung – nicht der Fall, nimmt der Schenker selbstverständlich Abstand von der Durchführung derartiger Aktivitäten und beschränkt sich auf die Gestaltungsmaßnahmen vor Eigentumsübergang.

2. Verspricht sich der Schenker von Gestaltungen nach der Unternehmensübertragung einen positiven Erfolgsbeitrag, muß er sich i.d.R. im Hinblick auf die Durchführung dieser Maßnahmen mit dem neuen Eigner abstimmen: Da der Nachfolger im Anschluß an die Übereignung die eigenkapitalbasierte Verantwortung und Leitungsmacht innehat, vermag der Schenker Aktivitäten innerhalb des Unternehmens nicht mehr autonom[50], sondern grundsätzlich nur im

---

47 Vgl. *Spielmann*, Generationenwechsel (1994), S. 133.

48 Vgl. *Albach/Freund*, Unternehmenskontinuität (1989), S. 217, *Spielmann*, Generationenwechsel (1994), S. 133, *May*, Leitfaden für die Unternehmerfamilie (2000), S. 33, *Sies*, Unternehmensnachfolge (2000), S. 50, *Wimmer/Kolbeck*, Unternehmensnachfolge in mittelständischen Unternehmen (2000), S. 21, *Felden/Klaus*, Unternehmensnachfolge (2003), S. 158 f., *Habig/Berninghaus*, Nachfolge im Familienunternehmen (2010), S. 88 und 90.

49 Vgl. *Kramer*, Welle (1990), S. 14, *Freund*, Unternehmensnachfolge (2000), S. 94, *Schuler*, Wege der Nachfolgeregelung (2001), *Felden/Klaus*, Unternehmensnachfolge (2003), S. 160. Auf eine nach dem Eigentumsübergang mögliche Beratung des Nachfolgers nicht durch den Alteigentümer, sondern die Hausbank des Unternehmens weisen dagegen *Langkamp/Klaus*, Firmenbetreuung (2001), S. 209 f. hin.

50 Vollständig autonom kann der abgebende Eigner in aller Regel freilich auch vor der Unternehmensübertragung nicht über den Betrieb bestimmen, da rechtliche Vorgaben wie die Mitbestim-

Einklang mit dem Willen des Beschenkten zu vollziehen. Dabei ist es von der individuellen Ausgestaltung der Vereinbarung zwischen Nachfolger und abgebendem Eigner abhängig, ob jede einzelne Maßnahme des früheren Eigentümers nur bei Zustimmung des neuen Eigentümers erfolgen darf oder statt dessen ein sachlich lediglich in Grundzügen umrissener Aktivitätsradius des abgebenden Eigentümers zwischen den Parteien bestimmt wird, in dessen Rahmen es dem Schenker freisteht, Einzelmaßnahmen eigenständig zu treffen.

Entspricht die Gestaltung nach Eigentumsübergang zum einen dem Gewinnziel des abgebenden Eigners und stimmt zum anderen der Nachfolger einem solchen Vorgehen zu, wird der Schenker folglich derartige Maßnahmen durchführen. Ebenso wie die bereits geschilderten Aktivitäten vor Vollzug der Nachfolge dienen die Maßnahmen nach Eigentumsübergang dabei der Maximierung des Erfolges der Unternehmensfortführung, denn auch nach Vollzug der Schenkung ist der Schenker bestrebt zu gewährleisten, daß er und sein Verbund mit anderen Wirtschaftssubjekten in Zukunft möglichst hohe Erfolge im Zuge der Fortführung des Betriebes vereinnahmen kann. In diesem Zusammenhang ist es im Grundsatz Aufgabe der Aktivitäten, die durch den Alteigentümer im Rahmen seiner unternehmerischen Tätigkeit in der Vergangenheit gesammelten Erfahrungen, Kenntnisse und Netzwerkkontakte auch nach Realisierung der Nachfolge gewinnbringend in dem Unternehmen zu verwerten.[51]

Die im einzelnen möglichen Maßnahmen lassen sich dabei – ähnlich wie die oben für den Fall der Gestaltung vor Eigentumsübergang dargestellten Aktivitäten – im Hinblick auf die ihnen jeweils zugrundeliegenden Sachverhalte in Gruppen differenzieren, und zwar zum einen in die auf Betriebsexterna, zum anderen in die auf Betriebsinterna ausgerichteten Maßnahmen: Im Zuge der *betriebsexternen Maßnahmen* sucht der Schenker das Unternehmen auf seinen Absatz- und Beschaffungsmärkten möglichst erfolgversprechend zu positionieren, während er im Rahmen der *betriebsinternen Maßnahmen* danach strebt, die in dem Unternehmen anzutreffenden Prozesse, Strukturen und kulturellen Muster für den Nachfolger möglichst gewinnbringend zu beeinflussen. Für die Gestaltung der Betriebsexterna kann

---

mung der Arbeitnehmer seine Entscheidungsgewalt einschränken können. Vgl. zu den Regelungen der Mitbestimmung u.a. SUNDERMANN, Mitbestimmung (1992), OECHSLER, Personalwesen (1993), RAISER, Rechtsform (1993), BARTÖLKE/JORZIK, Führung (1995), SCHERM, Internationales Personalmanagement (1999), S. 322-337, SCHNEELOCH, Mittelständische Unternehmen (2006), S. 51 f., SCHERM/SÜß, Personalmanagement (2016), S. 213-245.

51 Vgl. MENZL, Generationenwechsel (1988), S. 14, SPIELMANN, Generationenwechsel (1994), S. 206, WIEHL, Wechsel im Nachfolgefall (1998), S. 167, FREUND, Unternehmensnachfolge (2000), S. 93 f., SIES, Unternehmensnachfolge (2000), S. 52 f., SCHULER, Wege der Nachfolgeregelung (2001), ferner KRAMER, Welle (1990), S. 14.

exemplarisch ein Alteigentümer angeführt werden, der sein Wissen über die Markt-charakteristika im Anschluß an die Nachfolge an den Beschenkten weitergibt, um dessen Kenntnisstand zu erhöhen, oder der seine persönlichen Beziehungen zu früheren Marktpartnern nutzt, um für den neuen Eigentümer günstige Beschaffungs- und Absatzkonditionen auszuhandeln.[52] Um Aktivitäten mit betriebsinternem Fokus handelt es sich dagegen, wenn der Schenker bspw. bei seinem früheren Personal Sympathie genießt und er diesen Vorteil dazu einsetzt, im Rahmen von Konflikten[53] zwischen Nachfolger und Belegschaft zu vermitteln, um den Weggang erfahrener Mitarbeiter und den damit verbundenen Wissensabfluß zu verhindern. Ebenfalls eine betriebsinterne Ausrichtung haben u.a. Aktivitäten des früheren Eigners, mit denen er sein technisches Wissen sowohl über Produkte als auch Fertigungsverfahren des Unternehmens seinem Nachfolger zugute kommen läßt – sei es, daß er weiterhin Güter entwickelt und ihre Produktionsprozesse steuert oder daß er seine Kenntnisse unmittelbar an den Beschenkten weitergibt.[54]

Angesichts der dargestellten Vorteile, die sich aus der Mitwirkung des Schenkers aufgrund der Nutzung seiner in der Vergangenheit gesammelten Erfahrungen, Kenntnisse und Netzwerkkontakte im Hinblick auf das Unternehmen ergeben, ist festzuhalten, daß derartige Maßnahmen nach dem Eigentumsübergang durchaus auch von *Nachteil* für den betrieblichen Erfolg sein können. Insbesondere eine zeitlich längerfristige Mitwirkung des Alteigentümers im Betrieb birgt die Gefahr, daß der Nachfolger nach Aufbau eines eigenen Erfahrungsschatzes und eigener persönlicher Kontakte nicht mehr von dem früheren Eigner lernen kann, sondern sich vielmehr Meinungsunterschiede und Konflikte zwischen Schenker und Beschenktem in bezug auf die erfolgsträchtigste Unternehmensführung ergeben. Eine kontraproduktive Wirkung vermögen derartige Spannungen insbesondere dann zu entfalten, wenn die Belegschaft oder Marktpartner Zeuge der Auseinandersetzungen werden und somit betriebsintern oder -extern Unsicherheit über die zukünftige Entwicklung des Unternehmens entsteht.[55] Da die Leitungsmacht jedoch auf den Beschenkten

---

52 Vgl. zu letzterem auch MENZL, Generationenwechsel (1988), S. 14, HABIG/BERNINGHAUS, Nachfolge im Familienunternehmen (2010), S. 90 sowie die empirischen Ergebnisse bei SPIELMANN, Generationenwechsel (1994), S. 211.

53 Vgl. zu möglichen Konflikten zwischen Nachfolger und Mitarbeitern sowie der Rolle des Alteigentümers HECHELTJEN, Nachfolge (1999), S. 46 f., SCHUBERT/KRAMER, Handlungsempfehlungen (2000), S. 56-59, SIES, Unternehmensnachfolge (2000), S. 52 f., HABIG/BERNINGHAUS, Nachfolge im Familienunternehmen (2010), S. 86-88 und 93, ferner auch RIETMANN, Rolle des Treuhänders (1988), S. 157, MAY, Leitfaden für die Unternehmerfamilie (2000), S. 33.

54 Vgl. auch MENZL, Generationenwechsel (1988), S. 14 sowie die empirischen Ergebnisse bei SPIELMANN, Generationenwechsel (1994), S. 211.

55 Vgl. HESS, Generationenwechsel (1982), S. 30 f., MENZL, Generationenwechsel (1988), S. 14, ALBACH/FREUND, Unternehmenskontinuität (1989), S. 217, SPIELMANN, Generationenwechsel (1994),

übergegangen ist, steht es ihm frei, im Falle solcher Konflikte auf die weitere Mitarbeit des Schenkers früher als geplant zu verzichten.

Aufgabe 7

Arbeiten Sie Gemeinsamkeiten und Unterschiede heraus, die zwischen den Charakteristika, die für die Schenkung sprechen, und jenen, die die Vererbung als zweckmäßig erscheinen lassen, bestehen!

4.2.2.1.3 Stiftung

Vorteilhaftigkeitskriterien der Stiftung im Wege der augenblicklichen Einzelnachfolge

Nimmt der Eigentümer eine Nachfolge mittels Stiftung im Zuge der augenblicklichen Einzelnachfolge vor, bringt er sein Unternehmen folglich in einem Zeitpunkt in eine einzelne Stiftung als Nachfolger ein. Die Vorteilhaftigkeit der Stiftung im Rahmen der augenblicklichen Einzelnachfolge resultiert dabei aus jenen Gruppen von Charakteristika, die erstens für die Stiftung als Nachfolgeform an sich, zweitens für den Wechsel in die Hände nur einer einzelnen Stiftung und drittens für die zeitpunktbezogene Übertragung auf die Stiftung sprechen. Als Ursachen für den Entschluß des Eigentümers, die *Stiftung* als Nachfolgeweg zu wählen, können dabei zunächst die folgenden drei, stets unter der Ceteris-paribus-Prämisse geltenden Aspekte angeführt werden:[56]

1. Die Stiftung bietet sich für die Nachfolge um so mehr an, je größer die im Rahmen einer Fortführung auszuschöpfenden Erfolgspotentiale des Unternehmens im Vergleich zu seinem voraussichtlichen Veräußerungserfolg sind. Die Übertragung des Betriebes auf eine Stiftung entzieht die Unternehmenssubstanz zwar – im Gegensatz zu einer verbundinternen Vererbung oder Schenkung – dem Portefeuille sowohl des Eigners als auch seiner mit ihm verbundenen Wirtschaftssubjekte, macht es durch eine entsprechende Formulierung des Stiftungszwecks aber möglich, daß die Verbundmitglieder in den Genuß der laufenden zukünftigen Erfolge des Unternehmens gelangen (*Charakteristikum des höheren Fortführungserfolges des Unternehmens*).

S. 215-217, MAY, Leitfaden für die Unternehmerfamilie (2000), S. 33, SIES, Unternehmensnachfolge (2000), S. 51-53, ferner auch SCHUBERT/KRAMER, Handlungsempfehlungen (2000), S. 59.
56 Die folgenden Ausführungen zur Vorteilhaftigkeit der Stiftung basieren auf den von OLBRICH, Unternehmungsnachfolge (2014), S. 68-71 angeführten Vorteilhaftigkeitskriterien.

2. Des weiteren ist die Stiftung um so geeigneter für eine gewinnmaximale Nachfolge, je stärker der bisherige Eigentümer davon überzeugt ist, daß er sein durch umfangreiche Erfolgspotentiale gekennzeichnetes Unternehmen nicht auf Mitglieder seines Verbundes mit anderen Wirtschaftssubjekten übertragen sollte, da diese den Betrieb in der Zukunft entweder nicht kompetent führen können oder nicht führen wollen. Eine verbundinterne Übereignung, wie sie im Wege der Schenkung oder Vererbung erfolgt, würde dann folglich verhindern, daß die Verbundmitglieder in der Zukunft die aus Sicht des abgebenden Eigners möglichen Erfolge des Unternehmens tatsächlich vereinnahmen werden; die Übertragung des Betriebes auf eine durch einen geschickten Vorstand geführten Stiftung erlaubt es den Verbundangehörigen dagegen, die avisierten Gewinne zu realisieren (*Charakteristikum der verbundinternen Führungsinkompetenz*).

3. Eine Übereignung des Unternehmens auf eine Stiftung bietet sich dann ebenfalls an, wenn zwar auch innerhalb des Verbundes des Eigners mit anderen Wirtschaftssubjekten potentielle Nachfolger vorhanden sind, die eine kompetente Betriebsführung sicherstellen könnten, diese jedoch aus anderen Quellen, bspw. nichtselbständiger Arbeit, Erfolge erzielen, deren Vereinnahmung sie bei Eintritt in die Nachfolgerposition aufgeben müßten: Je ergiebiger sich diese durch eine Einbindung in den Betrieb versiegenden Einkunftsquellen darstellen, desto sinnvoller ist die Entscheidung des Eigners, das Unternehmen in die Hand einer durch verbundfremde Personen geleiteten Stiftung zu geben. Dem Verbund bleiben damit die Zahlungsströme sowohl aus dem Unternehmen als auch den weiterhin ausgeübten Tätigkeiten der zwar geeigneten, aber dennoch nicht in die Rolle der Nachfolger eintretenden verbundinternen Wirtschaftssubjekte (*Charakteristikum der Opportunitätseinkommen potentieller verbundinterner Nachfolger*).

Erweist sich die Stiftung aufgrund des Vorliegens der obigen drei Charakteristika der Nachfolgekonstellation als attraktiver Übertragungsweg, stellt sich – falls es sich bei dem abgebenden Eigentümer um eine natürliche Person handelt – des weiteren die Frage, ob er sich für eine Stiftung unter Lebenden entschließt oder aber – als zweite Alternative – eine Übereignung in Form der Stiftung von Todes wegen wählt. Für die Entscheidung, eine *Stiftung unter Lebenden* durchzuführen, sprechen dabei – jeweils unter Gültigkeit der Ceteris-paribus-Prämisse – die folgenden Charakteristika:[57]

1. Die Stiftung unter Lebenden stellt eine um so attraktivere Stiftungsform dar, je geringer die Unternehmensführungsqualitäten des bisherigen Eigentümers im

---

[57] Die folgenden Ausführungen beruhen auf den von OLBRICH, Unternehmungsnachfolge (2014), S. 68-71 angeführten Vorteilhaftigkeitskriterien.

Vergleich zu den Stiftungsorganen sind. Ursächlich hierfür können auf der Seite des abgebenden Eigners bspw. Alter, Krankheit oder versiegende Motivation sein, doch vermögen auch Eigenschaften der Stiftungsorgane – wie erhebliche unternehmerische Erfahrung oder Branchenkenntnisse – für eine solche Konstellation verantwortlich zeichnen. Das Ziel der Gewinnmaximierung würde in einer derartigen Situation konterkariert, wenn der bisherige Eigner seine unternehmerischen Aktivitäten im Falle der Stiftung von Todes wegen bis zu seinem Ableben fortsetzen würde, anstatt den Betrieb durch eine vorgezogene Stiftung unter Lebenden bereits vor seinem Todesfall zu übereignen (*Charakteristikum der relativen Führungsinkompetenz des bisherigen Eigentümers*).

2. Darüber hinaus ist die Stiftung unter Lebenden als um so geeignetere Stiftungsalternative einzuschätzen, je nutzbringender eine Führungsunterstützung der Stiftungsorgane durch den früheren Eigentümer im Anschluß an die Unternehmensnachfolge erscheint. Sinnvoll ist ein Kompetenztransfer von dem früheren Eigentümer auf die Stiftungsorgane vor allem dann, wenn ersterer umfangreiche Kenntnisse über Unternehmen und Märkte angesammelt und persönliche Netzwerke aufgebaut hat, die den Stiftungsorganen jeweils entsprechend fehlen. Der Ausgleich dieser Asymmetrien durch eine Unterstützung der Stiftungsorgane von seiten des Alteigentümers ist ausschließlich im Zuge der Stiftung unter Lebenden möglich, da sie im Falle der Stiftung von Todes wegen aufgrund des mit dieser Stiftungsvariante verbundenen Ablebens des Eigners selbstverständlich entfällt (*Charakteristikum der Notwendigkeit eines Kompetenztransfers nach Übereignung*).

3. Attraktiv ist die Stiftung unter Lebenden des weiteren, wenn sich der Eigner – z.B. wegen seiner Marktkenntnisse oder persönlichen Netzwerke – dazu entschließt, nach der Übereignung seines Unternehmens eine andere berufliche Aktivität aufzunehmen, sei es nun im Rahmen einer Arbeitnehmerposition oder in Form einer erneuten selbständigen Tätigkeit. Sinnvoll ist eine bereits vor dem Ableben des Eigners vollzogene Stiftung unter Lebenden dann insofern, als dem Verbund des Eigentümers in diesem Fall sowohl die durch die Stiftung erzielten und ausgeschütteten Gewinne des Unternehmens als auch die Erfolge aus der neuen beruflichen Betätigung des Alteigentümers zur Verfügung stehen. Eine Nachfolge in Form der Stiftung von Todes wegen würde eine derartige parallele Vereinnahmung mehrerer Einkünfte dagegen unterbinden (*Charakteristikum des Opportunitätseinkommens des bisherigen Eigentümers*).

4. Um so geeigneter ist die Stiftung unter Lebenden für eine gewinnmaximale Nachfolge ebenfalls, je geringer sich die Schenkungsteuerbelastung in diesem frühzeitigen Übertragungsfall im Vergleich zur Erbschaftsteuerbelastung der zukünftigen, an das Ableben des Eigners gebundenen Stiftung von Todes wegen

darstellt. So kann die Stiftung unter Lebenden gegenüber der Stiftung von Todes wegen dann substanzsteuerliche Vorteile haben, wenn von einem im Zeitablauf wachsenden Unternehmenswert ausgegangen werden muß, der der Bemessung der schenkung- respektive erbschaftsteuerlichen Belastung zugrunde liegt (*Charakteristikum der zukünftig wachsenden Steuerlast*).

5. Nicht zuletzt stellt sich die Stiftung unter Lebenden als um so zweckmäßiger dar, je stärker der bisherige Eigentümer davon ausgeht, im Anschluß an die erfolgte Übereignung des Unternehmens weiterzuleben. Relevant ist eine solche „Lebensdauerprognose" im Hinblick auf die Pflichtteilsergänzungsansprüche gemäß §§ 2325 ff. BGB, die im Falle der Stiftung unter Lebenden ebenso wie im Falle der Schenkung in Grenzen unterbinden sollen, daß der Eigner die bei der Vererbung entstehenden Pflichtteilsansprüche durch Übereignungen bereits zu Lebzeiten beschneidet. Der Wert des in den letzten zehn Jahren vor Ableben des Eigners gestifteten Vermögens wird dem Wert seines Nachlasses daher gemäß § 2325 Abs. 3 BGB zeitanteilig zugerechnet.[58] Je größer der Zeitraum zwischen der Übereignung des Unternehmens und dem Ableben des Eigners, desto geringer ist die Belastung der Stiftung mit Pflichtteilsergänzungsansprüchen; vollständig vermieden wird sie bei einer weiteren Lebensdauer von zehn Jahren (*Charakteristikum der Verringerbarkeit der Pflichtteilsbelastung des Nachfolgers*).

Im Hinblick auf die Eignung der *Stiftung von Todes wegen* gilt, daß sie sich weitgehend analog aus den jeweiligen Gegensätzen jener Eigenschaften der Nachfolgekonstellation ergibt, die oben für die Zweckmäßigkeit der Stiftung unter Lebenden sprachen. Um Redundanzen zu vermeiden, werden die Aspekte, die die Stiftung von Todes wegen als sinnvoll erscheinen lassen, daher an dieser Stelle nur kurz skizziert: So ist unter Geltung der Ceteris-paribus-Prämisse festzuhalten, daß die Stiftung von Todes wegen die um so zweckmäßigere Stiftungsalternative darstellt,

– je größer die Unternehmensführungsqualitäten des bisherigen Eigentümers im Vergleich zu jenen der Stiftungsorgane sind (*Charakteristikum der relativen Führungskompetenz des bisherigen Eigentümers*),

– je weniger Nutzen eine Führungsunterstützung der Stiftungsorgane durch den früheren Eigentümer im Anschluß an die Unternehmensnachfolge vermutlich generieren würde (*Charakteristikum der Unnötigkeit eines Kompetenztransfers nach Übereignung*),

---

58 Vgl. hierzu auch *HABIG/BERNINGHAUS*, Nachfolge im Familienunternehmen (2010), S. 171 und 210 f., *LORZ/KIRCHDÖRFER*, Unternehmensnachfolge (2011), S. 31.

– je überzeugter der bisherige Eigner davon ist, nach der Übereignung seines Unternehmens keine andere berufliche Aktivität mehr aufzunehmen, deren Einkünfte ihm und seinem Verbund mit anderen Wirtschaftssubjekten zufließen könnten (*Charakteristikum des mangelnden Opportunitätseinkommens des bisherigen Eigentümers*),

– je geringer sich die Erbschaftsteuerbelastung im späteren Übertragungsfall der Stiftung von Todes wegen im Vergleich zur Schenkungsteuerbelastung der früheren, bereits vor dem Ableben des Eigners vollzogenen Stiftung unter Lebenden – bspw. wegen eines im Zeitablauf sinkenden Unternehmenswerts – darstellt (*Charakteristikum der zukünftig sinkenden Steuerlast*),

– je geringer die Konfrontation der Stiftung mit Pflichtteilsansprüchen der Erben des Stifters ausfällt – entweder, weil derartige Erben überhaupt nicht existieren oder aber statt dessen weiteres Vermögen neben dem Betrieb vorhanden ist, das ausreicht, die Pflichtteilsansprüche dieser Erben zu befriedigen, ohne die Stiftung und damit das ihr übergebene Unternehmen in eine finanzielle Schieflage zu manövrieren (*Charakteristikum der mangelnden Pflichtteilsbelastung des Nachfolgers*).

Nicht zuletzt ist ebenfalls zu beachten, daß die Stiftung von Todes wegen als um so zweckmäßigere Stiftungsalternative einzuschätzen ist, je sinnvoller es aufgrund von Investitions- und Finanzierungsüberlegungen der Stiftung erscheint, die Schenkung- respektive Erbschaftsteuerzahlung erst zeitlich später im Falle der Stiftung von Todes wegen zu leisten, anstatt sie im Zuge der früheren Stiftung unter Lebenden zu entrichten (*Charakteristikum des relativ geringen Barwerts der Steuerlast*).[59]

Der Entschluß des Eigentümers, das Unternehmen nur auf einen *einzelnen Nachfolger* zu übertragen, d.h. den Betrieb nicht in die Hände mehrerer Stiftungen zu geben, sondern ihn nur einer einzigen Stiftung anzuvertrauen, ist – unter Gültigkeit der Ceteris-paribus-Prämisse – vor dem Hintergrund des *Charakteristikums der relativ niedrigen Erbschaft- respektive Schenkungsteuerlast* zweckmäßig: So stellt sich die Übereignung auf nur eine Stiftung als um so sinnvoller dar, je geringer die durch die Übertragung entstehende Erbschaftsteuerbelastung (Stiftung von Todes wegen) respektive Schenkungsteuerbelastung (Stiftung unter Lebenden) ausfällt, bspw., da der Unternehmenswert, welcher der Besteuerung zugrunde liegt, nur sehr gering

---

59 Vgl. auch Schild-Plininger, Übertragung von Betriebsvermögen (1998), S. 76 und 80-83, ferner Horstmann, Gestaltung der Erbschaftsteuerbelastung (1998), S. 442, jeweils für die mit der Diskussion „Stiftung von Todes wegen versus Stiftung unter Lebenden" strukturgleichen Abwägung „Vererbung versus Schenkung".

ausfällt. Denn je höher die Steuerforderung ist, der sich eine einzelne Stiftung aufgrund der Übereignung gegenübersähe, desto problematischer mutet es an, die bei einer Übertragung auf mehrere Stiftungen erzielbare Minderung der Steuerlast[60] aufgrund der Entscheidung für nur eine Stiftung nicht auszuschöpfen. Gleiches gilt im übrigen für die „Erbersatzsteuer", die eine Familienstiftung gemäß § 1 Abs. 1 Nr. 4 ErbStG im Abstand von jeweils 30 Jahren zu leisten hat.

Als Charakteristika, die für die Entscheidung des Eigentümers sprechen, sein Unternehmen innerhalb eines *Zeitpunkts* in eine Stiftung einzubringen, können die folgenden Aspekte unter Gültigkeit der Ceteris-paribus-Prämisse angeführt werden:

1. Zum einen bietet sich eine zeitpunktbezogene Einbringung des Unternehmens in eine Stiftung um so mehr an, je geringer die Führungsqualitäten des bisherigen Eigentümers im Vergleich zu denen der Stiftungsorgane sind. Verspricht die Führung durch den bisherigen Eigner einen geringeren Erfolg als die Führung durch die Stiftungsorgane, besteht für den Alteigentümer kein Grund, eine zeitraumbezogene Stiftung zu vollziehen und sich damit lediglich schrittweise von der eigenen Leitungsmacht zu trennen, da eine sofortige umfassende Übergabe der Leitungsmacht mit einem höheren Grad der Erreichung des Zieles der Gewinnmaximierung einherginge (*Charakteristikum der relativen Führungsinkompetenz des bisherigen Eigentümers*).

2. Attraktiv ist die Stiftung zu einem Zeitpunkt darüber hinaus, wenn der Eigner im Anschluß an die Übertragung seines Betriebs einer anderen beruflichen Aktivität zum Zwecke der Einkunftserzielung nachzugehen gedenkt. Kann eine derartige Betätigung, z.B. aus zeitlichen oder rechtlichen Gründen, nicht parallel zur unternehmerischen Tätigkeit erfolgen, liegt es nahe, eine Stiftung unter Lebenden in einem Zeitpunkt zu vollziehen, so daß dem Eigentümer und seinem Verbund in diesem Fall sowohl die durch die Stiftung realisierten und ausgeschütteten Unternehmensgewinne als auch die Erfolge aus der neuen beruflichen Tätigkeit des Eigners zur Verfügung stehen, was bei einer lediglich sukzessiven Übereignung auf eine Stiftung nicht unmittelbar möglich wäre (*Charakteristikum des Opportunitätseinkommens des bisherigen Eigentümers*).

3. Nicht zuletzt ist die Übertragung des Betriebes mittels zeitpunktbezogener Stiftung als um so zweckmäßiger einzuschätzen, je geringer sich die durch die Übereignung entstehende Erbschaftsteuerbelastung (Stiftung von Todes wegen) respektive Schenkungsteuerbelastung (Stiftung unter Lebenden) darstellt, bspw., da der steuerliche Unternehmenswert vergleichsweise niedrig ausfällt. Denn je

---

60 Vgl. hierzu Abschnitt 4.2.3.1.3.

größer der Umfang ist, den die Steuerforderung des Fiskus aufweist, desto weniger nachvollziehbar ist es dann, die bei mehreren, über Zehn-Jahres-Zeiträume verteilten Stiftungsvorgängen mögliche Minderung der Steuerlast[61] aufgrund der Entscheidung für eine zeitpunktbezogene Stiftung nicht zu nutzen (*Charakteristikum der relativ niedrigen Erbschaft- respektive Schenkungsteuerlast*).

Aufgabe 8

Stellen Sie die Charakteristika dar, die für die Stiftung sprechen! Beschränken Sie sich bei Ihren Ausführungen auf die Variante der Stiftung von Todes wegen!

Gestaltung der Stiftung im Wege der augenblicklichen Einzelnachfolge

Auch im Falle der Stiftung im Rahmen der augenblicklichen Einzelnachfolge hat der abgebende Eigentümer einen Entschluß zu fassen, wie er seine Nachfolge innerhalb dieses strategischen Gesamtkonzepts eingehender gestalten will, da ihm diverse Aktivitäten zur Verfügung stehen, durch die die avisierte Übereignung realisiert werden kann. Handelt der Stifter rational, wird er jene Maßnahmen zu verwirklichen suchen, die ihm oder seinem Verbund mit anderen Wirtschaftssubjekten vor dem Hintergrund seines individuellen Entscheidungsfeldes den verglichen mit den übrigen alternativen Nachfolgemaßnahmen größten Zukunftserfolg versprechen.[62] Im Gegensatz zur Stiftung von Todes wegen, bei der der abgebende Eigentümer aufgrund des an sein Ableben geknüpften Stiftungsvorgangs ebenso wie bei der Vererbung lediglich Gestaltungsmaßnahmen *vor* dem Eigentumswechsel zu vollziehen vermag, steht es ihm bei der Alternative der Stiftung unter Lebenden frei, Gestaltungsmaßnahmen sowohl *vor* dem Wechsel des Betriebes in die Hände der Stiftung als auch *nach* Vollzug dieser Übereignung vorzunehmen, um eine möglichst erfolgversprechende Unternehmensnachfolge sicherzustellen.[63]

Ebenso wie im Falle der Vererbung oder Schenkung können exemplarische betriebsexterne Maßnahmen des abgebenden Eigners zur *Maximierung des Erfolges der Unternehmensfortführung* auch im Falle der Stiftung in dem Abschluß langfristiger Verträge liegen, die er zu günstigeren Konditionen als der zukünftige Stiftungsvorstand zu realisieren vermag.[64] Auch steht es dem Eigner bspw. – als betriebsinterne Aktivität – frei, die Belegschaft auf den anstehenden Übergang des Unternehmens in Stiftungshand vorzubereiten oder, als Maßnahme betriebsinterner wie

---

61 Vgl. hierzu Abschnitt 4.2.2.2.3.
62 Vgl. *OLBRICH*, Unternehmungsnachfolge (2014), S. 73.
63 Vgl. *OLBRICH*, Unternehmungsnachfolge (2014), S. 75, 77 und 82.
64 Dies und das Folgende stammt aus *OLBRICH*, Unternehmungsnachfolge (2014), S. 77.

betriebsexterner Ausrichtung, die bereits oben im Abschnitt 4.2.2.1.1 skizzierte früh-
zeitige Ausrichtung der Branchenschwerpunkte eines diversifizierten Unternehmens an den Fähigkeiten der Nachfolger im Falle der Stiftung entsprechend den
Kompetenzen des präsumtiven Stiftungsvorstandes vorzunehmen. Gegenstand der
Maßnahmen vor Eigentumsübergang ist nicht zuletzt z.B. auch die geschickte
Gestaltung der Stiftungssatzung, die sowohl dem Stiftungsvorstand notwendige
Spielräume zum flexiblen Umgang mit zukünftigen unternehmerischen Herausforderungen eröffnen als auch die umfassende Versorgung des Alteigentümers und
seines Verbundes mit anderen Wirtschaftssubjekten mit den betrieblichen Gewin-
nen gewährleisten muß.

Ihren Abschluß finden die oben geschilderten Maßnahmen der Gestaltung vor
Eigentumsübergang mit dem Wechsel des Unternehmens von dem Stifter auf die
Stiftung. Ist die Nachfolge durch den abgebenden Eigentümer damit vollzogen worden, können sich den Maßnahmen der Gestaltung vor Eigentumsübergang im Falle
der Stiftung unter Lebenden ggf. Maßnahmen der Gestaltung *nach* Eigentumsübergang anschließen, die genauso wie die Aktivitäten im Vorfeld der Übereignung dazu
dienen, eine für den abgebenden Eigner und seinen Verbund mit anderen Wirtschaftssubjekten möglichst erfolgsträchtige Nachfolge sicherzustellen.[65] Die Position, aus der heraus der Stifter seine Maßnahmen hinsichtlich des Unternehmens
verwirklicht, vermag dabei verschiedener Art zu sein: Analog zum bereits skizzierten Fall der Schenkung kann der Alteigentümer z.B. als angestellter Geschäftsführer
des Unternehmens oder als Stiftungsvorstand eine Führungsrolle einnehmen, aber
alternativ auch Kontrollfunktionen innerhalb des Aufsichts- oder Beirats des Unternehmens oder des Kuratoriums der Stiftung ausüben oder als unabhängiger Berater[66] gegenüber dem Unternehmen und der Stiftung fungieren.

Zu beachten ist vor diesem Hintergrund, daß das unter Abschnitt 4.2.2.1.2 im Zusammenhang mit der Gestaltung nach Eigentumsübergang im Falle der Schenkung
angeführte Erfordernis der einvernehmlichen Einigung zwischen übertragender und
empfangender Partei über die Betätigung des früheren Eigners als Voraussetzung
jedweder Aktivitäten bei der Stiftung nur eingeschränkt besteht:[67] Gründet der abgebende Eigentümer eine derartige juristische Person, auf die der Betrieb übergehen
soll, vermag er die ihm offenstehenden Gestaltungsmöglichkeiten nach der Unternehmensübertragung bereits im Vorfeld in der Stiftungssatzung festzulegen. Die

---

65 Vgl., auch im weiteren, OLBRICH, Unternehmungsnachfolge (2014), S. 81 f.
66 Vgl. auch KRAMER, Welle (1990), S. 14, FREUND, Unternehmensnachfolge (2000), S. 94, SCHULER,
Wege der Nachfolgeregelung (2001), FELDEN/KLAUS, Unternehmensnachfolge (2003), S. 160.
67 Vgl., auch im folgenden, OLBRICH, Unternehmungsnachfolge (2014), S. 82.

Notwendigkeit des Alteigentümers, sich im Hinblick auf seine Aktivitäten mit dem Nachfolger ins Benehmen zu setzen, entfällt bei dieser Konstellation folglich.

Die Aufgabe der Maßnahmen nach Eigentumsübergang besteht grundsätzlich darin, ebenso wie die bereits oben geschilderten Aktivitäten vor Vollzug der Nachfolge eine Maximierung des Erfolges der Unternehmensfortführung zu gewährleisten, denn auch nach Vollzug der Stiftung unter Lebenden will der Stifter sicherstellen, daß er und sein Verbund mit anderen Wirtschaftssubjekten in Zukunft möglichst hohe Erfolge im Zuge der Fortführung des Betriebes vereinnahmen können.[68] Die Aktivitäten zielen dabei darauf ab, das Wissen und die Netzwerkkontakte, die der frühere Eigentümer im Rahmen seiner unternehmerischen Tätigkeit sammeln konnte, zukünftig in die Stiftung und das Unternehmen einzubringen, um die betrieblichen Erfolgsaussichten entsprechend zu fördern.[69]

Ebenso wie die oben für den Fall der Gestaltung vor Eigentumsübergang dargestellten Aktivitäten zur Maximierung des Fortführungserfolgs des Unternehmens lassen sich die im einzelnen möglichen Maßnahmen nach Eigentumsübergang in die auf Betriebsexterna und in die auf Betriebsinterna ausgerichteten Tätigkeitsgruppen zerlegen:[70] Die *betriebsexternen Maßnahmen* dienen dem Stifter dazu, seinem ehemaligen Unternehmen eine günstige Stellung auf den Absatz- und Beschaffungsmärkten zu verschaffen, während er im Rahmen der *betriebsinternen Maßnahmen* Prozesse, Strukturen und Kultur des Unternehmens anzupassen sucht, um den Erfordernissen einer erfolgreichen Fortführung des Betriebs durch die Stiftung gerecht zu werden.

Analog zu obigem Fall der Schenkung kann daher auch für die Situation der Stiftung unter Lebenden als Beispiel für die Gestaltung der Betriebsexterna ein Alteigentümer skizziert werden, der den Mitgliedern des Vorstands und Kuratoriums der Stiftung seine Kenntnisse über Wettbewerber, Kunden und Lieferanten vermittelt oder sie in seine persönlichen Netzwerke mit Marktteilnehmern, Behördenangehörigen und anderen einbindet, um eine möglichst erfolgsträchtige Führung des Unternehmens durch die Stiftungsorgane zu gewährleisten. Aktivitäten mit betriebsinterner Ausrichtung liegen statt dessen vor, wenn das Personal des übertragenen Unternehmens dem Stifter Vertrauen entgegenbringt und er dieses Ansehen innerhalb der Belegschaft einsetzt, um für die Vorzüge der Stiftungslösung zu

---

68 Vgl. OLBRICH, Unternehmungsnachfolge (2014), S. 80.
69 Vgl. ferner auch MENZL, Generationenwechsel (1988), S. 14, KRAMER, Welle (1990), S. 14, SPIELMANN, Generationenwechsel (1994), S. 206, WIEHL, Wechsel im Nachfolgefall (1998), S. 167, FREUND, Unternehmensnachfolge (2000), S. 93 f., SIES, Unternehmensnachfolge (2000), S. 52 f., SCHULER, Wege der Nachfolgeregelung (2001).
70 Vgl., auch im folgenden, OLBRICH, Unternehmungsnachfolge (2014), S. 83 f.

werben und etwaige Spannungen[71] zwischen Mitarbeitern und Stiftungsvorstand zu unterbinden. Ebenso wie im Falle der Schenkung ist eine derartige Konfliktbeschränkung zweckmäßig, um Widerständen innerhalb des Personals gegenüber Führungsentscheidungen von seiten des Stiftungsvorstands entgegenzuwirken, damit ebenfalls einhergehende Motivationsverluste zu vermeiden und Kündigungen zu verhindern.

Neben den oben herausgearbeiteten Vorzügen, die aus Maßnahmen des Stifters nach dem Eigentumsübergang zu resultieren vermögen, ist freilich ebenfalls zu konstatieren, daß derartige Aktivitäten durchaus auch *nachteilige* Effekte im Hinblick auf den Fortführungserfolg des Unternehmens zeitigen können.[72] Strukturgleich zu dem Fall der Schenkung ist hierbei zum einen die Problematik, daß sich bei einer zeitlich längerfristigen Mitwirkung des Stifters im Betrieb sukzessive unterschiedliche Auffassungen zwischen Stifter und Stiftungsvorstand im Hinblick auf die erfolgversprechendste Unternehmensführung einstellen – insbesondere, wenn sich der Stiftungsvorstand eigene umfassende Kenntnisse und Netzwerke in bezug auf die betrieblichen Anforderungen aufgebaut hat und der Unterstützung des Alteigentümers daher nicht mehr bedarf. Zum anderen birgt die längerfristige Mitwirkung des Alteigentümers im Unternehmen die Gefahr, daß dieser Maßnahmen durchzuführen gedenkt, die dem von ihm ex ante in der Stiftungssatzung festgelegten Stiftungszweck zuwiderlaufen würden. Akzeptiert der Alteigentümer nicht, daß er durch den Stiftungsvorgang Eigentum und Leitungsmacht an die Stiftung und die in ihrem Handeln ausschließlich an den Stiftungszweck gebundenen Stiftungsorgane abgegeben hat, kann dies ebenfalls ein erhebliches Konfliktpotential zwischen Vorstand und Kuratorium der Stiftung einerseits sowie Stifter andererseits und eine damit verbundene Schädigung des Unternehmens bedeuten. Kontraproduktiv sind derartige Auseinandersetzungen der genannten Parteien insbesondere dann, wenn sie vor Marktpartnern oder der Belegschaft ausgefochten werden und damit sowohl unternehmensintern als auch -extern Unsicherheit über die Ausrichtung der zukünftigen Betriebsführung auslösen.

---

71 Vgl. zu denkbaren Spannungen zwischen Nachfolger und Mitarbeitern sowie der Rolle des Alteigentümers auch HECHELTJEN, Nachfolge (1999), S. 46 f., SCHUBERT/KRAMER, Handlungsempfehlungen (2000), S. 56-59, SIES, Unternehmensnachfolge (2000), S. 52 f., HABIG/BERNINGHAUS, Nachfolge im Familienunternehmen (2010), S. 86-88 und 93, ferner RIETMANN, Rolle des Treuhänders (1988), S. 157, MAY, Leitfaden für die Unternehmerfamilie (2000), S. 33.

72 Vgl., auch im folgenden, OLBRICH, Unternehmungsnachfolge (2014), S. 85.

4.2.2.1.4 Verkauf

Vorteilhaftigkeitskriterien des Verkaufs im Wege der augenblicklichen Einzelnachfolge

Vollzieht der Eigentümer die Nachfolge mittels Verkauf im Zuge der augenblicklichen Einzelnachfolge, vertraut er sein Unternehmen folglich in einem Zeitpunkt gegen Entgelt einem einzelnen Nachfolger an. Die Vorteilhaftigkeit des Verkaufs mittels augenblicklicher Einzelnachfolge ergibt sich dabei aus jenen Charakteristika, die erstens für den Verkauf als Nachfolgeform an sich, zweitens für die Abgabe des Betriebes an nur einen einzelnen Käufer und drittens für den Verkauf des Unternehmens in einem Zeitpunkt sprechen. Die Entscheidung des Eigentümers, den *Verkauf* als Weg der Unternehmensnachfolge einzuschlagen, können in diesem Zusammenhang die folgenden, stets unter der Ceteris-paribus-Prämisse formulierten Gesichtspunkte begründen:[73]

1. Der Verkauf stellt sich als um so attraktivere Nachfolgeform dar, je größer der Veräußerungserfolg im Vergleich zu den im Rahmen einer Fortführung auszuschöpfenden Erfolgspotentialen des Unternehmens ist. Sind die Gewinnaussichten des Betriebes relativ gering, ist es aus Sicht des abgebenden Eigners und seines Verbundes mit anderen Wirtschaftssubjekten sinnvoller, das durch eine Veräußerung erzielbare Entgelt zu vereinnahmen, als das Unternehmen innerhalb des Verbundes zu übertragen und seine vermutlich niedrigeren Fortführungserfolge zu realisieren (*Charakteristikum des höheren Veräußerungserfolges des Unternehmens*).

2. Selbst wenn das Unternehmen gewisse Erfolgspotentiale besitzt, die eine verbundinterne zukünftige Vereinnahmung des Fortführungserfolges sinnvoll erscheinen lassen, ist der Verkauf nichtsdestoweniger um so geeigneter für eine gewinnmaximale Nachfolge, je stärker der bisherige Eigentümer davon überzeugt ist, daß er sein Unternehmen nicht auf Mitglieder seines Verbundes mit anderen Wirtschaftssubjekten übertragen sollte, da diese den Betrieb in der Zukunft entweder nicht kompetent führen können oder nicht führen wollen und die Realisierung der denkbaren Zukunftserfolge somit nicht gewährleisten (*Charakteristikum der verbundinternen Führungsinkompetenz*). Gleiches gilt analog für die Stiftungslösung, wenn die Fortführung des Unternehmens attraktive Gewinne verspricht: Auch sie bietet sich um so weniger an, je stärker der abgebende Eigentümer davon ausgeht, keine geeigneten Wirtschaftssubjekte zur Besetzung

---

[73] Die folgenden Ausführungen zur Vorziehenswürdigkeit des Verkaufs basieren auf den von *OLBRICH*, Unternehmungsnachfolge (2014), S. 68-71 angeführten Vorteilhaftigkeitskriterien.

der Stiftungsorgane zur Hand zu haben, die fähig und willens wären, den Betrieb in der Zukunft erfolgreich zu führen und die denkbaren Gewinne damit tatsächlich zu vereinnahmen (*Charakteristikum der Führungsinkompetenz einer Stiftung*).

3. Der Verkauf des Unternehmens bietet sich dann ebenfalls an, wenn zwar auch innerhalb des Verbundes des Eigners mit anderen Wirtschaftssubjekten denkbare Nachfolger vorhanden sind, die eine kompetente Betriebsführung sicherstellen könnten, diese Personen jedoch Einkünfte aus anderen Quellen, wie z.B. aus nichtselbständiger Arbeit, vereinnahmen, deren Realisierung sie bei Eintritt in die Nachfolgerposition aufgeben müßten: Je umfangreicher die zukünftigen Erfolge sind, auf die die verbundinternen Wirtschaftssubjekte aufgrund einer Übernahme der Nachfolgerposition verzichten müßten, desto zweckmäßiger ist die Entscheidung des Eigners, sich von dem Unternehmen im Rahmen einer Veräußerung zu trennen. Zum einen verbleiben dem Verbund damit in der Zukunft die Zahlungsströme aus den weiterhin ausgeübten Tätigkeiten der zwar geeigneten, aber dennoch nicht in die Rolle der Nachfolger eintretenden verbundinternen Wirtschaftssubjekte; zum anderen kommt er darüber hinaus in den Genuß des Verkaufserfolges des Unternehmens (*Charakteristikum der Opportunitätseinkommen der verbundinternen potentiellen Nachfolger*).

4. Geeignet ist der Verkauf des weiteren im Vergleich zu Vererbung und Stiftung von Todes wegen, wenn der Eigentümer nach der Übergabe seines Unternehmens einer anderen beruflichen Tätigkeit nachgehen will, sei es nun in Form einer erneuten Selbständigkeit oder aber im Rahmen eines Beschäftigungsverhältnisses. Sinnvoll ist die Lösung des Nachfolgeproblems im Wege des Verkaufs dann insofern, als dem Eigentümer und seinem Verbund mit anderen Wirtschaftssubjekten im Zuge dieser Übertragungsform sowohl der Veräußerungsgewinn des Unternehmens als auch die Einkünfte aus der neuen beruflichen Tätigkeit zur Verfügung stehen. Entschließt sich der Eigner statt dessen, seinen Betrieb mittels einer der oben genannten, auf seinen Todeszeitpunkt fixierten Nachfolgeformen zu übertragen, würde er eine derartige Vereinnahmung mehrerer Einkünfte dagegen verhindern (*Charakteristikum des Opportunitätseinkommens des bisherigen Eigentümers*).

5. Der Verkauf ist darüber hinaus als – im Vergleich zu Vererbung und Stiftung von Todes wegen – um so attraktivere Übertragungsform einzuschätzen, je umfassender der frühere Eigentümer seinen Nachfolger im Zuge seiner Unternehmensführung im Anschluß an die Übertragung zu unterstützen vermag, sei es, weil ersterer umfangreichere Kenntnisse über Unternehmen und Märkte angesammelt hat oder aber größere persönliche Netzwerke besitzt als letzterer. Der Nachfolger wird in einer solchen Konstellation erheblichen Nutzen aus dem von dem

Alteigentümer ermöglichten Kompetenztransfer erzielen und diesem daher ggf. ein entsprechendes Entgelt für seine Leistungen zahlen (*Charakteristikum der Notwendigkeit eines Kompetenztransfers nach Übereignung*).

6. Um so zweckmäßiger ist der Verkauf für eine gewinnmaximale Nachfolge nicht zuletzt auch, je geringer sich die mit dieser Übertragungsform einhergehende Ertragsteuerbelastung im Vergleich sowohl zur Schenkungsteuerbelastung infolge einer Schenkung oder Stiftung unter Lebenden als auch zur Erbschaftsteuerbelastung aufgrund einer Vererbung oder Stiftung von Todes wegen darstellt (*Charakteristikum der relativ geringen Steuerlast*).

In bezug auf die Entscheidung des Eigentümers, sein Unternehmen im Wege des Verkaufs lediglich in die Hände eines *einzelnen Nachfolgers* zu geben, ist allgemein festzuhalten, daß sich diese ceteris paribus als um so attraktiver darstellt, je größer der Erfolg ist, der durch eine solche Übereignung im Vergleich zur Abgabe an mehrere Käufer erzielt werden kann.[74] Charakteristika, die für ein *Veräußerungsgewinnmaximum bei Käufereinzahl* sprechen, sind die folgenden Aspekte:

1. Für den Verkäufer ist die Beschränkung auf einen Erwerber um so zweckmäßiger, je stärker er davon ausgeht, daß überhaupt keine Mehrzahl potentieller Käufer existiert, auf die das Unternehmen aufgeteilt werden könnte, sondern nur ein einzelnes Wirtschaftssubjekt Interesse an dem zum Verkauf stehenden Betrieb zeigt (*Charakteristikum des einzelnen interessierten Erwerbers*).

2. Der abgebende Eigner sieht sich einer Mehrzahl potentieller Käufer gegenüber, auf die die *Anteile*[75] an dem Unternehmen aufgeteilt werden könnten, doch der dadurch erzielbare Veräußerungserfolg ist geringer, da die Erwerber bei Zerteilung des Betriebes negative Synergien innerhalb des Gesellschafterkreises – bspw. in Form von Konflikten zwischen den Anteilseignern – befürchten und damit jeweils Abschläge von den durch sie zahlbaren Beteiligungspreisen vornehmen. Je höher der Alteigentümer diese Abschläge veranschlagt, desto attraktiver ist die Abgabe des Betriebes an einen einzelnen Käufer (*Charakteristikum der Entstehung negativer Synergien bei Erwerbermehrzahl*).

---

74 Dies und das Folgende stammt teilweise aus OLBRICH, Unternehmungsnachfolge (2014), S. 174-177.

75 Vgl. zum Verkauf des Unternehmens durch die Übereignung seiner Anteile oder durch die – im Folgepunkt angeführte – Übereignung seiner Wirtschaftsgüter überblicksartig OLBRICH, Unternehmungsnachfolge (2014), S. 88-98 und das dort angeführte Schrifttum.

3. Dem Verkäufer steht eine Mehrzahl potentieller Erwerber zur Verfügung, auf die die *Wirtschaftsgüter* des Unternehmens aufgeteilt werden könnten, doch der dadurch erzielbare Veräußerungserfolg ist geringer, da den Käufern bei Zerteilung des Betriebes der Verlust positiver Synergien innerhalb des Gesamtorganismus des Unternehmens als Wirtschaftseinheit droht; Ergebnis ist, daß die Erwerber jeweils Abschläge von den durch sie akzeptierbaren Preisen der Wirtschaftsgüter vollziehen.[76] Je höher der Verkäufer den Umfang dieser Abschläge einschätzt, als desto sinnvoller stellt sich die Beschränkung auf einen einzelnen Käufer dar (*Charakteristikum des Verlustes positiver Synergien bei Erwerbermehrzahl*).

Beispiel: Ein Kaufmann sucht für sein in Wilhelmstal, Namibia, ansässiges Bergbauunternehmen eine Nachfolgelösung im Wege des Verkaufs. Wesentliche Wirtschaftsgüter des Betriebes sind zum einen die staatlichen Lizenzen zur Erzförderung im Gebiet um Wilhelmstal und zum anderen eine aus Deutschland importierte Großanlage, die das geförderte Gestein zerkleinert, das Erz aus dem Gestein löst und im Anschluß verhüttet. Neben der Möglichkeit, den Betrieb im ganzen zu veräußern, besteht ebenfalls die Möglichkeit, das Unternehmen an zwei Erwerber zu übergeben. Käufer A erhält in diesem Fall die Lizenzen, während Käufer B Eigentümer der Produktionsanlagen wird. Der Veräußerungsgewinn der ersten Alternative (Wahl eines einzelnen Käufers) ist im Vergleich zu dem Gewinn, den die zweite Alternative (Zerteilung des Betriebes auf zwei Erwerber) verspricht, deutlich größer, da sie dem Erwerber die Fortführung des Unternehmens als Gesamtorganismus ermöglicht. Bei Zerteilung des Betriebes müßten die Erwerber erhebliche Abschläge ihrer Preisgebote vornehmen, denn der Käufer der Produktionsanlage könnte sie ohne die zugehörigen Förderlizenzen nur durch eine Verschrottung verwerten, während der Erwerber der Lizenzen zunächst eine neue, kostspielige Fertigungsstraße aufbauen müßte, bevor er die Erzgewinnung fortsetzen könnte.

Als Gründe, die für die Entscheidung des Eigentümers sprechen, sein Unternehmen innerhalb eines *Zeitpunkts* an einen Käufer abzugeben, können die folgenden drei Charakteristika unter Gültigkeit der Ceteris-paribus-Prämisse angeführt werden:[77]

---

76 Zu den Synergien innerhalb des Verbundes von Wirtschaftsgütern, aus dem der Gesamtorganismus des Unternehmens besteht, vgl. eingehend AULER, Unternehmung als Wirtschaftseinheit (1926), ebenfalls THEISINGER, Bewertung der Unternehmung (1933), S. 166, MÜNSTERMANN, Gesamtwert des Betriebes (1952), S. 211, MÜNSTERMANN, Wert und Bewertung (1966), S. 18-20.
77 Vgl. zu den folgenden Punkten OLBRICH, Unternehmungsnachfolge (2014), S. 176 f.

1. Zum einen bietet sich die zeitpunktbezogene Veräußerung des Unternehmens um so mehr an, je größer der Erfolg ist, den der abgebende Eigner dabei im Vergleich zu einem zeitlich gestreckten Verkauf zu erzielen vermag. Ursache eines niedrigeren Veräußerungsgewinns bei der Übereignung innerhalb eines Zeitraums kann z.B. ein Preisabschlag des Erwerbers sein, den dieser vornimmt, da er durch eine sukzessive Übereignung der *Anteile* Konflikte im Gesellschafterkreis befürchtet, die sich in der Phase bis zum vollständigen Übergang des Unternehmens zwischen ihm und dem Alteigentümer ergeben könnten. Wird der Betrieb durch die Übertragung seiner *Wirtschaftsgüter* übereignet, kann ein Verkauf verteilt über einen Zeitraum dazu führen, daß der Käufer erst verspätet in den Genuß der Kombinationseffekte gelangt, die aus dem unternehmerischen Gesamtorganismus resultieren. Auch in einem solchen Fall ist er dann gezwungen, einen Preisabschlag zu fordern. Erwirbt der Käufer in dem oben angeführten Beispiel zunächst nur die Förderlizenzen und erst zu einem späteren Termin die Produktionsanlagen, entgehen ihm bis zu der vollständigen Übernahme des Gesamtbetriebes Erfolge, da er erst ab dem Zeitpunkt der Anlagennutzung auch die Förderlizenzen verwerten kann. Diesen Nachteil einer zeitraumbezogenen Übereignung wird er über einen entsprechenden Preisabschlag zumindest in Teilen an den Verkäufer weiterzugeben versuchen (*Charakteristikum des Veräußerungserfolgsmaximums*).

2. Der Verkauf zu einem Zeitpunkt ist des weiteren um so attraktiver, je stärker der abgebende Eigentümer danach strebt, im Anschluß an die Veräußerung seines Unternehmens eine andere berufliche Aktivität zum Zwecke der Einkunftserzielung zu verfolgen. Kann er einer derartigen Betätigung, bspw. aus zeitlichen oder rechtlichen Gründen, nicht parallel zu seiner unternehmerischen Tätigkeit nachgehen, liegt es nahe, den Verkauf in einem Zeitpunkt zu realisieren, so daß dem Eigentümer und seinem Verbund mit anderen Wirtschaftssubjekten in diesem Fall sowohl der durch die Nachfolge erzielte Veräußerungsgewinn als auch die Erfolge aus dessen neuer beruflicher Tätigkeit zur Verfügung stehen, was bei einer zeitraumbezogenen Übereignung nicht unmittelbar möglich wäre (*Charakteristikum des Opportunitätseinkommens des bisherigen Eigentümers*).

3. Nicht zuletzt ist die Übertragung des Betriebes mittels zeitpunktbezogener Veräußerung als um so zweckmäßiger einzuschätzen, je geringer sich die Ertragsteuerbelastung darstellt, der sich der Verkäufer bei einem solchen Vorgehen im Vergleich zu einer zeitraumbezogenen Übereignung gegenübersieht (*Charakteristikum der relativ niedrigen Ertragsteuerlast*).

Gestaltung des Verkaufs im Wege der augenblicklichen Einzelnachfolge

Ebenso wie im Falle der übrigen, oben geschilderten Nachfolgeformen muß der Unternehmenseigner auch im Falle des Verkaufs im Rahmen der augenblicklichen Einzelnachfolge eine Entscheidung treffen, wie er die Nachfolge innerhalb dieses strategischen Gesamtkonzepts eingehender zu gestalten gedenkt, da ihm eine Vielzahl unterschiedlicher Maßnahmen zur Verfügung steht, mit denen die avisierte Übereignung vollzogen werden kann. Auch bei der Veräußerung gilt dabei selbstverständlich der Grundsatz, daß ein nach dem Rationalprinzip agierender Eigentümer jene Aktivitäten anstreben wird, die ihm oder seinem Verbund mit anderen Wirtschaftssubjekten vor dem Hintergrund seines individuellen Entscheidungsfeldes den im Vergleich zu den übrigen alternativen Nachfolgemaßnahmen größten Gewinn versprechen.[78] Im Gegensatz zur Vererbung und Stiftung von Todes wegen, bei denen der Eigentümer aufgrund der an seinen Todeszeitpunkt geknüpften Übertragung lediglich Gestaltungsmaßnahmen vor dem Eigentumswechsel zu vollziehen vermag, steht es ihm im Falle des Verkaufs ebenso wie bei der Schenkung und Stiftung unter Lebenden offen, Gestaltungsmaßnahmen sowohl *vor* dem Wechsel des Betriebes in die Hände seines Nachfolgers als auch *nach* Vollzug dieser Übereignung zu realisieren, um eine möglichst erfolgversprechende Übertragung des Unternehmens sicherzustellen. Voraussetzung für die Aktivitäten nach dem Eigentumsübergang ist allerdings, daß der Käufer derartigen Maßnahmen zustimmt, denn der Alteigentümer kann im Anschluß an die Veräußerung nur im Einvernehmen mit dem Erwerber in dem Unternehmen tätig sein.[79]

Wird der Betrieb veräußert, fließen seine zukünftigen Erfolge im Gegensatz zu Vererbung, Schenkung und Stiftung nicht mehr dem Alteigentümer und/oder seinem Verbund mit anderen Wirtschaftssubjekten, sondern dem Käufer des Unternehmens zu.[80] Der abgebende Eigentümer hat in diesem Fall folglich kein Interesse daran, die Gewinne der Unternehmensfortführung zu maximieren, sondern sucht statt dessen Maßnahmen durchzuführen, die eine *Maximierung des Erfolges der Unternehmensveräußerung* versprechen.[81] Diese können ähnlich wie im Falle der Maßnahmen zur Maximierung des Erfolges der Unternehmensfortführung in Betriebsexterna, Betriebsinterna und den Eigentumsübergang betreffende Aktivitäten unterschieden werden. Letzterer Kategorie werden u.a. die Ansprache potentieller Interessenten und die geschickte Verhandlungsführung zur Realisierung attraktiver Preisgebote

---

78 Vgl. *OLBRICH*, Unternehmungsnachfolge (2014), S. 73.
79 Vgl. *OLBRICH*, Unternehmungsnachfolge (2014), S. 81 f. und 185.
80 Dies und das Folgende stammt aus *OLBRICH*, Unternehmungsnachfolge (2014), S. 77 f. Vgl. zudem ausführlich *ebenda* S. 181-184.
81 Vgl. zu Maßnahmen der Maximierung des Veräußerungserfolges auch *SCHIERENBECK*, Beteiligungsentscheidungen (1973), S. 170.

subsumiert.[82] Des weiteren vermag der Eigentümer mit betriebsinternen Maßnahmen bspw. die Ablauf- und Aufbauorganisation frühzeitig an die unternehmerischen Strukturen und Prozesse eines institutionellen Käufers anzupassen, um die Integrationsfähigkeit des Unternehmens und damit seine Attraktivität aus der Sicht von Investoren zu erhöhen.[83] Schließlich wächst mit der Attraktivität des Unternehmens aus Sicht der präsumtiven Käufer ceteris paribus auch der Wert, den diese dem Betrieb jeweils zumessen und damit auch ihre Bereitschaft, einen höheren Preis im Rahmen der Verkaufsverhandlungen zu akzeptieren. Denselben Zweck verfolgen betriebsexterne Maßnahmen, die u.a. – ähnlich wie für die Fälle der Vererbung, Schenkung oder Stiftung erläutert – in dem Abschluß lukrativer langfristiger Liefer- und Abnahmeverträge bestehen können, um das Unternehmen in für den Käufer ansprechende, stabile Geschäftsbeziehungen einzubetten.

Entspricht die Gestaltung nach Eigentumsübergang zum einen dem Gewinnziel des abgebenden Eigners und stimmt zum anderen der Käufer einem solchen Vorgehen zu, wird der Alteigentümer derartige Maßnahmen als Ergänzung zu den oben angeführten Aktivitäten vor Eigentumsübergang durchführen. Wie die Maßnahmen vor Vollzug der Nachfolge dienen sie der *Maximierung des Erfolges der Unternehmensveräußerung.*[84] Die Position, aus der heraus der Verkäufer dabei tätig wird, vermag dabei verschiedener Art zu sein: So kann der Alteigentümer eine Position als Angestellter[85] innehaben, Mitglied in einem Kontrollgremium[86] sein oder das Unternehmen als unabhängiger Berater[87] unterstützen.

Inhaltlich entsprechen die Aktivitäten der Maximierung des Veräußerungserfolges im Grundsatz den auf den Fortführungserfolg des Unternehmens abzielenden Maß-

---

82 Vgl. zu Käufersuche und Kaufverhandlung SEILER, Unternehmensverkauf (2000), S. 72-76 und 99 f., ferner auch BETTAUER, Divestments (1967), S. 121.

83 Vgl. allgemein auch SCHILDBACH, Verkäufer und Unternehmen (1995), S. 630, ferner auch BETTAUER, Divestments (1967), S. 124.

84 Vgl. OLBRICH, Unternehmungsnachfolge (2014), S. 82.

85 Vgl. SPIELMANN, Generationenwechsel (1994), S. 133.

86 Vgl. ALBACH/FREUND, Unternehmenskontinuität (1989), S. 217, SPIELMANN, Generationenwechsel (1994), S. 133, MAY, Leitfaden für die Unternehmerfamilie (2000), S. 33, SIES, Unternehmensnachfolge (2000), S. 50, WIMMER/KOLBECK, Unternehmensnachfolge in mittelständischen Unternehmen (2000), S. 21, FELDEN/KLAUS, Unternehmensnachfolge (2003), S. 158 f., HABIG/BERNINGHAUS, Nachfolge im Familienunternehmen (2010), S. 88 und 90.

87 Vgl. KRAMER, Welle (1990), S. 14, FREUND, Unternehmensnachfolge (2000), S. 94, SCHULER, Wege der Nachfolgeregelung (2001), FELDEN/KLAUS, Unternehmensnachfolge (2003), S. 160. Auf eine nach dem Eigentumsübergang mögliche Beratung des Nachfolgers nicht durch den Alteigentümer, sondern die Hausbank des Unternehmens weisen dagegen LANGKAMP/KLAUS, Firmenbetreuung (2001), S. 209 f. hin.

nahmen:[88] Auch im Falle der Gestaltung nach Vollzug eines Verkaufs sucht der Alteigentümer die durch seine unternehmerische Tätigkeit in der Vergangenheit
gesammelten Erfahrungen, Kenntnisse und Netzwerkkontakte nach der Übereignung in dem Unternehmen zu verwerten. In diesem Zusammenhang kann er sowohl
die auf Betriebsexterna gerichteten Maßnahmen als auch die Betriebsinterna
ansprechenden Aktivitäten durchführen, die oben bereits jeweils herausgearbeitet
und anhand von Beispielen verdeutlicht wurden. Obwohl sich die Gestaltung zur
Maximierung des Fortführungserfolges in den Fällen der Vererbung, Schenkung
und Stiftung sowie die Gestaltung zur Maximierung des Veräußerungserfolges im
Falle des Verkaufs im Hinblick auf ihr inhaltliches Vorgehen folglich weitgehend
entsprechen, unterscheiden sie sich doch bezüglich ihrer Zielsetzung: Während
erstere den Zweck verfolgt, den Erfolg des übereigneten Unternehmens positiv zu
beeinflussen, ist eine solche Förderung der betrieblichen Gewinne für letztere lediglich Mittel zum Zweck. Die Erfolge des Unternehmens im Anschluß an die Nachfolge
sind im Falle des Verkaufs grundsätzlich nicht mehr von Interesse für den Eigner,
weil sie zukünftig nicht mehr ihm oder seinem Verbund mit anderen Wirtschaftssubjekten, sondern dem Erwerber zufließen werden. Da der abgebende Eigentümer
im Zuge des Verkaufs sein Gewinnmaximierungsziel lediglich durch einen möglichst großen Veräußerungserfolg zu erreichen vermag, zielen seine Maßnahmen
daher nur insofern auf die zukünftige Förderung der Gewinne des Unternehmens
ab, als dies von dem Käufer, also dem Empfänger dieser Erfolge, geschätzt und dem
Alteigentümer im Rahmen der Kaufpreisverhandlungen[89] entsprechend entgolten
wird. Zweck der Gestaltung nach Eigentumsübergang durch den Alteigentümer ist
also die Erzielung eines möglichst hohen Veräußerungserfolges durch seine Aktivitäten. Dabei gilt, daß der Käufer ceteris paribus um so mehr bereit sein wird, dem
Alteigentümer ein attraktives Entgelt zu leisten, je größer er die Steigerung seiner
Gewinne einschätzt, die eine Mitwirkung des Alteigentümers in dem Unternehmen
verspricht.

---

88 Dies und das Folgende stammt aus *OLBRICH*, Unternehmungsnachfolge (2014), S. 84 f. und 178-
181.
89 Rechtlich gesehen muß das Entgelt des Käufers für Aktivitäten des abgebenden Eigentümers im
Anschluß an den Verkauf selbstverständlich keinen Bestandteil des im Rahmen des Kaufvertrages
fixierten Preises für das Unternehmen darstellen, sondern vermag bspw. auch in Form von Zahlungen im Zuge eines zwischen den Parteien vereinbarten Dienstvertrages gemäß § 611 BGB im Hinblick
auf ein Arbeitsverhältnis oder eine freiberufliche Beratertätigkeit geleistet zu werden. Betriebswirtschaftlich kann der Barwert der Zahlungen für Maßnahmen des Alteigentümers dagegen eine Interpretation als Element des Veräußerungspreises erfahren, da er Gegenstand der Verhandlungen
zwischen Käufer und Verkäufer ist und damit einen Teil der Konditionen der Betriebsübergabe
ausmacht.

Angesichts der dargestellten Vorteile, die sich aus der Mitwirkung des Verkäufers nach dem Eigentumsübergang ergeben, ist festzuhalten, daß derartige Maßnahmen auch von *Nachteil* für den betrieblichen Erfolg sein können. Ebenso wie bei der Schenkung oder der Stiftung unter Lebenden kann es zu differierenden Auffassungen des alten und des neuen Eigentümers in bezug auf die zweckmäßigste Unternehmensführung und damit zu Spannungen zwischen diesen Parteien kommen. Eine solche Gefahr besteht insbesondere im Zuge einer längerfristigen Mitwirkung des Verkäufers, in deren Rahmen der Erwerber sukzessive eigene Kenntnisse aufbaut und damit die Rolle des „Lernenden" verläßt. Auch hier gilt selbstverständlich, daß die angesprochenen Konflikte insbesondere dann erfolgsbeeinträchtigend zu wirken vermögen, wenn das Personal, Kunden oder Lieferanten des Betriebes von ihnen Kenntnis erlangen.[90]

Vor Abschluß dieses Abschnitts der Gestaltung des Verkaufs soll an dieser Stelle im Rahmen eines *Exkurses* auf ein Problem eingegangen werden, das aufgrund seines häufigen Auftretens in der Praxis und seiner erheblichen negativen Wirkungen eine ernstzunehmende Herausforderung im Zuge der Betriebsveräußerung darstellt: das *Problem unternehmenskultureller Erfolgseinbußen*, die sich aufgrund der Übereignung einzustellen vermögen. Unter dem Begriff der „Kultur", der der lateinischen Bezeichnung „cultura" für „Landbau" sowie „Pflege des Körpers und des Geistes" entlehnt ist, wird hier die Gesamtheit der Grundannahmen, Wertvorstellungen und Normen verstanden, die eine Gruppe von Menschen erlernt hat, um ihre Probleme sowohl im Hinblick auf die interne Integration – also ihre innere Abstimmung und ihren Zusammenhalt – als auch in bezug auf die externe Adaption – d.h. ihre Anpassung an die Außenwelt – zu meistern. Der Terminus der „Unternehmenskultur" beschreibt dementsprechend jene Muster von erlernten Grundannahmen, Werten und Normen, die von den Mitgliedern eines Unternehmens geteilt werden, um die Schwierigkeiten der externen Adaption und internen Integration, denen sie sich gegenübersehen, zu bewältigen.[91]

---

90 Vgl. auch HESS, Generationenwechsel (1982), S. 30 f., MENZL, Generationenwechsel (1988), S. 14, ALBACH/FREUND, Unternehmenskontinuität (1989), S. 217, SPIELMANN, Generationenwechsel (1994), S. 215-217, MAY, Leitfaden für die Unternehmerfamilie (2000), S. 33, SIES, Unternehmensnachfolge (2000), S. 51-53, ferner SCHUBERT/KRAMER, Handlungsempfehlungen (2000), S. 59.

91 Vgl. zu den Begriffen der Kultur und der Unternehmenskultur SCHEIN, Role of the Founder (1983), S. 13 f., SCHEIN, Culture and Leadership (2010), S. 18 sowie auch SACKMANN, Unsichtbare Einflußgröße (1983), S. 395 f., HEINEN, Betriebswirtschaftslehre und Unternehmenskultur (1985), S. 986, HINTERHUBER/HOLLEIS, Verbindung von Unternehmensstrategie und Unternehmenskultur (1988), S. 3, ORTNER, Unternehmensbildung (1991), S. 37-39, BOGASCHEWSKY/ROLLBERG, Management (1998), S. 34, SCHERM, Internationales Personalmanagement (1999), S. 63-68, WEIBLER, Personalführung (2016), S. 91. Zur Abgrenzung der Unternehmenskultur von den Begriffen der Unternehmensidentität, der Unternehmensphilosophie und des Betriebsklimas vgl. KOBI/WÜTHRICH, Unternehmenskultur (1986), S. 35 f., MEFFERT/HAFNER, Unternehmenskultur und Unternehmensführung (1987), S. 43,

Die Unternehmenskultur wirkt sich damit auf zwei verschiedenen Wegen auf die Situation eines Betriebes aus: Einerseits bestimmt sie die Art und Weise des Umgangs der Unternehmensmitglieder untereinander und beeinflußt so die Effektivität der innerbetrieblichen Abläufe; andererseits lenkt sie das Auftreten des Betriebes auf den Absatz- und Beschaffungsmärkten und steuert seine Reaktion gegenüber ökonomischen, juristischen, technischen und gesellschaftlichen Entwicklungen. Durch derartige Wirkungen sowohl auf die internen Prozesse als auch auf das betriebliche Verhalten gegenüber der Umwelt hat die Kultur[92] eine erhebliche Ausstrahlung auf die Höhe der Gewinne, die das Unternehmen durch seine wirtschaftlichen Aktivitäten vereinnahmt.[93] Für einen nach Gewinnmaximierung strebenden Unternehmenseigner sind diese Konsequenzen der Kultur für den Erfolg seines Betriebes daher von entsprechender Bedeutung. Im Hinblick auf die Unternehmensnachfolge kann die Kultur des Betriebes aufgrund zweier verschiedener Ursachen erfolgsmindernde Wirkungen entfalten:

1. Neben den Mitarbeitern ist es – aufgrund seiner Leitungsmacht innerhalb des Unternehmens – insbesondere der Betriebseigner selbst oder der durch ihn zum Zwecke der Unternehmensführung eingesetzte Angestellte, der die Unternehmenskultur nach Maßgabe seiner persönlichen subjektiven Wertvorstellungen und Normen langfristig prägt. Das Personal orientiert sich mit zunehmender Dauer der Betriebszugehörigkeit an diesen kulturellen Vorgaben; darüber hinaus werden Neuzugänge nicht zuletzt danach ausgesucht, ob sie zu der herrschenden Kultur des Unternehmens passen. Wechselt der Eigentümer infolge der Nachfolge, verliert das Unternehmen mit dem Weggang des Altunternehmers den bedeutendsten Vertreter der bisherigen Unternehmenskultur. Ersetzt wird er durch einen neuen Eigentümer, der den Betrieb in der Zukunft selbstverständlich durch seine eigenen Wert- und Normenmuster zu prägen sucht. Die frühere, durch den abgetretenen Eigner geförderte Unternehmenskultur geht damit sukzessive verloren und wird durch die neuen kulturellen Elemente des Nachfolgers substituiert. Für das Personal bedeutet dies, daß langfristig in der Vergangenheit verinnerlichte Werte mit dem Eigentümerwechsel die Bedeutung verlieren und statt dessen neue, ungewohnte Vorgaben an ihre Stelle treten. Eine Vielzahl der Mitarbeiter kann sich mit einem derartigen Wertewandel häufig nicht identifizieren; die Folgen sind bspw. Orientierungslosigkeit und Motiva-

---

HINTERHUBER/WINTER, Corporate Identity (1991), S. 192-197, ROLLBERG, Strategische Unternehmensführung (1996), S. 43 f.

92 Mit dem Begriff der „Kultur" soll im folgenden stets die Kultur des Unternehmens gemeint sein.

93 Vgl. zum Zusammenhang von Unternehmenskultur und Unternehmenserfolg DEAL/KENNEDY, Corporate Cultures (2000), S. 15-19, FREIMUTH, Organisationskultur (1985), S. 89, HINTERHUBER/HOLLEIS, Verbindung von Unternehmensstrategie und Unternehmenskultur (1988), S. 5, ADAMER/HINTERHUBER/KAINDL, Unternehmungskultur (1992), S. 64-66.

tionsverluste der Belegschaft sowie innere oder tatsächliche Kündigungen, die mit entsprechenden Erfolgseinbußen des Unternehmens einherzugehen vermögen.[94]

2. Erfolgsbeeinträchtigungen können sich des weiteren dann einstellen, wenn es sich bei dem Nachfolger um einen institutionellen Eigner – also ein anderes Unternehmen – handelt oder aber der Nachfolger bereits ein Unternehmen besitzt und im Anschluß an die Übertragung eine Integration des übereigneten Betriebes in das schon bestehende Unternehmen des Nachfolgers erfolgt. In einem solchen Fall vermag sich eine Kulturkollision, d.h. ein Zusammentreffen der von den jeweiligen Angehörigen der beiden Betriebe getragenen unterschiedlichen kulturellen Muster einzustellen. Dies äußert sich darin, daß es zu einer Konfrontation verschiedenartiger Basisannahmen, Wertvorstellungen und Normen kommt; derartige Kulturdifferenzen zeigen sich dabei zunächst insbesondere in den diversen kulturellen Artefakten, die die zusammengeführten Unternehmen jeweils ihr eigen nennen. So können die beiden Betriebe in Abhängigkeit von ihrer jeweiligen Kultur u.a. Unterschiede aufweisen in der Aufbauorganisation (z.B. in bezug auf eine funktionale oder divisionale Aufgabenverteilung, eine ein- oder mehrdimensionale Organisationsstruktur oder die Anzahl der Hierarchieebenen), der Ausgestaltung der Informationspolitik, der Organisation der Entscheidungsprozesse, der Festlegung der Budgetverantwortlichkeiten, der Form der Entlohnungs- und Beförderungssysteme, der Ausstattung mit sozialen Einrichtungen, der Architektur und Einrichtung der Betriebsgebäude oder auch den von den Unternehmensangehörigen geteilten Sprachmustern und den von ihnen gefeierten Ritualen, wie Betriebsfesten und ähnlichem.[95] Auf der individuellen Ebene lösen die im Rahmen der Kulturkollision stattfindende Konfrontation der Unternehmensmitglieder mit ungewohnten, fremd und unverständlich anmutenden kulturellen Vorstellungen, das damit einhergehende Infragestellen des bisherigen Systems von Basisannahmen, Werten und Normen sowie die Angst vor dem Verlust der eigenen kulturellen Identifikations- und Orientierungsmuster einen „Kulturschock" aus, der sich in Selbstzweifeln, Unsicherheit und Angst ausdrückt. Die Folgen sind bspw. Produktionseinbrüche und Kündigungen sowie die damit einhergehenden Gewinn-

---

94 Vgl. hierzu auch *HESS*, Generationenwechsel (1982), S. 28 f., *HANDLER/KRAM*, Problem of Resistance (1988), S. 368 f., *RIETMANN*, Rolle des Treuhänders (1988), S. 154 und 157, *ZIEGLER*, Neue Unternehmenskultur (1998), *HECHELTJEN*, Nachfolge (1999), S. 46 f., *ZAUNER*, Wandel (1999), S. 298-300, *SCHUBERT/KRAMER*, Handlungsempfehlungen (2000), *HABIG/BERNINGHAUS*, Nachfolge im Familienunternehmen (2010), S. 86 und 93, ferner ebenfalls *MAY*, Leitfaden für die Unternehmerfamilie (2000), S. 33.
95 Vgl. *SALES/MIRVIS*, Issues in Acquisition (1984), S. 112 und 114, *KRYSTEK/MINKE*, Strategische Allianzen (1990), S. 31.

einbußen – Kollisionswirkungen, die auch als „negative Kultursynergie" bezeichnet werden können.[96] Zu beachten ist, daß die skizzierte Schocksituation im Regelfall ausschließlich die Angehörigen des übereigneten Betriebes, nicht dagegen jene des bereits vorhandenen Unternehmens des Nachfolgers erleben, da dieser meist bestrebt ist, die in seinem bisherigen Unternehmen geltenden kulturellen Muster auf den übernommenen Betrieb zu übertragen. Eine solche Kulturbeeinflussung läuft dabei insofern ab, als die kulturellen Artefakte des Übernahmeobjektes entsprechend komplementiert, modifiziert, eliminiert oder substituiert und den Angehörigen dieses Unternehmens so die in dem bisherigen Betrieb des Nachfolgers maßgebenden Werte, Normen und Grundannahmen kommuniziert werden.[97]

Die geschilderte unternehmenskulturelle Problematik stellt damit grundsätzlich eine Herausforderung im Rahmen der Nachfolge dar – sei es, weil der neue Eigner aufgrund seiner eigenen, von den Normengefügen des Alteigentümers abweichenden Wertvorstellungen eine Veränderung der im Betrieb herrschenden Kultur vornimmt oder weil der Nachfolger selbst ein Unternehmen darstellt oder ein solches bereits sein eigen nennt und es durch eine Zusammenführung beider Betriebe zu der unter Punkt 2 geschilderten Kulturkollision und der damit verbundenen negativen Kultursynergie kommt. Es bietet sich daher an, daß der abgebende Eigner Maßnahmen ergreift, um den mit der Kulturproblematik einhergehenden Erfolgseinbußen zu begegnen. Innerhalb der oben vorgestellten Systematik der Nachfolgegestaltung können sie wie folgt charakterisiert werden:

– Zwecksetzung der Maßnahmen: Übergibt der Eigner sein Unternehmen in einer Form, durch die ihm oder seinem Verbund mit anderen Wirtschaftssubjekten auch in Zukunft die Erfolge des Betriebes zufließen sollen (Vererbung, Schenkung, Stiftung), stellen Aktivitäten zur Minderung der Kulturproblematik Maßnahmen zum Zwecke der *Maximierung des Fortführungserfolges* dar. Wird das Unternehmen dagegen im Wege des Verkaufs übertragen, handelt es sich bei

---

96 Zur Problematik des Kulturschocks vgl. GILL/FOULDER, Acquisition and the Aftermath (1978), S. 15, SALES/MIRVIS, Issues in Acquisition (1984), S. 109, DE NOBLE/GUSTAFSON/HERGERT, Post-merger Integration (1988), S. 83, SIEHL/LEDFORD/SILVERMAN/FAY, Postmerger Integration (1988), S. 56, BUONO/BOWDITCH, Human Side of Acquisitions (1989), S. 96 und 164, KRYSTEK, Unternehmungskultur als kritischer Erfolgsfaktor (1991), S. 139, MÜLLER-STEWENS, Personalwirtschaftliche Problemfelder (1991), S. 165, KRYSTEK, Akquisition (1992), S. 552-554. Zu einer *positiven* Kultursynergie kann es aufgrund des Entstehungshintergrunds und Inhalts der kulturellen Muster dagegen nicht kommen. Vgl. hierzu die umfassende Analyse bei OLBRICH, Unternehmungswert (1999), S. 65-71.
97 Vgl. insbesondere KRYSTEK/MINKE, Strategische Allianzen (1990), S. 31, KRYSTEK, Unternehmungskultur als kritischer Erfolgsfaktor (1991), S. 139, KRYSTEK, Akquisition (1992), S. 545.

derartigen Aktivitäten statt dessen um Maßnahmen, die der *Maximierung des Veräußerungserfolges* dienen.

– Zeitliche Stellung im Übergabeprozeß: Maßnahmen zur Minderung kulturbedingter Erfolgseinbußen kann der abgebende Eigner *sowohl vor als auch nach dem Eigentumsübergang* vollziehen. Voraussetzung für nach der Übereignung vorzunehmende Maßnahmen ist selbstverständlich, daß der Eigner noch am Leben ist, nicht also die Nachfolgeformen der Vererbung oder Stiftung von Todes wegen gewählt hat.

– Ansatzpunkt der Maßnahmen: Da die Kultur des Unternehmens von seinem Personal getragen wird und sich innerhalb dieses Betriebes in Artefakten, wie der Organisationsstruktur, den negativen wie positiven Sanktionssystemen, der Ausgestaltung der Wertschöpfungsprozesse und ähnlichem ausdrückt, sind Maßnahmen zur Begegnung der Kulturproblematik grundsätzlich auf *Betriebsinterna* gerichtet.

Wie die angesprochenen Maßnahmen des abgebenden Eigentümers zur Begrenzung kulturbedingter Erfolgseinbußen inhaltlich aussehen, soll im folgenden am Beispiel des Verkaufs gezeigt werden. Sinnvoll ist die Verdeutlichung der offenstehenden Gestaltungsmöglichkeiten am Beispiel der Veräußerung deshalb, weil insbesondere bei dieser Nachfolgeform nicht nur die unter obigem Punkt 1 dargestellte Kulturbeeinflussung durch den neuen Eigentümer anzutreffen ist, sondern u.U. auch die Punkt 2 subsumierte Kulturkollision aufgrund des Zusammenfügens zweier Unternehmen beobachtet werden kann. Ursache hierfür ist der Sachverhalt, daß der übernehmende Eigentümer im Falle des Verkaufs vergleichsweise häufig bereits ein anderes Unternehmen besitzt oder aber selbst ein Unternehmen darstellt und den zur Nachfolge anstehenden Betrieb deswegen übernimmt, weil er damit die im Abschnitt 3.1.2.1 angeführten Synergieeffekte zu erzielen sucht. Aufgrund der Tatsache, daß die Kulturproblematik grundsätzlich bei jeder Nachfolgeform anzutreffen ist, können die im folgenden für den Fall des Verkaufs identifizierten Ergebnisse jedoch analog auch auf Vererbung, Schenkung und Stiftung angewendet werden; die Aktivitäten zielen dann freilich nicht auf die Steigerung des Veräußerungserlöses, sondern die Förderung des Fortführungserfolges ab.

Aus Gründen der einfacheren Darstellung erfolgt die Skizzierung der Lösung der Kulturproblematik im weiteren aus der *Sicht des Nachfolgers*, hier konkret eines institutionellen Käufers, also eines Erwerbers, bei dem es sich selbst um ein Unternehmen handelt; der Erwerber verfolgt das Ziel der Gewinnmaximierung. Von Vorteil ist ein solcher Perspektivenwechsel, da dadurch die Anforderungen, denen sich der neue Eigner aufgrund der Gefahr kultureller Erfolgsminderungen gegenübersieht, stringent herausgearbeitet werden können. Ob der Verkäufer ihn bei der

Bewältigung dieser Anforderungen durch den frühzeitigen Vollzug der notwendigen Maßnahmen bereits *vor* der Eigentumsübergabe oder aber durch ein gemeinsames, koordiniertes Vorgehen *nach* der Übereignung unterstützt, ist dagegen einzelfallabhängig. Allgemein kann dahingehend lediglich festgehalten werden, daß frühzeitige, vor dem Vollzug der Nachfolge vorgenommene Maßnahmen zur Verringerung kulturbedingter Erfolgseinbußen unter Zeitdruck und damit ggf. unüberlegt getroffene Entscheidungen zu vermeiden helfen und einen langfristig geplanten, sorgfältig durchstrukturierten Übergabeprozeß sicherzustellen vermögen. Andererseits kann der Verkäufer – wie im folgenden gezeigt werden wird – derartige Maßnahmen vor dem Eigentumsübergang vielfach lediglich dann realisieren, wenn ihm im vorhinein bekannt ist, welcher Käufer sein Unternehmen erwerben wird. Da sich bei Vorhandensein mehrerer interessierter Investoren häufig erst kurzfristig im Zuge der Verkaufsverhandlungen entscheidet, welcher potentielle Erwerber den Zuschlag erhält, ist es dem abgebenden Eigentümer vielfach ausschließlich möglich, den Käufer nach erfolgter Übereignung bei der Lösung der Kulturproblematik zu unterstützen.

Um die Kulturproblematik einer Analyse zu unterziehen und damit einen Lösungsweg aufzuzeigen, ist zunächst zu konstatieren, daß – war in den vorangegangenen Ausführungen von der „Kultursynergie" oder den „Kollisionswirkungen" die Rede – damit bisher im Grundsatz stets nur ein Teil der gesamten Wirkungen des Zusammentreffens zwischen den Kulturen des Käuferunternehmens und des übernommenen Unternehmens beschrieben wurde.[98] Eine derartig eingeschränkte Betrachtung wird hier zugunsten einer umfassenderen Sichtweise aufgegeben: Es wird im folgenden gezeigt, daß sich der gesamte, aus der Kulturkollision resultierende negative Verbundeffekt aus zwei verschiedenen Elementen zusammensetzt, und zwar den „primären negativen Verbundeffekten", die auch als „Kollisionswirkungen im engeren Sinne" bezeichnet werden sollen, und den „sekundären negativen Verbundeffekten", für die auch der Begriff der „Kollisionswirkungen im weiteren Sinne" verwendet wird. Das dieser Unterscheidung zugrundeliegende Trennungskriterium sind dabei die verschiedenen Ursachenkomplexe, die für die Kollisionswirkungen jeweils verantwortlich zeichnen.

Der Terminus der *primären negativen Verbundeffekte* oder der *Kollisionswirkungen im engeren Sinne* umfaßt all jene Beeinträchtigungen der Zukunftserfolge, die unmittelbar durch den Kulturschock der Mitarbeiter des Übernahmeobjekts verursacht werden. Sie stellen damit jene Wirkungen dar, die bereits oben unter den

---

[98] Diese und die folgenden Ausführungen zur Bewältigung der Kulturproblematik stammen aus OLBRICH, Unternehmungswert (1999), S. 85-174 und wurden aktualisiert. Vgl. hierzu ebenso OLBRICH, Bewertung von Akquisitionsobjekten (2002).

Punkten 1 und 2 erläutert wurden, und können das Gewinnmaximierungsziel des Investors sowohl von der Erlös- als auch der Kostenseite her konterkarieren:

1. Erlöseinbußen vermag der Verbund aus übernehmendem und übernommenem Betrieb z.B. aufgrund einer durch Motivationsverluste eingeschränkten Leistungswilligkeit der Mitarbeiter des erworbenen Unternehmens erleiden, aus der u.a. stagnierende oder sinkende Produktions- und Absatzzahlen resultieren. Die durch die Kulturkollision ausgelöste Desorientierung und Demotivation können darüber hinaus z.B. auch zu Kündigungen von Beschäftigten des Übernahmeobjekts führen, die einen Abfluß von Wissen und Lerneffekten verursachen.

2. Kostensteigerungen erleidet der Unternehmensverbund bspw. aufgrund von Verhaltensänderungen der Mitarbeiter des Übernahmeobjektes: So führt ein durch den Kulturschock hervorgerufenes Gefühl, sich in dem eigenen Betrieb plötzlich nicht mehr heimisch zu fühlen, u.U. zu einer mangelnden Sorgfalt im Umgang mit Vermögensgegenständen und senkt mitunter auch die Hemmschwelle im Hinblick auf wirtschaftskriminelle Handlungen.[99] Beeinträchtigungen der Orientierung und Motivation des Personals des akquirierten Unternehmens führen des weiteren innerhalb des Verbundes zu einem erhöhten Bedarf sowohl an Koordinations- als auch Kontrollmaßnahmen; auch sie schlagen sich in entsprechenden Aufwendungen nieder und verringern dadurch den Erfolg, den der Investor infolge der Übernahme vereinnahmen kann.

Dem Begriff der *sekundären negativen Verbundeffekte* oder der *Kollisionswirkungen im weiteren Sinne* werden all jene Beeinträchtigungen der zukünftigen Erfolge subsumiert, deren unmittelbare Ursache eine etwaige, von dem Erwerber betriebene Kulturpolitik darstellt. Der Terminus der Kulturpolitik beschreibt in diesem Zusammenhang die Gesamtheit der von dem akquirierenden Unternehmen durchgeführten Maßnahmen, die das Ziel verfolgen, die mit der Situation der Kulturkollision unmittelbar einhergehenden Erfolgsbeeinträchtigungen vollständig zu vermeiden oder sie zumindest zu verringern. Die *sekundären* Verbundeffekte resultieren folglich aus Aktivitäten des Käufers, die dazu dienen, die Entstehung der oben erläuterten *primären* Verbundeffekte zu unterbinden. Ebenso wie die primären können auch die sekundären Effekte das vom Bewertungssubjekt angestrebte Ziel der Gewinnerwirtschaftung dabei sowohl von der Erlös- als auch der Kostenseite her konterkarieren. Führt das Käuferunternehmen z.B. Seminare durch mit dem Ziel, die in ihm gültigen Wertvorstellungen dem Personal des Akquisitionsobjektes sukzessive näherzubringen, um der Gefahr des Kulturschocks entgegenzusteuern, geht dies

---

99 Vgl. zum Problem der Wirtschaftskriminalität aufgrund mangelnder Mitarbeiterloyalität und unternehmenskultureller Schwächen auch LOHSE, Wirtschaftskriminalität (1996), S. 146 f.

gezwungenermaßen mit entsprechenden Aufwendungen einher. Zu Erlöseinbußen kann es u.a. kommen, wenn der Investor Mitarbeiter des übernommenen Betriebes von sich aus entläßt, um so den negativen Folgen aktiver und passiver Widerstände zu begegnen, und durch diese Kündigungen bestimmte Kundenkontakte verlorengehen.[100] Das Zusammentreffen der Kulturen führt damit folglich insgesamt zu zwei Ergebnissen: Zum einen zeitigt es „Kollisionswirkungen im engeren Sinne" oder „primäre negative Verbundeffekte"; diese entstehen unmittelbar aufgrund des Kulturschocks. Zum anderen löst die Kulturkollision – aufgrund ebendieser drohenden Gefahren – ein gegensteuerndes Verhalten des Käufers aus, das die Abwehr der primären Verbundeffekte zum Ziel hat. Die mit diesem, hier als „Kulturpolitik" bezeichneten Verhalten direkt einhergehenden Erfolgsminderungen stellen entsprechend „Kollisionswirkungen im weiteren Sinne" oder „sekundäre negative Verbundeffekte" dar.

Die herausgearbeiteten Teilsynergien in Form primärer und sekundärer Verbundeffekte existieren nicht isoliert nebeneinander, sondern stehen in einem engen Zusammenhang, der sich aus der Zielsetzung der Kulturpolitik ergibt: So werden die Kollisionswirkungen im engeren Sinne durch zunehmende kulturpolitische Aktivitäten verringert, wohingegen die Kollisionswirkungen im weiteren Sinne durch eine vermehrte Kulturpolitik entsprechend steigen. Beide durch das Kulturzusammentreffen ausgelösten Teilsynergien stehen folglich in einem substitutiven Verhältnis zueinander, denn das von dem Käufer gewählte Maß an Kulturpolitik bestimmt, inwieweit die primären Verbundeffekte beseitigt werden und statt dessen sekundäre Verbundeffekte an ihre Stelle treten. Vor dem Hintergrund dieser Überlegungen wird im weiteren ein *Modell* dargestellt, das den geschilderten Zusammenhang zwischen der Kulturpolitik des Käufers und dem Eintritt primärer sowie sekundärer Verbundeffekte veranschaulicht, um darauf aufbauend die gesamte Minderung des Zukunftserfolgswertes[101] des Übernahmeobjektes – im Sinne des Entscheidungswertes[102] des Käufers – durch die Kulturkollision aufzuzeigen. Ausgehend von den dabei gewonnenen Ergebnissen macht das Modell deutlich, welches Aktivitätsoptimum der Erwerber bei der Planung seiner kulturpolitischen Maßnahmen anstreben

---

100 Das Beispiel verdeutlicht damit noch einmal den Unterschied zwischen den Kollisionswirkungen im engeren und weiteren Sinne: Entstehen die Verluste an Kundenkontakten durch Kündigungen von seiten der Mitarbeiter des Akquisitionsobjektes aufgrund einer kulturkollisionsbedingten mangelnden Identifikation mit dem Unternehmen, handelt es sich bei den damit einhergehenden Erlöseinbußen um primäre Verbundeffekte. Werden die Kündigungen dagegen von dem Käufer vorgenommen mit dem Ziel, den Folgen von aus der Kulturkollision resultierenden Motivationsverlusten zu begegnen, stellen die durch diese Entlassungen ausgelösten Erlösminderungen aufgrund des Verlustes an Kundenkontakten sekundäre Verbundeffekte dar.
101 Zum Partialmodell des Zukunftserfolgswerts/Ertragswerts vgl. eingehend Abschnitt 3.4.2.2.
102 Zum Begriff des Entscheidungswerts vgl. ausführlich Abschnitt 3.4.1.

sollte und in welchem Ausmaß die Kultursynergie insgesamt damit in seinem Entscheidungswert Berücksichtigung finden muß.

Grundlage des in der folgenden Abbildung 11 vorgestellten Modells ist der erste
Quadrant eines Koordinatensystems, wobei die Werte der Ordinate die kulturkolli-
sionsbedingte Zukunftserfolgswertminderung ZEWM repräsentieren, während auf
der Abszisse die Kulturpolitik K des Käufers Berücksichtigung findet. Ausgedrückt
wird die jeweilige Art und Weise der Kulturpolitik dabei in Form einzelner Maßnahmenbündel, die die von dem Erwerber realisierbaren kulturpolitischen Vorgehensweisen widerspiegeln. Die Bündel können sich dabei im Hinblick auf die Arten der
in ihnen enthaltenen kulturpolitischen Maßnahmen und/oder in bezug auf die
jeweilige Intensität der Durchführung dieser Aktivitäten unterscheiden. Angeordnet
sind die möglichen Maßnahmenbündel auf der Abszisse nach Maßgabe ihres Einflusses auf die Kollisionswirkungen im engeren Sinne: Je stärker die von dem Käufer
eingesetzten Aktivitätskombinationen die primären Verbundeffekte verringern,
desto weiter rechts befinden sie sich auf dieser Achse. Im Schnittpunkt von Abszisse
und Ordinate betreibt der Investor folglich überhaupt keine Kulturpolitik; mit wach-
sendem Abstand zu diesem Punkt sind jene Maßnahmenbündel auf der Abszisse
repräsentiert, die die primären Verbundeffekte zunehmend beeinträchtigen.

Die *ZEWM$_{PNV}$-Kurve* beschreibt das Ausmaß der durch die primären Verbundeffekte
ausgelösten Zukunftserfolgswertminderungen in Abhängigkeit von der jeweiligen
Kulturpolitik des Käufers. Der Ursprung der ZEWM$_{PNV}$-Kurve (K$_0$/ZEWM$_5$) stellt damit
die Beeinträchtigung des Zukunftserfolgswertes durch die Kollisionswirkungen im
engeren Sinne dar, falls der Investor überhaupt keine Kulturpolitik betreibt; realisiert er dagegen bspw. das Maßnahmenbündel K$_1$, gelingt es ihm, die durch primäre
Verbundeffekte verursachte Wertminderung auf das Niveau ZEWM$_2$ zu senken. Vollzieht der Nachfolger die Aktivitätskombination K$_3$, ist es ihm möglich, die Kollisionswirkungen im engeren Sinne vollständig zu beseitigen, so daß die ZEWM$_{PNV}$-
Kurve im Punkt (K$_3$/ZEWM$_0$) endet. Die *ZEWM$_{SNV}$-Kurve* symbolisiert die Minderungen des Zukunftserfolgswertes aufgrund der sekundären Verbundeffekte, die die
Kulturpolitik des Käufers zeitigt. Der Ursprung der ZEWM$_{SNV}$-Kurve liegt daher im
Schnittpunkt von Ordinate und Abszisse (K$_0$/ZEWM$_0$), denn wenn der Nachfolger
keinerlei Kulturpolitik betreibt, kann es definitionsgemäß auch nicht zu Kollisionswirkungen im weiteren Sinne kommen. Realisiert der Käufer dagegen z.B. K$_1$, geht
dies mit sekundären Verbundeffekten einher, die die Wertminderung ZEWM$_1$ mit
sich bringen. Da es sich – wie bereits erläutert – bei K$_3$ um diejenige Aktivitätskombination handelt, bei der die primären Verbundeffekte vollständig beseitigt werden,
endet die ZEWM$_{SNV}$-Kurve im Punkt (K$_3$/ZEWM$_4$): ZEWM$_4$ stellt die mit diesem Maßnahmenbündel einhergehende Wertminderung aufgrund von sekundären Verbundeffekten dar.

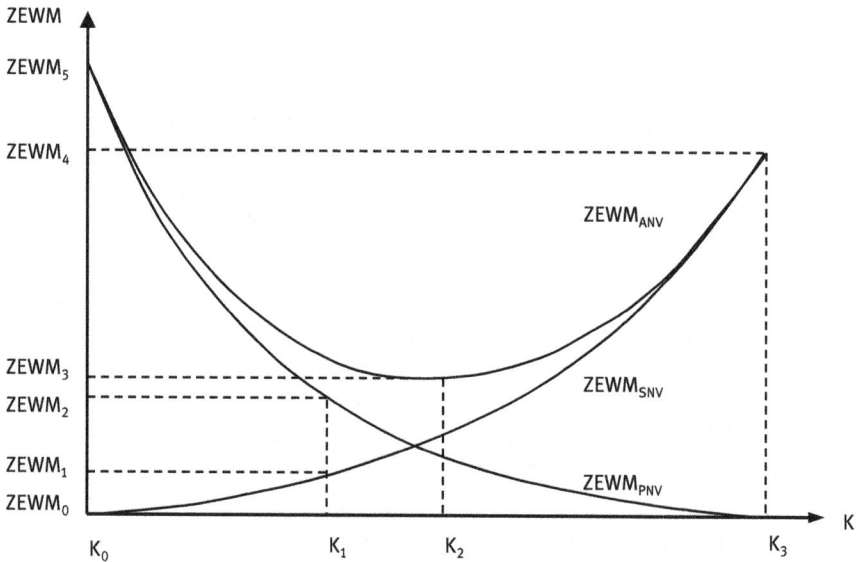

Abb. 11: Kultur-Wert-Modell[103]

Zu beachten ist bei der $ZEWM_{SNV}$-Kurve, daß sie die Zukunftserfolgswertminderun-gen einer *effizienten* Kulturpolitik abbildet: Existieren mehrere verschiedene kultur-politische Maßnahmenbündel, die jeweils eine Verringerung der primären Verbund-effekte in identischer Höhe herbeiführen können, zeigt die $ZEWM_{SNV}$-Kurve stets die kulturpolitisch bedingte Wertminderung desjenigen Bündels, das diese Beeinträch-tigung der Kollisionswirkungen im engeren Sinne mit den geringsten sekundären Verbundeffekten zu bewirken vermag. Dies macht auch noch einmal deutlich, wes-halb die $ZEWM_{SNV}$-Kurve im Punkt $(K_3/ZEWM_4)$ endet: Zwar könnte der Käufer ein noch umfangreicheres kulturpolitisches Maßnahmenbündel als K_3 realisieren, das mit entsprechend höheren sekundären Verbundeffekten einherginge. Ein derartiges Vorgehen wäre allerdings nicht effizient, da es keine weitergehende Beseitigung der Kollisionswirkungen im engeren Sinne herbeiführen kann als K_3; für einen rational handelnden Investor ist es folglich nicht von Interesse.[104]

---

103 Quelle: *OLBRICH*, Unternehmungswert (1999), S. 92 sowie *OLBRICH*, Bewertung von Akquisitions-objekten (2002), S. 160.
104 Nicht zuletzt ist ebenfalls zu berücksichtigen, daß die $ZEWM_{SNV}$-Kurve nicht stets einen mono-ton steigenden Verlauf wie in der Abbildung aufweisen muß: Es ist denkbar, daß in Ausnahmefäl-len bestimmte kulturpolitische Maßnahmenbündel existieren, die mit niedrigeren Kollisionswirkun-gen im weiteren Sinne einhergehen als auf der Abszisse links von ihnen liegende, die primären Verbundeffekte geringer beeinträchtigende Aktivitätskombinationen.

Die *ZEWM$_{ANV}$-Kurve* bildet die gesamten Minderungen des Zukunftserfolgswertes ab, die aus den von dem Nachfolger realisierbaren kulturpolitischen Maßnahmenbündeln resultieren. Sie stellt also die Aggregation der ZEWM$_{PNV}$- und der ZEWM$_{SNV}$-Kurve dar und zeigt, welche Wertbeeinträchtigung sich insgesamt bei einer bestimmten kulturpolitischen Vorgehensweise als Folge sowohl der Senkung der primären Verbundeffekte als auch der Entstehung sekundärer Verbundwirkungen einstellt.[105] Das Modell verdeutlicht damit, daß der Käufer im Hinblick auf die von ihm betriebene Kulturpolitik versuchen muß, zwei gegenläufige Tendenzen zum Ausgleich zu bringen. Der rationale Investor wird danach streben, dasjenige Maßnahmenbündel zu realisieren, bei dem der Absolutbetrag des Grenzschadens aufgrund der primären Verbundeffekte dem durch die sekundären Verbundeffekte verursachten Grenzschaden entspricht, denn die insgesamt durch die Kulturkollision verursachte Wertminderung ist dann am geringsten. Die ZEWM$_{ANV}$-Kurve weist bei diesem Maßnahmenbündel entsprechend ihr Minimum (K$_2$/ZEWM$_3$) auf.[106]

Im Ergebnis hat der Käufer folglich dreistufig vorzugehen, um die Kulturkollision in seinem Entscheidungswert zu berücksichtigen: So muß er sich zunächst Klarheit darüber verschaffen, wie die Lage der ZEWM$_{PNV}$-Kurve in der vorliegenden Übernahmesituation aussieht. Es bedarf also der Abschätzung, welches Ausmaß die durch die primären Verbundeffekte verursachte Zukunftserfolgswertminderung annimmt, wenn der Nachfolger keinerlei Kulturpolitik betreibt; darüber hinaus ist zu ermitteln, welche kulturpolitischen Maßnahmenbündel diese Wertminderung sukzessive zu senken vermögen. In einem zweiten Schritt ist der Investor angehalten, die Lage der ZEWM$_{SNV}$-Kurve zu beurteilen; er muß also bestimmen, mit welchen sekundären Verbundeffekten die einzelnen, im ersten Schritt identifizierten kulturpolitischen Bündel jeweils einhergehen. Wurden die ZEWM$_{PNV}$- und die ZEWM$_{SNV}$-Kurve abgeschätzt, ergibt sich aus ihrer Aggregation die Lage der ZEWM$_{ANV}$-Kurve. Anschließend hat der Käufer die Aufgabe, zu wählen, welches konkrete Maßnahmenbündel er aus der Menge der möglichen kulturpolitischen Vorgehensweisen realisieren möchte, um gegen die aus der Kulturkollision drohenden Gefahren vorzugehen. Die mit dieser geplanten kulturpolitischen Aktivitätskombination insgesamt einherge-

---

105 Weist die ZEWM$_{SNV}$-Kurve in Ausnahmefällen keine monotone Steigung auf, so besitzt die ZEWM$_{ANV}$-Kurve – da sie sich aus der Aggregation der ZEWM$_{PNV}$- und ZEWM$_{SNV}$-Kurve ergibt – u.U. mehrere Extrema.

106 Da sich die ZEWM$_{ANV}$-Kurve u.U. durch mehrere Extrema auszeichnet, wenn die ZEWM$_{SNV}$-Kurve keine monotone Steigung besitzt, bedarf es bei der Suche nach dem optimalen kulturpolitischen Maßnahmenbündel in einem solchen Fall der Ermittlung des absoluten Minimums der ZEWM$_{ANV}$-Kurve; liegt vor dem ersten – oder einzigen – Minimum der ZEWM$_{ANV}$-Kurve ein Maximum, ist darüber hinaus ihr linker Rand auf ein Randextremum hin zu untersuchen; existiert nach dem letzten – oder einzigen – Minimum ein Maximum, ist ihr rechter Rand einer entsprechenden Prüfung zu unterziehen.

hende, sowohl aus primären als auch sekundären Verbundeffekten resultierende Wertminderung fließt in den Entscheidungswert des Erwerbers ein.

Um das Ausmaß der *primären negativen Verbundeffekte* zu prognostizieren, muß sich der Nachfolger an den Kriterien orientieren, die für derartige Erfolgsminderungen verantwortlich zeichnen. Insgesamt sind dabei drei Determinanten zu berücksichtigen, deren kumulatives Auftreten die Höhe der Kollisionswirkungen im engeren Sinne bestimmt: die Kulturrelevanz, der Kulturkontakt und die Kulturdifferenzen.

Die Voraussetzung der *Kulturrelevanz* ist bei jenen Übernahmezielsetzungen des Käufers erfüllt, deren Realisierung einer Mitwirkung des Personals des Akquisitionsobjektes bedarf. Von Bedeutung ist dieses Kriterium, da sich der Kulturschock auf der individuellen Ebene der Mitarbeiter des erworbenen Betriebes abspielt und damit ihr Verhalten beeinflußt. Benötigt der Käufer zur Erreichung seiner Ziele einen Beitrag dieses Personals, weist die Kulturkollision damit eine entsprechende Relevanz für das Bewertungssubjekt auf. Ist die Mitwirkung der Beschäftigten des Akquisitionsobjektes dagegen nicht zur Realisierung der avisierten Zahlungsströme vonnöten, bleiben die Zukunftserfolge von der Kulturkollision unbeeinträchtigt, so daß primäre Verbundeffekte unterbleiben. Beispielsweise muß die Kulturrelevanz bei einem vertikalen Zusammenschluß, in dessen Rahmen der Investor Vorteile durch die enge Koordination der Absatzseite der vorgelagerten mit der Beschaffungsseite der nachgelagerten Gesellschaft zu erreichen sucht, bejaht werden, da die Zielerreichung nur unter Mitwirkung des Personals des Akquisitionsobjektes erreicht werden kann. Zu verneinen ist die Kulturrelevanz dagegen u.a. im Falle des Kaufs eines Gesellschaftsmantels mit Verlustvortrag: Sucht der Investor dabei ausschließlich den Steuerspareffekt zu nutzen, bedarf es lediglich einer Fusion[107] beider Gesellschaften, nicht aber einer Mitwirkung der Beschäftigten des Übernahmeobjektes.[108]

Jene Zukunftserfolgsbestandteile, die sich durch das Kriterium der Kulturrelevanz auszeichnen, hat der Investor in einem zweiten Schritt auf das Vorliegen des *Kulturkontaktes* zu prüfen: Zu klären ist dabei, inwieweit die Verfolgung eines – aufgrund der Mitwirkung des Personals des erworbenen Betriebes – grundsätzlich durch die

---

[107] Vgl. zu den Verlustabzugsmöglichkeiten ausführlich KUßMAUL/RICHTER/TCHERVENIACHKI, Problemfelder (2008), KUßMAUL, Steuerlehre (2014), S. 555 f., SCHNEELOCH/MEYERING/PATEK, Grundlagen (2016), S. 95 f., 176 f. und 197 f.
[108] Zur mangelnden Kulturrelevanz bei Übernahmen mit finanzwirtschaftlichen Zielen vgl. auch SIEHL/LEDFORD/SILVERMAN/FAY, Postmerger Integration (1988), S. 53. Diverse Beispiele für Akquisitionsziele mit und ohne Kulturrelevanz finden sich bei OLBRICH, Unternehmungswert (1999), S. 100-103.

Kulturkollision konterkarierbaren, also kulturrelevanten Übernahmezieles überhaupt ein derartiges Zusammentreffen zwischen den Wertemustern von Käufer und Akquisitionsobjekt auslöst. Die Beurteilung, ob es in Folge der Übernahme zu einem Kulturkontakt kommt, hat sich daran zu orientieren, inwieweit der Investor seine Zielsetzungen mit Maßnahmen zu verfolgen sucht, die das Personal des übernommenen Betriebes mit den kulturellen Symbolen des Käuferunternehmens konfrontieren werden.[109] So ist der Kulturkontakt bspw. zu bejahen bei einer Übernahme, in deren Rahmen der Erwerber den Fertigungs- und Absatzbereich des Akquisitionsobjekts eingehend in die eigenen Strukturen und Prozesse zu integrieren sucht und die betroffenen Mitarbeiter damit in neue, ungewohnte aufbau- und ablauforganisatorische Systeme einbinden wird. Nicht gegeben ist der Kulturkontakt dagegen u.a. bei einem Unternehmenskauf, der lediglich dazu dient, einen Austausch technischen Wissens zwischen den Übernahmeparteien zu erzielen, und daher ohne eine organisatorische Verflechtung einhergeht.[110]

Akquisitionsziele, die sowohl durch Kulturrelevanz als auch Kulturkontakt charakterisiert sind, muß der Investor nicht zuletzt im Hinblick auf das Vorliegen der *Kulturdifferenzen* analysieren: So sind die ersten beiden Voraussetzungen zwar notwendige Bedingungen für die Entstehung primärer Verbundeffekte, aber nicht hinreichend, denn Kollisionswirkungen im engeren Sinne entstehen nur, wenn das Zusammentreffen der Wertesysteme mit einem Kulturschock einhergeht. Er stellt sich bei den Mitarbeitern des Akquisitionsobjektes lediglich dann ein, wenn die jeweiligen Kulturen der Übernahmeparteien Unterschiede aufweisen und das Personal des erworbenen Betriebes daher mit fremdartigen, ungewohnten und damit Unsicherheit auslösenden Wertemustern konfrontiert wird.[111]

Als *Zwischenergebnis* kann damit festgehalten werden, daß der Käufer bei der Abschätzung des Ausmaßes der primären Verbundeffekte, das sich bei Unterlassung jeglicher Kulturpolitik einstellen wird (Punkt $(K_0/ZEWM_5)$ der $ZEWM_{PNV}$-Kurve), auf jene Zukunftserfolge konzentrieren muß, deren Erzielung sowohl durch Kultur-

---

109 Vgl. hierzu ferner auch *NAHAVANDI/MALEKZADEH*, Acculturation in Acquisitions (1988), S. 80 f., *FREUND*, Integration übernommener Unternehmen (1991), S. 496. Zur Bedeutung kultureller Symbole vgl. insbesondere *SCHEIN*, Culture and Leadership (2010), S. 18.

110 Für weitere Beispiele vgl. *OLBRICH*, Unternehmungswert (1999), S. 105-107.

111 Vgl. zum Aspekt der Kulturunterschiede als Ursache negativer Kulturkollisionswirkungen insbesondere auch *GILL/FOULDER*, Acquisition and the Aftermath (1978), S. 16, *CLARKE*, Measuring Strategic Fit (1987), S. 16, *DE NOBLE/GUSTAFSON/HERGERT*, Post-merger Integration (1988), S. 83, *GROVES-RAINES/BRYANT*, Human Resource Planning (1988), S. 43. Ein Überblick über verschiedene, im Schrifttum anzutreffende Methoden der Messung von Kulturunterschieden und ihre kritische Beurteilung finden sich bei *OLBRICH*, Unternehmungswert (1999), S. 110-125.

relevanz als auch Kulturkontakt sowie Kulturdifferenzen geprägt ist. Das Ausmaß der Kollisionswirkungen im engeren Sinne ist dabei ceteris paribus um so größer,

- je umfangreicher das Personal des Akquisitionsobjektes an der Zielerreichung des Bewertungssubjektes mitwirkt (Kulturrelevanz),

- je stärker das Personal des Akquisitionsobjektes mit den kulturellen Artefakten des Käuferunternehmens konfrontiert wird (Kulturkontakt) und

- je erheblicher die Unterschiede sind, die die kulturellen Muster beider Übernahmeparteien im Vergleich miteinander aufweisen (Kulturdifferenzen).

Im Anschluß an die Abschätzung der primären Verbundeffekte bei Unterlassung jeglicher Kulturpolitik hat der Investor zu beurteilen, inwieweit diesen Erfolgsminderungen mittels kulturpolitischer Maßnahmen begegnet werden kann, welches Ausmaß die Kollisionswirkungen im engeren Sinne also in Abhängigkeit von der Kulturpolitik aufweisen. Grundsätzlich kann der Käufer zwischen drei kulturpolitischen Strategien wählen, die die Einwirkung auf jeweils eine der drei Determinanten der primären negativen Verbundeffekte zum Ziel haben: die Kulturbeseitigung, die Kulturtrennung und die Kulturanpassung.

Die Strategie der *Kulturbeseitigung* setzt an der Kulturrelevanz an: Sie verfolgt das Ziel, den Großteil oder die Gesamtheit der Beschäftigten des Akquisitionsobjektes unmittelbar nach der erfolgten Übernahme zu entlassen und durch Neueinstellungen zu ersetzen, da die bisherigen Mitarbeiter dieses Betriebes die Träger seiner kulturellen Muster darstellen. Wird das Personal der übernommenen Gesellschaft durch Neuzugänge – die unmittelbar in das Wertesystem des Käuferunternehmens eingebunden werden – substituiert, geht damit die in dem Akquisitionsobjekt bisher bestehende Kultur verloren.[112] Die Konsequenz ist, daß es nicht zu einem Zusammentreffen der kulturellen Muster beider Übernahmeparteien kommt und damit folglich auch die Entstehung der Kollisionswirkungen im engeren Sinne unterbunden wird.

Ansatzpunkt der Strategie der *Kulturtrennung* ist der Kulturkontakt; sie zielt darauf ab, die Häufigkeit und das Ausmaß der Eingriffe in das übernommene Unternehmen zu verringern, um so der Konfrontation des Personals des Akquisitionsobjektes mit der Kultur des Käufers entgegenzuwirken. Das Ziel der Strategie der Kulturtrennung

---

112 Vgl. zu diesem Gedankengang ebenfalls *NAHAVANDI/MALEKZADEH*, Acculturation in Acquisitions (1988), S. 82, ferner auch *MATENAAR*, Organisationskultur (1983), S. 26 sowie *KRYSTEK/MINKE*, Strategische Allianzen (1990), S. 31.

besteht folglich darin, das Zusammentreffen der Kulturen beider Übernahmeparteien einzuschränken, so daß der Kulturschock abgemildert wird und die aus ihm resultierenden primären Verbundeffekte entsprechend geringer ausfallen.[113] Je umfassender der Investor auf Eingriffe im Akquisitionsobjekt zu verzichten sucht, desto schwächer wird der Kulturkontakt und desto weniger Kollisionswirkungen im engeren Sinne wird er sich ceteris paribus gegenübersehen.

Die Strategie der *Kulturanpassung* stellt auf die Kulturdifferenzen ab. Ihr Ziel ist es, die Unterschiede zwischen den Wertesystemen der Übernahmeparteien durch entsprechende Maßnahmen zu reduzieren, um so der Entstehung von Kollisionswirkungen im engeren Sinne zu begegnen.[114] Im Hinblick auf die Wirkung der Strategie der Kulturanpassung gilt somit, daß die Kollisionswirkungen im engeren Sinne ceteris paribus um so geringer werden, je umfassender es dem Käufer – z.B. mit Hilfe der Durchführung von Seminaren oder der Einrichtung von Integrationsmannschaften[115] – gelingt, bestehende Kulturdifferenzen abzubauen.

Die *sekundären negativen Verbundeffekte* entstehen durch den Einsatz der Kulturpolitik. Um ihren Umfang prognostizieren zu können, muß der Käufer daher abschätzen, welche Beeinträchtigungen des Zukunftserfolgswertes von den einzelnen kulturpolitischen Maßnahmenbündeln ausgelöst werden. Grundsätzlich gilt, daß die drei Strategien der Kulturpolitik jeweils auf unterschiedlichen Wegen Kollisionswirkungen im weiteren Sinne auslösen:

So gilt für die *Kulturbeseitigung*, daß sie Negativwirkungen zum einen durch die Entlassung des Altpersonals verursacht; hierbei sind u.a. das Aufstellen von Sozialplänen und die Zahlung von Abfindungen, aber z.B. auch der Verlust von Wissen und Kundenkontakten anzuführen. Zum zweiten verursacht ebenfalls die Einstellung neuer Mitarbeiter Erfolgsminderungen, z.B. in Form von Suchkosten am Arbeitsmarkt. Tendenziell gilt dabei, daß die sekundären Verbundeffekte der Kulturbeseitigung ceteris paribus um so größer werden, je umfassender der Austausch zwischen bisherigen Mitarbeitern und Neueinstellungen ausfällt. Die *Kulturtrennung* verursacht Kollisionswirkungen dagegen insofern, als der Käufer im Rahmen dieser Stra-

---

113 Vgl. hierzu auch *Gomez/Weber*, Akquisitionsstrategie (1989), S. 75 f., *Freund*, Integration übernommener Unternehmen (1991), S. 496 sowie ferner *Matenaar*, Organisationskultur (1983), S. 26.
114 Vgl. zu diesem Gedankengang ebenfalls insbesondere *Buono/Bowditch*, Human Side of Acquisitions (1989), S. 164 f., *Gomez/Weber*, Akquisitionsstrategie (1989), S. 76, *Krystek/Minke*, Strategische Allianzen (1990), S. 33 f., *Müller-Stewens*, Personalwirtschaftliche Problemfelder (1991), S. 166, *Krystek*, Akquisition (1992), S. 555-559 sowie ferner *Matenaar*, Organisationskultur (1983), S. 26.
115 Einen Überblick über mögliche Maßnahmen der Kulturanpassung gibt *Olbrich*, Unternehmungswert (1999), S. 150 f.

tegie auf die Nutzung von Synergiepotentialen verzichtet, die nur durch Eingriffe in die organisatorischen Strukturen und Prozesse des Akquisitionsobjektes ausgeschöpft werden könnten. Als Beispiel für derartige Opportunitätskosten der Kulturtrennung können durch das Zusammenlegen mehrerer Abteilungen erzielbare Kostensenkungen angeführt werden, von der der Investor zum Zwecke der Kulturtrennung Abstand nimmt. Im Grundsatz kann damit festgehalten werden, daß die sekundären Verbundeffekte der Kulturtrennung ceteris paribus um so größer ausfallen, je weitgehender der Nachfolger auf die Erzielung von Integrationsvorteilen verzichtet. Für den Fall der *Kulturanpassung* gilt, daß sie Kollisionswirkungen im weiteren Sinne insbesondere in Form von Aufwand zeigt, der aus den Maßnahmen zur Kulturveränderung resultiert. Möchte sich der Käufer bspw. der Instrumente der Integrationsmannschaften und Kulturseminare bedienen, sind Mitarbeiter abzustellen, um die geplanten Aktivitäten durchführen zu können, was sich im Falle vollbeschäftigter Kapazitäten in einer abnehmenden Produktivität oder zu entgeltenden Überstunden niederschlagen kann. Tendenziell gilt damit für die Kulturanpassung, daß ihre sekundären Verbundeffekte ceteris paribus um so größer werden, je umfangreicher die Maßnahmen des Investors zur Kulturveränderung ausfallen.

Stellt ZEW_{KKS} den Zukunftserfolgswert des Akquisitionsobjektes aus Erwerbersicht unter der Prämisse dar, daß es zu keinerlei negativen Kultursynergien zwischen übernehmendem und übernommenem Betrieb kommt, so gilt für den Zukunftserfolgswert ZEW bei Wertminderungen in Form von primären negativen Verbundeffekten $ZEWM_{PNV}$ und Wertminderungen in Form von sekundären negativen Verbundeffekten $ZEWM_{SNV}$ folglich:

$$ZEW = ZEW_{KKS} - ZEWM_{PNV} - ZEWM_{SNV}.$$

Werden die Wertbeeinträchtigungen in Form von primären und sekundären negativen Verbundeffekten $ZEWM_{PNV}$ und $ZEWM_{SNV}$ zu einer einzigen Größe aggregiert, erhält man entsprechend die gesamte Zukunftserfolgswertminderung $ZEWM_{ANV}$, die aus der Kollision der Basisannahmen, Werte und Normen der Übernahmeparteien resultiert. Der Zukunftserfolgswert ZEW stellt sich damit dar als:

$$ZEW = ZEW_{KKS} - ZEWM_{ANV}.$$

Vermag der Investor seine nach der Übernahme praktizierten kulturpolitischen Aktivitäten frei zu wählen,[116] wird er sich dann – bei rationalem Verhalten – für

---

[116] Eine solche freie Wahl der kulturpolitischen Maßnahmen ist dann möglich, wenn es sich bei der Kulturpolitik nicht um einen konfliktlösungsrelevanten Sachverhalt handelt. Vgl. hierzu eingehend *OLBRICH*, Unternehmungswert (1999), S. 172-182.

jenes kulturpolitische Maßnahmenbündel entscheiden, das $ZEWM_{ANV}$ minimiert und den Zukunftserfolgswert – der seine Preisobergrenze darstellt – damit entsprechend maximiert. Im Hinblick auf den in der vorangegangenen Abbildung exemplarisch gezeigten Kurvenverlauf wird der Erwerber folglich bestrebt sein, das kulturpolitische Vorgehen K_2 zu realisieren. Für den Investor bedeutet dies, daß die Kultursynergie in diesem Fall in Höhe von $ZEWM_3$ bei der Wertfindung zu berücksichtigen ist – in demjenigen Ausmaß also, das sich aus der für den Nachfolger optimalen kulturpolitischen Aktivitätskombination ergibt.

Als wenig durchdacht erscheinen vor dem Hintergrund der erarbeiteten Ergebnisse die kulturpolitischen Ratschläge SIEGHOLDS: So vertritt er den Standpunkt, daß eine „Integration [...] eher langsamer ablaufen [solle], insbesondere die Angleichung der Kulturen über Organigrammänderungen, Änderungen im Lohn- und Gehaltssystem und ähnliches" und es „nicht Ziel der Akquisition sein [dürfe], die alte Kultur [des Akquisitionsobjektes] möglichst schnell zu zerstören, um dann Neues aufzubauen"[117]. Ergänzend fügt er hinzu, die übernommene Gesellschaft solle „andererseits [...] auch nicht auf Dauer ein Fremdkörper [innerhalb des Verbundes mit dem Erwerber] bleiben"[118]. Nicht nachvollziehbar ist eine derartige Position deshalb, weil in den vorangegangenen Ausführungen gezeigt wurde, daß die für ein Käuferunternehmen optimale Kulturpolitik nicht allgemein, ohne Bezugnahme auf die betreffende Übernahmesituation bestimmt werden kann. Die für den Erwerber jeweils beste kulturpolitische Vorgehensweise ergibt sich vielmehr aus dem Minimum der von dem Investor für die betrachtete Akquisition abgeschätzten, auf den speziellen Gegebenheiten dieses einzelnen Unternehmenskaufes beruhenden $ZEWM_{ANV}$-Kurve und stellt damit eine rein individuelle, fallbezogene Lösung dar. So kann – entgegen der Meinung SIEGHOLDS – durchaus eine Kulturpolitik des Nachfolgers angebracht sein, die eine schnelle Kulturanpassung, eine umfassende Kulturbeseitigung oder eine dauerhafte Kulturtrennung zum Ziel hat, falls diese Lösung mit der voraussichtlich geringsten Zukunftserfolgswertminderung in Form von primären und sekundären negativen Verbundeffekten einhergeht.

---

117 *SIEGHOLD*, Acquisitions (1989), S. 166 f.
118 *SIEGHOLD*, Acquisitions (1989), S. 167.

4.2.2.2 Gestreckte Einzelnachfolge

4.2.2.2.1 Vererbung

Vorteilhaftigkeitskriterien der Vererbung im Wege der gestreckten Einzelnachfolge

Entschließt sich der abgebende Eigner dafür, eine Nachfolge im Wege der Vererbung mittels gestreckter Einzelnachfolge zu vollziehen, bedeutet dies für ihre grundsätzliche Ausgestaltung, daß der Erblasser das Unternehmen im Rahmen eines Zeitraums einem einzelnen Nachfolger anvertraut. Da die Nachfolge in Form der Vererbung durch die zeitliche Verknüpfung der Übergabe des Unternehmens mit dem Moment des Todes des bisherigen Eigners gekennzeichnet und damit grundsätzlich zeitpunktbezogen ist, muß sich der Alteigentümer – wie bereits oben im Abschnitt 4.2.2.1.1 angemerkt – dem in den §§ 2197 ff. BGB geregelten *Instrument der Testamentsvollstreckung* bedienen, um der Nachfolge einen zeitlich gestreckten Verlauf zu verleihen. Der Erblasser bestimmt dabei durch letztwillige Verfügung, daß eine – natürliche oder juristische – Person, der Testamentsvollstrecker, seine letztwilligen Anordnungen realisieren soll.[119] Um eine zeitraumbezogene Nachfolge sicherzustellen, veranlaßt er in diesem Zusammenhang, daß der Testamentsvollstrecker den Nachlaß, also das Unternehmen, über einen gewissen Zeitraum – grundsätzlich maximal 30 Jahre – verwaltet und den Erben sukzessive in diese Verwaltungsposition nachrücken läßt. Die Grundstruktur der zeitraumbezogenen Nachfolge im Wege der Vererbung stellt sich also derart dar, daß der Erbe durch den Erbfall zwar unmittelbar das Eigentum an dem übertragenen Unternehmen erhält, die Leitungsmacht aber zunächst als Ganzes oder in Teilen an den Testamentsvollstrecker geht und von diesem schrittweise an den Erben weitergegeben wird.

Die Vorteilhaftigkeit der Vererbung im Zuge der gestreckten Einzelnachfolge beruht auf jenen Gruppen von Charakteristika, die erstens für die Vererbung, zweitens für den Wechsel in die Hände nur eines einzelnen Nachfolgers und drittens für die zeitraumbezogene Übertragung sprechen. Da die Gründe für die Wahl der Vererbung und die Bestimmung nur eines Nachfolgers bereits für den Fall der Vererbung mittels augenblicklicher Einzelnachfolge im Abschnitt 4.2.2.1.1 diskutiert wurden, sollen an dieser Stelle lediglich – unter Gültigkeit der Ceteris-paribus-Prämisse – jene Charakteristika herausgearbeitet werden, die für die Vererbung im Rahmen eines *Zeitraumes* sprechen:

---

119 Vgl. zum Instrument der Testamentsvollstreckung eingehend *KAPP*, Stellung des Testamentsvollstreckers (1981), *PRIESTER*, Testamentsvollstreckung (1985), *REHMANN*, Gesellschaftsanteile (1985), *QUACK*, Kommanditanteile (1989), *WEIDLICH*, Testamentsvollstreckung an Beteiligungen (1994), *BROX/WALKER*, Erbrecht (2016), S. 226-244.

1. Zum einen bietet sich eine zeitraumbezogene, also mit Hilfe einer Testaments-
    vollstreckung vollzogene Vererbung des Unternehmens um so mehr an, je über-
    zeugter der abgebende Eigentümer davon ist, daß sein präsumtiver Nachfolger
    nicht fähig ist, sofort im Anschluß an den Todesfall eine gewinnmaximierende
    Führung des Betriebes sicherzustellen, da es ihm bei Ableben des Alteigentü-
    mers an dem für die Unternehmensleitung notwendigen Wissens- und Erfah-
    rungshintergrund mangelt.[120] In einem solchen Fall kann es sinnvoll sein, einen
    Testamentsvollstrecker einzusetzen, der das Unternehmen zunächst führt, und
    dem Erben die Leitungsmacht schrittweise mit dessen wachsender Eignung
    überträgt (*Charakteristikum der mangelnden Unmittelbarkeit der Führungskompe-
    tenz*).

2. Zum anderen stellt sich eine zeitraumbezogene Vererbung des Unternehmens
    als um so sinnvoller da, je umfangreicher die Einkünfte sind, die der verbundin-
    terne Nachfolger vor seiner Übernahme der Leitungsmacht des Unternehmens
    aus anderen Quellen, bspw. durch nichtselbständige Arbeit, erzielt, deren Ver-
    einnahmung er bei Eintritt in die Führung des Betriebes aufgeben müßte: Die
    zeitweilige Leitung des Unternehmens durch einen Testamentsvollstrecker
    ermöglicht in dieser Situation zumindest partiell die parallele Realisierung
    sowohl der betrieblichen Gewinne als auch der übrigen Einkünfte des Nachfol-
    gers, so daß sie einer zeitpunktbezogenen Vererbung entsprechend überlegen ist
    (*Charakteristikum des Opportunitätseinkommens des verbundinternen Nachfol-
    gers*).

Gestaltung der Vererbung im Wege der gestreckten Einzelnachfolge

Die Gestaltung der Vererbung im Gewand der gestreckten Einzelnachfolge ent-
spricht grundsätzlich der Gestaltung im Zuge der augenblicklichen Einzelnachfolge.
Ein Unterschied zwischen den Aktivitäten im Zusammenhang mit diesen beiden
Strategiekonzepten besteht im Hinblick auf die Maximierung des Erfolges der
Unternehmensfortführung: Während der abgebende Eigner im Falle der augenblicklichen Einzelnachfolge vor seinem Ableben betriebsexterne wie betriebsinterne
Maßnahmen vollzieht, um dem *Nachfolger* eine möglichst gewinnträchtige Führung
des Unternehmens zu gewährleisten, kann er in der Situation der gestreckten Einzelnachfolge angesichts der zukünftigen vorübergehenden Verwaltung des Unternehmens durch einen Testamentsvollstrecker bestrebt sein, *diesem* und nicht dem –
zu einem ggf. weitaus späteren Zeitpunkt die Leitungsmacht übernehmenden –
Erben eine erfolgreiche Führung zu ermöglichen.

---

120 Vgl. auch PRIESTER, Testamentsvollstreckung (1985), S. 463.

Zur Verdeutlichung soll das bereits im Abschnitt 4.2.2.1.1 angeführte Beispiel eines Unternehmens herangezogen werden, das eine in verschiedene Branchen diversifizierte Struktur aufweist, wobei der präsumtive Nachfolger aufgrund seiner in der Vergangenheit durchlaufenen Ausbildung lediglich die erfolgsträchtige Fortführung bestimmter Unternehmensteile sicherzustellen vermag. Während der Eigner im Zuge der Gestaltung der augenblicklichen Einzelnachfolge eine Neupositionierung des Unternehmens vornimmt, die den Schwerpunkt auf jene Wirtschaftszweige legt, in denen der *Erbe* eine erfolgreiche Betriebsführung voraussichtlich wird sicherstellen können, bietet es sich im Falle der gestreckten Einzelnachfolge an, der Positionierung des Unternehmens die Fähigkeiten und Marktkenntnisse des *Testamentsvollstreckers* zugrunde zu legen, da er die Leitung des Betriebs im Anschluß an das Ableben des Alteigentümers innehat.

Unabhängig von der Ausrichtung des Unternehmens an den Erfordernissen des Testamentsvollstreckers ist es freilich darüber hinaus denkbar, daß dieser im Vorfeld der vollständigen Übergabe der Leitungsmacht an den Erben ebenfalls erneut eine entsprechende Umgestaltung des Betriebes vornimmt, die sich dann analog an den Stärken und Schwächen des Nachfolgers orientiert. Der Gestaltung der Betriebsexterna und -interna im Hinblick auf die Anforderungen des Testamentsvollstreckers folgt dann also deren Gestaltung in bezug auf die Erfordernisse des Erben. Während erstere Maßnahmen ihre Realisation durch den abgebenden Eigentümer erfahren, werden letztere Aktivitäten dann durch den Testamentsvollstrecker selbst vollzogen. Nichtsdestoweniger werden sie bereits durch den abgebenden Eigner zu dessen Lebzeiten angeordnet, so daß sie also ebenfalls in seinen Gestaltungsbereich im Rahmen der gestreckten Einzelnachfolge fallen.

4.2.2.2.2 Schenkung

Vorteilhaftigkeitskriterien der Schenkung im Wege der gestreckten Einzelnachfolge

Die Schenkung im Zuge der gestreckten Einzelnachfolge stellt sich als vorziehenswürdig aufgrund jener Charakteristika dar, die zum einen für die Schenkung, zum anderen für die Übereignung des Unternehmens an einen einzelnen Nachfolger und nicht zuletzt für einen zeitraumbezogenen Eignerwechsel sprechen. Da die Argumente für die Wahl der Schenkung und die Bestimmung nur eines Nachfolgers bereits für den Fall der Schenkung mittels augenblicklicher Einzelnachfolge angesprochen wurden, sollen hier ausschließlich jene Charakteristika bei Gültigkeit der Ceteris-paribus-Prämisse eine Skizzierung erfahren, die die Schenkung im Rahmen eines *Zeitraumes* als sinnvoll erscheinen lassen:

1. Zum einen handelt es sich bei der zeitlich gestreckten Schenkung im Gegensatz zu einer zeitpunktbezogenen Übergabe um eine um so attraktivere Nachfolgevariante, je stärker der abgebende Eigentümer davon ausgeht, daß sein präsumtiver Nachfolger noch nicht fähig ist, unmittelbar im Anschluß an die Übereignung eine gewinnmaximierende Führung des Betriebes sicherzustellen. Die zeitraumbezogene Schenkung ermöglicht es dem Alteigentümer, den Nachfolger schrittweise in den Betrieb zu integrieren und ihn bei der sukzessiven Übernahme der unternehmerischen Verantwortung kompetent zu unterstützen, aber ihn auch zu kontrollieren (*Charakteristikum der mangelnden Unmittelbarkeit der Führungskompetenz des Nachfolgers*).[121]

2. Darüber hinaus bietet sich eine zeitraumbezogene Schenkung des Unternehmens um so mehr an, je größer die Führungskompetenz des bisherigen Eigentümers im Vergleich zu seinem Nachfolger ist. Verspricht deswegen eine zumindest zeitweilige gemeinsame Führung des Unternehmens sowohl durch den bisherigen Eigner als auch durch den Nachfolger einen höheren Gewinn als die unmittelbare Führung ausschließlich durch den Nachfolger, besteht für den Alteigentümer kein Grund, eine zeitpunktbezogene Schenkung zu vollziehen und sich damit unmittelbar vollständig von der eigenen Leitungsmacht zu trennen, da eine schrittweise Übergabe der Leitungsmacht mit einem höheren Grad der Erfolgserzielung einherginge (*Charakteristikum der relativen Führungskompetenz des bisherigen Eigentümers*).

3. Des weiteren ist die zeitraumbezogene Schenkung um so sinnvoller, je größer die Einkünfte sind, die der avisierte Nachfolger bislang aus anderen Quellen, bspw. durch nichtselbständige Arbeit, erzielt, deren Vereinnahmung er infolge der vollständigen Übereignung des Unternehmens aufgeben müßte: Eine zeitlich gestreckte Schenkung kann in diesem Fall sicherstellen, daß dem Verbund des Eigners mit anderen Wirtschaftssubjekten zumindest innerhalb eines gewissen Zeitraums sowohl die betrieblichen Gewinne als auch die übrigen Einkünfte des Nachfolgers zufließen, falls letzterer Einkommensstrom erst mit dem vollständigen Übergang des Unternehmens auf den Beschenkten – z.B. aufgrund der dann eintretenden Arbeitsbelastung infolge der Führungsverantwortung – versiegt (*Charakteristikum des Opportunitätseinkommens des verbundinternen Nachfolgers*).

---

121 Zu den durch eine schrittweise Schenkung erzielbaren Vorteilen in Form von Lerneffekten des Nachfolgers und Kontrollmöglichkeiten des abgebenden Eigners vgl. auch *SEIBEL*, Familie und Betriebswirtschaft (1999), S. 139 f., *SCHNEELOCH*, Rechtsformwahl (2008), S. 1156.

4. Attraktiv ist die Schenkung innerhalb eines Zeitraums darüber hinaus, wenn der Eigner nicht gewillt ist, nach der Übertragung seines Unternehmens einer anderen beruflichen Aktivität zum Zwecke der Einkunftserzielung nachzugehen. Da eine solche Betätigung aus zeitlichen Gründen meist nicht parallel zur Führung des Unternehmens stattfinden kann, liegt es nahe, die Schenkung nur dann in einem längeren Zeitrahmen zu vollziehen, wenn dem Verbund des Eigentümers dadurch nicht die denkbaren Erfolge aus der neuen beruflichen Tätigkeit des Eigners bis zur vollständigen oder zumindest zum Großteil abgewickelten Übertragung des Betriebes vorenthalten bleiben (*Charakteristikum des mangelnden Opportunitätseinkommens des bisherigen Eigentümers*).

5. Als um so erfolgversprechender ist die Unternehmensnachfolge mittels zeitlich gestreckter Schenkung auch dann einzuschätzen, je höher die Schenkungsteuerbelastung bei einer Übereignung innerhalb eines Zeitpunkts ausfallen würde – z.B. aufgrund eines vergleichsweise hohen steuerlichen Unternehmenswerts. Werden bei der zeitlich gestaffelten Schenkung jeweils die vom Fiskus geforderten Zehn-Jahres-Zeiträume eingehalten, ist die Inanspruchnahme persönlicher Freibeträge und des unternehmensbezogenen Abzugsbetrags, sofern dieser anwendbar ist, mehrfach möglich; des weiteren eröffnet es ein solches Vorgehen, der progressiven Ausgestaltung der Schenkungsteuer entgegenzuwirken. Auch können durch Schenkungen im Zehn-Jahres-Rhythmus ein Überschreiten der 26-Mio.-Euro-Grenze und die mit dem Vorliegen eines Großerwerbs verbundenen steuerlichen Nachteile ggf. vollständig verhindert werden. Anderenfalls bietet eine solche zeitliche Streckung immerhin die Möglichkeit, daß das begünstigte Unternehmensvermögen möglicherweise weniger als 90 Mio. Euro beträgt und somit neben einer individuellen Verschonungsbedarfsprüfung eine Inanspruchnahme des Modells des abschmelzenden Verschonungsabschlags erlaubt ist und zugleich die Abschmelzung des Verschonungsabschlags reduziert werden kann (*Charakteristikum der relativ hohen Schenkungsteuerlast*).[122]

6. Nicht zuletzt bietet sich die zeitraumbezogene Schenkung dann an, wenn der bisherige Eigentümer zwar noch nicht das gesamte Unternehmen abzugeben gedenkt, sich zumindest aber bereits von einem Teil trennen möchte, um eine spätere Belastung des Nachfolgers mit Pflichtteilsansprüchen zu verringern. Der größte Entlastungseffekt eines solchen Vorgehens tritt ein, wenn – wie bereits im Abschnitt 3.2.2.2 dargestellt – der bisherige Eigentümer in der Zukunft nach der skizzierten Teilübertragung des Betriebes mindestens noch zehn Jahre weiterlebt. Ist dies nicht der Fall, hat die Maßnahme eine schwächere Wirkung, da

---

122 Zu den steuerlichen Vorteilen der zeitlich gestreckten Schenkung vgl. auch die Abschnitte 3.2.2.2 und 4.1.2.

der Wert jener Schenkungen, die in den letzten zehn Jahren vor Ableben des Alteigentümers vollzogen wurden, dem Nachlaßwert zeitanteilig zugerechnet werden (*Charakteristikum der Verringerbarkeit der Pflichtteilsbelastung des Nachfolgers*).

Gestaltung der Schenkung im Wege der gestreckten Einzelnachfolge

Die Gestaltung der Schenkung im Rahmen der gestreckten Einzelnachfolge ist weitgehend identisch mit der Gestaltung auf Basis der augenblicklichen Einzelnachfolge. Lediglich die im weiteren angeführten Einzelaspekte ergänzen das Aktivitäts-
spektrum des abgebenden Eigners im Falle der gestreckten Einzelnachfolge: Zum
einem gilt, daß der abgebende Eigner hinsichtlich der *Maximierung des Erfolges der
Unternehmensfortführung* gut daran tut, Teilschenkungen frühzeitig zu vollziehen,
will er zukünftigen Pflichtteilsansprüchen begegnen, die seinen Nachfolger und
damit ggf. das Unternehmen belasten könnten.[123] Bereits oben in Punkt 6 wurde
erwähnt, daß mehr als zehn Jahre zwischen einer Schenkung und dem Ableben des
Eigners liegen müssen, um eine Hinzurechnung der Schenkung zum Nachlaß vollständig zu verhindern. Im Rahmen der Gestaltung der Schenkung sollte der abgebende Eigner folglich den Versuch einer realistischen Schätzung seiner zukünftigen
Lebensdauer unternehmen und die zeitliche Struktur der Schenkungsvorgänge
entsprechend daran anpassen.

Zum anderen ist zu beachten, daß der abgebende Eigentümer in der Zeitspanne
nach der ersten und vor der letzten Teilschenkung des Unternehmens gemeinsam
mit seinem Nachfolger Eigentum an dem Betrieb hält; wird das Unternehmen nicht
durch Übertragung seiner Wirtschaftsgüter, sondern seiner Anteile übereignet, sitzen der bisherige Eigentümer und sein Nachfolger über eine gewisse Zeit zusammen
im Gesellschafterkreis des Unternehmens. Im Rahmen einer konstruktiven Zusammenarbeit im Zuge der Unternehmensführung vermag der abgebende Eigner in diesem Zeitraum Erfahrungen, Wissen und Netzwerkkontakte an seinen Nachfolger
weiterzugeben, indem er ihn mit betriebsexternen wie betriebsinternen Gegebenheiten vertraut macht und ihm hilft, sowohl im Rahmen der Belegschaft als auch mit
Geschäftspartnern auf Absatz- und Beschaffungsmärkten persönliche Beziehungen
zu knüpfen.[124] Trotz dieser Möglichkeiten einer Förderung des Nachfolgers im Zuge
einer zeitweisen gemeinsamen Position als Unternehmenseigentümer darf der abge-

---

123 Vgl. hierzu auch *HABIG/BERNINGHAUS*, Nachfolge im Familienunternehmen (2010), S. 128.
124 Vgl. auch *MENZL*, Generationenwechsel (1988), S. 31, *WEINLÄDER*, Unternehmensnachfolge
(1998), S. 158, *KLEIN/VOSSIUS*, Unternehmensnachfolge (1999), S. 121, *SEIBEL*, Familie und
Betriebswirtschaft (1999), S. 146 f., *HABIG/BERNINGHAUS*, Nachfolge im Familienunternehmen (2010),
S. 127 f.

bende Eigner freilich nicht übersehen, daß es auch zu Konflikten zwischen Schenker und Beschenktem über das Für und Wider einzelner Führungsentscheidungen zu kommen vermag.[125] Diese können dem Unternehmen langfristig schaden, vor allem, wenn sie aufgrund ihrer Häufigkeit und Intensität eine sinnvolle Entscheidungsfindung und damit eine erfolgreiche Führung des Betriebes unterbinden. Die Gefahr einer solchen „Lähmung" des dispositiven Faktors besteht dabei insbesondere dann, wenn der Zeitraum des sukzessiven Eigentumswechsels vergleichsweise lang bemessenen ist und ein Nebeneinander von altem und neuem Eigentümer in der Führung selbst dann noch besteht, wenn der Nachfolger ein früher bestehendes „Kompetenzgefälle" zugunsten des Alteigentümers bereits ausgeglichen und entsprechende eigenständige Führungsqualitäten entwickelt hat.

Zu berücksichtigen ist bei der Gestaltung im Rahmen schrittweiser Übereignungen wie im Fall der gestreckten Einzelnachfolge darüber hinaus, daß – betrachtet man den zeitlichen Ablauf der Durchführung der Maßnahmen vor und der Maßnahmen nach Eigentumsübergang – diese beiden Phasen aufgrund der sukzessiven Übereignung des Unternehmens grundsätzlich nicht ausschließlich chronologisch aufeinanderfolgen müssen:[126] Zwischen der Übereignung des ersten und der Übereignung des letzten Unternehmensteils stellen Aktivitäten, die der Eigner vollzieht, im Hinblick auf bereits übertragene Betriebsteile Gestaltungen *nach* Eigentumsübergang dar, während sie in bezug auf noch zu übertragende Unternehmenselemente den Charakter von Gestaltungen *vor* Eigentumsübergang besitzen. Deutlich wird dies am Beispiel des oben skizzierten Zusammenwirkens zwischen Alteigentümer und Nachfolger innerhalb des Gesellschafterkreises: Aus Sicht des bereits übertragenen Unternehmensanteils stellt die Unterstützung des bisherigen Eigentümers eine Aktivität nach Eigentumsübergang dar; aus der Perspektive der noch zu übereignenden Beteiligung ist sie dagegen als Tätigkeit vor Eigentumsübergang zu beurteilen.

4.2.2.2.3 Stiftung

Vorteilhaftigkeitskriterien der Stiftung im Wege der gestreckten Einzelnachfolge

Die Stiftung im Rahmen der gestreckten Einzelnachfolge erweist sich als attraktiv aufgrund jener Charakteristika, die die Vorteilhaftigkeit erstens der Stiftung, zweitens der Weitergabe des Betriebes an einen einzelnen Nachfolger und drittens der

---

125 Vgl. auch MENZL, Generationenwechsel (1988), S. 31 f., WEINLÄDER, Unternehmensnachfolge (1998), S. 158 f., SEIBEL, Familie und Betriebswirtschaft (1999), S. 148, SIES, Unternehmensnachfolge (2000), S. 50.
126 Vgl., auch im folgenden, OLBRICH, Unternehmungsnachfolge (2014), S. 85 f.

zeitlich in mehreren Schritten vollzogenen Übereignung begründen. Die Aspekte, die die Wahl der Stiftung – sei es als Stiftung von Todes wegen oder aber als Stiftung unter Lebenden – und die Konzentration auf nur einen Nachfolger begründen, wurden im Zuge der augenblicklichen Einzelnachfolge bereits herausgearbeitet. Im folgenden werden daher an dieser Stelle nur jene Charakteristika unter Gültigkeit der Ceteris-paribus-Prämisse erläutert, die für die Stiftung im Rahmen eines *Zeitraumes* sprechen. Vorweg ist freilich festzuhalten, daß die zeitlich gestreckte Stiftung in zwei Grundformen und einer Mischform angetroffen werden kann:

– Entscheidet sich der abgebende Eigner für die *zeitlich gestreckte Stiftung von Todes wegen*, bedeutet dies, daß das Eigentum an dem Unternehmen im Zeitpunkt des Ablebens des Eigners an die Stiftung übergeht, die Leitungsmacht an dem Betrieb aber zunächst vollständig oder teilweise durch einen Testamentsvollstrecker ausgeübt und im Anschluß schrittweise an die Stiftung weitergegeben wird. Eine in einem Zeitraum vollzogene Nachfolge mittels Stiftung von Todes wegen ist also notwendigerweise mit dem Instrument der Testamentsvollstreckung verknüpft.[127]

– Wählt der Eigentümer statt dessen die *zeitlich gestreckte Stiftung unter Lebenden*, ist die Übergabe der Unternehmensteile nicht an seinen Todesfall gebunden; vielmehr wird der Betrieb schrittweise zu Lebzeiten des Alteigentümers auf eine Stiftung übertragen. Zu einem zeitlichen Auseinanderfallen von Eigentumsübergang und Leitungsmachtübergang wie im Falle der zeitlich gestreckten Stiftung von Todes wegen kommt es bei dieser Alternative folglich nicht.

– Nicht zuletzt vermag der Eigentümer die zeitlich gestreckte Stiftung von Todes wegen und die zeitlich gestreckte Stiftung unter Lebenden im Rahmen einer *Mischform* zu kombinieren: Er vollzieht hierbei zunächst eine zeitpunktbezogene oder mehrere sukzessive Teilübergabe(n) des Unternehmens mittels einer Stiftung unter Lebenden und nimmt im Anschluß im Moment seines Ablebens eine Übertragung des restlichen Betriebsteils (oder der restlichen Betriebsteile) im Wege einer Stiftung von Todes wegen vor. Letztere kann ebenfalls in einem zeitpunktbezogenen Akt erfolgen oder aber auch – durch das Instrument der Testamentsvollstreckung – eine zeitlich gestreckte Gestalt annehmen.

Die *zeitlich gestreckte Stiftung von Todes wegen* stellt sich ceteris paribus als um so attraktiver dar, je überzeugter der bisherige Eigner davon ist, daß der von ihm avisierte Stiftungsvorstand nicht die Fähigkeit besitzt, sofort im Anschluß an den

---

127 Vgl. zur Testamentsvollstreckung im Rahmen der Stiftung von Todes wegen auch Strickrodt, Anmerkung (1964) sowie Bund, Aufgaben und Risiko (1966).

Todesfall eine erfolgsmaximierende Leitung des Unternehmens zu gewährleisten. Dies wird meist dann der Fall sein, wenn der Alteigentümer Personen für die Vorstandspositionen ausgesucht hat, die ihm im Hinblick auf ihre jeweilige Persönlichkeit als geeignet erscheinen, aber zum Zeitpunkt seines Ablebens noch nicht die für eine gewinnträchtige Betriebsführung notwendigen Kenntnisse und Erfahrungen gesammelt haben. Der Eigner wird es einer unmittelbaren, zeitpunktbezogenen Übertragung des Unternehmens auf die Stiftung dann vorziehen, zunächst einen Testamentsvollstrecker einzusetzen, der den Betrieb vorübergehend führt, und dem Stiftungsvorstand die Leitungsmacht schrittweise mit dessen zunehmender Kompetenz übergibt (*Charakteristikum der mangelnden Unmittelbarkeit der Führungskompetenz des Stiftungsvorstands*).

Für die *zeitlich gestreckte Stiftung unter Lebenden* gilt, daß es sich bei ihr – unter Gültigkeit der Ceteris-paribus-Prämisse – aufgrund der folgenden Charakteristika um eine sinnvolle Nachfolgelösung für den abgebenden Eigner handeln kann:

1. Ebenso wie im obigen Fall der schrittweisen Stiftung von Todes wegen gilt auch für die zeitlich gestreckte Stiftung unter Lebenden, daß sie eine um so attraktivere Nachfolgevariante darstellt, je stärker der bisherige Eigentümer davon ausgeht, daß die von ihm ausgesuchten Mitglieder des Stiftungsvorstands noch nicht fähig sind, unmittelbar im Anschluß an die Einbringung des Unternehmens in die Stiftung dessen gewinnmaximierende Führung sicherzustellen. Die zeitraumbezogene Stiftung eröffnet dem Alteigentümer die Möglichkeit, die Stiftung und damit ihren Vorstand schrittweise in den Betrieb zu integrieren, die Vorstandsmitglieder durch diese Konstruktion sukzessive an die Herausforderungen der Unternehmensleitung heranzuführen und entsprechend die Entstehung von Lernprozessen zu fördern (*Charakteristikum der mangelnden Unmittelbarkeit der Führungskompetenz des Stiftungsvorstands*).

2. Darüber hinaus bietet sich die zeitraumbezogene Stiftung unter Lebenden um so mehr an, je größer die Führungskompetenz des Alteigentümers im Vergleich zu der zu erwartenden Führungskompetenz des Stiftungsvorstandes ausfällt. Ist vor diesem Hintergrund davon auszugehen, daß eine vorübergehende gemeinsame Führung des Unternehmens sowohl durch den bisherigen Eigentümer als auch durch die Stiftung einen höheren Gewinn als die unmittelbare Leitung ausschließlich durch die Stiftung gewährleisten wird, erscheint es als nicht zweckmäßig, eine zeitpunktbezogene Stiftung zu vollziehen: Durch sie ginge die Möglichkeit verloren, aufgrund einer zeitweiligen gemeinsamen Führung einen höheren Grad der Erfolgserzielung zu erreichen (*Charakteristikum der relativen Führungskompetenz des bisherigen Eigentümers*).

3. Attraktiv ist die Stiftung unter Lebenden innerhalb eines Zeitraums des weiteren, wenn der abgebende Eigentümer nicht gewillt ist, im Anschluß an die Übertragung seines Betriebes eine andere berufliche Aktivität mit dem Ziel der Einkunftserzielung zu verfolgen. Da einer derartigen Betätigung – bspw. aus Zeitgründen – häufig nicht parallel zur Leitung des Unternehmens nachgegangen werden kann, ist es sinnvoll, die Stiftung nur dann zeitlich gestreckt zu vollziehen, wenn dem Alteigentümer und seinem Verbund dadurch nicht potentielle Erfolge aus seiner neuen beruflichen Tätigkeit bis zur vollständigen oder zumindest zum Großteil realisierten Übergabe des Betriebes verlorengehen (*Charakteristikum des mangelnden Opportunitätseinkommens des bisherigen Eigentümers*).

4. Die Unternehmensnachfolge mittels zeitlich gestreckter Stiftung unter Lebenden ist auch dann als um so erfolgversprechender zu beurteilen, je größer die Belastung mit Schenkungsteuer ausfiele, der sich die Stiftung bei einer Übereignung innerhalb eines Zeitpunkts gegenübersähe. Mit einer zeitlich schrittweise ablaufenden und dabei die jeweils steuerlich notwendigen Zehn-Jahres-Zeiträume beachtenden Übergabe des Betriebes an die Stiftung schränkt der Alteigentümer ihre Steuerlast ein, da nicht nur die persönlichen Freibeträge und der unternehmensbezogene Abzugsbetrag, sofern dieser anwendbar ist, auf diese Weise mehrfach nutzbar sind, sondern auch der Steuerprogression entgegengewirkt wird. Darüber hinaus lassen sich für den Fall umfangreichen zu übertragenden Unternehmensvermögens durch Einhaltung der Zehn-Jahres-Zeiträume ggf. das Vorliegen eines Großerwerbs und die damit verbundenen steuerlichen Nachteile umgehen, oder sie können zumindest abgemildert werden (*Charakteristikum der relativ hohen Schenkungsteuerlast*).

5. Nicht zuletzt bietet sich die zeitraumbezogene Stiftung unter Lebenden dann an, wenn der bisherige Eigentümer den Betrieb zum jetzigen Zeitpunkt noch nicht vollständig in die Hände der Stiftung geben möchte, doch bestrebt ist, ihr vorweg zumindest einen Teil des Unternehmens zu übertragen, um ihre in der Zukunft entstehende Belastung mit Pflichtteilsansprüchen zu verringern. Geht der bisherige Eigentümer davon aus, in der Zukunft nach einer solchen Teilübertragung weiterzuleben, bestenfalls mindestens noch zehn Jahre, bietet sich eine derartige sukzessive Einbringung des Unternehmens in die Stiftung an. Ursache ist die Regel, daß bei jenen Übereignungen, die vor dem Ableben des Alteigentümers vollzogen wurden, eine Hinzurechnung zum Nachlaßwert mit einem Zehntel pro Jahr entfällt (*Charakteristikum der Verringerbarkeit der Pflichtteilsbelastung des Nachfolgers*).

Im Hinblick auf die *zeitlich gestreckte Mischform der Stiftung*, also der Kombination einer zeitraumbezogenen Stiftung unter Lebenden und einer ebenfalls zeitraumbezogenen Stiftung von Todes wegen, ist festzuhalten, daß sie sich grundsätzlich dann als geeignete Übereignungsvariante darstellen kann, wenn die Nachfolgesituation durch ein Zusammentreffen von Charakteristika geprägt ist, die einerseits für eine Stiftung unter Lebenden, andererseits für eine Stiftung von Todes wegen – jeweils im Rahmen eines Zeitraums – sprechen. Im folgenden soll dies exemplarisch für das Vorliegen der Charakteristika der relativ hohen Schenkungsteuerlast, der relativen Führungskompetenz des bisherigen Eigentümers und der mangelnden Unmittelbarkeit der Führungskompetenz des Stiftungsvorstands herausgearbeitet werden.

Beispiel: Ein Kaufmann sucht seine Nachfolge im Wege einer Stiftung zu lösen. Sein in Fang und Verwertung von Fischen tätiges Einzelunternehmen besteht aus zwei in einer divisionalen Struktur eingebundenen Einheiten: einer Anzahl von Kuttern einerseits und einer Fabrik zur Verarbeitung des Fisches zu Konserven für den Groß- und Einzelhandel andererseits. Da das Einzelunternehmen aufgrund der Fangflotte und der umfangreichen industriellen Kapazitäten auf der folgenden Wertschöpfungsstufe einen erheblichen steuerlichen Unternehmenswert aufweist, steht der Eigentümer vor dem Problem, daß sich die Stiftung infolgedessen einer entsprechend umfangreichen Steuerlast im Anschluß an die Übereignung gegenübersähe. Im Hinblick auf die von ihm für den Stiftungsvorstand ausgewählten Personen weiß der Kaufmann, daß sie im Vergleich zu ihm selbst erhebliche Kenntnisse im Bereich der Flottenverwaltung und Fischerei besitzen, es ihnen aber an Erfahrung in bezug auf die Lebensmittelbranche und damit die Erzeugung und Vermarktung der Fischkonserven mangelt. Da der Einzelunternehmer davon ausgeht, noch mehr als 20 Jahre zu leben, entscheidet er sich für folgende Ausgestaltung der Stiftung:

– Um die Steuerlast der Stiftung einzuschränken und dabei auch die Kompetenzverteilung zwischen sich und dem Stiftungsvorstand zu berücksichtigen, entschließt sich der Kaufmann, zunächst die Hälfte der eingesetzten Kutter auf die Stiftung zu übertragen (*erste Stufe der zeitlich gestreckten Stiftung unter Lebenden*).

– Zum Zwecke einer weiteren Begrenzung der steuerlichen Belastung der Stiftung plant der Kaufmann, nach Ablauf der steuerlich geforderten Zehn-Jahres-Frist – unter Beachtung der Kompetenzunterschiede zwischen sich und den Mitgliedern des Stiftungsvorstands – die andere Hälfte der Fangflotte in die Stiftung einzubringen (*zweite Stufe der zeitlich gestreckten Stiftung unter Lebenden*).

– Für sein voraussichtlich in mehr als weiteren zehn Jahren eintretendes Ableben bestimmt der Einzelunternehmer, daß seine Verarbeitungsfabrik dann ebenfalls auf die Stiftung übergehen soll. Um zu vermeiden, daß die mangelnden Kenntnisse des Stiftungsvorstands über die Lebensmittelindustrie dem Unternehmenserfolg schaden, bestimmt er einen in diesem Bereich kompetenten Testamentsvollstrecker, der die Fabrik vorübergehend führen soll, bis der Vorstand entsprechendes Wissen aufgebaut hat. Der Kaufmann verfügt, daß der Testamentsvollstrecker nach einem Jahr die Verwaltung der Fertigungsabläufe der Fabrik an den Vorstand abgibt (*erste Stufe der zeitlich gestreckten Stiftung von Todes wegen*) und sich nach zwei Jahren von der Leitung der Vermarktung der Fischkonserven zugunsten des Stiftungsvorstands trennt (*zweite Stufe der zeitlich gestreckten Stiftung von Todes wegen*).

Gestaltung der Stiftung im Wege der gestreckten Einzelnachfolge

Die Gestaltung der *Stiftung von Todes wegen* im Rahmen der gestreckten Einzelnachfolge entspricht weitgehend den herausgearbeiteten Aktivitäten im Zuge der augenblicklichen Einzelnachfolge. Es sind nur einzelne Differenzen zwischen den Gestaltungen beider Strategiekonzepte zu konstatieren. Im Falle der augenblicklichen Einzelnachfolge vollzieht der Stifter vor seinem Ableben Aktivitäten sowohl mit betriebsexternem als auch betriebsinternem Fokus, um dem *Stiftungsvorstand* eine gewinnträchtige Führung des Unternehmens zu möglichen. Auf Basis der gestreckten Einzelnachfolge vermag er – analog zur Situation der Vererbung mittels gestreckter Einzelnachfolge – angesichts der zukünftigen zeitweiligen Leitung des Unternehmens im Wege der Testamentsvollstreckung dagegen darauf abzielen, dem *Testamentsvollstrecker* und nicht dem erst später in die Führungsposition eintretenden Stiftungsvorstand eine erfolgreiche Betriebsverwaltung zu ermöglichen. Als weitere Analogie zum Fall der Vererbung mittels gestreckter Einzelnachfolge kann festgehalten werden, daß der Testamentsvollstrecker selbst vor der vollständigen Weitergabe der Leitungsmacht an den Stiftungsvorstand eine nochmalige Umgestaltung der Interna und Externa des Unternehmens vornimmt, um den Betrieb für die Zukunft an den Stärken und Schwächen des Stiftungsvorstands auszurichten. Der durch den Stifter vollzogenen Gestaltung der Betriebsexterna und -interna im Hinblick auf die Anforderungen des Testamentsvollstreckers schließt sich in diesem Fall folglich die Gestaltung der Betriebsexterna und -interna von seiten des Testamentsvollstreckers in bezug auf die Erfordernisse des Stiftungsvorstands an. Letztere Aktivitäten können durch den Stifter freilich bereits zu dessen Lebzeiten verfügt werden, so daß sie entsprechend auch dessen Gestaltungspotential im Rahmen der gestreckten Einzelnachfolge subsumierbar sind.

Auch die Gestaltung der *Stiftung unter Lebenden* im Zuge der gestreckten Einzelnachfolge ist grundsätzlich identisch mit den erläuterten Maßnahmen im Rahmen der augenblicklichen Einzelnachfolge. Zu beachten sind als Ergänzung allerdings die im folgenden angeführten Aktivitäten, die das Tätigkeitsfeld des Stifters im Falle der gestreckten Einzelnachfolge erweitern:

Zur *Maximierung des Erfolges der Unternehmensfortführung* gilt ebenso wie in der Situation der Schenkung mittels gestreckter Einzelnachfolge, daß der Stifter mit dem Vollzug von Teilübereignungen frühzeitig beginnen sollte, falls er bestrebt ist, die in der Zukunft auf die Stiftung – und damit u.U. auch auf das Unternehmen – zukommende Belastung mit Pflichtteilsansprüchen einzuschränken. Da auch im Stiftungsfall ein Zeitraum von mehr als zehn Jahren zwischen dem Stiftungsvorgang und dem Todesfall des Alteigentümers liegen muß, um eine Hinzurechnung des gestifteten Betriebs(teils) zum Nachlaß vollständig zu unterbinden, tut der Stifter gut daran, im Zuge der zeitlichen Strukturierung der Übereignungsschritte seine zukünftige Lebensdauer realistisch einzuschätzen und seine Nachfolgeplanung daran zu orientieren.

Des weiteren kommt es bei der zeitlich gestreckten Stiftung unter Lebenden zu der Situation, daß der Stifter – wählt er den Weg der Übereignung des Unternehmens mittels Übertragung seiner Anteile – zwischen der ersten und letzten Teilstiftung gemeinsam mit der Stiftung den Gesellschafterkreis bildet. Im Rahmen dieses temporären gemeinsamen Wirkens von Stifter und Stiftung im Führungsorgan des Betriebes vermag der Alteigentümer seine Kenntnisse und Netzwerkkontakte an die Mitglieder des Stiftungsvorstands weiterzugeben, um sie mit betriebsexternen wie betriebsinternen Anforderungen und Gegebenheiten vertraut zu machen und damit eine zukünftig erfolgreiche Führung des Unternehmens durch die Stiftung zu gewährleisten. Ebenso wie im Falle der zeitlich gestreckten Anteilsschenkung, bei der Schenker und Beschenkter gemeinsam als Gesellschafter fungieren, kann es freilich auch zwischen Stifter und Stiftungsvorstand – insbesondere bei einer längerfristigen parallelen Führungstätigkeit beider Parteien – zu Konflikten im Gesellschafterkreis kommen, die die oben angeführten, auf einem Kompetenztransfer basierenden Vorzüge einer temporären Zusammenarbeit zwischen abgebendem Eigner und Nachfolger zu konterkarieren vermögen.

4.2.2.2.4 Verkauf

Vorteilhaftigkeitskriterien des Verkaufs im Wege der gestreckten Einzelnachfolge

Der Verkauf im Zuge der gestreckten Einzelnachfolge stellt sich als sinnvoll vor dem Hintergrund jener Charakteristika dar, die erstens für die Übereignung gegen Entgelt, zweitens für die Entscheidung für nur einen einzelnen Nachfolger und drittens für die zeitraumbezogene Übergabe sprechen. Jene Argumente, die den Entschluß für die Nachfolgeform des Verkaufs und einen Einzelnachfolger begründen, erfuhren bereits im Zuge der augenblicklichen Einzelnachfolge eine Analyse. Die weiteren Ausführungen beschränken sich daher auf jene Charakteristika, die unter Gültigkeit der Ceteris-paribus-Prämisse die Abgabe des Unternehmens an einen Käufer im Rahmen eines *Zeitraumes* als attraktiv erscheinen lassen.[128]

1. Zum einen bietet sich die zeitlich gestreckte Abgabe des Unternehmens um so mehr an, je größer der Veräußerungserfolg ist, den der abgebende Eigner dabei – verglichen mit dem Verkauf in einem Zeitpunkt – zu realisieren vermag. Ursache eines höheren Veräußerungsgewinns infolge eines Verkaufs innerhalb eines Zeitraums kann bspw. ein durch den Käufer vorgenommener Preisaufschlag sein, den dieser vollzieht, weil er im Wege einer schrittweisen Übergabe der Anteile durch die zeitweilige Zusammenarbeit mit dem Alteigentümer im Gesellschafterkreis von dessen Kundenkontakten und Erfahrungsschatz profitieren möchte.[129] Der Erwerber hat damit des weiteren die Möglichkeit, das Unternehmen schrittweise kennenzulernen und dessen Stärken und Schwächen bereits zu einem Zeitpunkt zu eruieren, bevor der gesamte Betrieb durch ihn übernommen worden ist. Unabhängig davon, ob die Nachfolge durch die Übertragung der Anteile oder aber der Wirtschaftsgüter erfolgt, kann der Erwerber einen Preisaufschlag bei sukzessivem Übergang des Unternehmens auch dann befürworten, wenn er durch die zeitlich gestreckte Übereignungsvariante eine günstigere Finanzierung des Kaufes zu verwirklichen vermag:[130] So ist es z.B. denkbar, daß ein zeitpunktbezogener Erwerb für den Nachfolger nur durch die Aufnahme eines vergleichsweise teuren Kredites möglich gewesen wäre, wohingegen die schrittweise Übereignung mit einer günstigeren Finanzierungsstruktur zustande kommen kann (*Charakteristikum des Veräußerungserfolgsmaximums*).

2. Der Verkauf in einem Zeitraum ist des weiteren um so attraktiver, je weniger Interesse der abgebende Eigentümer daran hat, im Anschluß an die Übertragung seines Unternehmens eine andere berufliche Betätigung zum Zwecke der Einkunftserzielung aufzunehmen. Stellt es sich – bspw. aus zeitlichen Gründen – als nicht praktikabel dar, eine derartige Aktivität parallel zu der unternehmerischen Tätigkeit auszuüben, ist es für den Alteigentümer sinnvoller, das Unternehmen vollständig in einem Zeitpunkt zu verkaufen, um damit die mit der Tätigkeit verbundenen Erfolge unmittelbar zu vereinnahmen; eine zeitraumbezogene Übereignung würde dagegen erst eine spätere Erschließung dieser avisierten anderen Einkunftsquelle erlauben (*Charakteristikum des mangelnden Opportunitätseinkommens des bisherigen Eigentümers*).

---

128 Die folgenden Punkte stammen aus OLBRICH, Unternehmungsnachfolge (2014), S. 191-193.

129 Vgl. GRUHLER, Nachfolge (1998), S. 178, ferner zur Bedeutung der Kommunikation zwischen Alteigentümer und Nachfolger allgemein SCHLEPPHORST/MIRABELLA/MOOG, Kommunikation (2011).

130 Vgl. BÜRKLER, Sicht des Bankiers (1982), S. 38, GRUHLER, Nachfolge (1998), S. 177 f.

3. Darüber hinaus bietet sich die Veräußerung des Unternehmens in Einzelschritten um so mehr an, je größer voraussichtlich der Erfolg sein wird, den der Alteigentümer in der Zeitspanne zwischen Beginn und Ende des Verkaufs in den noch nicht veräußerten Betriebsteilen zu erzielen vermag. Würde zu Beginn des Zeitraums nicht lediglich ein Bestandteil des Unternehmens, sondern unmittelbar der gesamte Betrieb abgegeben – so daß es sich de facto also um eine zeitpunktbezogene Veräußerung handelte – flössen die Erfolge der sonst noch bei dem Alteigentümer verbleibenden Unternehmenselemente bereits dem neuen Eigner zu. Die zeitlich gestreckte Übergabe erlaubt es dem Verkäufer dagegen, Erfolge aus noch nicht abgegebenen Feldern der unternehmerischen Tätigkeit bis zum Moment der Veräußerung selbst zu vereinnahmen. Attraktiv können diese Gewinne insbesondere dann sein, wenn der Alteigentümer durch einen teilweisen Anteilsverkauf einen Nachfolger in den Gesellschafterkreis holt, der den Betriebserfolg aufgrund z.B. seiner Führungskompetenz oder seiner hohen Motivation steigert. Als exemplarisch für den ersten Fall kann die schrittweise Übereignung des Unternehmens an eine Risikokapitalgesellschaft angeführt werden, die sich aufgrund der Branchenerfahrung und Netzwerke dieses Käufers positiv auf den laufenden Gewinn des Betriebes auswirkt. Als Beispiel für die zweite Konstellation vermag ein Verkauf von Gesellschaftsanteilen an unternehmenseigene Führungskräfte („management buy-out") herangezogen werden: Der Wechsel dieser Mitarbeiter von einer Angestellten- in eine Gesellschafterposition kann mit erheblichen Motivationswirkungen[131] einhergehen, die ggf. günstige Effekte auf den Unternehmenserfolg zeitigen (*Charakteristikum des Residualerfolges aus Unternehmensteilen*).

4. Nicht zuletzt ist der zeitraumbezogene Verkauf des Betriebes als um so zweckmäßiger zu beurteilen, je geringer die Ertragsteuerbelastung ausfällt, der sich der Verkäufer bei einem solchen Vorgehen im Vergleich zu einer Veräußerung in einem Zeitpunkt gegenübersieht. Stellt der Alteigentümer bspw. eine natürliche Person dar und handelt es sich bei dem zu verkaufenden Eigentum um eine im Betriebsvermögen gehaltene, weniger als 100% umfassende Beteiligung an einer Kapitalgesellschaft, bei der der Veräußerungserfolg im Rahmen der „gewöhnlichen" Ertragbesteuerung des laufenden Betriebsgewinns belastet wird, kann eine zeitlich gestreckte Übereignung sinnvoll sein: Erfolgt die Veräußerung in Teilschritten, die in unterschiedlichen Besteuerungsperioden liegen, vermag eine solche Staffelung der Gewinnrealisierung der Steuerprogression entgegenzuwirken (*Charakteristikum der relativ niedrigen Ertragsteuerlast*).

---

131 Vgl. ferner auch BLÄTTCHEN, Familienunternehmen (1999), S. 43.

Gestaltung des Verkaufs im Wege der gestreckten Einzelnachfolge

Die Gestaltung des Verkaufs im Zuge der gestreckten Einzelnachfolge ist in weiten Teilen deckungsgleich mit der Gestaltung auf Basis der augenblicklichen Einzelnachfolge. Allerdings zeichnet sich die Veräußerung an einen Käufer in einem Zeitraum darüber hinaus durch einzelne spezielle Gestaltungsmöglichkeiten des Alteigentümers aus, um den *Erfolg der Unternehmensveräußerung* zu erhöhen:[132] Der abgebende Eigner besitzt besonderes Gestaltungspotential, wenn der Betrieb durch den Verkauf seiner Anteile eine Übereignung erfährt, denn der Verkäufer und sein Nachfolger sitzen in diesem Fall im Zeitraum nach der ersten und vor der letzten Teilveräußerung zusammen im Gesellschafterkreis des Unternehmens. Stellt der abgebende Eigner dem Nachfolger im Vorfeld in Aussicht, ihn in dieser Periode der Zusammenarbeit mit seiner Führungskompetenz zu unterstützen und Kenntnisse und persönliche Kontakte zu Mitarbeitern und Marktpartnern auf den Käufer zu übertragen, kann letzteren dies – bei einem entsprechenden Nutzenzuwachs – dazu bewegen, einem Aufschlag auf den Unternehmenspreis zuzustimmen. Einem höheren Entgelt aufgrund einer derartigen Förderung durch den Verkäufer werden Erwerber dabei ceteris paribus um so mehr zustimmen, je geringer ihre Kenntnisse über den Wirtschaftszweig des Akquisitionsobjektes und dessen interne Stärken und Schwächen sind. Wenig wahrscheinlich ist ein Preisaufschlag aufgrund der Unterstützung des Alteigentümers also bspw. bei einem Kauf des Unternehmens durch seine eigenen angestellten Führungskräfte; vergleichsweise groß ist die Möglichkeit der Erzielung eines höheren Entgelts durch den Verkäufer dagegen bei einem branchenfremden Erwerber. Vice versa ist freilich zu berücksichtigen, daß eine zeitweilige Zusammenarbeit zwischen Verkäufer und Käufer im Gesellschafterkreis ebenfalls das Risiko von Konflikten im Hinblick auf die angemessene gemeinsame Führung des Unternehmens in sich birgt. Geht der Erwerber von dieser Gefahr und damit verbundenen Erfolgseinbußen aus, kann sich das in einer entsprechend niedrigeren Akzeptanz im Hinblick auf die Höhe des Unternehmenspreises niederschlagen.

Nicht zuletzt bleibt festzuhalten, daß der Verkäufer durch eine geschickte Gestaltung auch die Höhe des unter Punkt 3 angeführten „Residualerfolges" zu beeinflussen vermag: So kann sich der in den zeitweilig dem Verkäufer verbleibenden Betriebsteilen erzielbare Gewinn als um so größer darstellen, je geschickter der Verkäufer den Erwerber im Hinblick auf mit ihm einhergehende Effekte auf den Unternehmenserfolg – bspw. in Form von Kompetenz- oder Motivationswirkungen – aussucht. Während sich diese Gestaltung bei einem Verkauf der Anteile des Unter-

---

132 Das Folgende stammt aus *OLBRICH*, Unternehmungsnachfolge (2014), S. 194-197, dort finden sich zudem zahlreiche Ausführungen zu weiteren Gestaltungsmöglichkeiten.

nehmens anbietet, steht es dem abgebenden Eigner bei einem Verkauf der Wirtschaftsgüter offen, den Übereignungsprozeß so zu gestalten, daß weniger erfolgsträchtige Betriebsteile vergleichsweise früh auf den Erwerber übergehen, während gewinnbringendere Unternehmenselemente zunächst im Portefeuille des Veräußerers verbleiben, um ihren Resterfolg bis zum Zeitpunkt ihrer Abgabe an den Nachfolger zu vereinnahmen.

4.2.3 Gruppennachfolge

4.2.3.1 Augenblickliche Gruppennachfolge

4.2.3.1.1 Vererbung

Vorteilhaftigkeitskriterien der Vererbung im Wege der augenblicklichen Gruppennachfolge

Trifft der bisherige Eigentümer die Entscheidung, die Nachfolge in Form der Vererbung mittels augenblicklicher Gruppennachfolge zu verwirklichen, hat dies zur Konsequenz, daß er sein Unternehmen im Erbfall innerhalb eines Zeitpunkts mehreren Nachfolgern übereignet. Von Vorteil ist die Vererbung im Zuge der augenblicklichen Gruppennachfolge aufgrund jener Bündel von Charakteristika, die erstens für die Vererbung, zweitens für die zeitpunktbezogene Übereignung und drittens für die Weitergabe des Betriebes in die Hände einer Mehrzahl neuer Eigentümer sprechen. Angesichts der Tatsache, daß die Ursachen sowohl für die Wahl der Vererbung als auch die Bestimmung einer Nachfolge im Rahmen eines Zeitpunkts bereits für den Fall der Vererbung mittels augenblicklicher Einzelnachfolge skizziert wurden, werden an dieser Stelle lediglich jene Charakteristika erläutert, die – unter Gültigkeit der Ceteris-paribus-Prämisse – für die Vererbung an *mehrere Nachfolger* sprechen:

1. Die Übereignung des Unternehmens an eine Mehrzahl von Erben stellt sich zum einen dann als sinnvoll dar, wenn sich unter den potentiell für die Position des Nachfolgers bereitstehenden Mitgliedern des Verbundes des Alteigentümers mit anderen Wirtschaftssubjekten mehr als eine Person befindet, die die erfolgreiche Führung des Betriebes in der Zukunft vermutlich sicherstellen kann und auch will. Je geeigneter mehrere Verbundmitglieder für die Nachfolge sind, desto eher wird sich der Erblasser dazu entschließen, nicht nur eine einzelne Person als neuen Unternehmenseigner einzusetzen (*Charakteristikum der Mehrzahl kompetenter verbundinterner Nachfolger*).

2. Zu beachten ist im Zusammenhang mit Punkt 1, daß sich die geschilderten Eigenschaften der Führungsfähigkeit und des Führungswillens mehrerer potentieller Nachfolger dabei nicht notwendigerweise auf das gesamte Unternehmen erstrecken müssen, sondern auch im Hinblick auf einen bestimmten *Unternehmensbereich* gelten können: So ist es denkbar, daß mehrere Verbundmitglieder gewillt sind, die Führung des Betriebes zu übernehmen, aufgrund ihrer bspw. auf eine bestimmte Region oder Branche fokussierten Fähigkeiten aber nur in der Lage sind, bezüglich eines Teilbetriebs eine erfolgreiche Leitung in Aussicht zu stellen. Je spezialisierter die Kenntnisse der potentiellen Nachfolger im Hinblick auf einzelne Unternehmensbereiche sind, desto zweckmäßiger ist es, den Betrieb auf mehrere Eigner zu übertragen. Zum einen können die Nachfolger dabei gemeinsam den Gesellschafterkreis bilden; zum anderen steht es dem Eigentümer allerdings alternativ auch offen, das Unternehmen auf der Ebene der Wirtschaftsgüter zu zerlegen und den einzelnen Nachfolgern jeweils einen selbständigen Teilbetrieb zu übergeben (*Charakteristikum der Spezialisierung kompetenter verbundinterner Nachfolger*).

3. Selbst wenn innerhalb des Verbundes des Erblassers mit anderen Wirtschaftssubjekten keine Mehrzahl potentieller Nachfolger zur Verfügung steht, von denen jeder einzelne die Fähigkeit besitzt, eine erfolgreiche Betriebsleitung oder Teilbetriebsleitung sicherzustellen, kann die Wahl mehrerer Nachfolger durchaus sinnvoll sein. Dies ist dann um so mehr gegeben, je stärker der Erblasser die Entstehung positiver Verbundeffekte anstrebt, die sich bei einer Übertragung des Unternehmens auf mehrere Erben und im Zuge deren gemeinsamer Führung ergeben können. Denkbar ist ein solcher Fall dann, wenn jeder der Nachfolger zwar gewillt ist, den Betrieb zu leiten, im Hinblick auf eine erfolgreiche unternehmerische Tätigkeit aufgrund der eigenen, nur begrenzten Fähigkeiten aber auf die Mitwirkung weiterer Personen mit anderen, ebenfalls benötigten Kenntnissen angewiesen ist (*Charakteristikum der positiven Synergien zwischen kompetenten verbundinternen Nachfolgern*).

Beispiel: Der Eigentümer der mit der Pferdezucht befaßten Trakehner Gestüt GmbH besitzt zwei Nachkommen: Eine Tochter, die derzeit Tiermedizin studiert, und einen Sohn, der an der Universität den Abschluß des Diplom-Kaufmanns erlangt hat. Vor dem Hintergrund der Tatsache, daß beide Kinder grundsätzlich gewillt sind, die Nachfolge im Unternehmen anzutreten, entschließt sich der Alteigentümer letztendlich, sowohl Tochter als auch Sohn als Erben des Betriebes einzusetzen. Er verspricht sich hieraus Verbundvorteile aus dem Zusammenwirken zwischen der betriebswirtschaftlichen Kompetenz seines Sohnes und der Kenntnisse der Tochter im Bereich der Pferdehaltung und -zucht. Bei alleinigem Einsatz des Sohnes befürchtet er dagegen Probleme hinsichtlich dessen mangelnden Verständnisses der Wertschöpfungsprozesse des Gestüts, während er in bezug auf eine alleinige Nachfolge durch die Tochter Probleme aufgrund ihres fehlenden kaufmännischen Hintergrunds prognostiziert.

4. Die Vererbung des Betriebes an mehrere Nachfolger bietet sich des weiteren um so mehr an, je weniger Einkommen die als Nachfolger in Frage kommenden Verbundmitglieder aus anderen Quellen, z.B. durch nichtselbständige Arbeit, vereinnahmen, das sie infolge des Eignerwechsels aufgeben müßten: Je geringer diese durch den Eintritt in den Betrieb versiegenden Zahlungsströme sind, desto geeigneter stellt sich die Wahl einer Mehrzahl von Nachfolgern dar, da dem Verbund in diesem Fall keine umfangreichen Einkommensströme verlorengehen können (*Charakteristikum der mangelnden Opportunitätseinkommen kompetenter verbundinterner Nachfolger*).

5. Die Unternehmensübergabe an mehrere Nachfolger ist darüber hinaus als um so sinnvoller zu beurteilen, je größer der Umfang ist, den die durch die Übertragung entstehende Erbschaftsteuerbelastung annimmt, bspw., da der maßgebende steuerliche Unternehmenswert vergleichsweise hoch ausfällt. Die Vererbung auf mehrere Personen eröffnet – im Gegensatz zu einer Übereignung auf nur einen Nachfolger – die Möglichkeit, der Progressionswirkung der Steuer zu begegnen und persönliche Freibeträge sowie die Begünstigungen unternehmerischen Vermögens mehrfach (nämlich entsprechend der Anzahl der eingesetzten Erben) zu nutzen. Auch das Vorliegen eines Großerwerbs kann ggf. durch die Übertragung auf mehrere Erben verhindert, oder die damit verbundenen steuerlichen Nachteile können zumindest verringert werden (*Charakteristikum der relativ hohen Erbschaftsteuerlast*).[133]

6. Nicht zuletzt besitzt die Vererbung an mehrere Nachfolger eine um so größere Attraktivität, je umfangreicher die Konfrontation eines einzelnen Erben des Betriebes mit Pflichtteilsansprüchen anderer Erben ausfiele. Stellt sich die finanzielle Situation dieses Erben als derart angespannt dar, daß eine Befriedigung der zu erwartenden Forderungen nur durch eine das Unternehmen belastende Inanspruchnahme seiner Erfolge oder Substanz möglich wäre, kann eine Übereignung auf mehrere Erben eine solche problematische Konstellation unterbinden oder zumindest abmildern (*Charakteristikum der Pflichtteilsbelastung des Nachfolgers*).

---

[133] Vgl. *HANNES*, Erbschaftsteuerreform (2016), S. 559, *INSTITUT DER WIRTSCHAFTSPRÜFER*, Erbschaftsteuer (2017), S. 16 und 96.

Gestaltung der Vererbung im Wege der augenblicklichen Gruppennachfolge

Im Hinblick auf die Gestaltung der Vererbung im Rahmen der augenblicklichen Gruppennachfolge ist zunächst festzuhalten, daß sie in weiten Teilen der Gestaltung im Zuge der augenblicklichen Einzelnachfolge entspricht. Nichtsdestoweniger weisen die Aktivitäten zur Maximierung des Erfolges der Unternehmensfortführung Gestaltungsmöglichkeiten auf, die sich speziell aus der bei der augenblicklichen Gruppennachfolge vorliegenden Nachfolgermehrzahl ergeben:

Im Falle der Zerteilung des Unternehmens steht der Alteigentümer aufgrund des obigem Punkt 2 subsumierten Charakteristikums der Spezialisierung kompetenter verbundinterner Nachfolger vor der Frage, in welcher Form eine derartige Umstrukturierung vonstatten gehen soll. Die in diesem Zusammenhang von ihm vollzogenen Maßnahmen bestehen dabei nicht nur in einer – den maximalen Gesamtzukunftserfolg aller Teilbetriebe versprechenden – Aufteilung der vorhandenen Wirtschaftsgüter auf die einzelnen Betriebselemente; darüber hinaus kann es sich als notwendig herausstellen, in bestimmten Teilbetrieben Investitionen vorzunehmen, um ihre angestrebte Fortführung tatsächlich zu gewährleisten. Dies ist insbesondere in solchen Situationen der Fall, in denen bestimmte, unteilbare Faktoren – wie z.B. eine einzelne Großanlage – bislang von allen Unternehmensbereichen in Anspruch genommen wurden, ihre Nutzung nach der Zerlegung des Unternehmens aber nicht mehr der Gesamtheit der Teilbetriebe möglich ist.

Übergibt der Erblasser das Unternehmen an mehrere Eigentümer, um auf diesem Wege der Belastung der eigentlich aufgrund ihres Führungswillens und ihrer Führungskompetenz als Nachfolger geeigneten Person(en) mit Pflichtteilsansprüchen zu begegnen, eröffnet sich folgendes Spannungsfeld: Einerseits reduziert der Alteigentümer die Pflichtteilsforderungen, deren Erfüllung den/die aufgrund seiner/ihrer Eignung gewünschten Nachfolger und damit auch das Unternehmen beeinträchtigt hätte. Andererseits holt der Erblasser – im Falle einer Nachfolge durch Übereignung der Anteile – Wirtschaftssubjekte in den Gesellschafterkreis, die aufgrund ihrer mangelnden Führungsqualitäten ggf. kontraproduktiv innerhalb der unternehmerischen Entscheidungsprozesse wirken. Im Rahmen seiner Gestaltungsmaßnahmen wird der abgebende Eigner daher bestrebt sein, Regelungen zu finden, die sowohl die Pflichtteilsansprüche aufgrund der Übertragung von Unternehmensteilen einschränken als auch die Mitsprache der so bedachten Erben in der Gesellschaft begrenzen. Hierzu bieten sich einerseits die Position der eigentlich geeigneten Nachfolger stärkende Satzungsregeln an; andererseits kann der Erblasser auch die Art der übertragenen Anteile so ausgestalten, daß sie die Leitungsmacht der führungsungeeigneten Erben einschränken. Letzterem Punkt sind bspw. die Ausgabe von Kommanditanteilen oder stimmrechtslosen Vorzugsaktien zu subsumieren;

auch Höchststimmrechte oder die Vergabe von Mehrstimmrechtsaktien[134] an die führungsgeeigneten Nachfolger können diesem Zweck dienen.

4.2.3.1.2 Schenkung

Vorteilhaftigkeitskriterien der Schenkung im Wege der augenblicklichen Gruppennachfolge

Erfolgt die Unternehmensübereignung in Form der Schenkung mittels augenblicklicher Gruppennachfolge, gibt der Alteigentümer seinen Betrieb zu Lebzeiten und unentgeltlich innerhalb eines Zeitpunkts an mehrere Nachfolger. Die Schenkung im Wege der augenblicklichen Gruppennachfolge stellt sich dabei als zweckmäßig aufgrund jener Charakteristika dar, die sowohl die Schenkung als auch die Übereignung innerhalb eines Zeitpunkts wie auch die Einsetzung einer Mehrzahl neuer Eigentümer als attraktiv erscheinen lassen. Da die Gründe, die zum einen für die Wahl der Schenkung und zum anderen für die Übereignung in einem Zeitpunkt sprechen, bereits für den Fall der Schenkung mittels augenblicklicher Einzelnachfolge skizziert wurden, sollen im weiteren nur jene Charakteristika dargestellt werden, die – unter Beachtung der Ceteris-paribus-Prämisse – für die Bestimmung einer *Mehrzahl von Nachfolgern* sprechen. Angesichts der Tatsache, daß die Argumente für die Wahl mehrerer Beschenkter dabei eine weitgehende Strukturgleichheit mit jenen Argumenten aufweisen, die im Abschnitt 4.2.3.1.1 für die Wahl mehrerer Erben angeführt wurden, soll hier – zur Vermeidung von Redundanzen – nur eine knappe Herausarbeitung der die Vorziehenswürdigkeit der Nachfolgermehrzahl begründenden Charakteristika erfolgen: So kann festgehalten werden, daß die schenkungsweise Übereignung des Betriebes an mehrere Wirtschaftssubjekte um so attraktiver ist,

– je geeigneter mehrere Mitglieder des Verbundes des Alteigentümers mit anderen Wirtschaftssubjekten aufgrund ihres Führungswillens und ihrer Führungsfähigkeiten für die Nachfolge sind (*Charakteristikum der Mehrzahl kompetenter verbundinterner Nachfolger*),

– je stärker sich die Fähigkeiten der potentiellen Nachfolger auf einzelne Unternehmensbereiche konzentrieren (*Charakteristikum der Spezialisierung kompetenter verbundinterner Nachfolger*),

---

134 In Deutschland sind Mehrstimmrechte allerdings gemäß § 12 Abs. 2 AktG grundsätzlich verboten. Vgl. zu Mehrstimmrechtsaktien HERING/OLBRICH, Mehrstimmrechte (2001), HERING/OLBRICH, Bemessung der Abfindung (2001), HERING/OLBRICH, Fall „Siemens" (2003).

– je wahrscheinlicher die Entstehung positiver Verbundeffekte ist, die sich bei der Übergabe des Betriebes an mehrere Nachfolger zwischen diesen neuen Eignern entwickeln (*Charakteristikum der positiven Synergien zwischen kompetenten verbundinternen Nachfolgern*),

– je weniger Einkommen die als Beschenkte in Frage kommenden Personen aus anderen Quellen vereinnahmen, die aufgrund des Eignerwechsels versiegen würden (*Charakteristikum der mangelnden Opportunitätseinkommen kompetenter verbundinterner Nachfolger*),

– je größer die Schenkungsteuerbelastung ausfällt, die bei der Übereignung auf einen einzelnen Beschenkten droht und die durch die Bestimmung einer Mehrzahl von Nachfolgern aufgrund der damit einhergehenden Mehrfachnutzung von persönlichen Freibeträgen und von Begünstigungen unternehmerischen Vermögens, der Begrenzung des Progressionseffekts sowie der möglichen Vermeidung eines steuerlichen Großerwerbs eingeschränkt werden kann (*Charakteristikum der relativ hohen Schenkungsteuerlast*),

– je mehr der Schenker davon ausgeht, zeitnah und innerhalb der nächsten zehn Jahre nach der Schenkung zu versterben und je umfangreicher in diesem Fall die Belastung eines einzelnen Beschenkten (und damit ggf. auch des ihm übertragenen Unternehmens) mit Pflichtteilsergänzungsansprüchen ausfiele – eine Konstellation, der durch die Einsetzung mehrerer Beschenkter, die im Todesfall zu den Erben mit Pflichtteilsansprüchen gehören würden, begegnet werden kann (*Charakteristikum der Pflichtteilsbelastung des Nachfolgers*).

Gestaltung der Schenkung im Wege der augenblicklichen Gruppennachfolge

Bezüglich der Gestaltung der Schenkung im Wege der augenblicklichen Gruppennachfolge gilt, daß sie grundsätzlich der Gestaltung für den Fall der augenblicklichen Einzelnachfolge entspricht. Einzelne Besonderheiten im Hinblick auf die Aktivitäten des Alteigentümers vor dem Hintergrund der augenblicklichen Gruppennachfolge bestehen jedoch; sie sollen hier allerdings lediglich überblicksartig erläutert werden, da sie erhebliche Analogien zu den oben bereits herausgearbeiteten Gestaltungsbesonderheiten bei der Vererbung mittels augenblicklicher Gruppennachfolge aufweisen:

So hat der Schenker zur *Maximierung des Erfolges der Unternehmensfortführung* ebenso wie in der strukturgleichen Situation der Vererbung für den Fall der Aufteilung des Unternehmens eine Zerlegung und ggf. Investitionen in Teilbetriebe so vorzunehmen, daß der Gesamtzukunftserfolg aller Teilbetriebe möglichst groß ist. Vollzieht er die Schenkung an mehrere Nachfolger, um Pflichtteilsergänzungsansprüche zu unterbinden, wird er ebenso wie im analogen Erbfall bestrebt sein, Regelungen zu finden, die sowohl die Pflichtteilsergänzungsansprüche aufgrund der Schenkung von Unternehmensteilen reduzieren als auch die Mitsprache der für die Führung ungeeigneten Beschenkten in der Gesellschaft begrenzen.

Wird das Unternehmen auf der Ebene der Wirtschaftsgüter zerlegt und ist im Anschluß an den Eigentumsübergang die Mitwirkung des früheren Eigners an der Unternehmensführung erwünscht, muß der Schenker – falls er aus Zeitgründen nicht alle Nachfolger zu unterstützen vermag – entscheiden, in welchen Betriebsteilen er weiterhin tätig sein wird. Orientieren wird er sich bei seinem Entschluß dabei an den voraussichtlichen Erfolgswirkungen seiner Mitwirkung: So bietet es sich für ihn an, in jenem Betriebsteil unterstützend tätig zu sein, der den größten absoluten Gewinnzuwachs durch diese Aktivität verspricht.[135]

4.2.3.1.3 Stiftung

Vorteilhaftigkeitskriterien der Stiftung im Wege der augenblicklichen Gruppennachfolge

Übereignet der bisherige Eigentümer sein Unternehmen innerhalb eines Zeitpunkts – sei es nun zu Lebzeiten oder in seinem Todesfall – auf mehrere Stiftungen, handelt es sich um eine Stiftungslösung im Gewand der augenblicklichen Gruppennachfolge. Als geeignet erweist sie sich bei Vorliegen jener Charakteristika, die die Zweckmäßigkeit erstens der Stiftung, zweitens der zeitpunktbezogenen Übereignung und drittens der Mehrzahl neuer Eigentümer begründen. Da die Gründe für die ersten beiden Aspekte bereits für die Stiftung mittels augenblicklicher Einzelnachfolge erläutert wurden, beschränken sich die folgenden Darstellungen auf jene Charakteristika, die – unter Gültigkeit der Ceteris-paribus-Prämisse – für die Entscheidung sprechen, *mehrere Nachfolger* einzusetzen, also eine Übereignung des Betriebes auf mindestens zwei Stiftungen vorzunehmen:

1. Die Aufteilung des Unternehmens auf mehrere Stiftungen bietet sich zum einen dann an, wenn der Alteigentümer aufgrund ihres Führungswillens und ihrer Führungsfähigkeiten geeignete Personen zur Besetzung der Stiftungsorgane – insbesondere des Stiftungsvorstands – gefunden hat, zwischen diesen Personen aber die Entstehung negativer Synergieeffekte befürchtet. Derartige Verbundnachteile, die den Unternehmenserfolg zu beeinträchtigen vermögen, können sich bspw. aufgrund fachlicher oder persönlicher Spannungen und Konflikte

---

135 Vgl. hierzu auch *OLBRICH*, Unternehmungsnachfolge (2014), S. 207.

zwischen einzelnen Organmitgliedern einstellen. Je stärker der Stifter von der Entstehung derartiger Reibungsverluste ausgeht, desto eher wird er bestrebt sein, das Unternehmen auf mehrere, von unterschiedlichen Personen geführte Stiftungen aufzuteilen, um so negative Synergien zu vermeiden (*Charakteristikum der negativen Synergien zwischen Mitgliedern der Stiftungsorgane*).

2. Die Unternehmensübergabe an eine Mehrzahl von Stiftungen ist darüber hinaus als um so sinnvoller einzuschätzen, je größer die Belastung mit Schenkungsteuer (Stiftung unter Lebenden) respektive Erbschaftsteuer (Stiftung von Todes wegen) ausfiele, wenn der Alteigentümer sein Unternehmen auf nur eine einzelne Stiftung überträgt. Teilt der Stifter sein Unternehmen auf mehrere Stiftungen auf, kann auf diese Weise der Progressionswirkung der Steuer begegnet und der persönliche Freibetrag sowie die speziellen Begünstigungen unternehmerischen Vermögens mehrfach (entsprechend der Anzahl der Stiftungen) in Anspruch genommen werden. Auch ist es möglich, das Vorliegen eines steuerlichen Großerwerbs zu vermeiden oder die damit einhergehenden steuerlichen Nachteile zumindest zu reduzieren. Analog gilt dies ebenfalls für die bei Familienstiftungen im Abstand von jeweils 30 Jahren anfallende „Erbersatzsteuer" gemäß § 1 Abs. 1 Nr. 4 ErbStG (*Charakteristikum der relativ hohen Schenkung- respektive Erbschaftsteuerlast*).

3. Die Ausführungen des Punktes 1 machen deutlich, daß – will der abgebende Eigner seine Stiftungen nicht von identischen Personen führen lassen – eine genügend große Zahl geeigneter Personen zur Verfügung stehen muß, auf die der Stifter zurückzugreifen vermag, um die zahlreichen Organe mehrerer Stiftungen überhaupt besetzen zu können. Je mehr geeignete Personen zum Eintritt in die Organe der Stiftungen bereitstehen, desto eher wird sich der Stifter dazu entschließen, eine Betriebsübergabe auf mehr als eine Stiftung vorzunehmen (*Charakteristikum der Besetzbarkeit der Organe der Stiftungen durch unterschiedliche geeignete Personen*).

4. Reicht es dem Stifter dagegen, seine Stiftungen von identischen Personen führen zu lassen, da er die Unternehmensübergabe an eine Mehrzahl dieser Institutionen nicht wegen befürchteter negativer Synergien zwischen den Organmitgliedern, sondern zum Zwecke der in Punkt 2 angeführten Steuerentlastung anstrebt, muß er analog zu Punkt 3 zunächst eine Person oder mehrere Personen ausfindig machen, die sowohl für die Stiftungsführung geeignet als auch willens sind, sich der Herausforderung einer Leitung nicht nur einer Stiftung, sondern statt dessen mehrerer Stiftungen zu stellen. Je mehr der Stifter davon ausgeht, daß ihm ein oder mehrere derartige(r) Kandidat(en) für die Besetzung der Stiftungsorgane zur Verfügung steht/stehen, desto eher wird er sich für eine Mehr-

zahl an Stiftungen entscheiden (*Charakteristikum der Besetzbarkeit der Organe der Stiftungen durch identische geeignete Personen*).

Gestaltung der Stiftung im Wege der augenblicklichen Gruppennachfolge

Die Aktivitäten des abgebenden Eigners im Rahmen der Stiftung mittels augenblicklicher Gruppennachfolge decken sich weitgehend mit den bereits dargestellten Maßnahmen im Zusammenhang mit der augenblicklichen Einzelnachfolge. Eine Besonderheit bei der Gestaltung der augenblicklichen Gruppennachfolge besteht z.B. für den Fall, daß der Stifter sein Unternehmen nicht auf der Anteilsebene, sondern der Ebene der Wirtschaftsgüter zerteilt, um es mehreren Stiftungen zu übereignen. Dann hat er im Hinblick auf die *Maximierung des Erfolges der Unternehmensfortführung* eine Zerlegung und – wenn nötig – Investitionen in Teilbetriebe so zu vollziehen, daß der Gesamtzukunftserfolg aller Teilbetriebe möglichst groß ist. Handelt es sich darüber hinaus um eine Stiftung unter Lebenden und soll der Stifter weiterhin im Rahmen der Betriebsleitung mitwirken, hat er – falls er aus Zeitgründen nicht alle Stiftungen unterstützen kann – eine Entscheidung zu fällen, in welchen Teilen des Unternehmens er weiterhin aktiv sein will. Ebenso wie im Falle der Mitwirkung im Anschluß an die Schenkung wird sich der Stifter danach richten, welcher Unternehmensteil durch seine Führung voraussichtlich den größten absoluten Erfolgszuwachs für den Gesamtverbund (d.h. inklusive der Synergien bei den anderen Unternehmensteilen) generieren wird.[136]

4.2.3.1.4 Verkauf

Vorteilhaftigkeitskriterien des Verkaufs im Wege der augenblicklichen Gruppennachfolge

Gibt der bisherige Eigentümer seinen Betrieb innerhalb eines Zeitpunkts gegen Erhalt eines Entgelts an mehrere Nachfolger ab, liegt eine Übereignung in Form des Verkaufs mittels augenblicklicher Gruppennachfolge vor. Ihre Attraktivität beruht auf jenen Charakteristika, die für die Veräußerung, die Abgabe des Unternehmens in einem Zeitpunkt und die Wahl einer Mehrzahl von Nachfolgern sprechen. Angesichts der Tatsache, daß die Vorzüge der zeitpunktbezogenen Übereignung gegen Entgelt bereits im Abschnitt 4.2.2.1.4 analysiert worden sind, dienen die folgenden Ausführungen der Untersuchung lediglich jener Charakteristika, die die Abgabe des Betriebes an mehrere Erwerber als sinnvoll erscheinen lassen. Zunächst ist grundsätzlich zu konstatieren, daß der Eigentümer eine Veräußerung an mehrere Käufer

---

136 Vgl. hierzu auch OLBRICH, Unternehmungsnachfolge (2014), S. 207.

um so mehr anstreben wird, je größer der Erfolg voraussichtlich ausfallen wird, der hierdurch im Vergleich zu einer Übertragung auf nur einen einzelnen Erwerber erzielt werden kann.[137] Die im folgenden angeführten Zusammenhänge können ein *Veräußerungsgewinnmaximum bei Käufermehrzahl* begründen:

1. Für den Verkäufer ist die Übereignung auf mehrere Erwerber zum einen um so zweckmäßiger, je stärker die einzelnen Investoren daran interessiert sind, nur jeweils einen bestimmten Teil des Unternehmens zu erwerben. Müßten sie den ganzen Betrieb kaufen, um den für sie eigentlich relevanten Teilbereich zu erhalten, würden sie aufgrund ihrer Spezialisierung nur einen vergleichsweise geringen Preisaufschlag auf den für sie unattraktiven „Unternehmensrest" zu zahlen bereit sein. Für den Verkäufer kann es daher zweckmäßiger sein, den Betrieb zunächst zu zerlegen und sich dann mit den Einzelelementen an jeweils interessierte Investoren zu wenden (*Charakteristikum der Spezialisierung der Erwerber*).

2. Die *Anteile* an dem Unternehmen sind auf eine Mehrzahl potentieller Käufer aufteilbar, und ein derartiges Streuen dieser Titel verspricht einen größeren Veräußerungserfolg als die Konzentration auf einen Erwerber, da die Investoren bei einer Zerteilung des Betriebes Verbundvorteile innerhalb des Gesellschafterkreises prognostizieren und daher jeweils Aufschläge auf die Beteiligungspreise akzeptieren. Je größer der Umfang dieser Aufschläge ausfällt, die der Verkäufer prognostiziert, desto zweckmäßiger wirkt in seinen Augen die Veräußerung des Betriebes an mehrere Käufer (*Charakteristikum der Entstehung positiver Synergien bei Erwerbermehrzahl*).

3. Der Verkäufer vermag auf mehrere mögliche Erwerber zurückzugreifen, auf die die *Wirtschaftsgüter* des Unternehmens zerteilt übertragen werden könnten, und der Veräußerungserfolg ist dabei größer als bei einem Einzelerwerber, da die Zerlegung des Betriebes mit dem Verlust negativer Synergien einhergeht, was die Investoren durch Preisaufschläge honorieren.[138] Je höher der Verkäufer den Umfang dieser Aufschläge einschätzt, desto sinnvoller ist die Aufteilung der Wirtschaftsgüter auf mehrere Käufer (*Charakteristikum des Verlustes negativer Synergien bei Erwerbermehrzahl*).

4. Nicht zuletzt bietet sich der Verkauf des Unternehmens an mehrere Investoren um so mehr an, je größer der von dem Alteigentümer geforderte Preis für den Betrieb ausfällt und je weniger ein einzelner interessierter Erwerber im Vergleich

---

137 Vgl., auch im folgenden, ausführlich OLBRICH, Unternehmungsnachfolge (2014), S. 202-205.

138 Vgl. hierzu ebenfalls SCHMALENBACH, Werte von Unternehmungen (1917), S. 10, BESTE, Regelung der Auseinandersetzungsfrage (1924), S. 102.

zu einer Erwerbermehrzahl in der Lage ist, dieses Entgelt zu entrichten. Die Attraktivität der Veräußerung an eine Mehrzahl von Käufern ergibt sich vor diesem Hintergrund aus der Perspektive, durch die Streuung des Unternehmens auf viele Investoren und die damit einhergehende Bündelung ihrer jeweiligen Kaufkraft einen höheren Veräußerungserfolg zu erzielen. Als Beispiel einer solchen Situation kann die Veräußerung einer Gesellschaft an eine Vielzahl von Anlegern im Rahmen eines Börsengangs angeführt werden, die durch die Bündelung der Kaufkraft breiter Investorenschichten in aller Regel mit höheren Veräußerungserfolgen einhergeht, als es bei der Übernahme des Betriebes durch einen einzelnen Käufer der Fall gewesen wäre (*Charakteristikum der höheren Kaufkraft einer Erwerbermehrzahl*).

Gestaltung des Verkaufs im Wege der augenblicklichen Gruppennachfolge

Die Gestaltung des Verkaufs mittels augenblicklicher Gruppennachfolge entspricht in weiten Teilen der Gestaltung für den Fall der augenblicklichen Einzelnachfolge. Dennoch bestehen Besonderheiten im Zusammenhang mit der augenblicklichen Gruppennachfolge, die die *Maximierung des Erfolges der Unternehmensveräußerung* betreffen.[139] So gilt für die Zerlegung des Unternehmens, daß der Verkäufer sie dergestalt vornehmen wird, daß sie den größtmöglichen Veräußerungserfolg verspricht. Eine dahingehende Strukturierung der zu verkaufenden Teile kann dabei entweder auf der Anteilsebene erfolgen, indem die einzeln zu veräußernden Anteilspakete entsprechend bemessen werden, oder auf der Ebene der Wirtschaftsgüter stattfinden, indem eine möglichst geschickte Bündelung dieser Güter vorgenommen wird. Bei letzterem kann es sich darüber hinaus ggf. für den Verkäufer anbieten, zusätzliche Investitionen in einzelne Unternehmensteile vorzunehmen, um ihre Attraktivität für mögliche Erwerber zu steigern. Sollten die Erwerber den Wunsch hegen, daß der Verkäufer sie im Anschluß an den Eigentumsübergang im Rahmen der Betriebsführung jeweils unterstützt, muß der Alteigentümer – wenn der Betrieb eine Zerlegung auf der Ebene der Wirtschaftsgüter erfährt und aus Zeitgründen nicht alle Nachfolger unterstützt werden können – entscheiden, wem er seine Führungserfahrung zur Verfügung stellen wird. Richten wird sich der Verkäufer bei seinem Entschluß nach dem voraussichtlichen Veräußerungserfolgszuwachs, den er durch seine Mitwirkung erzielt, und entsprechend denjenigen Käufer unterstützen, bei dem der Barwert dieses Zuwachses maximal sein wird (natürlich unter Berücksichtigung der Barwertminderungen bei den nicht durch Mitarbeit unterstützten neuen Eignern).

---

139 Vgl. im folgenden eingehend OLBRICH, Unternehmungsnachfolge (2014), S. 205-209.

4.2.3.2 Gestreckte Gruppennachfolge

4.2.3.2.1 Vererbung

Vorteilhaftigkeitskriterien der Vererbung im Wege der gestreckten Gruppennachfolge

Die Vererbung mittels gestreckter Gruppennachfolge ist dadurch gekennzeichnet, daß der Alteigentümer seinen Betrieb über einen Zeitraum verteilt an eine Mehrzahl von Erben überträgt. Wie im Falle der Vererbung im Wege der gestreckten Einzelnachfolge muß sich der Erblasser folglich auch im Rahmen der gestreckten Gruppennachfolge des Instruments der Testamentsvollstreckung bedienen, um das Merkmal der zeitlichen Streckung der Nachfolge sicherzustellen. Zu beachten ist, daß die Vererbung mittels gestreckter Gruppennachfolge in zwei Erscheinungsmuster differenziert werden kann, wobei der Alteigentümer diese Grundformen auch miteinander zu kombinieren vermag:[140]

1. *Intrapersonelles Sukzessivmuster*: Die schrittweise Übertragung der Leitungsmacht vollzieht sich hierbei auf der Ebene der einzelnen Nachfolger. Die Leitungsmacht wird von dem Testamentsvollstrecker also auf alle Nachfolger sukzessiv und mehr oder minder parallel übertragen. Jeder der neuen Eigner erhält folglich erst nach Abschluß eines gewissen Zeitraums seinen vollen Anteil an der Leitungsmacht.

2. *Interpersonelles Sukzessivmuster*: Der schrittweise Charakter der Übertragung der Leitungsmacht ergibt sich nicht auf der Ebene der einzelnen Nachfolger, sondern zwischen den einzelnen Nachfolgern. Die Leitungsmacht wird hierbei also jeweils in vollem Umfang in einem Einzelvorgang auf die Nachfolger übergeben, doch erhält ein Teil der Nachfolger diese Leitungsmacht früher als andere Nachfolger (bspw. unmittelbar mit dem Erbfall, ohne Einschaltung eines Testamentsvollstreckers), ein anderer Teil entsprechend später (übergeben durch den Testamentsvollstrecker nach Verstreichen eines bestimmten Zeitraums).

Die Charakteristika, die für eine Übereignung im Wege der Vererbung mittels gestreckter Gruppennachfolge sprechen, sollen an dieser Stelle nicht im einzelnen aufgelistet werden. Im Hinblick auf das *intrapersonelle Sukzessivmuster* handelt es sich bei ihnen um jene Aspekte, die erstens die Attraktivität der Vererbung an sich begründen (bereits dargestellt im Zusammenhang mit der augenblicklichen Einzel-

---

140 Vgl. zur Unterscheidung zwischen intrapersonellem und interpersonellem Sukzessivmuster *Olbrich*, Unternehmungsnachfolge (2014), S. 209-211.

nachfolge), zweitens die zeitraumbezogene Vererbung als vorteilhaft erscheinen lassen (erläutert vor dem Hintergrund der gestreckten Einzelnachfolge) und drittens dem Entschluß zur Einsetzung mehrerer Erben zugrunde liegen (herausgearbeitet im Rahmen der augenblicklichen Gruppennachfolge). Für das *interpersonelle Sukzessivmuster* gilt grundsätzlich das gleiche, doch sind folgende Besonderheiten in bezug auf die Charakteristika der Zeitraumorientierung zu beachten:

– Das *Charakteristikum der mangelnden Unmittelbarkeit der Führungskompetenz* kann kennzeichnend für jene Nachfolger sein, die später als andere Nachfolger die Leitungsmacht aus der Hand des Testamentsvollstreckers erhalten. Der Teil der neuen Eigner, der ggf. sofort mit Eintreten des Erbfalls Leitungsmacht erhält, vermag dagegen durch das *Charakteristikum der Unmittelbarkeit der Führungskompetenz* geprägt sein.

– Das *Charakteristikum des Opportunitätseinkommens der verbundinternen Nachfolger* vermag jene Nachfolger auszuzeichnen, die im Vergleich zu anderen Nachfolgern die Leitungsmacht später von seiten des Testamentsvollstreckers übernehmen. Der Teil der neuen Eigner, der früher – möglicherweise unmittelbar – Leitungsmacht erhält, kann dagegen durch das *Charakteristikum des mangelnden Opportunitätseinkommens der verbundinternen Nachfolger* kennzeichnet sein.

Gestaltung der Vererbung im Wege der gestreckten Gruppennachfolge

Aufgrund der für die gestreckten Gruppennachfolge geltenden Analogien zu den Charakteristika der Einzelnachfolgen und der augenblicklichen Gruppennachfolge können auch die in ihrem jeweiligen Zusammenhang herausgearbeiteten Gestaltungsmöglichkeiten des Alteigentümers auf den hier vorliegenden Strategiefall entsprechend übertragen werden. Um Redundanzen zu vermeiden, erfahren sie daher an dieser Stelle keine eingehende Darstellung. Anzusprechen ist allerdings eine Besonderheit der Gestaltung der gestreckten Gruppennachfolge, die sich aus dem Instrument der Testamentsvollstreckung ergibt: So muß sich der Erblasser entscheiden, ob er die Zerteilung des Unternehmens bereits selbst vollzieht und es im Anschluß einem Testamentsvollstrecker oder einer Mehrheit von Testamentsvollstreckern anvertraut, oder aber den Betrieb zunächst im ganzen in die Hände eines Testamentsvollstreckers gibt, der eine Zerlegung erst vornimmt, wenn die Leitungsmacht an die Erben übergeht. Eine Teilung des Betriebes bereits durch den Erblasser und die Einsetzung mehrerer Testamentsvollstrecker bietet sich z.B. dann an, wenn das Unternehmen eine divisionale Struktur aufweist und jeder einzelne der Testamentsvollstrecker aufgrund seiner sehr spezialisierten Kenntnisse voraussichtlich jeweils nur die erfolgreiche Leitung eines bestimmten Teils des Betriebes sicherstellen kann. Die Variante der Zerlegung des Unternehmens durch den Testamentsvollstrecker selbst kann dagegen sinnvoll sein, wenn dieser den Gesamtbetrieb zunächst erfolgreich allein zu führen verspricht und erst im Anschluß an diese Einzelführung mehrere Erben die Leitungsmacht übernehmen, bspw. um die zwischen ihnen vermuteten positiven Synergien einer gemeinsamen Führung realisieren zu können.

4.2.3.2.2 Schenkung

Vorteilhaftigkeitskriterien der Schenkung im Wege der gestreckten Gruppennachfolge

Die Schenkung im Wege der gestreckten Gruppennachfolge stellt sich dergestalt dar, daß der bisherige Eigentümer sein Unternehmen zu Lebzeiten unentgeltlich und zeitlich gestreckt mehreren Wirtschaftssubjekten übereignet. Zu beachten ist, daß die Schenkung mittels gestreckter Gruppennachfolge ähnlich wie die Vererbung eine Unterscheidung in zwei Erscheinungsmuster erfahren kann, die auch miteinander kombinierbar sind:[141]

1. *Intrapersonelles Sukzessivmuster*: Die schrittweise Übertragung des Unternehmens – sei es nun durch Übereignung der Anteile oder aber der Wirtschaftsgüter – findet auf der Ebene der einzelnen Nachfolger statt. Alle Nachfolger erhalten das Unternehmen also sukzessiv und weitgehend parallel durch den Alteigentümer geschenkt. Jeder der Beschenkten kann den ihm zugedachten Betriebsteil folglich erst nach Abschluß einer gewissen Zeitspanne vollständig sein eigen nennen.

2. *Interpersonelles Sukzessivmuster*: Der schrittweise Vorgang der Betriebsübereignung wird nicht auf der Ebene der einzelnen Nachfolger vollzogen, sondern zwischen den einzelnen Nachfolgern. Die Schenkung erfolgt hierbei also bezogen auf den jeweiligen Nachfolger in einem Einzelvorgang und in vollem Umfang, doch erhalten die einzelnen Nachfolger ihre Betriebsteile nicht zeitgleich, sondern zeitlich versetzt geschenkt.

Beispiel: Ein Unternehmer besitzt alle Anteile einer Aktiengesellschaft; diese will er seinen vier Kindern A, B, C, D zeitlich gestreckt über die Zeitpunkte $t \in \{1, 2, 3, 4\}$ schenken, wobei letztendlich jedes Kind eine ebenso hohe Beteiligung erhalten soll

---

141 Vgl. zur Unterscheidung zwischen intrapersonellem und interpersonellem Sukzessivmuster OLBRICH, Unternehmungsnachfolge (2014), S. 209-211. Die anschließend aufgeführten Tabellen sind in sehr enger Anlehnung an *ebenda*, S. 210 f., Tabellen 7 bis 9.

wie seine Geschwister. Entscheidet er sich für das intrapersonelle Sukzessivmuster, kann die Schenkung bspw. folgendermaßen ablaufen:

Tab. 7: Schenkung nach intrapersonellem Sukzessivmuster

Nachfolger	Unternehmensübergang			
	t = 1	t = 2	t = 3	t = 4
A	10%	10%	2,5%	2,5%
B	5%	5%	5%	10%
C	20%	4%	0,5%	0,5%
D	11%	5%	5%	4%

Entschließt er sich dagegen, die Schenkung im Zuge des interpersonellen Sukzessivmusters zu vollziehen, vermag die Übereignung beispielhaft diese Gestalt anzunehmen:

Tab. 8: Schenkung nach interpersonellem Sukzessivmuster

Nachfolger	Unternehmensübergang			
	t = 1	t = 2	t = 3	t = 4
A	25%	0%	0%	0%
B	0%	25%	0%	0%
C	0%	0%	25%	0%
D	0%	0%	0%	25%

Wählt der Eigner eine Mischung aus intra- und interpersonellem Sukzessivmuster, kann sich folgende exemplarisch angeführte Schenkungsstruktur ergeben:

Tab. 9: Schenkung nach gemischtem Sukzessivmuster

Nachfolger	Unternehmensübergang			
	t = 1	t = 2	t = 3	t = 4
A	25%	0%	0%	0%
B	0%	25%	0%	0%
C	20%	4%	0,5%	0,5%
D	11%	5%	5%	4%

Die Charakteristika, die die Vorteilhaftigkeit der Schenkung mittels gestreckter Gruppennachfolge begründen, sollen an dieser Stelle keine wiederholte Erläuterung erfahren, denn im Hinblick auf das *intrapersonelle Sukzessivmuster* stellen sie jene Aspekte dar, die bereits bezüglich der Attraktivität der Schenkung als Nachfolgeform, der Zweckmäßigkeit der Schenkung innerhalb eines Zeitraumes und der Vorzüge einer Mehrzahl von Beschenkten herausgearbeitet worden sind. Sie gelten im Grundsatz analog für das *interpersonelle Sukzessivmuster*, wobei allerdings folgende Spezifika in bezug auf die Charakteristika der Zweckmäßigkeit des Zeitraums zu berücksichtigen sind:

- Das *Charakteristikum der mangelnden Unmittelbarkeit der Führungskompetenz* vermag jene Nachfolger zu kennzeichnen, die ihren Unternehmensteil später als andere Nachfolger geschenkt bekommen. Jene Beschenkte, die früher in die Eignerposition eintreten, können dagegen durch das *Charakteristikum der Unmittelbarkeit der Führungskompetenz* geprägt sein.

- Das *Charakteristikum des Opportunitätseinkommens der verbundinternen Nachfolger* kann für jene Beschenkte zutreffen, die im Vergleich zu anderen Beschenkten später ihren Unternehmensteil erhalten. Die neuen Eigner, die früher von dem Alteigentümer bedacht werden, vermögen sich dagegen durch das *Charakteristikum des mangelnden Opportunitätseinkommens der verbundinternen Nachfolger* auszuzeichnen.

- Das *Charakteristikum der relativ hohen Schenkungsteuerlast* begründet die Attraktivität der Schenkung mittels gestreckter Gruppennachfolge auch für den Fall des interpersonellen Sukzessivmusters, doch kann der steuerlichen Belastung bei einem solchen Procedere nur begrenzt begegnet werden: Schließlich sind die persönlichen Freibeträge und die steuerlichen Begünstigungen des Unternehmensvermögens hierbei durch die Beschenkten jeweils nur einmal nutzbar, und auch der Steuerprogression kann nicht entgegengewirkt werden. Zumindest das Vorliegen eines Großerwerbs und die damit verbundenen steuerlichen Nachteile können ggf. vollständig verhindert oder wenigstens abgemildert werden, indem der steuerliche Erwerb auf mehrere Nachfolger verteilt wird.

- Das *Charakteristikum der Verringerbarkeit der Pflichtteilsbelastung der Nachfolger* ist kennzeichnend für die Zweckmäßigkeit der Schenkung im Wege der gestreckten Gruppennachfolge auch für den Fall des interpersonellen Sukzessivmusters, doch sind hier Einschränkungen zu beachten: In den Genuß einer Entlastung von Pflichtteilsansprüchen kommen die neuen Eigentümer um so mehr, je frühzeitiger sie beschenkt wurden. Jene Nachfolger, die ihren Unternehmensteil zehn oder mehr Jahre vor Ableben des Alteigentümers erhalten, sehen sich keinerlei Pflichtteilsforderungen gegenüber.

Gestaltung der Schenkung im Wege der gestreckten Gruppennachfolge

Angesichts der Parallelen zwischen den genannten Charakteristika der beiden Einzelnachfolgen, der augenblicklichen Gruppennachfolge und der gestreckten Gruppennachfolge sind die im Kontext der ersten drei Strategievarianten erläuterten Gestaltungsmöglichkeiten des Schenkers analog auf die Aktivitäten auf Basis der gestreckten Gruppennachfolge übertragbar. Hervorzuheben sind im folgenden lediglich zwei Punkte im Zusammenhang mit der *Maximierung des Erfolges der Unternehmensfortführung*, die von besonderer Bedeutung für die gestreckte Gruppennachfolge sind.

Bereits im Abschnitt 4.2.2.2.2 wurde angesprochen, daß bei einer sukzessiven Anteilsschenkung und der damit verbundenen zeitweiligen Zusammenarbeit innerhalb des Gesellschafterkreises die Gefahr besteht, daß sich Konflikte zwischen Schenker und Beschenktem über das Für und Wider einzelner Führungsentscheidungen einstellen können, die dem Unternehmen ggf. langfristig schaden. Die Möglichkeit derartiger Spannungen ist im Rahmen der gestreckten Gruppennachfolge dabei vergleichsweise höher als bei der gestreckten Einzelnachfolge, da nicht nur einer, sondern mehrere[142] Beschenkte zeitweilig mit dem Alteigentümer im Gesellschafterkreis kooperieren müssen. Um Spannungen zu begegnen, kann es sich für den Schenker daher anbieten, die Dauer der Zusammenarbeit zu verkürzen, soweit dies nicht anderen Überlegungen – bspw. im Hinblick auf die Einhaltung der steuerlich geforderten Zehn-Jahres-Zeiträume – zuwiderläuft. Ebenso ist es denkbar, im Rahmen des interpersonellen Sukzessivmusters zunächst jene Nachfolger in den Gesellschafterkreis zu holen, bei denen ein geringes Konfliktpotential in bezug auf den Alteigentümer zu erwarten ist, und vice versa jene Personen später zu beschenken, bei denen längerfristig die Entwicklung eines Spannungsverhältnisses zum Schenker befürchtet werden muß. Auch hierbei kann die angeführte Gestaltung freilich anderen Gegebenheiten entgegenstehen, wie der Erzielung von Opportunitätseinkommen einzelner Nachfolger.

Eine weitere Besonderheit im Hinblick auf die Maximierung des Fortführungserfolges im Wege der gestreckten Gruppennachfolge durch interpersonelles Sukzessivmuster ergibt sich bei der Zerteilung des Unternehmens nicht auf der Ebene der

---

142 Ausgenommen hiervon ist freilich die Situation des interpersonellen Sukzessivmusters mit zwei Beschenkten: Hierbei überträgt der Schenker sein Unternehmen sukzessive auf zwei Nachfolger, indem er zunächst dem ersten neuen Eigner dessen Beteiligung übergibt und – nach einem gewissen Zeitraum – die aus den restlichen Anteilen bestehende Beteiligung dem zweiten Nachfolger schenkt. In einem solchen Fall findet – ebenso wie im Zuge der gestreckten Einzelnachfolge – eine Zusammenarbeit im Gesellschafterkreis nur zwischen dem Alteigentümer und *einem* Nachfolger, nicht aber mehreren neuen Eignern statt.

Anteile, sondern der Ebene der Wirtschaftsgüter, wenn mehrere oder alle der Beschenkten eine zeitweilige Mitwirkung des Schenkers in der Unternehmensführung im Anschluß an den Eigentumsübergang wünschen und der Schenker aus Zeitgründen diese Unterstützung nicht parallel in mehreren Unternehmensteilen vollbringen kann.[143] Im Rahmen einer solchen Konstellation kann es sich für den Schenker anbieten, sich im Hinblick auf die zeitliche Struktur der Übereignungen an der benötigten Mitwirkungsdauer in den einzelnen Betriebsteilen zu orientieren. So wird bei einem derartigen Vorgehen ein Unternehmensteil an einen Nachfolger erst dann übergeben, wenn der Unterstützungsbedarf im Hinblick auf den davor übergegangenen Betriebsteil und dessen jeweiligem Nachfolger durch den Alteigentümer befriedigt worden ist.

4.2.3.2.3 Stiftung

Vorteilhaftigkeitskriterien der Stiftung im Wege der gestreckten Gruppennachfolge

Die Stiftung mittels gestreckter Gruppennachfolge vollzieht der Alteigentümer, indem er seinen Betrieb über einen Zeitraum in eine Mehrzahl von Stiftungen einbringt. Die Übereignung kann dabei sowohl durch mehrere Stiftungen unter Lebenden, mehrere Stiftungen von Todes wegen oder eine Mischung beider Formen der Stiftung erfolgen. Analog zu Vererbung und Schenkung sind auch bei der Stiftung durch gestreckte Gruppennachfolge zwei – ggf. miteinander kombinierbare – Erscheinungsmuster zu differenzieren:[144]

1. *Intrapersonelles Sukzessivmuster*: Im Fall der Stiftungen unter Lebenden findet die schrittweise Übergabe des Unternehmens – sei es nun durch Übertragung der Anteile oder aber der Wirtschaftsgüter – auf der Ebene der einzelnen Stiftungen statt. Alle Stiftungen erhalten das Unternehmen also schrittweise und mehr oder minder parallel durch den Alteigentümer. Jede der Stiftungen besitzt ihren Betriebsteil folglich vollständig erst nach Abschluß eines gewissen Zeitraums. Im Hinblick auf die Stiftungen von Todes wegen gilt das geschilderte Vorgehen analog für die schrittweise Vergabe der Leitungsmacht von seiten eines Testamentsvollstreckers.

2. *Interpersonelles Sukzessivmuster*: Mit Bezug auf die Stiftungen unter Lebenden wird die schrittweise Betriebsübertragung nicht auf der Ebene der einzelnen Stiftungen vollzogen, sondern zwischen diesen einzelnen neuen Eignern. Die Ein-

---

143 Das Folgende ist angelehnt an OLBRICH, Unternehmungsnachfolge (2014), S. 217.
144 Vgl. zur Unterscheidung zwischen intrapersonellem und interpersonellem Sukzessivmuster OLBRICH, Unternehmungsnachfolge (2014), S. 209-211.

bringungen der Unternehmensteile erfolgen hierbei also bezogen auf die jeweils bedachte Stiftung in einem einzelnen Vorgang und dann unmittelbar vollständig, doch erhalten die einzelnen Stiftungen ihren individuellen Betriebsteil nicht zeitgleich, sondern zeitlich versetzt übereignet. Für die Stiftungen von Todes wegen gilt das geschilderte Procedere analog für die Übertragung der Leitungsmacht durch den Testamentsvollstrecker respektive – bei unmittelbarem Eintritt in die Leitungsmachtposition nach Ableben des Alteigentümers – durch den Erblasser.

Die Charakteristika, die für die Attraktivität der Stiftung in Form der gestreckten Gruppennachfolge nach *intrapersonellem Sukzessivmuster* verantwortlich zeichnen, sind jene Aspekte, die oben im Hinblick auf die Vorteile der Stiftung als Nachfolgeform, die Vorzüge der zeitraumbezogenen Stiftungsvorgänge sowie die Zweckmäßigkeit, mehrere Stiftungen als Nachfolger einzusetzen, skizziert wurden. Um Redundanzen zu vermeiden, werden sie im folgenden keiner erneuten Analyse unterzogen. Für die Stiftung im Gewande der gestreckten Gruppennachfolge nach *interpersonellem Sukzessivmuster* gelten die angeführten Charakteristika grundsätzlich ebenfalls, doch sind besondere Spezifika im Hinblick auf die Vorteilhaftigkeit der zeitraumbezogenen Übereignung zu beachten:

–   Das *Charakteristikum der mangelnden Unmittelbarkeit der Führungskompetenz des Stiftungsvorstands* vermag jene Stiftungen auszuzeichnen, die ihren Unternehmensteil – oder, im Falle der Stiftung von Todes wegen, ihren Teil der Leitungsmacht – später als andere Stiftungen erhalten. Jene Stiftungen, die früher in diese Eigner- respektive Leitungsmachtposition eintreten, können dagegen durch das *Charakteristikum der Unmittelbarkeit der Führungskompetenz des Stiftungsvorstands* gekennzeichnet sein.

–   Das *Charakteristikum der relativ hohen Schenkungsteuerlast* begründet die Zweckmäßigkeit der Stiftung unter Lebenden mittels gestreckter Gruppennachfolge auch bei Vollzug des interpersonellen Sukzessivmusters, doch ist die Steuerlast bei einem solchen Vorgehen nur in Maßen einschränkbar: So können die persönlichen Freibeträge und die steuerlichen Begünstigungen des Unternehmensvermögens durch die Stiftungen jeweils nur einmal in Anspruch genommen werden, und auch der Steuerprogression vermag nicht begegnet zu werden. Allerdings ist es möglich, das Vorliegen eines Großerwerbs und die daraus resultierenden steuerlichen Nachteile zu vermeiden oder zumindest abzuschwächen, indem der steuerliche Erwerb auf mehrere Nachfolger verteilt wird.

–   Das *Charakteristikum der Verringerbarkeit der Pflichtteilsbelastung der Nachfolger* ist kennzeichnend für die Attraktivität der Stiftung unter Lebenden im Wege der gestreckten Gruppennachfolge auch im Fall des interpersonellen Sukzessivmusters, doch sind hier Einschränkungen zu berücksichtigen: Von Pflichtteilsansprüchen entlastet werden die Stiftungen um so mehr, je frühzeitiger sie ihren Betriebsteil erhalten. Jene Stiftungen, die mindestens zehn Jahre vor Ableben des Stifters in die Eignerposition eintreten, sehen sich mit Pflichtteilsforderungen nicht konfrontiert.

Gestaltung der Stiftung im Wege der gestreckten Gruppennachfolge

Aufgrund der für die gestreckte Gruppennachfolge existierenden Analogien zu den Charakteristika der Einzelnachfolgen und der augenblicklichen Gruppennachfolge, können auch die in ihrem jeweiligen Kontext dargestellten Gestaltungsmöglichkeiten des Alteigentümers auf den hier vorliegenden Strategiefall entsprechend transferiert werden. Um Redundanzen zu vermeiden, erfahren sie daher an dieser Stelle keine eingehende Erläuterung. Zu erwähnen ist für den Fall der *Stiftungen von Todes wegen* lediglich ein Gestaltungsspezifikum der gestreckten Gruppennachfolge, das aus dem Instrument der Testamentsvollstreckung resultiert: So muß der Stifter ebenso wie im Falle der Vererbung mittels gestreckter Gruppennachfolge die Entscheidung treffen, ob er seinen Betrieb bereits selbst zerlegt und ihn danach in die Obhut eines Testamentsvollstreckers oder einer Mehrheit von Testamentsvollstreckern gibt, oder aber das Unternehmen zunächst im ganzen einem Testamentsvollstrecker anvertraut, der die Zerteilung erst dann vollzieht, wenn die Leitungsmacht an die Stiftungen gegeben wird. Eine Teilung des Unternehmens bereits durch den Stifter und die Einsetzung mehrerer Testamentsvollstrecker bietet sich analog zur Vererbung u.a. dann an, wenn der Betrieb divisional aufgebaut ist und jeder einzelne der Testamentsvollstrecker aufgrund seiner spezialisierten Fähigkeiten vermutlich jeweils nur die erfolgreiche Führung eines bestimmten Bereichs des Unternehmens gewährleisten kann. Die zweite Variante (Aufteilung des Unternehmens durch den Testamentsvollstrecker selbst) kann dagegen bspw. dann sinnvoll sein, wenn sich der Betrieb unmittelbar vor Ableben des Alteigentümers in einem Umstrukturierungsprozeß – aufgrund einer sich wandelnden Marktumgebung, einem internen Sanierungsbedarf etc. – befindet, so daß der Stifter vor seinem Tode nicht abzusehen vermag, welche Zerlegung des Unternehmens für die Stiftungen am erfolgversprechendsten sein wird.

Im Hinblick auf die Gestaltungsmöglichkeiten des Alteigentümers im Falle der *Stiftungen unter Lebenden* sind zwei Besonderheiten im Zusammenhang mit der *Maximierung des Erfolges der Unternehmensfortführung* zu beachten. Sie entsprechen inhaltlich weitgehend den Gestaltungsspezifika der Schenkung mittels gestreckter Gruppennachfolge, so daß sie hier nur kurz angesprochen werden:

– Die im Abschnitt 4.2.2.2.3 erwähnte Konfliktgefahr bei einer sukzessiven Anteilsstiftung aufgrund der zeitweiligen Zusammenarbeit zwischen Stifter und Stiftungsvorstand innerhalb des Gesellschafterkreises ist bei der gestreckten Gruppennachfolge vergleichsweise hoch, da mehrere[145] Stiftungsvorstände zeitweilig mit dem Alteigentümer im Gesellschafterkreis kooperieren müssen. Ebenso wie im Falle der Schenkung kann es sich hierbei anbieten, Spannungspotentiale zu verringern, indem die Dauer der Zusammenarbeit gekürzt oder die Reihenfolge der zum Zuge kommenden Stiftungen an der Konfliktgefahr zwischen ihrem jeweiligen Vorstand und dem Stifter ausgerichtet wird.

–   Wird das Unternehmen auf der Ebene der Wirtschaftsgüter in Form des interpersonellen Sukzessivmusters zerlegt und verlangen mehrere oder alle Stiftungen eine zeitweilige Unterstützung durch den Stifter in der Unternehmensführung nach dem Eigentumsübergang, die dieser aber aus Zeitgründen nicht zugleich in mehreren Unternehmensteilen sicherstellen kann, gilt das für die Schenkung Angeführte entsprechend:[146] Der Stifter vermag sich bezüglich der zeitlichen Struktur der Stiftungsvorgänge an der benötigten Mitwirkungsdauer in den einzelnen Betriebselementen zu orientieren, so daß ein Unternehmensteil erst abgeben wird, wenn der Unterstützungsbedarf bezüglich des davor gestifteten Teils nicht mehr besteht.

4.2.3.2.4 Verkauf

Vorteilhaftigkeitskriterien des Verkaufs im Wege der gestreckten Gruppennachfolge

Gibt der Alteigentümer seinen Betrieb gegen Entgelt und zeitlich gestreckt an mehrere Wirtschaftssubjekte ab, handelt es sich um einen Verkauf im Wege der gestreckten Gruppennachfolge. Wie alle anderen Nachfolgeformen mittels gestreckter Gruppennachfolge vermag auch der Verkauf dabei eine Differenzierung in zwei Erscheinungsmuster zu erfahren, die ebenfalls miteinander kombiniert werden können:[147]

1. *Intrapersonelles Sukzessivmuster*: Die schrittweise Veräußerung des Unternehmens – durch Anteils- oder Wirtschaftsgüterverkauf – findet auf der Ebene der einzelnen Nachfolger statt. Allen Erwerbern wird das Akquisitionsobjekt also

---

145 Ausgenommen hiervon sind allerdings zwei Situationen: Erstens das interpersonelle Sukzessivmuster mit zwei Stiftungen, zweitens der Fall mehrerer Stiftungen, deren Vorstände jeweils mit denselben Personen besetzt sind.
146 Das Folgende ist angelehnt an OLBRICH, Unternehmungsnachfolge (2014), S. 217.
147 Dies und das Folgende stammt teilweise aus OLBRICH, Unternehmungsnachfolge (2014), S. 209-212.

sukzessiv und weitgehend parallel durch den Alteigentümer übergeben. Jeder der Käufer hat seinen avisierten Betriebsteil folglich erst nach Abschluß eines gewissen Zeitraums vollständig übernommen.

2. *Interpersonelles Sukzessivmuster*: Der schrittweise Vorgang der Betriebsübergabe wird nicht auf der Ebene der einzelnen Käufer vollzogen, sondern zwischen diesen einzelnen Nachfolgern. Jeder Unternehmensteil wird hierbei also bezogen auf seinen jeweiligen Erwerber in einem Einzelvorgang und in vollem Umfang übereignet, doch verkauft der Alteigentümer seine Betriebsteile nicht zeitgleich, sondern zeitlich versetzt an die einzelnen Käufer.

Die Charakteristika, die die Vorteilhaftigkeit des Verkaufs mittels gestreckter Gruppennachfolge begründen, werden im folgenden nicht erneut herausgearbeitet, denn sie stellen sowohl im Hinblick auf das *intrapersonelle* als auch das *interpersonelle Sukzessivmuster* jene Aspekte dar, die bereits bezüglich der Attraktivität des Verkaufs als Nachfolgeform, der Zweckmäßigkeit des zeitlich gestreckten Verkaufs und der Vorzüge einer Mehrzahl von Erwerbern erläutert worden sind. Zu beachten ist allerdings im Hinblick auf die Ausführungen im Abschnitt 4.2.2.2.4 betreffend das Charakteristikum des Veräußerungserfolgsmaximums, daß die dort skizzierten exemplarischen Konstellationen lediglich für das intrapersonelle Sukzessivmuster zutreffen.[148] Im Falle des interpersonellen Sukzessivmusters kann sich ein Veräußerungserfolgsmaximum dagegen u.a. einstellen, wenn sich ein Teil der späteren Käufer angesichts eines bereits im Gesellschafterkreis vorhandenen früheren Käufers positive Einflüsse auf den Unternehmenserfolg verspricht – sei es aufgrund von dessen Führungskenntnissen, Netzwerkkontakten oder ähnlichem – und die späteren Käufer dadurch einen Preisaufschlag akzeptieren. Beispiel hierfür ist der anfängliche Verkauf eines Teils der Anteile an eine bekannte Risikokapitalgesellschaft, deren Anwesenheit im Gesellschafterkreis aufgrund ihrer Branchenerfahrung, Finanzkraft und allgemein ihrer Reputation vertrauenerweckend auf andere Erwerber wirkt. Stellt sich ein derartiger Effekt ein, können die restlichen Anteile ceteris paribus an weitere Käufer zu höheren Preisen abgegeben werden, als es ohne die Risikokapitalgesellschaft im Eignerkreis der Fall gewesen wäre.

Gestaltung des Verkaufs im Wege der gestreckten Gruppennachfolge

Angesichts der Parallelen zwischen den Charakteristika der beiden Einzelnachfolgen, der augenblicklichen Gruppennachfolge und jenen der gestreckten Gruppennachfolge sind die im Kontext der ersten drei Strategievarianten erläuterten Gestaltungsoptionen des Verkäufers auf die Maßnahmen im Zusammenhang mit der

---

148 Ausführlich mit weiteren Charakteristika OLBRICH, Unternehmungsnachfolge (2014), S. 211-213.

gestreckten Gruppennachfolge entsprechend übertragbar. Genauer herausgearbeitet werden an dieser Stelle nur zwei Punkte bezüglich der *Maximierung des Erfolges der Unternehmensveräußerung*, die von besonderer Bedeutung für die gestreckte Gruppennachfolge sind.[149]

Zum einen wurde bereits für den Fall der gestreckten Einzelnachfolge erläutert, daß ein sukzessiver Anteilsverkauf die Gefahr von zukunftserfolgsmindernden Konflikten zwischen Verkäufer und Käufer innerhalb des Gesellschafterkreises in sich birgt, die die Akzeptanz des Erwerbers im Hinblick auf die Höhe des Unternehmenspreises senken könnte. Das Risiko derartiger Spannungen ist im Rahmen der gestreckten Gruppennachfolge vergleichsweise höher als bei der gestreckten Einzelnachfolge, da nicht nur einer, sondern mehrere[150] Erwerber zeitweilig mit dem Verkäufer im Gesellschafterkreis zusammenarbeiten.[151] Um die Gefahr von Konflikten und damit das Risiko von Preisabschlägen auf der Erwerberseite zu verringern, kann es sich für den Alteigentümer daher anbieten, die einzelnen Veräußerungsschritte relativ kurz hintereinanderzuschalten, um die Dauer der Zusammenarbeit zu verkürzen. Zum anderen ergibt sich eine weitere Besonderheit im Hinblick auf die Maximierung des Veräußerungserfolges im Falle des interpersonellen Sukzessivmusters bei Zerteilung des Unternehmens auf der Ebene der Wirtschaftsgüter, wenn mehrere Käufer eine zeitweilige Mitwirkung des Verkäufers in der Geschäftsführung im Anschluß an den Eigentumsübergang wünschen, der Verkäufer diese Unterstützung aus Zeitgründen aber nicht zugleich in mehreren Unternehmensteilen vollbringen kann.[152] Angesichts einer solchen Situation kann es für den Veräußerer sinnvoll sein, die zeitliche Struktur der Teilverkäufe in Abhängigkeit von der benötigten Mitwirkungsdauer in den einzelnen Betriebselementen zu gestalten. Um bei allen Käufern, die dies wünschen, in der Unternehmensführung mitwirken und so jeweils die damit verbundenen zusätzlichen Veräußerungserfolgsbestandteile vereinnahmen zu können, vermag der Alteigentümer einen Unternehmensteil erst dann zu übereignen, wenn der Unterstützungsbedarf im Hinblick auf den davor verkauften Betriebsteil befriedigt worden ist.

---

149 Ausführlich zu den Maßnahmen der gestreckten Gruppennachfolge im Wege des Verkaufs vgl. OLBRICH, Unternehmungsnachfolge (2014), S. 214-220.
150 Hiervon ausgenommen ist allerdings die Situation des interpersonellen Sukzessivmusters mit zwei Käufern.
151 Vgl., auch im folgenden, OLBRICH, Unternehmungsnachfolge (2014), S. 215 f.
152 Vgl., auch im folgenden, OLBRICH, Unternehmungsnachfolge (2014), S. 217.

Aufgabe 9

Stellen Sie die Nachfolgeformen Vererbung, Schenkung, Stiftung und Verkauf im Hinblick auf folgende Merkmalsausprägungen tabellarisch gegenüber:

- Mitwirkungsmöglichkeiten des abgebenden Eigner nach der Übertragung,
- Möglichkeiten der Verringerung der Pflichtteilproblematik und
- Notwendigkeit einer Unternehmensbewertung!

4.3 Kombinativstrategien der Unternehmensnachfolge

4.3.1 Wesen der Kombinativstrategien

Während sich die Basisstrategien auf jeweils nur eine Nachfolgeform konzentrieren, nimmt der Alteigentümer im Rahmen der Kombinativstrategien eine Übergabe im Gewande *mehrerer* Nachfolgeformen vor, um seine jeweilige Zielsetzung zu erreichen.[153] Im Hinblick auf die vier strategischen Muster bezüglich Nachfolgeranzahl und Nachfolgezeit, die die Kombinativstrategien kennzeichnen, gelten die folgenden beiden Zusammenhänge:

1. Die innerhalb der Kombinativstrategie zum Zuge kommenden Nachfolgeformen, die die „Bausteine" dieser Strategie darstellen, werden jeweils nach einem der vier Muster der Basisstrategie verwirklicht. Aus der Sicht jeder einzelnen der zwei, drei oder mehr Nachfolgeformen, die innerhalb der Kombinativstrategie verfolgt werden, findet also stets eine Basisstrategie Anwendung.

2. Die Kombinativstrategie selbst hat dann entweder das identische Strategiemuster bezüglich Nachfolgeranzahl und Nachfolgezeit wie die einzelnen Formen, aus denen sie besteht, oder aber ein anderes Muster als jene Strategien, die ihre jeweiligen Formbausteine aufweisen. Die Aspekte der Punkte 1 und 2 sollen im folgenden an zwei einfachen Beispielen verdeutlicht werden:

Beispiel I (Strategiemuster der einzelnen Nachfolgeformen identisch mit Strategiemuster der Kombinativstrategie): Der Eigentümer der Papierfabrik Morgenau GmbH entschließt sich, eine Unternehmensnachfolge wie folgt zu vollziehen: Die Hälfte der Anteile an der GmbH wird innerhalb eines Zeitpunkts in eine Stiftung unter Lebenden eingebracht. Da der Eigentümer die Schenkungsteuerlast der Stiftung begrenzen will, entscheidet er sich, die andere Hälfte der Anteile innerhalb desselben Zeitpunkts an die Stiftung zu verkaufen. Im Hinblick sowohl auf die Stiftung als

---

153 Vgl. hierzu auch *OLBRICH*, Unternehmungsnachfolge (2014), S. 66.

auch den Verkauf handelt es sich um die augenblickliche Einzelnachfolge; gleiches gilt aus Sicht der Kombinativstrategie, auch sie erfolgt innerhalb der augenblicklichen Einzelnachfolge.

Beispiel II (Strategiemuster der einzelnen Nachfolgeformen nicht identisch mit Strategiemuster der Kombinativstrategie): Der Eigentümer bringt die Hälfte der Anteile der Morgenau GmbH innerhalb eines Zeitpunkts in eine Stiftung unter Lebenden ein. Danach begibt er sich auf die Suche nach Käufern, die die übrigen GmbH-Anteile übernehmen könnten. Letztendlich entschließt er sich, die zweite Hälfte der GmbH-Titel innerhalb eines Zeitpunkts an zwei Erwerber zu übereignen: Ein Viertel der Anteile geht im Rahmen eines Kaufs durch unternehmenseigene Führungskräfte („management buy-out") an den langjährigen Direktor der Gesellschaft, Herrn Max. Das andere Viertel wird zeitgleich an einen vermögenden Privatinvestor veräußert, Herrn Moritz. Im Hinblick auf die Stiftung unter Lebenden liegt folglich die augenblickliche Einzelnachfolge vor, bezüglich des Verkaufs an die Herren Max und Moritz handelt es sich um die augenblickliche Gruppennachfolge. Aus Sicht der Kombinativstrategie, d.h. insgesamt, vollzieht der Alteigentümer dagegen eine gestreckte Gruppennachfolge.

Grundsätzlich gilt für die Kombinativstrategien, daß sich ihre Attraktivität aus der Attraktivität der einzelnen Bausteine (jeweilige Nachfolgeformen in den strategischen Basismustern) ergibt, aus denen sie zusammengesetzt sind.[154] Durch die Verbindung mehrerer Nachfolgeformen mit gleichen oder unterschiedlichen strategischen Basismustern vermag der abgebende Eigentümer so ggf. eine Lösung seines Nachfolgeproblems zu finden, die seinen spezifischen Anforderungen besonders gerecht wird und damit einen höheren Grad der Zielerreichung realisiert, als es im Zuge einer Basisstrategie der Fall wäre. Beispielsweise bietet sich eine Kombination verbundinterner (z.B. Schenkung oder Vererbung) und verbundexterner (Verkauf) Nachfolgelösungen an, wenn ein Teil des Unternehmens attraktive Fortführungserfolge verspricht, während für den anderen Betriebsteil eine Veräußerung die voraussichtlich gewinnmaximierende Alternative darstellt. Auch können unentgeltliche und entgeltliche Übereignungsformen miteinander verbunden werden, um die erbschaft- oder schenkungsteuerliche Belastung des Nachfolgers zu reduzieren. Im folgenden soll eine kurze Erörterung jener sechs Kombinativstrategien vorgenommen werden, die sich dem Eigentümer durch die Zusammenfügung jeweils *zweier* Nachfolgeformen eröffnen; auf Kombinativstrategien auf Basis dreier oder weiterer Nachfolgeformen wird – um den Umfang der Ausführungen nicht zu sprengen und erhebliche Redundanzen zu vermeiden – nicht weiter eingegangen. Prinzipiell kön-

---

154 Vgl. im folgenden *OLBRICH*, Unternehmungsnachfolge (2014), S. 66 f.

nen die Basisstrategien und Nachfolgeformen nahezu beliebig und geradezu in atomistischer Weise kombiniert werden.

4.3.2 Kombinativstrategien zweier Nachfolgeformen

4.3.2.1 Kombinativstrategie Schenkung-Vererbung

Die Verbindung der Nachfolgeformen Schenkung und Vererbung ist – aus Sicht der Kombinativstrategie selbst, nicht aus Sicht der einzelnen Bausteine – lediglich möglich im Rahmen der gestreckten Nachfolge. Die Beschränkung auf eine zeitlich gestreckte Nachfolge und damit der Ausschluß einer zeitpunktbezogenen Lösung ergeben sich aus der Tatsache, daß die Schenkung – wie im Abschnitt 3.2.2.2 erläutert – zu Lebzeiten[155] erfolgt, während die Vererbung an den Todesfall des bisherigen Unternehmenseigners geknüpft ist. Die Reihenfolge, in der die beiden Bausteine der Kombinativstrategie zusammengefügt werden, ist daher entsprechend ebenfalls vorgegeben, denn die Schenkung geht der Vererbung stets voraus. Erfolgt die Kombinativstrategie im Gewand der gestreckten Gruppennachfolge, können selbstverständlich analog zur basisstrategischen gestreckten Gruppennachfolge auch aus Sicht der Kombinativstrategie intrapersonelles und interpersonelles Sukzessivmuster unterschieden werden, in denen die zeitraumbezogene Übereignung abläuft:

1. *Intrapersonelles Sukzessivmuster:* Die schrittweise Übereignung des Unternehmens findet auf der Ebene der einzelnen Nachfolger statt. Allen Nachfolgern wird das Unternehmen also weitgehend parallel und zeitlich über beide Nachfolgeformen gestreckt durch den Alteigentümer übertragen. Jeder der Nachfolger kann über den ihm zugedachten Betriebsteil folglich erst nach Abschluß eines gewissen Zeitraums (entweder bei Eintreten des Todesfalls des Erblassers oder – bei Einschaltung eines Testamentsvollstreckers – später bei Erhalt der Leitungsmacht) vollständig gebieten. Für alle Nachfolger ist der abgebende Eigner daher zunächst Schenker und im Anschluß Erblasser der Unternehmenselemente.

2. *Interpersonelles Sukzessivmuster:* Der schrittweise Vorgang der Betriebsübergabe wird nicht auf der Ebene des einzelnen Nachfolgers, sondern zwischen diesen einzelnen Nachfolgern vollzogen. Jeder Unternehmensteil wird hierbei also seinem neuen Eigner in einem Einzelvorgang und in vollem Umfang übertragen, doch finden diese Vorgänge im Hinblick auf die einzelnen Nachfolger nicht zeitgleich, sondern zeitlich versetzt statt. So kann einer oder können mehrere der

---

155 Von der juristischen Option einer mit dem Ableben des Eigners verbundenen „Schenkung von Todes wegen" gemäß § 2301 BGB wird hier abgesehen.

avisierten neuen Eigner seinen/ihren jeweiligen Betriebsteil im Wege der Schenkung erhalten, während der Rest der Nachfolger erst im Erbfall zum Zuge
kommt. Für einen Teil der Nachfolger hat der abgebende Eigner im interpersonellen Sukzessivmuster also ausschließlich die Rolle des Schenkers, während er
gegenüber dem anderen Teil ausschließlich die Position des Erblassers einnimmt.

Die *Charakteristika*, die die Attraktivität der Kombinativstrategie Schenkung-Vererbung begründen, stellen jene Aspekte dar, die für die Wahl der Schenkung und der
Vererbung, des Zeitraumbezugs der Übereignung und der Nachfolgereinzahl (bei
der Kombinativstrategie als gestreckte Einzelnachfolge) oder der Nachfolgermehrzahl (bei der Kombinativstrategie als gestreckte Gruppennachfolge) sprechen und
die oben herausgearbeitet wurden. Für die *Gestaltungsoptionen* des Alteigentümers
im Rahmen der Kombinativstrategie Schenkung-Vererbung gilt dies analog; sie
ergeben sich aus den bereits ebenfalls erörterten Aktivitäten im Zusammenhang mit
Schenkung, Vererbung, Zeitraumbezug und Nachfolgereinzahl oder Nachfolgermehrzahl.

4.3.2.2 Kombinativstrategie Stiftung-Vererbung

Die Nachfolgeformen Stiftung und Vererbung zusammenzufügen, ist aus Perspektive der Kombinativstrategie selbst ausschließlich denkbar im Gewand der Gruppennachfolge. Die Begrenzung der Übereignung auf eine Mehrzahl von Nachfolgern
ergibt sich dabei aus der Tatsache, daß eine Vererbung an eine Stiftung definito-
risch ausgeschlossen ist; die unentgeltliche Übereignung des Unternehmens im
Todesfall an eine Stiftung stellt keine Vererbung, sondern eine Stiftung von Todes
wegen dar. Die im Zuge der Kombinativstrategie Stiftung-Vererbung bedachten neu-
en Eigner sind also stets in der Mehrzahl, da im Rahmen der Stiftung mindestens
eine solche juristische Person die Nachfolgerrolle einnimmt, während die Vererbung auf mindestens einen anderen Nachfolger, der keine Stiftung darstellt, abzielt.

Zu beachten ist des weiteren, daß die augenblickliche Gruppennachfolge aus Sicht
der Kombinativstrategie lediglich bei Wahl der Stiftung von Todes wegen möglich
ist, wohingegen die gestreckte Gruppennachfolge sowohl im Falle der Stiftung von
Todes wegen (unter Einsatz des Instruments der Testamentsvollstreckung) als auch
der Stiftung unter Lebenden denkbar ist. Ursächlich hierfür ist die Verknüpfung der
Vererbung mit dem Todesfall des Alteigentümers: Zeitpunktbezogen kann die Kombinativstrategie Stiftung-Vererbung nur im Moment des Ablebens des Eigners
durchgeführt werden; der Stiftungsvorgang ist dann notwendigerweise eine Stiftung von Todes wegen. Wird dagegen die Variante der Stiftung unter Lebenden
gewählt, ergibt sich ausnahmslos die gestreckte Gruppennachfolge, da diese Stif-

tungsalternative zu Lebzeiten des Stifters erfolgt und der Vererbung daher stets vorausgeht. Im Hinblick auf die Reihenfolge, in denen die Bausteine der Kombinativstrategie miteinander verbunden werden, gilt also, daß die Stiftung vor der Vererbung (Fall der Stiftung unter Lebenden) oder parallel zu ihr (Fall der Stiftung von Todes wegen) realisiert wird. Erfolgt die Kombinativstrategie mittels gestreckter Gruppennachfolge, kann der abgebende Eigner sowohl zwischen intrapersonellem als auch interpersonellem Sukzessivmuster wählen oder eine Mischung beider Varianten vollziehen.

Beispiel: Die Mischform des intrapersonellen und interpersonellen Sukzessivmusters im Zuge der Kombinativstrategie Stiftung-Vererbung soll im folgenden anhand einer Konstellation gezeigt werden, bei der der Eigner alle Anteile einer Aktiengesellschaft hält; diese will er zeitlich gestreckt über die Zeitpunkte $t \in \{1, 2, 3, 4\}$ auf zwei Stiftungen A_S und B_S und zwei Kinder C_K und D_K übereignen. Dabei soll letztendlich jeder Nachfolger eine ebenso hohe Beteiligung erhalten wie die übrigen neuen Eigner. Der abgebende Eigner verstirbt in $t = 3$.

Tab. 10: Stiftung-Vererbung nach gemischtem Sukzessivmuster

Nachfolger	Unternehmensübergang			
	t = 1	t = 2	t = 3	t = 4
A_S	25%	0%	0%	0%
B_S	0%	15%	10%	0%
C_K	0%	0%	25%	0%
D_K	0%	0%	5%	20%

Der in der Tabelle 10 exemplarisch aufgeführte Nachfolgeablauf macht damit folgendes deutlich: Die Stiftung A_S erhält ihren Unternehmensteil im Rahmen einer Stiftung unter Lebenden, wohingegen die Stiftung B_S ihre erste Beteiligung im Zuge einer Stiftung unter Lebenden, das zweite Aktienpaket dagegen mittels einer Stiftung von Todes wegen erhält. Im Hinblick auf den Erben D_K hat der abgebende Eigner eine Testamentsvollstreckung angeordnet, so daß er über seinen Anteil erst vollständig ab dem Zeitpunkt $t = 4$ verfügen kann.

Die *Charakteristika*, die die Kombinativstrategie Stiftung-Vererbung als sinnvoll erscheinen lassen, sind jene Merkmale, die die Wahl der Stiftung und der Vererbung, des Zeitpunktbezugs (Stiftung von Todes wegen) oder des Zeitraumbezugs (Stiftung unter Lebenden, Stiftung von Todes wegen) und der Nachfolgermehrzahl begründen und die bereits erläutert wurden. Für die *Gestaltungsoptionen*, die dem abgebenden Eigner im Rahmen der Kombinativstrategie Stiftung-Vererbung offenstehen, gilt dies entsprechend; sie resultieren aus den ebenfalls oben dargestellten Aktivitäten im Zusammenhang mit Stiftung, Vererbung, Zeitraum- und Zeitpunktbezug sowie Nachfolgermehrzahl.

4.3.2.3 Kombinativstrategie Stiftung-Schenkung

Die Verbindung der Nachfolgeformen Stiftung und Schenkung ist aus der Sicht der Kombinativstrategie lediglich möglich im Wege der Gruppennachfolge. Die Ursache für den Ausschluß der Übereignung auf einen einzelnen Nachfolger ergibt sich dabei analog zum Fall Stiftung-Vererbung aus der Situation, daß eine Schenkung an eine Stiftung definitionsbedingt ausgeschlossen ist; die unentgeltliche Betriebsübergabe zu Lebzeiten an eine Stiftung stellt keine Schenkung, sondern eine Stiftung unter Lebenden dar. Die im Rahmen der Kombinativstrategie Stiftung-Schenkung zum Zuge kommenden Nachfolger sind also stets in der Mehrzahl, da durch die Nachfolgeform der Stiftung mindestens eine derartige juristische Person in die Position des neuen Eigners eintritt, wohingegen die Schenkung auf mindestens ein anderes Wirtschaftssubjekt gerichtet ist, bei dem es sich nicht um eine Stiftung handelt.

Spiegelbildlich zur Kombinativstrategie Stiftung-Vererbung ist die Variante Stiftung-Schenkung dabei im Gewand der augenblicklichen Gruppennachfolge ausschließlich bei Wahl der Stiftung unter Lebenden möglich, wohingegen die gestreckte Gruppennachfolge sowohl im Zusammenhang mit der Stiftung unter Lebenden als auch der Stiftung von Todes wegen denkbar ist. Zu begründen ist dies mit der ausschließlichen Realisierbarkeit der Schenkung zu Lebzeiten des Alteigentümers: Innerhalb eines Zeitpunkts ist die Kombinativstrategie Stiftung-Schenkung nur durchführbar, wenn der abgebende Eigner am Leben ist; bei dem Strategiebaustein der Stiftung muß es sich in diesem Fall folglich um eine Stiftung unter Lebenden handeln. Entschließt sich der Eigentümer dagegen für eine Stiftung von Todes wegen, kann er die Kombinativstrategie ausschließlich gemäß gestreckter Gruppennachfolge vollziehen, da in dieser Situation zuerst zu Lebzeiten die Schenkung erfolgt und sich ihr im Todesfall die Stiftung anschließt. Im Hinblick auf die Reihenfolge, in denen die Elemente der Kombinativstrategie zusammengefügt werden können, ist im Ergebnis festzuhalten, daß im Falle der Stiftung von Todes wegen stets zuerst die Schenkung und danach die Stiftung erfolgt; im Falle der Stiftung unter Lebenden vermag der abgebende Eigner die Reihenfolge von Stiftung und Schenkung dagegen beliebig festzusetzen. Wird die Kombinativstrategie mittels gestreckter Gruppennachfolge vollzogen, kann zwischen intra- und interpersonellem Sukzessivmuster sowie einer Mischform gewählt werden.

Die *Charakteristika*, die die Attraktivität der Kombinativstrategie Stiftung-Schenkung begründen, sind jene Merkmale, die für die Wahl der Stiftung und der Schenkung, des Zeitpunktbezugs (Stiftung unter Lebenden) oder des Zeitraumbezugs (Stiftung unter Lebenden, Stiftung von Todes wegen) und der Nachfolgermehrzahl sprechen; sie erfuhren schon eine Darstellung. Für die *Gestaltungsmöglichkeiten*, die sich dem abgebenden Eigentümer im Rahmen der Kombinativstrategie Stiftung-Schenkung anbieten, gilt dies analog; sie ergeben sich aus den bereits herausgearbeiteten Maßnahmen im Hinblick auf Stiftung, Schenkung, Zeitraum- und Zeitpunktbezug sowie Nachfolgermehrzahl.

4.3.2.4 Kombinativstrategie Schenkung-Verkauf

Die Nachfolgeformen Schenkung und Verkauf vermag der Alteigentümer – aus der Perspektive der Kombinativstrategie – in allen vier aus Nachfolgeranzahl und Nachfolgezeit resultierenden Strategiemustern zu verwirklichen. Die Notwendigkeit einer ausschließlichen Ansprache mehrerer Nachfolger besteht folglich nicht, da auch ein einzelnes Wirtschaftssubjekt sowohl die Position des Beschenkten als auch des Käufers eines jeweiligen Teils des Unternehmens einnehmen kann. Da weder Schenkung noch Verkauf an das Ableben des bisherigen Eigners geknüpft sind, ergeben sich darüber hinaus keine zeitlichen Einschränkungen, die bei der Nachfolgeplanung zu beachten sind. Auch eine vorgegebene Reihenfolge, in der die Bausteine der Kombinativstrategie anzuordnen sind, existiert nicht; der Verkauf kann vor der Schenkung, zeitgleich zu ihr oder nach ihr vonstatten gehen. Erfolgt die Kombinativstrategie im Wege der gestreckten Gruppennachfolge, steht es dem Alteigentümer offen, das intrapersonelle oder interpersonelle Sukzessivmuster oder eine Mischform zu realisieren.

Die Zweckmäßigkeit der Kombinativstrategie Schenkung-Verkauf beruht auf jenen *Charakteristika*, die für die Wahl der Schenkung und des Verkaufs, des Zeitpunkt- oder des Zeitraumbezugs und die Entscheidung für einen einzelnen oder mehrere Nachfolger sprechen und die bereits eingehend erläutert wurden. Für die *Gestaltungsoptionen*, die die Kombinativstrategie dem Alteigentümer eröffnet, gilt dies entsprechend, da sie aus den oben dargestellten Aktivitäten in bezug auf Schenkung, Verkauf, Zeitraum- und Zeitpunktbezug sowie Nachfolgereinzahl und -mehrzahl resultieren.

4.3.2.5 Kombinativstrategie Verkauf-Vererbung

Die Verbindung der Nachfolgeformen Verkauf und Vererbung steht dem Alteigentümer – aus Sicht der Kombinativstrategie selbst, nicht aus Sicht der einzelnen Bausteine – nur offen im Rahmen der gestreckten Nachfolge. Ursache der Begrenzung der Kombinativstrategie auf eine zeitraumbezogene Übereignung und damit des Ausschlusses einer Nachfolge innerhalb eines Zeitpunkts ist die Bindung der Vererbung an den Todesfall des abgebenden Eigners, wohingegen der Verkauf bereits zu dessen Lebzeiten vorgenommen wird. Für die Reihenfolge, in der die beiden Bausteine miteinander kombiniert werden, gilt folglich, daß sich die Vererbung dem Verkauf stets anschließt, ihm also nicht vorausgehen oder einen parallelen Vollzug erfahren kann. Entschließt sich der Eigner für die Kombinativstrategie im Zuge der gestreckten Gruppennachfolge, kann er sie sowohl mittels intrapersonellem als auch interpersonellem Sukzessivmuster oder einer Mischform verwirklichen.

Die *Charakteristika*, die für die Attraktivität der Kombinativstrategie Verkauf-Vererbung verantwortlich zeichnen, stellen jene Aspekte dar, die für die Wahl der Vererbung und des Verkaufs, des Zeitraumbezugs der Übereignung und der Nachfolgereinzahl (im Falle der Kombinativstrategie als gestreckter Einzelnachfolge) oder der Nachfolgermehrzahl (im Falle der Kombinativstrategie als gestreckter Gruppennachfolge) sprechen und bereits Analysegegenstand gewesen sind. Für die mögliche *Gestaltung* des Unternehmensübergangs durch den Alteigentümer im Rahmen der Kombinativstrategie Verkauf-Vererbung gilt dies analog; die in ihrem Kontext zu verwirklichenden Aktivitäten wurden schon im Hinblick auf Schenkung, Vererbung, Zeitraumbezug und Nachfolgereinzahl oder Nachfolgermehrzahl erörtert.

4.3.2.6 Kombinativstrategie Verkauf-Stiftung

Verkauf und Stiftung stellen Nachfolgeformen dar, die aus der Perspektive der Kombinativstrategie mittels aller vier Strategiemuster durchgeführt werden können. Im Gegensatz zu den Kombinativstrategien Stiftung-Vererbung und Stiftung-Schenkung sind also auch die auf einem einzelnen Nachfolger basierenden Strategiemuster realisierbar, da die Stiftung definitionsbedingt zwar nicht die Position eines Beschenkten oder Erben, wohl aber eines Käufers einnehmen kann. Einschränkungen der offenstehenden strategischen Muster ergeben sich lediglich in bezug auf die Nachfolgezeit, wenn sich der abgebende Eigner dazu entschließt, den Stiftungsbaustein der Kombinativstrategie als Stiftung von Todes wegen zu verwirklichen: Da der Verkauf zu Lebzeiten des Eigners erfolgt, während die Stiftung von Todes wegen an sein Ableben geknüpft ist, bieten sich in diesem Fall lediglich die zeitraumbezogenen Strategiemuster zur Umsetzung an. Im Hinblick auf die Reihenfolge, in denen die Elemente der Kombinativstrategie anzuordnen sind, kann daher festgehalten werden, daß die Stiftung unter Lebenden vor, zeitgleich zu oder nach dem Verkauf erfolgen kann, während die Stiftung von Todes wegen dem Verkauf zeitlich stets folgt. Wählt der Eigner die gestreckte Gruppennachfolge, kann er – ebenso wie bei allen anderen Kombinativstrategien – auch im Fall Verkauf-Stiftung zwischen intrapersonellem[156] und interpersonellem Sukzessivmuster oder einer Mischung zwischen beiden wählen.

Die Zweckmäßigkeit der Kombinativstrategie Verkauf-Stiftung fußt auf jenen *Charakteristika*, die die Attraktivität des Verkaufs und der Stiftung, des Zeitpunktbezugs (Stiftung unter Lebenden) oder des Zeitraumbezugs (Stiftung unter Lebenden, Stiftung von Todes wegen) und der Nachfolgereinzahl oder der Nachfolgermehrzahl begründen; sie wurden bereits im Unterkapitel 4.2 skizziert. Die denkbare *Gestaltung* der Strategie ergibt sich aus den dort ebenfalls herausgearbeiteten Maßnahmen im Hinblick auf Verkauf, Stiftung, Zeitraum- und Zeitpunktbezug sowie Nachfolgereinzahl und -mehrzahl.

---

156 Voraussetzung des intrapersonellen Sukzessivmusters im Falle Verkauf-Stiftung von Todes wegen ist, daß die Stiftung bereits existiert, ihr zunächst Unternehmensteile verkauft werden und die letzte Übertragung als Stiftung von Todes wegen erfolgt.

5 Strategiewahl des Unternehmenseigners

5.1 Strategiewahl bei Gewinnmaximierungsabsicht

Die Ausführungen der Kapitel 3 und 4 haben deutlich gemacht, daß der abgebende Eigner im Hinblick auf die Strategie der Unternehmensnachfolge vor einem komplexen Wahlproblem steht, das sich durch die folgenden fünf Dimensionen auszeichnet:

1. Zum einen muß sich der Alteigentümer entscheiden, in welcher Form er die Unternehmensnachfolge realisieren wird; als Übereignungswege stehen ihm dabei die Vererbung, Schenkung, Stiftung und Veräußerung offen.

2. Zum anderen hat der Eigentümer einen Entschluß hinsichtlich der Nachfolgezeit zu fassen; dabei geht es um die Frage, ob er die Unternehmensübereignung in einem Zeitpunkt (augenblickliche Nachfolge) oder aber schrittweise, über einen mehr oder minder langen Zeitraum (gestreckte Nachfolge) vornehmen will.

3. Darüber hinaus obliegt es dem Eigner ebenfalls, neben der Nachfolgezeit auch die Frage der Nachfolgerzahl zu beantworten, und eine Übergabe auf einen (Einzelnachfolge) oder aber mehrere (Gruppennachfolge) neue(n) Eigner ins Auge zu fassen. Die Punkt 2 subsumierte Planung der Nachfolgezeit und die hier angesprochene Avisierung der Zahl der neuen Eigner mündet in die vier dem Alteigentümer offenstehenden alternativen Basisstrategien, die für jede der unter Punkt 1 angeführten vier Nachfolgeformen Anwendung finden können.

4. Des weiteren ist es dem Eigentümer möglich, die einzelnen Nachfolgeformen mit ihren jeweiligen basisstrategischen Ausrichtungen miteinander zu verbinden. Auf diese Weise verfolgt er eine Kombinativstrategie der Nachfolge, die zwei oder mehr Übereignungswege zu einem Nachfolgekonzept zusammenfügt.

5. Nicht zuletzt muß der Eigner eine Entscheidung im Hinblick auf die konkrete Ausgestaltung der von ihm avisierten Strategie fällen, und in diesem Zusammenhang jene Aktivitäten planen, die innerhalb des strategischen Grundrahmens eine Maximierung des Fortführungserfolges (Vererbung, Schenkung, Stiftung) oder des Veräußerungserfolges (Verkauf) sowie eine Beschränkung der nachfolgeinduzierten Steuerlast versprechen.

Da bereits im Abschnitt 3.1.1 die Prämisse eines nach Gewinnmaximierung strebenden Alteigentümers gesetzt worden ist, soll im folgenden zunächst herausgearbeitet werden, nach Maßgabe welchen Kriteriums dieser Eigner seine Wahl einer konkreten Nachfolgestrategie unter der Vielzahl offenstehender strategischer Alternativen treffen wird. Die Prämisse des Gewinnmaximierungsziels des Eigners wird im Anschluß fallengelassen und statt dessen diskutiert, welche Strategien sich bei dem Ziel der Sicherung des Familieneinflusses (Abschnitt 5.2.1) und dem Ziel der Sicherung der Unternehmensfortführung (Abschnitt 5.2.2) als sinnvoll darstellen.

Um die verschiedenen strategischen Optionen der Durchführung der Nachfolge miteinander vergleichen und daraufhin die erfolgversprechendste Alternative auswählen zu können, bietet es sich für den nach Gewinnmaximierung strebenden Alteigentümer an, sich des *Kapitalwertkriteriums* zu bedienen.[1] Dabei stellt grundsätzlich diejenige Strategiealternative mit dem höchsten Kapitalwert den erfolgversprechendsten Lösungsweg für den Alteigentümer dar; sie wird von ihm – unter der Prämisse rationalen Handelns – folglich gewählt, um die Übereignung des Betriebes zu vollziehen.[2]

Zu beachten ist, daß die Beurteilung der unterschiedlichen Nachfolgealternativen mit Hilfe des Kapitalwertkriteriums nicht auf einer Total-, sondern lediglich einer Partialbetrachtung beruht: Wie bereits im Abschnitt 3.4.2.2 für das Ertragswertverfahren dargestellt, wird dabei nicht das vollständige Entscheidungsfeld mit allen Investitions- und Finanzierungsmöglichkeiten des Alteigentümers analysiert, sondern die Interdependenzen werden komprimiert im Kalkulationszinssatz abgebildet. Daher ist die Beurteilung der Strategiealternativen auf Basis des Partialmodells des Kapitalwerts im Falle eines unvollkommenen Kapitalmarktes insofern problematisch, als diese die Kenntnis der als Diskontierungssatz dienenden Grenzzinsfüße voraussetzt. Die Grenzzinsfüße sind jedoch auf einem unvollkommenen Kapitalmarkt nicht exogen vorgegeben, sondern müssen grundsätzlich modellendogen im Rahmen einer Totalbetrachtung ermittelt werden, die das gesamte Entscheidungsfeld des abgebenden Eigners mit allen zur Verfügung stehenden Kapitalanlage- und Kapitalaufnahmemöglichkeiten explizit berücksichtigt. Anwendung können in einer solchen Konstellation investitionstheoretische Totalmodelle wie z.B. das Hax-Modell[3] finden, das die Vorteilhaftigkeit der Nachfolgelösungen im Rahmen einer linearen Optimierung bestimmt. Auch kann sich der Eigentümer in diesem Zusammenhang heuristischer Näherungsverfahren – wie z.B. der approximativen Dekom-

---

1 Das Kapitalwertkriterium sichert die Gewinnmaximierung im dynamischen, finanzwirtschaftlichen Sinne unter Berücksichtigung der Konsumentnahmepräferenzen des Unternehmenseigners. Zum Kapitalwertkriterium vgl. auch Abschnitt 3.3.4.2.
2 Zum investitionstheoretischen Wahlproblem vgl. HERING, Wahlproblem (2002) sowie HERING, Investitionstheorie (2015), S. 51 ff., 202 ff.
3 Vgl. HAX, Investitions- und Finanzplanung (1964), HAX, Investitionstheorie (1985).

position[4]– bedienen. Wird der Kalkulationszins jedoch mit Hilfe eines Totalmodells bestimmt, ist die zusätzliche Anwendung der Kapitalwertmethode als Partialmodell nicht mehr notwendig, da der gesuchte Alternativenvergleich bereits im Rahmen des Totalmodells vorgenommen wurde.[5] Da Totalmodelle jedoch häufig impraktikabel sind, treten ggf. als Heuristik verwendete Partialmodelle an ihre Stelle.

Analog zur Entscheidungswertermittlung mit Hilfe des Ertragswertverfahrens als Partialmodell ist anzumerken, daß sich der Alteigentümer bei der Beurteilung der sich ihm anbietenden Strategiealternativen trotz der grundsätzlichen Schwierigkeiten der Anwendung der Kapitalwertmethode im unvollkommenen Markt in vielen Fällen dieses Kriteriums bedienen kann, da ihm sein endogener Grenzzins bekannt ist. Eine hinreichend zuverlässige Schätzung seiner Grenzzinssätze gelingt dem Eigentümer dabei stets dann, wenn sich die Struktur seines Investitions- und Finanzierungsprogramms derart übersichtlich darstellt, daß ihm uneingeschränkt die Grenzobjekte dieses Programms bekannt sind.[6] Die Kapitalwertmethode bleibt in solchen Fällen anwendbar.[7]

Neben der Herausforderung der Bestimmung des Kalkulationszinses im Falle des unvollkommenen Marktes muß sich der Eigner bei der Abschätzung der jeweiligen Vorteilhaftigkeit der Nachfolgestrategien im Rahmen seiner Kapitalwertanalyse selbstverständlich dem Problem der Unsicherheit, das im Abschnitt 3.4.2.3 im Zusammenhang mit der Bestimmung seines Grenzpreises herausgearbeitet wurde, stellen. Denn auch hinsichtlich der alternativen strategischen Gestaltungen können die zu erwartenden Zahlungsströme nicht präzise vorausgesagt, sondern ausschließlich in mehrwertiger Form geschätzt werden. Des weiteren kann selbstverständlich auch im Hinblick auf die in der Zukunft geltenden Grenzzinssätze Unsicherheit herrschen.

Da – wie bereits im Abschnitt 3.4.2.3 erläutert – die Unsicherheit mittels unsicherheitsverdichtender Verfahren nicht beseitigt, sondern lediglich kaschiert werden kann, ist es zum Zwecke einer möglichst aussagekräftigen Analyse der dem Eigner offenstehenden Strategiealternativen sinnvoll, die auf Basis eines Total- oder Partialmodells vorgenommene Vorteilhaftigkeitsbeurteilung um die Durchführung einer *simulativen Risikoanalyse* zu ergänzen, um dem Unsicherheitsproblem ange-

---

4 Vgl. hierzu ausführlich HERING, Investitionstheorie (2015), S. 239 ff., HERING, Unternehmensbewertung (2014), S. 174 ff., ebenfalls auch BRÖSEL, Programmplanung (2001), S. 386 ff., BRÖSEL, Medienrechtsbewertung (2002), S. 177 ff. Vgl. ferner Abschnitt 3.4.2.3.

5 Zum „Dilemma der Lenkpreistheorie" vgl. Abschnitt 3.4.2.2 und das dort angeführte Schrifttum.

6 Vgl. OLBRICH, Unternehmungsnachfolge (2014), S. 172, HERING, Investitionstheorie (2015), S. 34 und 241.

7 Vgl., auch im folgenden, eingehend OLBRICH, Unternehmungsnachfolge (2014), S. 224 f.

messen Rechnung zu tragen. Die simulative Risikoanalyse als ein die Unsicherheit aufdeckendes, vergleichsweise einfach durchzuführendes Verfahren ermittelt aus gegebenen Verteilungen der Eingangsgrößen der Strategiebeurteilung (Zahlungsreihen der Alternativen, Kalkulationszinsfüße) die statistische Verteilung der jeweiligen Zielgröße (hier: Kapitalwert) mit Hilfe von Simulationen. Die Anwendung des Verfahrens erfolgt dabei im Rahmen dreier aufeinanderfolgender Schritte:[8,9]

1. Als Grundlage der simulativen Risikoanalyse muß der abgebende Eigentümer die *Wahrscheinlichkeitsverteilungen* der mit der analysierten Strategie jeweils einhergehenden Zahlungsgrößen (und der Kalkulationszinssätze) abschätzen. Meist werden hierzu – mangels besserer Informationen – die bekannten Standardverläufe, wie bspw. die Gleich-, Normal- oder Dreiecksverteilung, angenommen.

2. Im Anschluß erfolgt für alle unsicheren Größen das wiederholte rechnergestützte Ziehen von Zufallszahlen auf der Grundlage der im ersten Schritt getroffenen Verteilungsannahmen. Die mit jedem Durchlaufen des Zufallsprozesses entstehende Zielgröße wird ermittelt und gespeichert. Wird der Vorgang ausreichend oft wiederholt, bildet sich aufgrund der Durchläufe die *Häufigkeitsverteilung* der Zielgröße heraus.

3. Sind für alle zur Wahl stehenden Alternativen die Häufigkeitsverteilungen ihrer Zielgrößen ermittelt worden, schließt sich die *Auswertung* der Ergebnisse zum Zwecke der Strategiebeurteilung an. Neben der Bestimmung der Mittelwerte, Mediane und ähnlichem empfiehlt sich insbesondere ihre graphische Aufbereitung, bspw. in Form von Häufigkeitsfunktionen oder Risikoprofilen.

Die dadurch gewonnenen Ergebnisse sind für die Beurteilung der einzelnen Nachfolgelösungen insofern von großer Bedeutung, als sie das gesamte Spektrum der möglichen finanziellen Konsequenzen aufzeigen, die mit der Durchführung einer der strategischen Alternativen jeweils verbunden sind. Für welche der denkbaren Strategien zur Lösung des Nachfolgeproblems sich der Eigentümer letztendlich ent-

---

8 Zu dem im folgenden erläuterten Vorgehen der Risikoanalyse vgl. eingehend HERTZ, Risk Analysis (1964), COENENBERG, Monte-Carlo-Simulation (1970), DIRUF, Risikoanalyse (1972), KRUSCHWITZ, Risikoanalyse aus theoretischer Sicht (1980), SIEGEL, Unsicherheit und Komplexitätsreduktion (1994), S. 468-474, ADAM, Planung und Entscheidung (1996), S. 265-280, ALTROGGE, Investition (1996), S. 391-398, ROTHE, Simulative Risikoanalyse (1999), ADAM, Investitionscontrolling (2000), S. 363-369, MATSCHKE/HERING/KLINGELHÖFER, Finanzanalyse (2002), S. 223-225, SCHULTE/LITTKEMANN, Investitionscontrolling (2006), S. 642-646, GÖTZE, Investitionsrechnung (2014), S. 400-407, HERING, Investitionstheorie (2015), S. 334-353.

9 Das Folgende stammt aus OLBRICH, Unternehmungsnachfolge (2014), S. 167-170.

scheidet, ist dann abhängig von seiner individuellen Risikoneigung: So muß er abwägen, ob die jeweiligen Gewinnchancen der betrachteten Nachfolgealternative die mit ihr ggf. ebenfalls einhergehenden Verlustgefahren rechtfertigen. Die Nachfolgeplanung mit Hilfe der simulativen Risikoanalyse soll im weiteren anhand eines exemplarischen Falls dargestellt werden.[10]

Beispiel: Der Eigentümer der in der Musikindustrie tätigen Lenschützer Liedermacher AG hat im Zuge seiner Nachfolgeplanung zwei attraktive Übereignungsalternativen ausfindig gemacht: Im Rahmen der Alternative 1 vermag er sein Unternehmen an einen Käufer zu übereignen, wofür er in t = 0 einen Veräußerungserfolg in Höhe von 500 Geldeinheiten erzielen kann. In der Folgeperiode könnte er durch eine eingehende Führungsunterstützung des Erwerbers einen Einzahlungsüberschuß von 50 Geldeinheiten realisieren. Während der Eigentümer die angeführten Überschüsse in t = 0 und t = 1 aufgrund des vertraglichen Angebotes des interessierten Investors für sicher hält, erscheinen ihm Einzahlungsüberschüsse aus weiteren Beratungsleistungen in den darauffolgenden Perioden als unsicher. Er geht davon aus, daß die Erfolge aus zusätzlicher Beratung des Käufers in t = 2 und t = 3 voneinander stochastisch unabhängig normalverteilt sind mit den Erwartungswerten (50, 50) und den Standardabweichungen (5, 10). Als endogenen Grenzzins und damit als anzuwendenden Diskontierungssatz identifiziert der Eigentümer seinen Habenzinssatz in Höhe von 5%. Der Einfachheit halber ist der Habenzins im Beispiel konstant und nicht der Unsicherheit unterworfen.

Nach zehntausend Berechnungsexperimenten ergibt sich für die Alternative 1 die in der folgenden Abbildung 12 dargestellte Häufigkeitsfunktion des Kapitalwerts.

---

10 Zu einem weiteren Beispiel vgl. *OLBRICH*, Unternehmungsnachfolge (2014), S. 226-228.

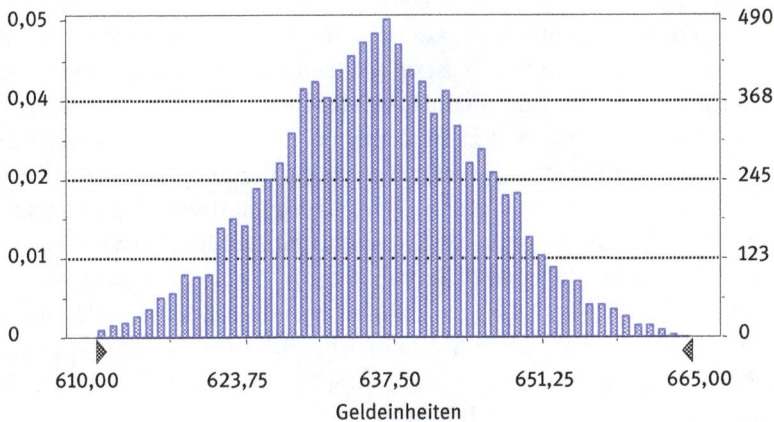

Abb. 12: Häufigkeitsfunktion des Kapitalwerts der Alternative 1 (Verkauf)

Der Mittelwert des Kapitalwerts der Alternative 1 beläuft sich auf 636,12 Geldeinheiten. Eine der Häufigkeitsfunktion äquivalente Darstellung der Ergebnisse der simulativen Risikoanalyse liefert das in der Abbildung 13 angeführte Risikoprofil. Es zeigt an, mit welcher Wahrscheinlichkeit der Kapitalwert den betrachteten Abszissenwert überschreitet. So liegt die Wahrscheinlichkeit bspw. bei 43,98%, daß der Kapitalwert der Alternative 1 mehr als 637,5 Geldeinheiten beträgt.

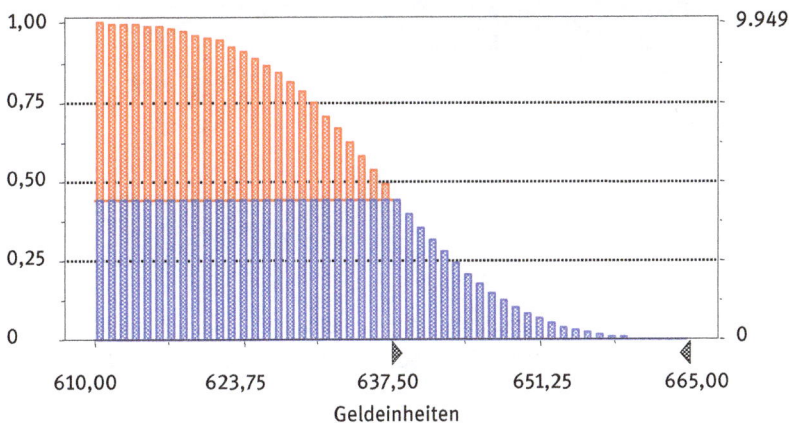

Abb. 13: Risikoprofil des Kapitalwerts der Alternative 1 (Verkauf)

Die zweite, dem Eigentümer zweckmäßig erscheinende Alternative stellt die Über-
tragung der Lenschützer Liedermacher AG auf seine beiden Kinder im Wege der
Schenkung dar, so daß die Fortführungserfolge des Unternehmens weiterhin der
Familie zur Verfügung stehen. Aufgrund der bereits abgeschlossenen Verträge auf
Absatz- und Beschaffungsmärkten setzt der Eigner bei der Beurteilung dieser Nachfolgelösung sichere Erfolge von 25 Geldeinheiten in $t = 0$ und 26 Geldeinheiten in
$t = 1$ an. Aufgrund der mangelnden Vorhersehbarkeit des Führungsgeschicks seiner
Kinder und der Entwicklungen innerhalb Musikbranche sind die Überschüsse der
sich daran anschließenden Perioden dagegen durch Unsicherheit geprägt, so daß
der Eigner für die Zeitpunkte $t = 2$, $t = 3$ und $t = 4$ bis unendlich Erfolge annimmt, die
voneinander stochastisch unabhängig normalverteilt sind mit den Erwartungswerten (27, 30, 35) und den Standardabweichungen (8, 10, 30). Diskontierungssatz ist
der Habenzinssatz des Eigentümers in Höhe von 5%.

Nach der Durchführung von zehntausend Berechnungsexperimenten stellt sich die
Häufigkeitsfunktion des Kapitalwerts der Alternative 2 wie folgt dar:

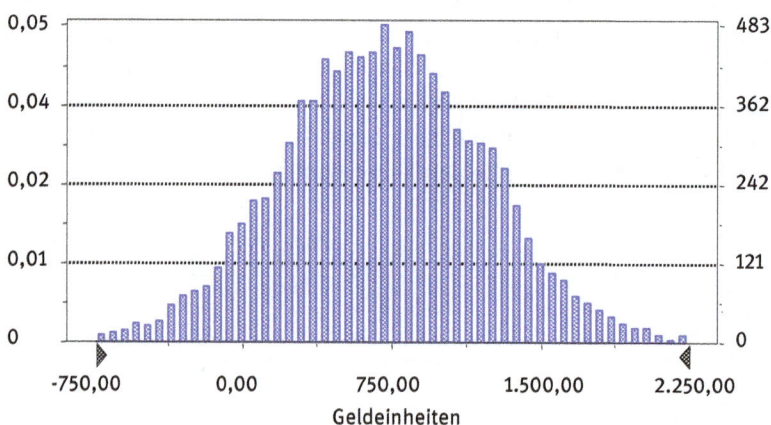

Abb. 14: Häufigkeitsfunktion des Kapitalwerts der Alternative 2 (Schenkung)

Der Mittelwert des Kapitalwerts der Alternative 2 beträgt 710,68 Geldeinheiten. Das
der Häufigkeitsfunktion äquivalente Risikoprofil findet sich in Abbildung 15. Es
macht z.B. deutlich, daß sich der Kapitalwert der Alternative 2 mit einer Wahrscheinlichkeit von 91,76% auf mehr als 0 Geldeinheiten beläuft.

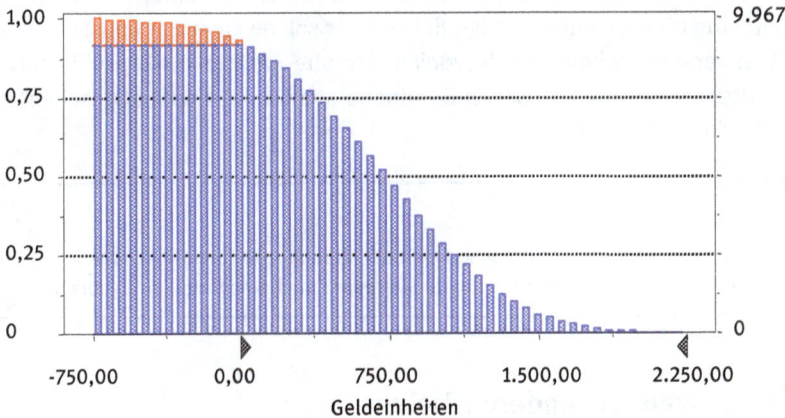

Abb. 15: Risikoprofil des Kapitalwerts der Alternative 2 (Schenkung)

Vergleicht man die Ergebnisse der simulativen Risikoanalyse für die Alternativen 1 und 2, wird deutlich, daß sie sich bezüglich ihrer Gefahren und Chancen erheblich unterscheiden: Der Mittelwert des Kapitalwerts der Alternative 1 in Höhe von 636,12 Geldeinheiten liegt unter jenem der Alternative 2 (710,68 Geldeinheiten). Die Alternative 2 zeichnet sich also durch einen höheren Mittelwert aus, stellt sich allerdings auch als risikoreichere Nachfolgelösung dar. Während ihr Kapitalwert zwischen −750 und 2250 Geldeinheiten liegt, bewegt er sich bei der Alternative 1 in einer Bandbreite zwischen 610 und 665 Geldeinheiten. Immerhin geht der Eigentümer im Zuge der zweiten Übereignungslösung das Risiko ein, daß sich der Kapitalwert mit einer Wahrscheinlichkeit von 8,24% auf 0 Geldeinheiten oder weniger beläuft, während er im Falle der Alternative 1 schlechtestenfalls einen Umfang von 610 Geldeinheiten annimmt, dabei also immer noch positiv ist. Handelt es sich bei dem Eigentümer der Lenschützer Liedermacher AG um ein risikoscheues Wirtschaftssubjekt, wird er daher der ersten Nachfolgelösung den Vorzug geben; zeichnet er sich dagegen durch Risikofreude aus, wird er die Alternative 2 als attraktiver einschätzen.

Die Analyse zeigt zugleich, wovon die Entscheidung abhängig ist: Falls der Eigentümer die Führungsqualitäten und das Musiktalent seiner Kinder deutlich höher einschätzt als im bisherigen Beispiel und so zu höheren Erwartungswerten (und möglicherweise geringeren Streuungen) für die Zukunft gelangt, dürfte Alternative 2, die Schenkung an die Kinder, eindeutig vorteilhaft werden. Der Leser mag durch eigene Simulationen selbst herausfinden, für welche Rückflußerwartungen er die Schenkung dem Verkauf vorzöge.

Bereits im Abschnitt 3.4.2.3 wurde darauf hingewiesen, daß die Entscheidung unter Unsicherheit eine unternehmerische ist, die sich als solche einer Formalisierbarkeit entzieht. Von einem analytischen Vergleich der alternativen Risikoprofile (etwa nach dem Kriterium der stochastischen Dominanz) wird hier bewußt abgesehen, da er i.d.R. keine Trennschärfe besitzt.

---

i **Aufgabe 10**

Stellen Sie das Problem der Unsicherheit im Rahmen der Nachfolgeplanung dar, und erläutern Sie darauf aufbauend, welche Konsequenzen es für die Strategiewahl des abgebenden Eigners hat!

5.2 Strategiewahl bei anderen Zielen

5.2.1 Sicherung des Familieneinflusses

Den bisherigen Ausführungen lag die Annahme zugrunde, daß der bisherige Unternehmenseigner ausschließlich das Ziel der Gewinnmaximierung verfolgt. Fällt diese Prämisse und verfolgt der abgebende Eigentümer statt dessen bspw. lediglich das Ziel der Sicherung des Familieneinflusses, kann er sich bei der Wahl seiner Nachfolgestrategie nicht mehr primär an investitionstheoretischen Modellen wie dem Kapitalwertkriterium orientieren, sondern muß die Entscheidung für die einzuschlagende Übereignungslösung vorrangig anhand anderer Gesichtspunkte treffen, die im weiteren kurz angesprochen werden sollen.

Zunächst ist in diesem Zusammenhang festzuhalten, daß das Ziel der Sicherung des Familieneinflusses im Schrifttum[11] zwar grundsätzlich Berücksichtigung findet, eine eingehendere Diskussion seiner möglichen Ausprägungen aber *fehlt*. Notwendig ist eine derartige präzise Formulierung der denkbaren Ausprägungen des Zieles „Sicherung des Familieneinflusses" allerdings insofern, als diese die jeweilige Eignung bestimmen, die die einzelnen Nachfolgelösungen aus Sicht des abgebenden Eigners aufweisen. Eine eingehende Abgrenzung des Zieles der Sicherung des Familieneinflusses ist dabei insbesondere im Hinblick auf die folgenden drei Aspekte vorzunehmen:[12]

1. Zum einen ist zu klären, welches *Entscheidungsgewicht* in der Gesellschafterversammlung der Alteigentümer mit dem Begriff des „Einflusses" verbindet: Geht es

---

11 Vgl. *SPIELMANN*, Generationenwechsel (1994), S. 231, *HABIG/BERNINGHAUS*, Nachfolge im Familienunternehmen (2010), S. 125 f.
12 Vgl. auch *HERING/OLBRICH*, Unternehmensnachfolgeplanung (2006), S. 28.

ihm darum, daß seine Familie die Gesamtheit der Gesellschaftsanteile und damit die Position eines – aus Familiensicht – Alleingesellschafters hält, oder reicht es ihm, wenn seine Familie eine Sperrminorität besitzt oder auf nur bestimmte, in der Satzung festgelegte Entscheidungen der Gesellschafterversammlung – bspw. durch Mehrstimmrechte – maßgebenden Einfluß ausüben kann? Je geringer das Entscheidungsgewicht der Familie ist, das der Alteigentümer im Rahmen seiner Sicherung des Familieneinflusses anstrebt, desto geeigneter sind Nachfolgelösungen, die auch Dritte in die Übereignung miteinbeziehen, wie z.B. eine Kombinativstrategie, die den Verkauf eines Teils der Unternehmensanteile vorsieht.

2. Zum anderen bedarf es der Präzisierung, ob der Eigner den Einfluß der Familie auf sowohl den *Gewinn* als auch das *Vermögen* des Unternehmens zu sichern sucht, oder ob er lediglich eine Einflußnahme auf den Gewinn wünscht. Ist ersteres der Fall, scheidet eine Stiftung als Nachfolgelösung grundsätzlich aus, da bei ihr – durch eine entsprechende Formulierung des Stiftungszwecks und Besetzung des Stiftungsvorstandes – zwar Einfluß auf den unternehmerischen Erfolg ausgeübt werden kann, sich die unternehmerische Substanz durch ihre Übereignung auf die Stiftung aber der Entscheidungsgewalt der Familie weitgehend entzieht.

3. Nicht zuletzt ist darüber hinaus zu konkretisieren, *welche Personen* innerhalb der Familie in Zukunft Einfluß auf das Unternehmen ausüben sollen. Strebt der Alteigentümer danach, die Entscheidungsgewalt in die Hand ausschließlich eines Familienmitglieds oder aber mehrerer Angehöriger zu legen? Ist ersteres der Fall, spricht dies grundsätzlich für die Wahl der Einzelnachfolge; eine mehrere Nachfolger einbindende Lösung ist freilich in einer solchen Situation dann ebenfalls möglich, wenn der Alteigentümer – wie in Punkt 1 erwähnt – zumindest einen Teil der Entscheidungsgewalt auch auf Dritte zu übertragen bereit ist.

Auf der Grundlage der Ausführungen der Punkte 1 bis 3 können des weiteren folgende allgemeine Ergebnisse im Hinblick auf die jeweilige Attraktivität der Nachfolgelösungen zur Realisierung des Zieles der Sicherung des Familieneinflusses festgehalten werden: Der *Verkauf* an Dritte eignet sich nur insoweit als Übereignungsalternative, als der gewünschte Familieneinfluß durch ihn nicht beeinträchtigt wird. Der Alteigentümer wird eine solche Veräußerung also nur in beschränktem Maße und damit im Rahmen einer Kombinativstrategie durchführen, deren übrige Bausteine eine Unternehmensübertragung unter Wahrung der Entscheidungsgewalt der Familie gewährleisten. Eine Ausnahme vom Zwang der Kombinativstrategie ist lediglich der Fall des Verkaufs im Rahmen der Gruppennachfolge, bei dem ein Teil der Erwerber aus Dritten, ein anderer Käuferteil dagegen aus Familienmitgliedern des Veräußerers oder einer von der Familie kontrollierten Stiftung (oder mehrerer derartiger Stiftungen) besteht.

Bei der *Stiftung* kann es sich – wie bereits in Punkt 2 angesprochen – dann um eine attraktive Nachfolgelösung handeln, wenn dem abgebenden Eigner ein Einfluß der Familie auf den Gewinn des Unternehmens genügt, der mit dem Stiftungsvorgang verbundene Verlust der Entscheidungsgewalt im Hinblick auf das betriebliche Vermögen also keine Konterkarierung seines Nachfolgezieles darstellt. Voraussetzung ist freilich, daß es dem Eigner gelingt, die Stiftungsorgane (insbesondere den Stiftungsvorstand) so zu besetzen, daß sie im Sinne der Familie handeln – entweder, indem die Organe mit Familienmitgliedern selbst oder aber mit Dritten besetzt werden, die ihr Handeln an den Wünschen der Familie ausrichten.

Wünscht der Alteigentümer die Sicherung des Familieneinflusses sowohl im Hinblick auf die Erfolge des Unternehmens als auch seine Substanz, bleiben *Vererbung* und *Schenkung* als geeignete Nachfolgealternativen. Ist der Eigner bestrebt, die Entscheidungsgewalt der Familie dabei konzentriert in die Hand eines einzelnen Familienmitglieds zu geben, bietet sich eine Ausgestaltung in Form der Einzelnachfolge an; bevorzugt er dagegen eine Streuung des Einflusses auf mehrere Angehörige, spricht dies für Vererbung oder Schenkung im Gewande der Gruppennachfolge.

5.2.2 Sicherung der Unternehmensfortführung

Ebenso wie für das Ziel der Sicherung des Familieneinflusses gilt auch im Falle des durch den Eigner vorrangig verfolgten Zieles der Sicherung der Unternehmensfortführung, daß die Wahl der Nachfolgestrategie in einer solchen Situation nicht primär auf investitionstheoretischen Paradigmen basieren kann, sondern nach anderen Kriterien erfolgen muß. Voraussetzung der Identifikation erfolgversprechender Nachfolgelösungen ist dabei zunächst allerdings die *inhaltliche Konkretisierung* des Zieles „Sicherung der Unternehmensfortführung". Obwohl das Ziel in Teilen[13] des Schrifttums angeführt wird, *unterbleibt* eine *inhaltliche Konkretisierung* aber weitgehend[14]. Die Notwendigkeit einer präzisen Formulierung der Vorstellungen des Eigners im Hinblick auf die Sicherung der Unternehmensfortführung besteht jedoch insbesondere in bezug auf drei Fragestellungen:[15]

---

13 Vgl. *NEUMANN*, Nachfolgeproblematik (1991), S. 555, *SPIELMANN*, Generationenwechsel (1994), S. 231, *HENNERKES*, Vererben oder Verkaufen (1997), S. 132, *WEINLÄDER*, Unternehmensnachfolge (1998), S. 15, *HOLLIGER*, Käuferanalyse (1999), S. 923, *BERENBROK*, Umwandlung des Unternehmens (2005), S. 1000, *HABIG/BERNINGHAUS*, Nachfolge im Familienunternehmen (2010), S. 125 f.

14 Hinweise auf die notwendige präzise Formulierung des Zieles der Sicherung der Unternehmensfortführung finden sich zumindest ansatzweise bei *SPIELMANN*, Generationenwechsel (1994), S. 233 f.

15 Vgl. auch *HERING/OLBRICH*, Unternehmensnachfolgeplanung (2006), S. 27 f.

1. Zum einen ist zu analysieren, ob der Alteigentümer dem Ziel der Sicherung der Unternehmensfortführung nicht nur die Weiterführung der betrieblichen Wertschöpfung, sondern auch die *Aufrechterhaltung der rechtlichen Identität* des Unternehmens subsumiert. Ist letzterer Fall gegeben, stellen sich Lösungen, die mit einer Aufschmelzung des Betriebes auf ein anderes Wirtschaftssubjekt einhergehen oder eine Übereignung des Unternehmens vorsehen, bei der nicht die Anteile, sondern die Wirtschaftsgüter transferiert werden, als ungeeignet dar.

2. Zum anderen bedarf es der Klärung, ob der Eigner die Fortführung des Betriebes als Ganzes anstrebt oder ob das Unternehmen auch *zerteilt* werden kann, so daß die dadurch entstehenden einzelnen Elemente jeweils eine Fortführung erfahren. Läuft letztere Variante den Vorstellungen des Alteigentümers zuwider, stellen Nachfolgestrategien, die eine Übertragung der Wirtschaftsgüter des Betriebes auf eine Mehrzahl von Nachfolgern vorsehen, aus seiner Sicht folglich keine geeigneten Alternativen zur Lösung des Nachfolgeproblems dar.

3. Nicht zuletzt ist darüber hinaus zu präzisieren, welchen *Zeithorizont* der Eigentümer im Hinblick auf die Sicherung der Unternehmensfortführung anstrebt: Soll der Fortbestand des Betriebes nur über einen vergleichsweise geringen, bspw. nur mehrere Monate dauernden Zeitraum gewährleistet werden, um – als exemplarischer Fall – den Mitarbeitern des Unternehmens eine kurzfristige Kündigung zu ersparen und ihnen jeweils die Möglichkeit zu geben, sich im Rahmen ihres bisherigen Beschäftigungsverhältnisses einen neuen Arbeitgeber zu suchen, so ist dies relativ unproblematisch durch vertragliche Vereinbarungen zwischen altem und neuem Eigner sicherzustellen. Als um so schwieriger stellt sich die Lösung der Nachfolgefrage dagegen dar, je langfristiger der Alteigentümer die Fortführung des Unternehmens gesichert sehen will, da dies – insbesondere bei der Einbindung verbundexterner Wirtschaftssubjekte als Nachfolger – einen erheblichen Regelungsbedarf zwischen bisherigem und neuem Eigner mit sich bringen kann.

Vor dem Hintergrund der in den Punkten 1 bis 3 angeführten Aspekte können des weiteren folgende allgemeine Aussagen über die Eignung der Nachfolgelösungen in bezug auf das Ziel der Sicherung der Unternehmensfortführung getroffen werden: Der *Verkauf* wird sich in vielen Fällen als ungeeignet darstellen, da sich der Alteigentümer bei der Wahl dieser Nachfolgeform in einem Dilemma befindet. Je stärker er interessierte Investoren durch Regelungen im Kaufvertrag zu binden versucht, die die Fortführung des Betriebes gewährleisten, desto größer ist einerseits seine Sicherheit, daß eine solche Weiterexistenz des Unternehmens tatsächlich gegeben sein wird. Desto geringer ist andererseits aber auch die Wahrscheinlichkeit, daß er überhaupt einen Erwerber findet, da der Fortführungszwang die unternehmerische Verfügungsgewalt des Nachfolgers einschränkt und bestimmte Verwendungen des

Betriebes – wie eine Aufschmelzung oder eine lukrative Liquidation – zu verhindern vermag. Die Veräußerung an Fremde ist letztlich mit einer fortgesetzten Achtung des Alteigentümerwillens strukturell unverträglich.

Nimmt der Eigner eine *Vererbung* oder *Schenkung* auf verbundinterne Nachfolger vor, kann er sowohl bestrebt sein, die Fortführung des Unternehmens durch entsprechende juristische Regelungen zwischen sich und den Nachfolgern sicherzustellen als auch durch die Wahl ihm in Hinsicht auf die Fortführung besonders zuverlässig erscheinender Nachfolger zu gewährleisten. Die Schenkung zeichnet sich in diesem Zusammenhang durch den Vorteil aus, daß der Alteigentümer seine Nachfolger im Anschluß an die Übertragung bezüglich der Zielerfüllung kontrollieren kann, was im Rahmen der Vererbung nicht möglich ist. Letztere besitzt dagegen den Vorzug, daß der Erblasser mit Hilfe eines Testamentsvollstreckers zumindest über die maximal möglichen nächsten 30 Jahre die Fortführung des Unternehmens veranlassen kann.

Die *Stiftung* vermag im Vergleich zu Verkauf, Vererbung und Schenkung besonders geeignet zu sein, um das Ziel der Sicherung der Unternehmensfortführung zu erreichen, da der Eigner hierbei nicht auf eine entsprechende rechtliche Vereinbarung mit den Nachfolgern oder ihren „guten Willen" achten muß, sondern sein Ziel als Stiftungszweck im Rahmen der Stiftungssatzung auf Dauer festschreiben kann. Zu beachten ist freilich, daß die Fortführung des Unternehmens trotz ihrer Formulierung als Stiftungszweck – wie im übrigen auch im Falle aller anderen Maßnahmen mit der Absicht ihrer Sicherstellung – dann nicht mehr gewährleistet werden kann, wenn unerwartete oder unbeeinflußbare betriebsinterne oder -externe Entwicklungen eine Beendigung der unternehmerischen Betätigung erzwingen. Beispiele hierfür können eine schwerwiegende unternehmerische Fehlentscheidung der Führungskräfte, ein gravierender Rückgang der Nachfrage oder eine erdrückende Steuerlast des Staates sein.

Die Überlebenssicherung von Familienunternehmen im Nachfolgezusammenhang wird von der Literatur bisweilen in eher anekdotischer Weise abgehandelt und mit klischeehaften Charakterbildern illustriert. Hier finden sich typischerweise der um sein Lebenswerk besorgte, es jedoch nicht loslassen könnende Patriarch und sein wohlstandsverweichlichter, zum Unternehmer ungeeigneter Sohn. Konfliktlösungsstrategien für solche Situationen sind jedoch nicht Gegenstand der Betriebswirtschaftslehre und werden daher hier nicht behandelt.

Wenn eine Unternehmensfortführung dem Gewinnziel nicht entspricht oder auch als Nebenbedingung nicht erreichbar ist, endet der Lebenszyklus des Unternehmens wie der von Lebewesen, Staaten und geschichtlichen Epochen: *Sic transit gloria mundi.*

Lösungen zu den Aufgaben

Aufgabe 1

Um das Problem der Unternehmensnachfolge einer Lösung zuzuführen, hat der Eigentümer des Betriebes folgende Entscheidungen zu fällen: Im Rahmen der Nachfolgeentscheidung kommt er zu dem Schluß, ob er eine Übereignung durchführen wird oder nicht. Spricht er sich für einen solchen Eigentümerwechsel aus, hat er im Rahmen der Formentscheidung die Wahl zu treffen, ob die Übereignung im Wege der Vererbung, Schenkung, Stiftung oder Veräußerung erfolgen soll. Darüber hinaus entschließt sich der Eigner im Zuge der Gestaltungsentscheidung, welche Aktivitäten er im einzelnen durchzuführen gedenkt, um den avisierten Nachfolgeweg erfolgreich zu beschreiten. Zudem sind sowohl bei der entgeltlichen als auch bei der unentgeltlichen Nachfolge Bewertungsfragen zu klären.

Da die Frage der Nachfolge durch die genannten Entscheidungsprobleme geprägt ist, kann sie nicht aus einer objektiven Perspektive, also losgelöst von dem subjektiven Standpunkt des Unternehmenseigners beantwortet werden. Ursache hierfür ist die Tatsache, daß jede Entscheidung des Eigentümers von zwei subjektiven Aspekten abhängt: Zum einen ist dies das persönliche Entscheidungsfeld des Eigners, also die Gesamtheit seiner individuellen, alternativen Handlungsmöglichkeiten, die durch seine Güterausstattung, aber auch steuerliche, rechtliche und sittliche Rahmenbedingungen sowie die ihm eigenen Fähigkeiten geprägt werden. Zum anderen richten sich die Entscheidungen des Eigners nach der Zielsetzung, die er mit der Nachfolge zu verfolgen sucht. Im einzelnen bedeutet dies, daß die Zielsetzung des Eigentümers vor dem Hintergrund seines Entscheidungsfeldes sowohl den Entschluß zum Vollzug einer Unternehmensnachfolge als auch die Wahl der dabei zu realisierenden Nachfolgeform und die Gestaltung der Nachfolge bestimmt sowie die Ermittlung des Unternehmenswerts beeinflußt.

Darüber hinaus ist festzuhalten, daß nicht nur die für die Realisierung der Nachfolge notwendigen Entscheidungen ausschließlich unter Beachtung der subjektiven Gegebenheiten des Unternehmenseigentümers gefällt werden können. Hinzu kommt, daß auch eine ex post vorgenommene Messung des Erfolges der Nachfolgeaktivitäten nur möglich ist unter Zugrundelegung des subjektiven Eignerstandpunkts. Schließlich ergibt sich das Ausmaß des Erfolges der Übereignung aus dem Grad der Realisierung des Zieles, das der Eigner mit der Nachfolge angestrebt hat. Eine Beurteilung des Erfolges der Unternehmensnachfolge ist ohne Bezug auf die subjektive Zielsetzung des abgebenden Eigentümers dementsprechend ausgeschlossen.

Aufgabe 2

Im Rahmen der in den §§ 1924-1936 BGB geregelten gesetzlichen Erbfolge erben die Verwandten des Alteigentümers nach Maßgabe einer bestimmten Rangfolge sowie, wenn vorhanden, der Ehegatte des Erblassers. In der Position der Erben befinden sich dabei zunächst die Abkömmlinge des Verstorbenen; sie stellen die „Erben erster Ordnung" dar. Kinder erben zu gleichen Teilen; ist ein Kind bereits verstorben, das aber selbst Abkömmlinge hat, treten diese Enkel des Alteigentümers in die Erbenposition ihres Elternteils ein. Ist kein Angehöriger der ersten Ordnung vorhanden, treten die „Erben zweiter Ordnung" in die Erbfolge ein. Erben zweiter Ordnung stellen die Eltern des verstorbenen Unternehmenseigners sowie deren Abkömmlinge dar. Bei letzteren handelt es sich in diesem Zusammenhang allerdings nur dann um Erben, wenn mindestens ein Elternteil bereits verstorben ist und die Abkömmlinge in dessen Erbenposition nachrücken. Existiert kein Erbe der zweiten Ordnung, treten die Großeltern und ggf. ihre Abkömmlinge – als „Erben dritter Ordnung" – in die Erbfolge ein. Finden sich keine Erben dritter Ordnung, erben noch lebende Urgroßelternteile; sonst erbt nach § 1928 Abs. 3 BGB derjenige Verwandte allein, der das engste Verwandtschaftsverhältnis zu dem Erblasser aufweist. Das Erbrecht des Ehegatten des Verstorbenen gemäß § 1931 BGB steht neben dem Erbrecht der Verwandten. Die Erbquote des Gatten ist abhängig zum einen von dem Grad der Verwandtschaft, in dem die übrigen Erben zu dem Verstorbenen stehen, zum anderen von dem Güterstand, der zwischen den Eheleuten galt: Wurde die Gütergemeinschaft vereinbart, erbt der Gatte neben Erben der ersten Ordnung in Höhe eines Viertels. Kommen statt dessen Erben der zweiten Ordnung zum Zuge, beläuft sich die Erbquote des Gatten auf die Hälfte. Gleiches gilt, wenn Erben dritter Ordnung in die Erbfolge eintreten; in diesem Falle geht jedoch der Anteil der Abkömmlinge vorverstorbener Großeltern unter den Voraussetzungen des § 1931 Abs. 1 Satz 2 BGB – neben der 50 % betragenden Quote – ebenfalls auf den Ehegatten über. Erben ab der vierten Ordnung kommen neben dem Ehegatten nicht mehr zum Zuge; letzterer ist in diesen Fällen alleine erbberechtigt. Galt zwischen den Eheleuten dagegen der Stand der Zugewinngemeinschaft, ist das skizzierte Vorgehen der Erbfolge analog maßgebend; allerdings erhöht sich die Erbquote des Gatten jeweils um ein Viertel.

Für die Form- und Gestaltungsentscheidung des Eigners hat die gesetzliche Erbfolge zur Konsequenz, daß im Falle einer natürlichen Eignerperson selbst die scheinbare Unterlassung eines Entschlusses bezüglich Nachfolgeweg und Nachfolgegestaltung eine Entscheidung darstellt: Trifft der Eigentümer im Hinblick auf diese Problemkomplexe keine anderweitige Regelung, geht das Unternehmen im Wege der Vererbung und in der durch die gesetzliche Erbfolge festgelegten Gestalt auf den oder die Nachfolger über. Die rechtlichen Regelungen bestimmen in diesem Zusammenhang nicht nur, wer in die Position des neuen Eigners einrückt, sondern auch, in welcher

Weise das Unternehmen – bei Vorhandensein mehrerer Nachfolger – auf diese aufgeteilt wird.

Aufgabe 3

Die Definition der Unternehmensnachfolge als Übergang des Eigentums an einem Betrieb sowie der damit verbundenen Leitungsmacht, unabhängig davon, ob das Eigentum des betroffenen Unternehmens in der Hand einer Familie oder anderer Wirtschaftssubjekte – wie bspw. einer juristischen Person oder einzelner, voneinander unabhängiger natürlicher Personen – liegt, ist aufgrund zweier Gesichtspunkte zweckmäßig:

Erstens sind – unter der Prämisse des Gewinnmaximierungsziels des Eigners – die betriebswirtschaftlichen Ursachen, die für den Eigentumsübergang verantwortlich zeichnen können, sowohl für Familien- als auch Nichtfamilienunternehmen identisch. Ursache kann zum einen das Vorliegen des Kriteriums der Einzelerfolgsschwäche sein – ein Umstand, bei dem die zukünftig dem Eigner und ggf. seinem Verbund aus dem Betrieb zufließenden Erfolge geringer sind als jene Erfolge, die eine Übereignung des Unternehmens verspricht. Zum anderen kann der Grund für die Nachfolge in negativen Synergien liegen, die die Erfolgserzielung des Eigners und u.U. seines Verbunds beeinträchtigen und durch ein Ausscheiden des Unternehmens aus dem Portefeuille des Eigners unterbunden werden können. Die Nachfolge wird folglich stets dann angestrebt, wenn sie einen höheren Erfolg als die Beibehaltung der bisherigen Eigentumsverhältnisse verspricht. Wie diese Eigentumsverhältnisse dabei im einzelnen aussehen, ob sich der Betrieb also in der Hand einer Familie oder aber anderer Subjekte befindet, stellt sich in diesem Zusammenhang als unerheblich dar; maßgeblich ist vielmehr die durch die Übereignung erzielbare Änderung der Zukunftserfolge.

Zweitens entsprechen sich die im Prozeß des Eigentumsübergangs auftretenden betriebswirtschaftlichen Probleme und Fragestellungen bei Familien- und Nichtfamilienunternehmen weitgehend, denn die alternativen Übertragungsformen der Vererbung, Schenkung, Stiftung und des Verkaufs sind unabhängig von einem etwaigen Familienkontext und stehen dementsprechend nahezu allen Arten von Eigentümern uneingeschränkt offen. So können Eigner in Gestalt natürlicher Personen – sei es nun mit familiärem Zusammenhang oder ohne – alle genannten vier Übereignungswege beschreiten. Institutionellen Eignern ist die Nachfolgeform der Vererbung verwehrt, doch können sie eine Übertragung mittels Schenkung oder Verkauf vollziehen. Auch die Stiftung steht ihnen offen, doch ist hierbei die Einschränkung zu beachten, daß die Stiftung im Falle institutioneller Eigner – im

Gegensatz zum Fall der natürlichen Eigentümerperson – nicht als Stiftung von Todes wegen vorgenommen werden kann.

Aufgabe 4

Der Begriff der „Gesellschafterindependenz" bezeichnet eine Konstellation, bei der der Unternehmenseigentümer seine Nachfolge unabhängig von dem Verhalten anderer Gesellschafter zu verwirklichen vermag. Im einzelnen bedeutet dies, daß er entweder das Unternehmen als Ganzes in Händen hält oder, sollte er weniger als 100 % der Anteile an dem Unternehmen sein eigen nennen, von Miteigentümern umgeben ist, die sich gegenüber seinen Nachfolgeaktivitäten passiv verhalten und daher keiner eingehenderen Beachtung im Rahmen der Herausarbeitung der Nachfolgelösung bedürfen. Unter der „Gesellschafterdependenz" wird dagegen der Fall verstanden, bei dem sich der Unternehmenseigner mindestens einem Miteigentümer gegenübersieht, der seinen Nachfolgebestrebungen keineswegs passiv, sondern vielmehr aktiv gegenübersteht und sie zu seinem eigenen Vorteil nutzen will. Der Erfolg der Nachfolge aus Sicht des abgebenden Eigentümers wird dann nicht nur von den von ihm vorgenommenen Maßnahmen beeinflußt, sondern ist darüber hinaus von dem Verhalten wenigstens eines anderen Anteilseigners abhängig.

Ein Beispiel für den Fall der Gesellschafterdependenz ist folgende Situation:[1] Es handelt sich um eine nicht börsennotierte Kapitalgesellschaft, die dem abgebenden Eigner und einem weiteren Wirtschaftssubjekt gehört. Der abgebende Gesellschafter möchte seine Beteiligung in Form der Schenkung übertragen und ist bestrebt, die Übergabe derart zu gestalten, daß sein Nachfolger eine möglichst geringe Steuerlast zu tragen hat. Der Umfang der Steuerlast ist dabei u.a. von der Höhe des Werts abhängig, welcher der Beteiligung zugemessen wird. Da das betrachtete Unternehmen nicht börsennotiert ist, richtet sich seine Bewertung nach dem Preis, der bei Anteilsverkäufen erzielt werden konnte, die weniger als ein Jahr zurückliegen. Fand keine derartige Anteilsveräußerung statt, kommen betriebswirtschaftliche Methoden oder das vereinfachte Ertragswertverfahren zum Einsatz (§ 12 Abs. 2 ErbStG i.V.m. § 11 Abs. 2 BewG).

Die Gesellschaft hat erfolgversprechende Aussichten, die ein möglicher Käufer entsprechend in seine Kaufpreisbemessung einbeziehen würde. Die für das vereinfachte Ertragswertverfahren relevanten Betriebsergebnisse sind dagegen vergleichsweise niedrig. Unter diesen Voraussetzungen führt eine nach dem vereinfachten Ertragswertverfahren vorgenommene Beteiligungsbewertung i.d.R. zu einem geringeren steuerlichen Wert und damit ceteris paribus zu einer geringeren

---

1 Entnommen aus *OLBRICH*, Unternehmungsnachfolge (2014), S. 109-112.

Steuerbelastung als die Bewertung nach Maßgabe des bei einem Anteilsverkauf erzielten Preises. Um die Schenkungsteuerlast seines Nachfolgers niedrig zu halten, hat der abgebende Gesellschafter dann ein erhebliches Interesse daran, daß das vereinfachte Ertragswertverfahren bei der Bewertung seiner Beteiligung zum Tragen kommt, was möglich ist, wenn im Jahr vor der Übertragung keine Anteile an der Gesellschaft verkauft wurden. Unproblematisch wäre der Sachverhalt, wenn der Gesellschafter alle Anteile sein eigen nennen würde oder von Miteigentümern umgeben wäre, die sich von ihren eigenen Beteiligungen nicht zu trennen gedenken. Veräußert der abgebende Gesellschafter in diesem Fall selbst keine Anteile im Vorfeld seiner geplanten Beteiligungsübergabe, geht er damit sicher, daß das vereinfachte Ertragswertverfahren bei der Bemessung der Steuerlast seines Nachfolgers Anwendung findet, vorausgesetzt, es führt nicht zu offensichtlich unzutreffenden Ergebnissen (§ 199 Abs. 1 BewG). Anders stellt sich der Fall dagegen dar, wenn sich, wie hier angenommen, der abgebende Gesellschafter einem Miteigentümer des Unternehmens gegenübersieht, der selbständig eine Trennung von seiner Beteiligung – sei es nun in Teilen oder als Ganzes – anstrebt und ggf. sogar versucht, die Nachfolgebestrebungen des betrachteten abgebenden Eigners zu seinem eigenen Vorteil zu nutzen: Würde dieser verbleibende Gesellschafter auch nur einen seiner Anteile im Vorfeld der geplanten Schenkung des abgebenden Gesellschafters verkaufen, käme nicht das vereinfachte Ertragswertverfahren, sondern statt dessen der durch den verbleibenden Gesellschafter im Zuge des Anteilsverkaufs erzielte Preis bei der Bemessung der Schenkungsteuer zum Tragen. Folge wäre, daß sich der Nachfolger dann einer entsprechend höheren Steuerlast gegenübersähe. Deutlich wird damit, daß der abgebende Gesellschafter in seiner Nachfolgeplanung nicht unabhängig zu agieren vermag und durch den verbleibenden Gesellschafter quasi „erpreßt" werden kann: Denkbar ist, daß letzterer von dem die Nachfolge anstrebenden Miteigentümer eine Zahlung verlangt, um einen Anteilsverkauf zu unterlassen. Das vereinfachte Ertragswertverfahren bliebe dann maßgebend, und der Nachfolger des abgebenden Gesellschafters käme damit in den Genuß einer geringeren Steuerlast.

Neben der Leistung einer Unterlassungszahlung an den verbleibenden Gesellschafter kann die Geheimhaltung der geplanten Beteiligungsübertragung bis zum Zeitpunkt ihrer Durchführung störende Aktivitäten des verbleibenden Gesellschafters im Vorfeld der Nachfolge verhindern, doch wird sie in der Praxis nur schwierig zu verwirklichen sein. Darüber hinaus ist es denkbar, eine zeitliche Verschiebung der Nachfolge vorzunehmen: Verkauft der verbleibende Gesellschafter einen seiner Anteile, kann der abgebende Gesellschafter zunächst die einjährige Frist verstreichen lassen, nach deren Ablauf das vereinfachte Ertragswertverfahren wieder Gültigkeit erlangt, und die Beteiligungsübertragung dann vornehmen. Der Erfolg einer zeitlichen Verschiebung ist jedoch fraglich, da der verbleibende Gesellschafter nach Ablauf der Jahresfrist erneut einen seiner Anteile veräußern kann und dies theoretisch bis zum vollständigen Verkauf seiner Unternehmenstitel in der Zukunft fortzu-setzen vermag.

Folglich handelt es sich bei der Gewährung einer Unterlassungszahlung an den verbleibenden Gesellschafter um den einzigen Ausweg. Der vermiedene Schaden stellt sich als schenkungsteuerliche Mehrbelastung dar, die bei einer Bewertung auf Basis des Verkaufspreises eines Anteils entstünde und durch die Anwendung des vereinfachten Ertragswertverfahrens umgangen würde. Agiert der abgebende Gesellschafter rational, wird er freilich nicht den geschilderten Maximalbetrag der Unterlassungszahlung leisten wollen, sondern versuchen, in der Verhandlung mit dem verbleibenden Gesellschafter eine möglichst niedrige Unterlassungszahlung zu vereinbaren; der verbleibende Eigner wird dagegen vice versa bestrebt sein, die abgebende Partei auf ihre Konzessionsgrenze, also den höchstens zahlbaren Betrag, zu drängen. Grundsätzlich gilt dabei, daß die Verhandlungsposition des abgeben-den Gesellschafters um so schwächer ist, je genauer die Gegenseite seine Konzessi-onsgrenze kennt. Weiß der verbleibende Gesellschafter, wieviel der abgebende Eigentümer maximal zu zahlen bereit ist, wird er diesen Betrag auch einfordern, um die größtmögliche Unterlassungszahlung zu vereinnahmen. Es wird dem verblei-benden Gesellschafter i.d.R. allerdings schwerfallen, die Konzessionsgrenze des abgebenden Miteigentümers abzuschätzen, da der durch sein „Stillhalten" vermie-dene schenkungsteuerliche Schaden für ihn schwierig einzugrenzen ist. Er ergibt sich nicht nur aus dem Wertunterschied sowie dem Tarif und den Freibeträgen des Nachfolgers, sondern, falls die Anteilsgrenze des § 13b Abs. 1 Nr. 3 ErbStG nicht verletzt ist, z.B. auch aus den Prognosen hinsichtlich des Einhaltens der Lohnsum-men- und Behaltensbedingungen des § 13a ErbStG.

Aufgabe 5

Nach dem Wertverständnis der subjektiven Bewertungslehre hat ein Unternehmen für jeden Bewertungsinteressenten einen spezifischen und grundsätzlich verschie-denen Wert. Die zentralen Prinzipien dieser Theorie sind die Subjektivität, die Zukunftsbezogenheit und die Gesamtbewertung. Neben diesen Grundsätzen rückt bei der funktionalen Bewertungstheorie das Prinzip der Zweckabhängigkeit in den Vordergrund. Demnach hat ein Unternehmen nicht nur für jeden Bewertungsinter-essenten einen jeweils spezifischen Wert, sondern kann auch für ein und dasselbe Subjekt je nach Aufgabenstellung einen durchaus unterschiedlichen Wert haben. So richtet sich auch die Brauchbarkeit eines mit einem bestimmten Modell ermittelten Unternehmenswertes nach der mit der Rechnung verbundenen Aufgabenstellung.

Aufgabe 6

a) $E_V = \sum_{t=1}^{n} g_{Vt} \cdot (1+i)^{-t} + \frac{g}{i} \cdot (1+i)^{-n}$

$= \dfrac{50}{(1+0{,}01)^1} + \dfrac{60}{(1+0{,}01)^2} + \dfrac{40}{(1+0{,}01)^3} + \dfrac{20}{(1+0{,}01)^4} + \dfrac{10}{0{,}01 \cdot (1+0{,}01)^4}$

$= 1.127{,}35.$

Unter den Voraussetzungen eines vollkommenen Kapitalmarkts kann der Ertragswert als Entscheidungswert oder Grenzpreis mit Rückgriff auf den Begriff des Kapitalwerts interpretiert werden. Der Unternehmensverkauf zum Preis p stellt dann eine vorteilhafte Investition dar, wenn der Kapitalwert C aus Sicht des Verkäufers (C_V) nichtnegativ ist:

$$C_V = p - \sum_{t=1}^{n} g_{Vt} \cdot (1+i)^{-t} + \frac{g}{i} \cdot (1+i)^{-n} = p - E_V \geq 0 \Leftrightarrow p \geq E_V.$$

Der Ertragswert E_V ist also als kritischer Preis die Preisuntergrenze, die der Verkäufer gerade noch akzeptieren kann, ohne daß der Verkauf für ihn ökonomisch nachteilig wird (also mit einem negativen Kapitalwert einhergeht).

Für das Beispiel bedeutet dies:

$C_V = p - 1.127{,}35 \geq 0 \Leftrightarrow p \geq 1.127{,}35.$

Der Eigentümer muß also mindestens 1.127,35 Geldeinheiten verlangen, damit der Verkauf nicht ökonomisch nachteilig wird.

b) $E_V = \sum_{t=1}^{\infty} g \cdot \dfrac{(1+\omega)^{t-1}}{(1+i)^t} = \dfrac{g}{i-\omega} = \dfrac{15}{0{,}01-0{,}005} = 3.000.$

c) $E_K = \sum_{t=1}^{n} g_{Kt} \cdot (1+i)^{-t}$

$= \dfrac{200}{(1+0{,}03)^1} + \dfrac{300}{(1+0{,}03)^2} + \dfrac{400}{(1+0{,}03)^3} + \dfrac{350}{(1+0{,}03)^4} = 1.153{,}98.$

Wird der Ertragswert als Entscheidungswert oder Grenzpreis bei vollkommenem Kapitalmarkt unter Rückgriff auf den Begriff des Kapitalwerts interpretiert, stellt der Unternehmenskauf zum Preis p eine vorteilhafte Investition dar, wenn der Kapitalwert C aus Sicht des Käufers (bezeichnet mit C_K) nichtnegativ ist:

$$C_K = -p + \sum_{t=1}^{n} g_{Kt} \cdot (1+i)^{-t} = -p + E_K \geq 0 \Leftrightarrow p \leq E_K.$$

Der Ertragswert E_K ist also als kritischer Preis die Preisobergrenze, die der Käufer gerade noch akzeptieren kann, ohne daß der Kauf für ihn ökonomisch nachteilig wird (also mit einem negativen Kapitalwert einhergeht).

Bezogen auf das Beispiel bedeutet dies:

$$C_K = -p + 1.127,35 \geq 0 \Leftrightarrow p \leq 1.153,98.$$

Der Käufer darf also höchstens 1.153,98 Geldeinheiten zahlen, damit der Kauf nicht ökonomisch nachteilig wird.

Folgender vollständiger Finanzplan (VOFI) verdeutlicht, daß dieser Grenzpreis die letzte Möglichkeit eines vorteilhaften oder zumindest genau zielsetzungsneutralen Geschäfts markiert.

Tab. 11: Vollständiger Finanzplan zur ökonomischen Deutung des Grenzpreises

Zeitpunkt	t = 0	t = 1	t = 2	t = 3	t = 4
g_{Kt}	0	200	300	400	350
p*	−1.153,98				
Kredit	1.153,98				
Tilgung		−165,38	−270,34	−378,45	−339,81
Zinsen 3%		−34,62	−29,66	−21,55	−10,19
Guthaben/Schuld	−1.153,98	−988,60	−718,26	−339,81	0

d) Im Rahmen der in der Aufgabe betrachten Konfliktsituation des Kaufs/Verkaufs wird ausschließlich der Preis als konfliktlösungsrelevanter Sachverhalt betrachtet. Der Grenzpreis definiert somit in der Kalkulation beider Seiten jeweils die kritische Anfangsaus- oder -einzahlung, bei der das Vorzeichen des Kapitalwerts wechselt. Das Einigungsintervall für die Preisverhandlungen wird durch die jeweiligen Entscheidungswerte begrenzt: Im Bereich

$$E_V \leq p \leq E_K$$

ist die Unternehmensübereignung zum Preis p für Käufer und Verkäufer ein vorteilhaftes Geschäft mit nichtnegativem Kapitalwert.

Herr Pleite ist bereit, höchstens 1.153,98 Geldeinheiten für den Kauf der Euro GmbH zu zahlen. In der unter a) beschriebenen Konstellation muß Herr Mark mindestens 1.127,35 Geldeinheiten verlangen, damit der Verkauf der Euro GmbH für ihn nicht ökonomisch nachteilig wird. In diesem Fall ist für beide Parteien eine Einigung vorteilhaft. Auf welchen Preis sich Käufer und Verkäufer aus dem Intervall $1.127,35 \leq p \leq 1.153,98$ einigen, ist insbesondere abhängig von Verhandlungsgeschick und Verhandlungsmacht der Konfliktparteien.

Unter der in b) genannten Ausgangslage ist das Einigungsintervall dagegen leer, da der Entscheidungswert des Verkäufers (E_V = 3.000 Geldeinheiten) über dem des Käufers (E_K = 1.153,98 Geldeinheiten) liegt. Unter der Voraussetzung, daß bei den Konfliktparteien Entscheidungsfreiheit vorliegt, wird der Kauf bzw. Verkauf somit nicht durchgeführt werden.

Aufgabe 7

Für die Wahl der Vererbung wie auch für die Wahl der Schenkung spricht zum einen das Charakteristikum eines den Veräußerungserfolg übersteigenden Fortführungserfolges des Unternehmens, denn sowohl die Vererbung als auch die Schenkung des Betriebes durch den Eigner innerhalb seines Verbundes mit anderen Wirtschaftssubjekten, wie einer Familie, eröffnet diesem Verbund die Möglichkeit, durch die weitere Nutzung der unternehmerischen Erfolgspotentiale entsprechend attraktive Gewinne zu realisieren. Gleiches gilt für das Charakteristikum der verbundinternen Führungskompetenz, denn sowohl Vererbung als auch Schenkung auf verbundinterne Nachfolger sind um so geeignetere Übereignungsformen, je ausgeprägter Führungsfähigkeit und Führungswille bei den in die Eignerposition eintretenden Verbundmitgliedern sind. Unterschiede zwischen den die Vererbung oder Schenkung als attraktiv erscheinen lassenden Charakteristika existieren zum einen im Hinblick auf das Ausmaß der Führungskompetenz des bisherigen Eigners im Vergleich zu der Kompetenz seiner avisierten Nachfolger: Ist die Kompetenz des Alteigentümers relativ hoch, spricht dies für die Vererbung; stellt sie sich dagegen als niedrig dar, erweist sich die Schenkung als zweckmäßiger. Auch das Kriterium des Kompetenztransfers kommt zu einer differenzierten Würdigung beider Nachfolgewege: Je notwendiger der Transfer ist, desto vorziehenswürdiger ist die Schenkung und desto ungeeigneter die Vererbung – es sei denn, der präsumtive Nachfolger wurde bereits vor seinem Eintritt in die Eignerposition im Rahmen eines Angestelltenverhältnisses angelernt. Im Hinblick auf mögliche Opportunitätseinkommen gilt, daß sich die Vererbung im Gegensatz zur Schenkung als um so zweckmäßiger darstellt, je größer die Opportunitätseinkommen der avisierten Nachfolger ausfallen. Aus Sicht des Opportunitätseinkommens des Alteigentümers gilt vice versa, daß die Schenkung um so sinnvoller ist, je größer dessen alternative Einkunftsmöglichkeiten sind. Nicht zuletzt kann auch eine drohende Pflichtteilsbelastung der Nachfolger eine Differenzierung zwischen Vererbung und Schenkung begründen: Je überzeugter der bisherige Eigentümer davon ist, in der Zukunft nach erfolgter Übertragung des Betriebes mindestens noch zehn Jahre weiterzuleben, desto attraktiver ist die Schenkung, da das übereignete Unternehmen in diesem Falle in die Ermittlung der Pflichtteile der Erben überhaupt keinen Eingang findet. Ein differenziertes Bild gibt das Kriterium der steuerlichen Belastung: Einerseits können substanzsteuerliche Vorteile von Vererbung und Schenkung – bspw. im Vergleich mit der Ertragsteuerbelastung infolge eines Verkaufs – für beide Übereignungswege sprechen; andererseits können Differenzen zwischen Schenkung- und Erbschaftsteuer zu einer unterschiedlichen Beurteilung von Schenkung und Vererbung führen. Beispielsweise kann die Vererbung ceteris paribus um so vorteilhafter sein, je stärker der Eigner von einer Schrumpfung des schenkung- respektive erbschaftsteuerlich relevanten Unternehmenswertes im Zeitverlauf ausgeht, und auch der unterschiedliche Zeitpunkt der Steuerzahlung (später bei der Vererbung, früher bei der Schenkung) vermag eine differenzierte Einschätzung beider Nachfolgeformen zu begründen.

Aufgabe 8

Die Stiftung von Todes wegen bietet sich für die gewinnmaximale Nachfolge zum einen um so mehr an, je größer der Fortführungserfolg des Betriebes im Vergleich zu seinem voraussichtlichen Veräußerungserfolg ist. Die Einbringung in eine Stiftung entzieht die Unternehmenssubstanz zwar dem Portefeuille sowohl des Eigners als auch seines Verbundes, ermöglicht es durch eine entsprechende Formulierung des Stiftungszwecks aber, daß die Verbundmitglieder in den Genuß der laufenden Betriebserfolge kommen. Des weiteren ist die Stiftung von Todes wegen um so geeigneter, je stärker der bisherige Eigentümer davon überzeugt ist, daß er sein durch umfangreiche Erfolgspotentiale gekennzeichnetes Unternehmen nicht auf Verbundmitglieder übertragen sollte, da diese den Betrieb nicht kompetent führen können oder wollen. Eine verbundinterne Übereignung, wie sie im Wege der Schenkung oder Vererbung erfolgt, würde dann folglich verhindern, daß die Verbundmitglieder in der Zukunft die aus Sicht des abgebenden Eigners möglichen Unternehmenserfolge tatsächlich vereinnahmen können. Die Einbringung in eine durch einen geschickten Vorstand geführten Stiftung erlaubt es den Verbundangehörigen dagegen, die avisierten Gewinne zu realisieren. Die Übereignung auf eine Stiftung von Todes wegen bietet sich ebenfalls an, wenn zwar auch innerhalb des Verbundes des Eigners potentielle Nachfolger vorhanden sind, die eine kompetente Betriebsführung sicherstellen könnten, diese jedoch aus anderen Quellen Erfolge erzielen, deren Vereinnahmung sie bei Eintritt in die Nachfolgerposition aufgeben müßten: Je ergiebiger sich diese durch eine Einbindung in den Betrieb versiegenden Einkunftsquellen darstellen, desto sinnvoller ist die Entscheidung des Eigners, das Unternehmen in die Hand einer durch verbundfremde Personen geleiteten Stiftung zu geben. Dem Verbund bleiben damit die Zahlungsströme sowohl aus dem Unternehmen als auch den weiterhin ausgeübten Tätigkeiten der zwar geeigneten, aber dennoch nicht in die Rolle der Nachfolger eintretenden verbundinternen Wirtschaftssubjekte. Des weiteren ist die Stiftung von Todes wegen um so zweckmäßiger, je größer die Führungsqualitäten des bisherigen Eigentümers im Vergleich zu jenen der Stiftungsorgane sind, denn der Alteigner kann den Betrieb durch diese Stiftungsalternative noch bis zu seinem Ableben leiten. Auch stellt sich die Stiftung von Todes wegen als um so geeigneter dar, je weniger Nutzen eine Führungsunterstützung der Stiftungsorgane durch den früheren Eigentümer im Anschluß an die Nachfolge vermutlich erbringen würde, denn durch den Todesfall des Stifters ist eine solche Unterstützung unmöglich. Darüber hinaus erscheint diese Stiftungsvariante aufgrund ihrer Verknüpfung mit dem Todesfall als um so vorteilhafter, je überzeugter der bisherige Eigner davon ist, nach der Übereignung keine andere berufliche Aktivität mehr aufzunehmen, deren Einkünfte ihm und seinem Verbund zufließen könnten. Steuerlich kann die Stiftung von Todes wegen bspw. um so günstiger sein, je stärker der Eigner von einer Schrumpfung des substanzsteuerlich relevanten Unternehmenswertes im Zeitverlauf ausgeht, und auch der – im Vergleich zu nicht an das Ableben des Eigners geknüpften schenkung- oder ertragsteuerlich relevanten Übereignungsformen – spätere Zeitpunkt der Steuerzahlung vermag die Vorteilhaftigkeit der Stiftung von Todes wegen zu begründen. Nicht zuletzt ist diese Stiftungsalternative um so zweckmäßiger, je geringer die Konfrontation der Stiftung mit Pflichtteilsansprüchen der Erben des Stifters ausfällt – entweder, weil Erben nicht existieren oder aber statt dessen weiteres Vermögen neben dem Betrieb vorhanden ist, das ausreicht, die Pflichtteilsansprüche zu befriedigen, ohne die Stiftung und damit ihr Unternehmen in eine finanzielle Schieflage zu manövrieren.

Aufgabe 9

Tab. 12: Merkmalsausprägungen der Nachfolgeformen

Merkmale	Ausprägungen je Form			
	Vererbung	Schenkung	Stiftung	Verkauf
Mitwirkung des abgebenden Eigners nach der Übertragung	Nicht möglich	Möglich, wenn Beschenkter einverstanden	Möglich, wenn Stiftung unter Lebenden	Möglich, wenn Käufer einverstanden
Verringerung der Pflichtteilsproblematik	Nicht möglich	Möglich, insbesondere bei Einhaltung der Zehn-Jahres-Zeiträume (Stiftung: nur Stiftung unter Lebenden)		Nicht möglich
Notwendigkeit einer Unternehmensbewertung	Ja, i.d.R. zur Erbschaft-/Schenkungsteuerbemessung und falls Pflichtteilsberechtigte vorhanden sind			Ja (Verkaufspreis)

Aufgabe 10

Da die Zukunft grundsätzlich unbekannt ist, sieht sich der abgebende Eigner im Rahmen seiner Nachfolgeplanung stets dem Problem der Unsicherheit gegenüber. Verfolgt der Eigner mit der Übergabe des Unternehmens das Ziel der Gewinnmaximierung, ist er bspw. aufgrund der Prognoseschwierigkeiten nicht in der Lage, im Hinblick auf die mit einer Nachfolgestrategie verbundenen Ein- und Auszahlungsgrößen mehr oder minder sichere Punktschätzungen vorzunehmen, sondern vermag lediglich eine Aussage über die Bandbreite möglicher Beträge und darüber hinaus ggf. ihre Eintrittswahrscheinlichkeit zu treffen. Steht ihm letztendlich die Wahl offen zwischen mehreren, mit unterschiedlichen Gewinnchancen und unterschiedlichen Verlustgefahren einhergehenden Strategien, muß er bei seiner Entscheidung für die Verwirklichung einer der möglichen Nachfolgelösungen auch seine Risikobereitschaft berücksichtigen. Ist er risikofreudig, wird er eine Strategie mit hohen Erfolgsaussichten bei zugleich hoher Mißerfolgsgefahr wählen; tendiert er dagegen zu risikoscheuem Verhalten, wird er eine Strategie mit nur zufriedenstellendem Erfolg, aber geringen Verlustmöglichkeiten bevorzugen.

Selbstverständlich besteht das Problem der Unsicherheit im Rahmen der Nachfolgeplanung nicht ausschließlich im Falle des Gewinnmaximierungszieles, sondern grundsätzlich aller Ziele, deren Realisierung von zukunftsbezogenen Aspekten abhängt. Verfolgt der Eigner das Ziel der Sicherung des Familieneinflusses, kann er z.B. vor folgender Entscheidungssituation stehen: Das Unternehmen kann entweder vollständig einem Familienmitglied übergeben oder aber auf mehrere Angehörige aufgeteilt werden. Während erstere Lösung aufgrund der Führungskompetenz des in Frage kommenden Familienmitglieds eine langfristige Sicherung des Familienbetriebes verspricht, sieht der abgebende Eigner ebenfalls die Gefahr, daß dieser Nachfolger – bspw. aufgrund privater finanzieller Schwierigkeiten – das Unternehmen ggf. in der Zukunft an Dritte verkaufen könnte. Die Sicherung des Familieneinflusses wäre bei Unterlassung des Verkaufs aufgrund der Führungskompetenz des Nachfolgers also voraussichtlich umfassend gegeben, bei Vollzug der Veräußerung aber vollständig zunichte gemacht. Die zweite Lösung – Aufteilung auf mehrere Angehörige – birgt die Gefahr, daß das Familienunternehmen langfristig unter Führungsschwierigkeiten leidet, da sich die unterschiedlichen Familiengesellschafter ggf. gegenseitig im Rahmen der Betriebsleitung blockieren. Die Chance einer dauerhaft tragfähigen Familienleitung des Unternehmens ist bei dieser Nachfolgealternative also geringer als bei der ersten Lösungsoption. Andererseits birgt die Übereignung auf eine Mehrzahl von Familienmitgliedern eine weitaus geringere Gefahr, daß das Unternehmen vollständig an Dritte verkauft wird, da sich hierzu dann alle Gesellschafter entschließen müßten. Der umfassende Verlust des Familieneinflusses droht also bei ersterer Nachfolgeoption in erheblich größerem Maße als bei der zweiten Strategievariante. Der Eigner wird daher bei Risikofreude der ersten Nachfolgelösung zuneigen, während er bei Risikoscheu die zweite Alternative bevorzugen wird.

Literaturverzeichnis

ADAM, D. (Kostenbewertung): Entscheidungsorientierte Kostenbewertung, Wiesbaden 1970.

ADAM, D. (Planung in schlechtstrukturierten Entscheidungssituationen): Planung in schlechtstrukturierten Entscheidungssituationen mit Hilfe heuristischer Vorgehensweisen, in: BFuP, 35. Jg. (1983), S. 484-494.

ADAM, D. (Heuristische Planung): Planung, heuristische, in: SZYPERSKI, N. (Hrsg.), Handwörterbuch der Planung, Stuttgart 1989, Sp. 1414-1419.

ADAM, D. (Planung und Entscheidung): Planung und Entscheidung, 4. Aufl., Wiesbaden 1996.

ADAM, D. (Investitionscontrolling): Investitionscontrolling, 3. Aufl., München/Wien 2000.

ADAMER, M., HINTERHUBER, H.H., KAINDL, G. (Unternehmungskultur): Unternehmungskultur in Österreich, in: Marketing-Zeitschrift für Forschung und Praxis, 14. Jg. (1992), S. 63-67.

ADOLF, R., CRAMER, J., OLLMANN, M. (Fusionen im Bankwesen): Synergien realistisch einschätzen: Fusionen im Bankwesen, in: Die Bank, 31. Jg. (1991), S. 4-9.

ALBACH, H. (Innerbetriebliche Lenkpreise): Innerbetriebliche Lenkpreise als Instrument dezentraler Unternehmensführung, in: ZfbF, 26. Jg. (1974), S. 216-242.

ALBACH, H. (Nachfolgeregelung im Mittelstand): Nachfolgeregelung im Mittelstand – ein Praxistest, in: BB, 55. Jg. (2000), S. 781-786.

ALBACH, H., FREUND, W. (Unternehmenskontinuität): Generationswechsel und Unternehmenskontinuität, Gütersloh 1989.

ALTROGGE, G. (Investition): Investition, 4. Aufl., München/Wien 1996.

ANSOFF, H.I. (Corporate Strategy): Corporate Strategy, New York u.a. 1965.

ARMAND, R. (Décentralisation des décisions): La Décentralisation des décisions par les prix, in: Metra, 7. Jg. (1968), S. 21-42.

ARNDT, H. (Richtige Nachfolgeregelungen): Steuern sparen durch richtige Nachfolgeregelungen, in: INSTITUT FÜR MITTELSTANDSFORSCHUNG DER UNIVERSITÄT MANNHEIM (Hrsg.), Nachfolgeprobleme im Mittelstand, Mannheim 1993, S. 23-33.

AULER, W. (Unternehmung als Wirtschaftseinheit): Die Bewertung der Unternehmung als Wirtschaftseinheit, in: Welt des Kaufmanns, 8. Jg. (1926), S. 41-46.

AXER, E. (Verkaufswert): Der Verkaufswert industrieller Unternehmungen unter besonderer Berücksichtigung des ideellen Firmenwertes (Goodwill), Berlin 1932.

BALLARINI, K., KEESE, D. (Lebenszyklus kleiner Familienunternehmen): Entscheidungsphasen im Lebenszyklus kleiner Familienunternehmen, in: IGA, 40. Jg. (1992), S. 1-16.

BALLWIESER, W. (Kalkulationszinsfuß): Die Wahl des Kalkulationszinsfußes bei der Unternehmensbewertung unter Berücksichtigung von Risiko und Geldentwertung, in: BFuP, 33. Jg. (1981), S. 97-114.

BALLWIESER, W. (Komplexitätsreduktion): Unternehmensbewertung und Komplexitätsreduktion, 3. Aufl., Wiesbaden 1990.

BALLWIESER, W., HACHMEISTER, D. (Unternehmensbewertung): Unternehmensbewertung, 5. Aufl., Stuttgart 2016.

BARNES, L.B., HERSHON, S.A. (Family Business): Transferring power in the family business, in: Harvard Business Review, 54. Jg. (1976), Juli-August, S. 105-114.

BARRY, B. (Family Firm): The Development of Organisation Structure in the Family Firm, in: Journal of General Management, 1. Jg. (1975), Herbst, S. 42-60.

BARTÖLKE, K., JORZIK, H. (Führung): Mitbestimmung, Führung bei, in: KIESER, A., REBER, G., WUNDERER, R. (Hrsg.), Handwörterbuch der Führung, 2. Aufl., Stuttgart 1995, Sp. 1555-1565.

BASTY, G. (Unternehmensnachfolge aus rechtlicher Sicht): Regelungen zur Unternehmensnachfolge aus rechtlicher Sicht, in: DROEGE & COMP. (Hrsg.), Zukunftssicherung durch Strategische Unternehmensführung, Düsseldorf 1991, S. 526-535.

BELLINGER, B., VAHL, G. (Unternehmensbewertung): Unternehmensbewertung in Theorie und Praxis, 2. Aufl., Wiesbaden 1992.

BERENBROK, M. (Umwandlung des Unternehmens): Gestaltung der Nachfolge durch Umwandlung des Unternehmens, in: SUDHOFF, H., Unternehmensnachfolge, 5. Aufl., München 2005, S. 997-1145.

BERLINER, M. (Wert des Geschäfts): Vergütung für den Wert des Geschäfts bei dessen Uebergang in andere Hände, Hannover/Leipzig 1913.

BESTE, TH. (Regelung der Auseinandersetzungsfrage): Die Regelung der Auseinandersetzungsfrage in den Gesellschaftsverträgen der Personalgesellschaften, in: ZfhF, 18. Jg. (1924), S. 97-124.

BETTAUER, A. (Divestments): Strategy for Divestments, in: Harvard Business Review, 45. Jg. (1967), März-April, S. 116-124.

BIEG, H., KUßMAUL, H., WASCHBUSCH, G. (Investition): Investition, 3. Aufl., München 2016.

BIRLEY, S. (Family Firm): Succession in the Family Firm: The Inheritor's View, in: Journal of Small Business Management, 24. Jg. (1986), Juli, S. 36-43.

BIRNBAUM, R. (Verwaltungsvermögen): Umfang und Bedeutung des Verwaltungsvermögens bei der Begünstigung unternehmerischen Vermögens im Rahmen der Erbschaftsteuer, in: StB, 62. Jg. (2011), S. 197-199.

BIRK, D. (Leistungsfähigkeitsprinzip): Das Leistungsfähigkeitsprinzip als Maßstab der Steuernormen, Köln 1983.

BIRK, D., DESENS, M., TAPPE, H. (Steuerrecht): Steuerrecht, 19. Aufl., Heidelberg 2016.

BITZ, M. (Ökonomische Entscheidungsmodelle): Die Strukturierung ökonomischer Entscheidungsmodelle, Wiesbaden 1977.

BITZ, M. (Entscheidungstheorie): Entscheidungstheorie, München 1981.

BITZ, M., EWERT, J., TERSTEGE, U. (Investition): Investition, 2. Aufl., Wiesbaden 2012.

BLÄTTCHEN, W. (Familienunternehmen): Going Public von Familienunternehmen, in: FB, 1. Jg. (1999), S. 38-44.

BLUME, H. (Gründungszeit und Gründungskrach): Gründungszeit und Gründungskrach mit Beziehung auf das deutsche Bankwesen, Danzig 1914.

BÖCKEL, J. (Diversifikationen durch Unternehmungserwerb): Diversifikationen durch Unternehmungserwerb, Wiesbaden 1972.

BÖCKING, H.-J., NOWAK, K. (Unternehmensbewertung): Marktorientierte Unternehmensbewertung, in: FB, 1. Jg. (1999), S. 169-176.

BOGASCHEWSKY, R., ROLLBERG, R. (Management): Prozeßorientiertes Management, Berlin u.a. 1998.

BÖS, D., KAYSER, G. (Generationenwechsel): Der Generationenwechsel in mittelständischen Betrieben, IfM-Materialien Nr. 120, Bonn 1996.

BRADSCH, N. (Unternehmensnachfolge): Übertragung von Anteilen an einer Kapitalgesellschaft im Rahmen der Unternehmensnachfolge, Hamburg 2007.

BREIMANN, H. (Typisierungsgerechtigkeit): Typisierungsgerechtigkeit des vereinfachten Ertragswertverfahrens zur Unternehmensbewertung im Erbschaftsteuerrecht, Hamburg 2014.

BRETZKE, W.-R. (Berücksichtigung des Risikos): Zur Berücksichtigung des Risikos bei der Unternehmungsbewertung, in: ZfbF, 28. Jg. (1976), S. 153-165.

BRETZKE, W.-R. (Risiken): Risiken in der Unternehmungsbewertung, in: ZfbF, 40. Jg. (1988), S. 813-823.

BREUER, W. (Marktwertmaximierung): Die Marktwertmaximierung als finanzwirtschaftliche Entscheidungsregel, in: WiSt, 26. Jg. (1997), S. 222-226.

BREUNINGER, H. (Psychologische Aspekte): Psychologische Aspekte der Unternehmensnachfolge, in: *SOBANSKI, H., GUTMANN, J.* (Hrsg.), Erfolgreiche Unternehmensnachfolge, Wiesbaden 1998, S. 49-64.

BRÖSEL, G. (Programmplanung): Die Programmplanung öffentlich-rechtlicher Fernsehanbieter, in: BFuP, 53. Jg. (2001), S. 375-391.

BRÖSEL, G. (Medienrechtsbewertung): Medienrechtsbewertung, Wiesbaden 2002.

BRÖSEL, G. (Argumentationsfunktion): Die Argumentationsfunktion in der Unternehmensbewertung – „Rotes Tuch" oder „Blaues Band" für Wirtschaftsprüfer?, in: *BRÖSEL, G., KASPERZAK, R.* (Hrsg.), Internationale Rechnungslegung, Prüfung und Analyse, München/Wien 2004, S. 515-523.

BRÖSEL, G. (Nebenfunktionen): Eine Systematisierung der Nebenfunktionen der funktionalen Unternehmensbewertungstheorie, in: BFuP, 58. Jg. (2006), S. 128-143.

BRÖSEL, G., MATSCHKE, M.J., OLBRICH, M. (Entrepreneurial Business): Valuation of entrepreneurial businesses, in: IJEV, 4. Jg. (2012), S. 239-256.

BRÖSEL, G., TOLL, M., ZIMMERMANN, M. (Financial Crisis): What the Financial Crisis Reveals about Business Valuation, in: Ekonomia Menedżerska, 5. Jg. (2011), Heft 10, S. 27-39.

BRÖSEL, G., ZWIRNER, CH., PETERSEN, K. (Nebenfunktionen): Unternehmensbewertung im Rahmen der Nebenfunktionen – Ein Überblick, in: *PETERSEN, K., ZWIRNER, CH., BRÖSEL, G.* (Hrsg.), Handbuch Unternehmensbewertung, Köln 2013, S. 481-488.

BROX, H., WALKER, W.-D. (Erbrecht): Erbrecht, 27. Aufl., München 2016.

BRUCKMEIER, G., ZWIRNER, CH., MUGLER, J. (Steuerbemessung): Steuerbemessung und Unternehmensbewertung (Erbschaftsteuer), in: *PETERSEN, K., ZWIRNER, CH., BRÖSEL, G.* (Hrsg.), Handbuch der Unternehmensbewertung, Köln 2013, S. 489-505.

BUCHNER, R. (Unternehmensbewertung): Marktorientierte Unternehmensbewertung, in: *SEICHT, G.* (Hrsg.), Jahrbuch für Controlling und Rechnungswesen, Wien 1995, S. 401-427.

BUCHNER, R., ENGLERT, J. (Unternehmensvergleich): Die Bewertung von Unternehmen auf Basis des Unternehmensvergleichs, in: BB, 49. Jg. (1994), S. 1573-1580.

BÜHNER, R. (Bestimmungsfaktoren von Unternehmenszusammenschlüssen): Bestimmungsfaktoren und Wirkungen von Unternehmenszusammenschlüssen, in: WiSt, 18. Jg. (1989), S. 158-165.

BÜHNER, R., SPINDLER, H. (Synergieerwartungen): Synergieerwartungen bei Unternehmenszusammenschlüssen, in: DB, 39. Jg. (1986), S. 601-606.

BUND, E. (Aufgaben und Risiko): Aufgaben und Risiko des Testamentsvollstreckers, in: Juristische Schulung, 6. Jg. (1966), S. 60-65.

BUONO, A.F., BOWDITCH, J.L. (Human Side of Acquisitions): The Human Side of Mergers and Acquisitions, San Francisco/London 1989.

BÜRKLER, A. (Sicht des Bankiers): Das Nachfolgeproblem aus der Sicht des Bankiers, in: *FORSTMOSER, P.* (Hrsg.), Der Generationenwechsel im Familienunternehmen, Zürich 1982, S. 33-42.

BUSSE VON COLBE, W. (Zukunftserfolg): Der Zukunftserfolg, Wiesbaden 1957.

BYSIKIEWICZ, M. (Spaltung): Unternehmensbewertung bei der Spaltung, Wiesbaden 2008.

BYSIKIEWICZ, M., MATSCHKE, M.J., BRÖSEL, G. (Spaltung): Einige grundsätzliche Bemerkungen zur Entscheidungswertermittlung im Rahmen der Konfliktsituation vom Typ der Spaltung, Wirtschaftswissenschaftliche Diskussionspapiere der Rechts- und Staatswissenschaftlichen Fakultät der Ernst-Moritz-Arndt-Universität Greifswald, Nr. 2/2005, Greifswald 2005.

CHURCHILL, N.C., LEWIS, V.L. (Small Business Growth): The five stages of small business growth, in: Harvard Business Review, 61. Jg. (1983), Mai-Juni, S. 30-50.

CLARKE, CH.J. (Measuring Strategic Fit): Acquisitions – Techniques for Measuring Strategic Fit, in: Long Range Planning, 20. Jg. (1987), Nr. 3, S. 12-18.

COENENBERG, A.G. (Monte-Carlo-Simulation): Unternehmungsbewertung mit Hilfe der Monte-Carlo-Simulation, in: ZfB, 40. Jg. (1970), S. 793-804.

COENENBERG, A.G. (Unternehmensbewertung): Unternehmensbewertung aus der Sicht der Hochschule, in: BUSSE VON COLBE, W., COENENBERG, A.G. (Hrsg.), Unternehmensakquisition und Unternehmensbewertung, Stuttgart 1992, S. 89-108.

COENENBERG, A.G., SAUTTER, M.T. (Bewertung von Unternehmensakquisitionen): Strategische und finanzielle Bewertung von Unternehmensakquisitionen, in: DBW, 48. Jg. (1988), S. 691-710.

CORSTEN, H. (Beschaffung): Beschaffung, in: CORSTEN, H., REIß, M. (Hrsg.), Betriebswirtschaftslehre, 4. Aufl., München/Wien 2008, S. 347-441.

DAVIS, S.M. (Succession): Entrepreneurial Succession, in: Administrative Science Quarterly, 13. Jg. (1968), S. 402-416.

DEAL, T.E., KENNEDY, A.A. (Corporate Cultures): Corporate Cultures – The Rites and Rituals of Corporate Life, 2. Aufl., Cambridge 2000.

DEHMER, H. (Unternehmernachfolge in der Steuerberatung): Unternehmernachfolge in der Rechts- und Steuerberatung, in: KAPPLER, E., LASKE, S. (Hrsg.), Unternehmernachfolge im Familienbetrieb, 2. Aufl., Freiburg im Breisgau 1999, S. 209-241.

DINKELBACH, W. (Sensitivitätsanalysen): Sensitivitätsanalysen und parametrische Programmierung, Berlin/Heidelberg/New York 1969.

DIRUF, G. (Risikoanalyse): Die quantitative Risikoanalyse, in: ZfB, 42. Jg. (1972), S. 821-832.

DÖRNER, A., PFÄNDNER, E. (Erbschaftsteuerreform): Bewertung von Unternehmen nach der Erbschaftsteuerreform – Teil 1: Methoden der Wertermittlung, in: BC, 33. Jg. (2009), S. 469-473.

DRUKARCZYK, J., SCHÜLER, A. (Unternehmensbewertung): Unternehmensbewertung, 7. Aufl., München 2016.

EISENFÜHR, F. (Beteiligungen mit Verbundeffekt): Preisfindung für Beteiligungen mit Verbundeffekt, in: ZfbF, 23. Jg. (1971), S. 467-479.

ENGELS, W. (Entscheidungstheorie): Betriebswirtschaftliche Bewertungslehre im Licht der Entscheidungstheorie, Köln/Opladen 1962.

ESSER, J., BRAUNSCHWEIG, CH. (Firma und Steuern): Die Firma vererben und Steuern sparen, in: Harvard Business Manager, 17. Jg. (1995), Nr. 2, S. 9-15.

ESSKANDARI, M., FRANCK, S., KÜNNEMANN, U. (Unternehmensnachfolge): Unternehmensnachfolge, Heidelberg u.a. 2012.

EVERLING, W. (Verbundeffekt): Der Verbundeffekt und seine Erfassung, in: BFuP, 15. Jg. (1963), S. 203-214.

FALK, F. (Altersabsicherung): Altersabsicherung des Seniorchefs, in: INSTITUT FÜR MITTELSTANDSFORSCHUNG DER UNIVERSITÄT MANNHEIM (Hrsg.), Nachfolgeprobleme im Mittelstand, Mannheim 1993, S. 48-51.

FANDEL, G. (Mehrfache Zielsetzung): Optimale Entscheidung bei mehrfacher Zielsetzung, Berlin/Heidelberg/New York 1972.

FANDEL, G. (Mehrfachzielsetzungen): Mehrfachzielsetzungen, in: WITTMANN, W. u.a. (Hrsg.), Handwörterbuch der Betriebswirtschaft, Bd. 2, 5. Aufl., Stuttgart 1993, Sp. 2849-2863.

FANDEL, G., LORTH, M. (Portefeuilletheoretische Überlegungen): Portefeuilletheoretische Überlegungen zur Entscheidung über Eigenfertigung oder Fremdbezug, in: ZfB, 69. Jg. (1999), S. 1423-1444.

FANDEL, G., WILHELM, J. (Entscheidungstheorie): Zur Entscheidungstheorie bei mehrfacher Zielsetzung, in: ZOR, 20. Jg. (1976), S. 1-21.

FELDEN, B. (Tabuthemen): Umgang mit Tabuthemen, in: SOBANSKI, H., GUTMANN, J. (Hrsg.), Erfolgreiche Unternehmensnachfolge, Wiesbaden 1998, S. 95-109.

FELDEN, B., KLAUS, A. (Unternehmensnachfolge): Unternehmensnachfolge, Stuttgart 2003.

FELDEN, B., PFANNENSCHWARZ, A. (Unternehmensnachfolge): Unternehmensnachfolge, München 2008.

FISCHER-WINKELMANN, W.F. (IDW S 1): IDW Standard: Grundsätze zur Durchführung von Unternehmensbewertungen (IDW S 1) – in aere aedificatus!, in: FISCHER-WINKELMANN, W.F. (Hrsg.), MC – Management Consulting & Controlling, Hamburg 2003, S. 79-162.

FISCHER-WINKELMANN, W.F. (Grundsätze): „Weiterentwicklung" der Grundsätze ordnungsmäßiger Unternehmensbewertung IDW S 1 = IDW ES 1 n. F.?, in: BFuP, 58. Jg. (2006), S. 158-179.

FLICK, H. (Planung der Unternehmernachfolge): Das Testament – Planung der Unternehmernachfolge, in: SOBANSKI, H., GUTMANN, J. (Hrsg.), Erfolgreiche Unternehmensnachfolge, Wiesbaden 1998, S. 209-220.

FREIMUTH, J. (Organisationskultur): Organisationskultur, Ihre Bedeutung für den Erfolg von Unternehmungen, in: WiSt, 14. Jg. (1985), S. 89-92.

FREUND, W. (Integration übernommener Unternehmen): Die Integration übernommener Unternehmen, in: DBW, 51. Jg. (1991), S. 491-498.

FREUND, W. (Faktoren im Nachfolgefall): Prozesse und Rituale – Persönliche Faktoren im Nachfolgefall, in: SOBANSKI, H., GUTMANN, J. (Hrsg.), Erfolgreiche Unternehmensnachfolge, Wiesbaden 1998, S. 65-70.

FREUND, W. (Unternehmensnachfolge): Familieninterne Unternehmensnachfolge, Wiesbaden 2000.

FRIELING, M. (Gestaltungsinstrument): Die Familienstiftung als Gestaltungsinstrument im Rahmen der Unternehmensnachfolge, Berlin 2015.

FRONING, CH. (Gestaltungsmöglichkeiten): Gesellschaftsrechtliche Gestaltungsmöglichkeiten, in: SUDHOFF, H., Unternehmensnachfolge, 5. Aufl., München 2005, S. 401-618.

GAL, T. (Sensitivitätsanalyse): Betriebliche Entscheidungsprobleme, Sensitivitätsanalyse und Parametrische Programmierung, Berlin/New York 1973.

GASSER, CH. (Nachfolgeplanung): Psychologische Aspekte der Nachfolgeplanung, in: FORSTMOSER, P. (Hrsg.), Der Generationenwechsel im Familienunternehmen, Zürich 1982, S. 3-9.

GILL, J., FOULDER, I. (Acquisition and the Aftermath): Managing A Merger, The Acquisition and the Aftermath, in: Personnel Management 1978, Januar, S. 14-17.

GOMEZ, P., WEBER, B. (Akquisitionsstrategie): Akquisitionsstrategie – Die Führung des Übernahmeprozesses, in: Die Unternehmung, 43. Jg. (1989), S. 66-77.

GOSSEN, H.H. (Gesetze): Entwickelung der Gesetze des menschlichen Verkehrs, und der daraus fließenden Regeln für menschliches Handeln, Braunschweig 1854.

GÖTZ, H. (Instrument der Unternehmensnachfolge): Die Familienstiftung als Instrument der Unternehmensnachfolge, in: Neue Wirtschafts-Briefe, 54. Jg. (2000), Nr. 31, S. 2871-2880.

GÖTZE, U. (Investitionsrechnung): Investitionsrechnung, 7. Aufl., Berlin/Heidelberg 2014.

GRABOWSKI, H.G., MUELLER, D.C. (Life-Cycle Effects): Life-cycle effects on corporate returns on retentions, in: The Review of Economics and Statistics, 57. Jg. (1975), S. 400-409.

GRAML, R. (Desinvestition): Unternehmenswertsteigerung durch Desinvestition, Frankfurt am Main u.a. 1996.

GREINER, L.E. (Evolution and Revolution): Evolution and revolution as organizations grow, in: Harvard Business Review, 50. Jg. (1972), Juli-August, S. 37-46.

GROVES-RAINES, M., BRYANT, E. (Human Resource Planning): Better Human Resource Planning Means Better Acquisitions, in: M&A Europe 1988, September/Oktober, S. 37-43.

GRUHLER, W. (Nachfolge): Familienfremde Nachfolge, in: SOBANSKI, H., GUTMANN, J. (Hrsg.), Erfolgreiche Unternehmensnachfolge, Wiesbaden 1998, S. 173-181.

GÜNTHER, TH. (Controlling): Unternehmenswertorientiertes Controlling, München 1997.

GUTENBERG, E. (Betriebswirtschaftliche Theorie): Die Unternehmung als Gegenstand betriebswirtschaftlicher Theorie, Berlin/Wien 1929.

GUTENBERG, E. (Einführung): Einführung in die Betriebswirtschaftslehre, Wiesbaden 1958.

GUTENBERG, E. (Unternehmensführung): Unternehmensführung, Wiesbaden 1962.

GUTENBERG, E. (Betriebswirtschaftslehre): Grundlagen der Betriebswirtschaftslehre, Bd. I: Die Produktion, 24. Aufl., Berlin/Heidelberg/New York 1983.

HABIG, H., BERNINGHAUS, J. (Nachfolge im Familienunternehmen): Die Nachfolge im Familienunternehmen ganzheitlich regeln, 3. Aufl., Berlin u.a. 2010.

HANDLER, W.C. (Succession Process): Managing the family firm succession process, Boston 1989.

HANDLER, W.C., KRAM, K.E. (Problem of Resistance): Succession in Family Firms: The Problem of Resistance, in: Family Business Review, 1. Jg. (1988), S. 361-381.

HANNES, F. (Erbschaftsteuerreform): Erbschaftsteuerreform 2016: Neuregelungen zur Bewertung und zum Umfang der Verschonung, in: Zeitschrift für Erbrecht und Vermögensnachfolge, 23. Jg. (2016), S. 554-561.

HASE, S. (Integration): Integration akquirierter Unternehmen, 2. Aufl., Sternenfels 2002.

HASENACK, W. (Gestaltung der Eigenverantwortlichkeit): Maßnahmen des Rechnungswesens zur Gestaltung der Eigenverantwortlichkeit in der Unternehmung, in: ZfbF, 9. Jg. (1957), S. 307-315.

HÄUSSERMANN, E.A. (Existenzgründung): Existenzgründung marktorientiert durchführen, Heidelberg 1998.

HAX, H. (Investitions- und Finanzplanung): Investitions- und Finanzplanung mit Hilfe der linearen Programmierung, in: ZfbF, 16. Jg. (1964), S. 430-446.

HAX, H. (Investitionstheorie): Investitionstheorie, 5. Aufl., Würzburg/Wien 1985.

HECHELTJEN, G. (Nachfolge): Reflexion einer Nachfolge, in: KAPPLER, E., LASKE, S. (Hrsg.), Unternehmernachfolge im Familienbetrieb, 2. Aufl., Freiburg im Breisgau 1999, S. 37-53.

HEINEN, E. (Betriebswirtschaftslehre und Unternehmenskultur): Entscheidungsorientierte Betriebswirtschaftslehre und Unternehmenskultur, in: ZfB, 55. Jg. (1985), S. 980-991.

HENNERKES, B.-H. (Bewältigung des Generationswechsels): Probleme bei der Bewältigung des Generationswechsels, in: INSTITUT FÜR MITTELSTANDSFORSCHUNG DER UNIVERSITÄT MANNHEIM (Hrsg.), Generationswechsel in mittelständischen Unternehmen, Mannheim 1996, S. 14-17.

HENNERKES, B.-H. (Vererben oder Verkaufen): Die Gretchenfrage: Vererben oder Verkaufen?, in: OETKER, A. (Hrsg.), Mittelstand in Zeiten struktureller Umbrüche, München 1997, S. 125-138.

HENNERKES, B.-H. (Ganzheitlicher Ansatz): Der ganzheitliche Ansatz als Lösungsmodell, in: SOBANSKI, H., GUTMANN, J. (Hrsg.), Erfolgreiche Unternehmensnachfolge, Wiesbaden 1998, S. 29-36.

HENNERKES, B.-H. (Stabwechsel): Stabwechsel nicht verpatzen, in: F.A.Z. 2001, Nr. 117 vom 21.05., S. B4.

HENSELMANN, K., BARTH, TH. (Übliche Bewertungsmethoden): „Übliche Bewertungsmethoden" – Eine empirische Erhebung für Deutschland, in: BewertungsPraktiker, 4. Jg. (2009), Heft 2, S. 9-12.

HERBENER, J. M., RAPP, D.J. (Investment Appraisal): Toward a Subjective Approach to Investment Appraisal in Light of Austrian Value Theory, in: QJAE, 19. Jg. (2016), S. 3-28.

HERING, TH. (ZGPM): Das allgemeine Zustands-Grenzpreismodell zur Bewertung von Unternehmen und anderen unsicheren Zahlungsströmen, in: DBW, 60. Jg. (2000), S. 362-378.

HERING, TH. (Konzeptionen): Konzeptionen der Unternehmensbewertung und ihre Eignung für mittelständische Unternehmen, in: BFuP, 52. Jg. (2000), S. 433-453.

HERING, TH. (Investition und Unternehmensbewertung): Investition und Unternehmensbewertung, in: KRAG, J. (Hrsg.), Betriebswirtschaft, Wirtschaftsprüfer-Kompendium, Bd. 2, Bielefeld 2002, Kennziffern 2500 (S. 1-81) und 2950 (S. 1-2).

HERING, TH. (Wahlproblem): Zur Partialisierbarkeit des Wahlproblems in der Investitionsrechnung, in: BFuP, 54. Jg. (2002), S. 21-34.

HERING, TH. (Unternehmensnachfolge): Unternehmensgründung und Unternehmensnachfolge als betriebswirtschaftliches Schwerpunktfach im Fernstudium, in: WALTERSCHEID, K. (Hrsg.), Entrepreneurship in Forschung und Lehre, Festschrift für K. Anderseck, Frankfurt am Main 2003, S. 283-294.

HERING, TH. (IDW-S1): Unternehmensbewertung mit DCF-Verfahren gemäß IDW-S1, in: *BRÖSEL, G., KAS-PERZAK, R.* (Hrsg.), Internationale Rechnungslegung, Prüfung und Analyse, München/Wien 2004, S. 510-514.

HERING, TH. (Fusion): Der Entscheidungswert bei der Fusion, in: BFuP, 56. Jg. (2004), S. 148-165.

HERING, TH. (Quo vadis?): *Quo vadis* Bewertungstheorie?, in: *BURKHARDT, TH., KÖRNERT, J., WALTHER, U.* (Hrsg.), Banken, Finanzierung und Unternehmensführung, Festschrift für K. Lohmann, Berlin 2004, S. 105-122.

HERING, TH. (Unternehmensbewertung): Unternehmensbewertung, 3. Aufl., München 2014.

HERING, TH. (Investitionstheorie): Investitionstheorie, 4. Aufl., Berlin/Boston 2015.

HERING, TH., BRÖSEL, G. (Argumentationswert): Der Argumentationswert als „blinder Passagier" im IDW-S1 – Kritik und Abhilfe, in: WPg, 57. Jg. (2004), S. 936-942.

HERING, TH., OLBRICH, M. (Mehrstimmrechte): Zur Bewertung von Mehrstimmrechten, in: ZfbF, 53. Jg. (2001), S. 20-38.

HERING, TH., OLBRICH, M. (Bemessung der Abfindung): Zur Bemessung der Abfindung nach § 5 EGAktG, in: WPg, 54. Jg. (2001), S. 809-815.

HERING, TH., OLBRICH, M. (Börsengang junger Unternehmen): Einige grundsätzliche Bemerkungen zum Bewertungsproblem beim Börsengang junger Unternehmen, in: ZfB, 72. Jg. (2002), Ergänzungsheft 5, S. 147-161.

HERING, TH., OLBRICH, M. (Fall „Siemens"): Der Wert der Mehrstimmrechte und der Fall „Siemens", in: ZIP, 24. Jg. (2003), S. 104-106.

HERING, TH., OLBRICH, M. (Preis und Entschädigung): Wert, Preis und Entschädigung der Mehrstimmrechte, in: BB, 58. Jg. (2003), S. 1519-1520.

HERING, TH., OLBRICH, M. (Unsicherheitsproblem bei der Entschädigung): Bewertung von Mehrstimmrechten: Zum Unsicherheitsproblem bei der Entschädigung nach § 5 EGAktG, in: DStR, 41. Jg. (2003), S. 1579-1582.

HERING, TH., OLBRICH, M. (Gesellschafterdependenz): Zum Problem substanzsteuerlicher und ertragsteuerlicher Gesellschafterdependenz im Rahmen der Nachfolge, in: *BROST, H., FAUST, M., THEDENS, C.* (Hrsg.), Unternehmensnachfolge im Mittelstand, Frankfurt am Main 2005, S. 321-333.

HERING, TH., OLBRICH, M. (Unternehmensnachfolgeplanung): Unternehmensnachfolgeplanung aus betriebswirtschaftlicher Sicht, in: BB, 61. Jg. (2006), BB-Spezial Nr. 6, S. 25-29.

HERING, TH., OLBRICH, M. (Unternehmensnachfolge): Unternehmensnachfolge, in: Handelsblatt (Hrsg.), Wirtschafts-Lexikon, Sonderausgabe der Enzyklopädie der Betriebswirtschaftslehre (EdBWL), Bd. 11, Stuttgart 2006, S. 5816-5822.

HERING, TH., OLBRICH, M. (Unternehmensnachfolge): Unternehmensnachfolge, in: *KÖHLER, R., KÜPPER, H.-U., PFINGSTEN, A.* (Hrsg.), Handwörterbuch der Betriebswirtschaft (HWB), 6. Aufl., Enzyklopädie der Betriebswirtschaftslehre (EdBWL), Bd. I, Stuttgart 2007, Sp. 1841-1848.

HERING, TH., OLBRICH, M. (Beteiligungen): Zeitwertbilanzierung von Beteiligungen nach IAS 39 und ihre Konsequenzen für das Beteiligungscontrolling, in: *LITTKEMANN, J.* (Hrsg.), Beteiligungscontrolling, Bd. 1, 2. Aufl., Herne 2009, S. 363-374.

HERING, TH., OLBRICH, M., STEINRÜCKE, M. (Internet Companies): Valuation of Startup Internet Companies, in: IJTM, Bd. 33 (2006), S. 406-419.

HERING, TH., SCHNEIDER, J., TOLL, CH. (Simulative Unternehmensbewertung): Simulative Unternehmensbewertung, in: BFuP, 65. Jg. (2013), S. 256-280.

HERING, TH., TOLL, CH. (Vermögensmaximierung): Zur Fusionsgrenzquote bei Vermögensmaximierung, Veröffentlichungen des Lehrstuhls für Betriebswirtschaftslehre, insbesondere Unternehmensgründung und Unternehmensnachfolge, Fern-Universität Hagen, Hrsg. *TH. HERING*, Nr. 6, Hagen (Westf.) 2009.

HERING, TH., TOLL, CH. (Bewertung auf vollkommenem Markt): Unternehmensbewertung auf vollkommenem Kapitalmarkt, in: WISU, 41. Jg. (2012), S. 1101-1106.

HERING, TH., TOLL, CH. (Totalmodell): Totalmodell zur Entscheidungswertermittlung, in: *PETERSEN, K., ZWIRNER, CH., BRÖSEL, G.* (Hrsg.), Handbuch Unternehmensbewertung, Köln 2013, S. 173-183.

HERING, TH., TOLL, CH. (Partialmodell): Partialmodell zur Entscheidungswertermittlung, in: *PETERSEN, K., ZWIRNER, CH., BRÖSEL, G.* (Hrsg.), Handbuch Unternehmensbewertung, Köln 2013, S. 184-198.

HERING, TH., TOLL, CH. (Bewertung auf unvollkommenem Markt): Unternehmensbewertung auf unvollkommenem Kapitalmarkt unter Sicherheit, in: WISU, 42. Jg. (2013), S. 1423-1432.

HERING, TH., TOLL, CH. (BWL-Klausuren): BWL-Klausuren, 4. Aufl., Berlin/Boston 2015.

HERING, TH., TOLL, CH., KIRILOVA, P.K. (Milestone Financing): Assessing the maximum expendable quota for a milestone financing provided by a venture capitalist, in: IJEV, 8. Jg. (2016), S. 102-117.

HERING, TH., TOLL, CH., SCHNEIDER, J. (Bewertung unter Unsicherheit): Unternehmensbewertung auf unvollkommenem Kapitalmarkt unter Unsicherheit, in: WISU, 43. Jg. (2014), S. 1454-1462.

HERING, TH., VINCENTI, A.J.F. (Unternehmensgründung): Unternehmensgründung, München/Wien 2005.

HERING, TH., VINCENTI, A.J.F. (Unternehmensgründung): Unternehmensgründung, in: *PFOHL, H.-CH.* (Hrsg.), Betriebswirtschaftslehre der Mittel- und Kleinbetriebe, 5. Aufl., Berlin 2013, S. 377-409.

HERTZ, D.B. (Risk Analysis): Risk Analysis in Capital Investment, in: Harvard Business Review, 42. Jg. (1964), S. 95-106.

HESS, W. (Generationenwechsel): Der Generationenwechsel im Familienunternehmen, in: *FORSTMOSER, P.* (Hrsg.), Der Generationenwechsel im Familienunternehmen, Zürich 1982, S. 21-32.

HINTERHUBER, H.H. (Wettbewerbsstrategie): Wettbewerbsstrategie, 2. Aufl., Berlin/New York 1990.

HINTERHUBER, H.H., HOLLEIS, W. (Verbindung von Unternehmensstrategie und Unternehmenskultur): Gewinner im Verdrängungswettbewerb – Wie man durch die Verbindung von Unternehmensstrategie und Unternehmenskultur zu einem führenden Wettbewerber werden kann, in: Journal für Betriebswirtschaft, 38. Jg. (1988), Nr. 1/2, S. 2-19.

HINTERHUBER, H.H., WINTER, L.G. (Corporate Identity): Unternehmungskultur und Corporate Identity, in: *DÜLFER, E.* (Hrsg.), Organisationskultur, 2. Aufl., Stuttgart 1991, S. 189-200.

HINZ, M. (Unternehmensbesteuerung): Grundlagen der Unternehmensbesteuerung, 2. Aufl., Herne/Berlin 1995.

HINZ, M. (Unternehmensbewertung): Unternehmensbewertung im Rahmen erbschaft- und schenkungsteuerlicher Zwecke – Ein Vergleich des vereinfachten Ertragswertverfahrens mit „üblichen" Bewertungskalkülen nach den Grundsätzen des IDW S 1 i.d.F. 2008, in: BFuP, 63. Jg. (2011), S. 304-328.

HIRSHLEIFER, J. (Optimal Investment Decision): On the Theory of Optimal Investment Decision, in: Journal of Political Economy, 66. Jg. (1958), S. 329-352.

HOLLIGER, N. (Käuferanalyse): Käuferanalyse bei M&A, in: Der Schweizer Treuhänder, 73. Jg. (1999), S. 923-926.

HOPFENBECK, W. (Managementlehre): Allgemeine Betriebswirtschafts- und Managementlehre, 12. Aufl., Landsberg am Lech 1998.

HÖRNIG, B. (Fusionsvorhaben): Beteiligungs- und Fusionsvorhaben, Berlin 1985.

HORSTMANN, W. (Gestaltung der Erbschaftsteuerbelastung): Unternehmernachfolge und Gestaltung der Erbschaftsteuerbelastung, in: *MEFFERT, H., KRAWITZ, N.* (Hrsg.), Unternehmensrechnung und Besteuerung, Festschrift für D. Börner, Wiesbaden 1998, S. 421-450.

HUNDRIESER, M. (Steuerbemessungsfunktion): Die Steuerbemessungsfunktion der Unternehmensbewertung, Göttingen 2015.

INSTITUT DER WIRTSCHAFTSPRÜFER (IDW-S1): IDW Standard: Grundsätze zur Durchführung von Unternehmensbewertungen (IDW S 1), in: WPg, 53. Jg. (2000), S. 825-842.

INSTITUT DER WIRTSCHAFTSPRÜFER (Erbschaftsteuer): Neuregelung der Erbschaftsteuer, Düsseldorf 2017.

IVENS, M. (Vermögensnachfolge): Hamburger Handbuch zur Vermögensnachfolge, Herne 2012.

JAENSCH, G. (Wert und Preis): Wert und Preis der ganzen Unternehmung, Köln/Opladen 1966.

JAENSCH, G. (Unternehmungsbewertung): Ein einfaches Modell der Unternehmungsbewertung ohne Kalkulationszinsfuß, in: ZfbF, 18. Jg. (1966), S. 660-679.

KÄFER, K. (Bewertung der Unternehmung): Zur Bewertung der Unternehmung, Nachdruck von Aufsätzen aus den Jahren 1946-1973 zum 98. Geburtstag des Autors, Hrsg. *C. HELBLING*, Schriftenreihe der Treuhand-Kammer, Bd. 136, Zürich 1996.

KAHL, H. (Synergieargument bei Unternehmenszusammenschlüssen): Das Synergieargument bei Unternehmenszusammenschlüssen, in: *HANSMANN, K., SCHEER, A.* (Hrsg.), Praxis und Theorie der Unternehmung, Wiesbaden 1992, S. 177-192.

KAPP, R. (Stellung des Testamentsvollstreckers): Die rechtliche Stellung des Testamentsvollstreckers zum Erben, in: BB, 36. Jg. (1981), S. 113-116.

KAPPLER, E. (Unternehmernachfolge): Unternehmernachfolge als (Re)Sozialisierungsprozeß, in: *KAPPLER, E., LASKE, S.* (Hrsg.), Unternehmernachfolge im Familienbetrieb, 2. Aufl., Freiburg im Breisgau 1999, S. 111-128.

KAPPLER, E. (Mythos der Unternehmenskontinuität): Geschichten zum Mythos von der Unternehmenskontinuität, in: *KAPPLER, E., LASKE, S.* (Hrsg.), Unternehmernachfolge im Familienbetrieb, 2. Aufl., Freiburg im Breisgau 1999, S. 257-270.

KAY, R., SUPRINOVIČ, O. (Unternehmensnachfolgen): Unternehmensnachfolgen in Deutschland 2014 bis 2018, in: *INSTITUT FÜR MITTELSTANDSFORSCHUNG BONN* (Hrsg.), Daten und Fakten Nr. 11, Bonn 2013.

KERSTING, H., BITZER, S., DUPIERRY, R. (Nachfolgemanagement): Nachfolgemanagement in Familienunternehmen, Berlin 2014.

KETS DE VRIES, M.F.R. (Family Controlled Firms): The Dynamics of Family Controlled Firms: The Good and the Bad News, in: Organizational Dynamics, 21. Jg. (1993), Heft 3, S. 59-71.

KEUPER, F. (Management): Strategisches Management, München/Wien 2001.

KITCHING, J. (Mergers): Why do mergers miscarry?, in: Harvard Business Review, 45. Jg. (1967), November-Dezember, S. 84-101.

KLEIN, H., VOSSIUS, O. (Unternehmensnachfolge): Unternehmensnachfolge, Wien 1999.

KLINGELHÖFER, H.E. (Entsorgung und Produktion): Betriebliche Entsorgung und Produktion, Wiesbaden 2000.

KLUMPP, H.-H. (Schenkung von Gesellschaftsanteilen): Die Schenkung von Gesellschaftsanteilen und deren Widerruf, in: Zeitschrift für Erbrecht und Vermögensnachfolge, 2. Jg. (1995), S. 385-391.

KNACKSTEDT, H.-W. (Unternehmernachfolge): Bewertung von KMU (inklusive Unternehmernachfolge), in: *PETERSEN, K., ZWIRNER, CH., BRÖSEL, G.* (Hrsg.), Handbuch Unternehmensbewertung, Köln 2013, S. 855-870.

KOBI, J.-M., WÜTHRICH, H.A. (Unternehmenskultur): Unternehmenskultur verstehen, erfassen und gestalten, Landsberg am Lech 1986.

KOCH, H. (Integrierte Unternehmensplanung): Integrierte Unternehmensplanung, Wiesbaden 1982.

KOCH, L.T. (Nationale Gründungskultur): Externes Gründungsmanagement – Globalisierungsbedingte Anforderungen an eine nationale Gründungskultur, in: BFuP, 51. Jg. (1999), S. 307-321.

KOCH, W. (Unternehmensnachfolge): Unternehmensnachfolge planen, gestalten und umsetzen, Stuttgart 2016.

KOCH, W., WEGMANN, J. (Börseneinführung): Praktiker-Handbuch Börseneinführung, 3. Aufl., Stuttgart 2000.

KOLLER, T., GOEDHART, M., WESSELS, D. (Valuation): Valuation, 6. Aufl., Hoboken (New Jersey) 2015.

KOLLHOSSER, H. (Aktuelle Fragen): Aktuelle Fragen der vorweggenommenen Erbfolge, in: Archiv für die civilistische Praxis, 194. Jg. (1994), S. 231-264.

KRAG, J., KASPERZAK, R. (Unternehmensbewertung): Grundzüge der Unternehmensbewertung, München 2000.

KRAMER, J. (Welle): Die Welle wird überschwappen, in: *CONTINENTAL BANK* (Hrsg.), Management Buy-Out, Frankfurt am Main 1990, S. 9-19.

KRAUS-GRÜNEWALD, M. (Verkäuferposition bei Akquisitionen): Unternehmensbewertung und Verkäuferposition bei Akquisitionen, in: *BALLWIESER, W., BÖCKING, H., DRUKARCZYK, J., SCHMIDT, R.H.* (Hrsg.), Bilanzrecht und Kapitalmarkt, Festschrift für A. Moxter, Düsseldorf 1994, S. 1435-1456.

KREUTZ, W. (Wertschätzung): Wertschätzung von Bergwerken, Köln 1909.

KRÜGER, W. (Management): Management von Akquisitionsprojekten, in: Zeitschrift Führung und Organisation, 57. Jg. (1988), S. 371-377.

KRUSCHWITZ, L. (Risikoanalyse aus theoretischer Sicht): Bemerkungen zur Risikoanalyse aus theoretischer Sicht, in: ZfB, 50. Jg. (1980), S. 800-808.

KRUSCHWITZ, L., LÖFFLER, A. (DCF): Discounted Cash Flow, Chichester 2006.

KRYSTEK, U. (Unternehmungskultur als kritischer Erfolgsfaktor): Unternehmungskultur als kritischer Erfolgsfaktor von Akquisitionen, in: *STEHLE, H., RÖSSLE, W., LEUZ, N.* (Hrsg.), Jahrbuch für Betriebswirte 1991, Stuttgart 1991, S. 135-143.

KRYSTEK, U. (Akquisition): Unternehmungskultur und Akquisition, in: ZfB, 62. Jg. (1992), S. 539-565.

KRYSTEK, U., MINKE, M. (Strategische Allianzen): Strategische Allianzen, Unternehmenskultur: Die Kulturen müssen zusammenpassen, in: Gablers Magazin 1990, Nr. 9, S. 30-35.

KUßMAUL, H. (Steuerlehre): Betriebswirtschaftliche Steuerlehre, 7. Aufl., München 2014.

KUßMAUL, H., MEYERING, S. (Stiftung): Die Besteuerung der Stiftung: Rechtliche Einordnung, in: StB, 55. Jg. (2004), S. 6-10.

KUßMAUL, H., MEYERING, S. (Privatnützige Stiftung): Die Besteuerung der Stiftung: Die privatnützige Stiftung, in: StB, 55. Jg. (2004), S. 56-60.

KUßMAUL, H., MEYERING, S. (Gemeinnützige Stiftung): Die Besteuerung der Stiftung: Die gemeinnützige Stiftung, in: StB, 55. Jg. (2004), S. 91-100.

KUßMAUL, H., MEYERING, S. (Familienstiftung): Die Besteuerung der Stiftung: Die Familienstiftung und die unternehmensverbundene Stiftung, in: StB, 55. Jg. (2004), S. 135-140.

KUßMAUL, H., PFIRMANN, A., HELL, CH., MEYERING, S. (Unternehmensbewertung): Die Bewertung von Unternehmensvermögen nach dem ErbStRG und Unternehmensbewertung, in: BB, 63. Jg. (2008), S. 472-478.

KUßMAUL, H., RICHTER, L., TCHERVENIACHKI, V. (Problemfelder): Ausgewählte praktische Problemfelder im Kontext des § 8c KStG. Zugleich Anmerkungen zum BMF-Schr. vom 4.7.2008, in: GmbHR, 99. Jg. (2008), S. 1009-1017.

KÜTING, K. (Verbundeffekte im Rahmen der Unternehmungsbewertung): Zur Bedeutung und Analyse von Verbundeffekten im Rahmen der Unternehmungsbewertung, in: BFuP, 33. Jg. (1981), S. 175-189.

LANDSITTEL, R. (Unternehmensnachfolge): Auswirkungen des Erbschaftsteuerreformgesetzes auf die Unternehmensnachfolge, in: Zeitschrift für die Steuer und Erbschaftspraxis, 11. Jg. (2009), S. 11-21.

LANGKAMP, R., KLAUS, A. (Firmenbetreuung): Der Nachfolge-Fahrplan – Bestandteil einer professionellen Firmenbetreuung, in: Sparkasse 2001, Nr. 5, S. 208-210.

LAUX, H., FRANKE, G. (Bewertung von Unternehmungen): Zum Problem der Bewertung von Unternehmungen und anderen Investitionsgütern, in: Unternehmensforschung, 13. Jg. (1969), S. 205-223.

LERM, M., ROLLBERG, R., KURZ, P. (Venture Capital): Financial valuation of start-up businesses with and without venture capital, in: IJEV, 4. Jg. (2012), S. 257-275.

LEUTHIER, R. (Interdependenzproblem): Das Interdependenzproblem bei der Unternehmensbewertung, Frankfurt am Main u.a. 1988.

LIEBERMANN, B. (Ertragswert): Der Ertragswert der Unternehmung, Diss. Frankfurt am Main 1923.

LINTNER, J. (Valuation of Risk Assets): The Valuation of Risk Assets and the Selection of Risky Invest-ments in Stock Portfolios and Capital Budgets, in: The Review of Economics and Statistics, 47. Jg. (1965), S. 13-37.

LOHSE, D. (Wirtschaftskriminalität): Wirtschaftskriminalität, Stand der Problematik und mögliche Konsequenzen aus Wirtschaftsprüfersicht, in: Wirtschaftsprüferkammer-Mitteilungen, 35. Jg. (1996), S. 144-150.

LORENZ, K. (Erbschaftsteuerrecht): Unternehmensbewertung im Erbschaftsteuerrecht, Köln 2015.

LORZ, R., KIRCHDÖRFER, R. (Unternehmensnachfolge): Unternehmensnachfolge, 2. Aufl., München 2011.

LÜCKE, W. (Investitionsrechnungen): Investitionsrechnungen auf der Grundlage von Ausgaben oder Kosten?, in: ZfhF, 7. Jg. (1955), S. 310-324.

MAIER, J. (Besteuerung der Stiftung): Die Besteuerung der Stiftung nach der Reform, in: BB, 56. Jg. (2001), S. 494-504.

MANDL, G., RABEL, K. (Unternehmensbewertung): Unternehmensbewertung, Wien 1997.

MANDL, G., RABEL, K. (Methoden): Methoden der Unternehmensbewertung (Überblick), in: *PEEMÖLLER, V.H.* (Hrsg.), Praxishandbuch der Unternehmensbewertung, 6. Aufl., Herne 2015, S. 151-94.

MÄNNEL, W. (Eigenfertigung und Fremdbezug): Die Wahl zwischen Eigenfertigung und Fremdbezug, 2. Aufl., Stuttgart 1981.

VON MANSTEIN, E. (Verlorene Siege): Verlorene Siege, 19. Aufl., Bonn 2011.

MATENAAR, D. (Organisationskultur): Vorwelt und Organisationskultur, in: Zeitschrift Führung und Organisation, 52. Jg. (1983), S. 19-27.

MATSCHKE, M.J. (Kompromiß): Der Kompromiß als betriebswirtschaftliches Problem bei der Preisfest-setzung eines Gutachters im Rahmen der Unternehmungsbewertung, in: ZfbF, 21. Jg. (1969), S. 57-77.

MATSCHKE, M.J. (Schiedsspruchwert der Unternehmung): Der Arbitrium- oder Schiedsspruchwert der Unternehmung – Zur Vermittlerfunktion eines unparteiischen Gutachters bei der Unterneh-mungsbewertung –, in: BFuP, 23. Jg. (1971), S. 508-520.

MATSCHKE, M.J. (Gesamtwert): Der Gesamtwert der Unternehmung als Entscheidungswert, in: BFuP, 24. Jg. (1972), S. 146-161.

MATSCHKE, M.J. (Entscheidungswert): Der Entscheidungswert der Unternehmung, Wiesbaden 1975.

MATSCHKE, M.J. (Argumentationswert): Der Argumentationswert der Unternehmung – Unterneh-mungsbewertung als Instrument der Beeinflussung in der Verhandlung, in: BFuP, 28. Jg. (1976), S. 517-524.

MATSCHKE, M.J. (Arbitriumwert): Funktionale Unternehmungsbewertung, Bd. II, Der Arbitriumwert der Unternehmung, Wiesbaden 1979.

MATSCHKE, M.J. (Ermittlung mehrdimensionaler Entscheidungswerte): Einige grundsätzliche Bemer-kungen zur Ermittlung mehrdimensionaler Entscheidungswerte der Unternehmung, in: BFuP, 45. Jg. (1993), S. 1-24.

MATSCHKE, M.J. (Lenkungspreise): Lenkungspreise, in: *WITTMANN, W. u.a.* (Hrsg.), Handwörterbuch der Betriebswirtschaft, Bd. 2, 5. Aufl., Stuttgart 1993, Sp. 2581-2594.

MATSCHKE, M.J. (Wertarten nach ihrer Aufgabenstellung): Unternehmungsbewertung: Wertarten nach ihrer Aufgabenstellung, in: *CORSTEN, H., GÖSSINGER, R.* (Hrsg.), Lexikon der Betriebswirtschafts-lehre, 5. Aufl., München 2008, S. 861-862.

MATSCHKE, M.J. (Grundlagen): Theoretische Grundlagen, in: *PETERSEN, K., ZWIRNER, CH., BRÖSEL, G.* (Hrsg.), Handbuch Unternehmensbewertung, Köln 2013, S. 3-28.

MATSCHKE, M.J. (Grundzüge): Grundzüge der funktionalen Unternehmensbewertung, in: *PETERSEN, K., ZWIRNER, CH., BRÖSEL, G.* (Hrsg.), Handbuch Unternehmensbewertung, Köln 2013, S. 29-49.

MATSCHKE, M.J. (Methoden): Methoden der Unternehmensbewertung, in: *PETERSEN, K., ZWIRNER, CH., BRÖSEL, G.* (Hrsg.), Handbuch Unternehmensbewertung, Köln 2013, S. 50-83.

MATSCHKE, M.J., BRÖSEL, G. (Unternehmensbewertung): Unternehmensbewertung, 4. Aufl., Wiesbaden 2013.

MATSCHKE, M.J., BRÖSEL, G., MATSCHKE, X. (Fundamentals): Fundamentals of Functional Business Valuation, in: Journal of Business Valuation and Economic Loss Analysis, 5. Jg. (2010), Ausgabe 1, Artikel 7, nur im Netz.

MATSCHKE, M.J., HERING, TH., KLINGELHÖFER, H.E. (Finanzanalyse): Finanzanalyse und Finanzplanung, München/Wien 2002.

MATSCHKE, X. (Vertragstheorie 1): Arbitrium- und Argumentationswert in der volkswirtschaftlichen Vertragstheorie, in: HERING, TH., KLINGELHÖFER, H.E., KOCH, W. (Hrsg.), Unternehmungswert und Rechnungswesen, Festschrift für M.J. Matschke, Wiesbaden 2008, S. 77-91.

MATSCHKE, X. (Vertragstheorie 2): Funktionale Unternehmensbewertung im Lichte der Vertragstheorie, in: BFuP, 61. Jg. (2009), S. 388-402.

MAY, P. (Leitfaden für die Unternehmerfamilie): Den Generationswechsel erfolgreich meistern – Ein Leitfaden für die Unternehmerfamilie, in: MAY, P., SIES, C. (Hrsg.), Unternehmensnachfolge leicht gemacht, Frankfurt am Main 2000, S. 11-36.

McGIVERN, CH. (Management Succession): The Dynamics of Management Succession, in: Management Decision, 16. Jg. (1978), Nr. 1, S. 32-42.

MEFFERT, H., HAFNER, K. (Unternehmenskultur und Unternehmensführung): Unternehmenskultur und marktorientierte Unternehmensführung – Bestandsaufnahme und Wirkungsanalyse –, Arbeitspapier Nr. 35 der Wissenschaftlichen Gesellschaft für Marketing und Unternehmensführung e.V., Münster 1987.

MEINCKE, J.P. (Erbschaftsteuergesetz): ErbStG, Erbschaft- und Schenkungsteuergesetz, 16. Aufl., München 2012.

MELLEROWICZ, K. (Betriebswirtschaftliche Bewertungslehre): Grundlagen betriebswirtschaftlicher Bewertungslehre, Berlin 1926.

MELLEROWICZ, K. (Wert der Unternehmung): Der Wert der Unternehmung als Ganzes, Essen 1952.

MENGER, C. (Volkswirtschaftslehre): Grundsätze der Volkswirthschaftslehre, Wien 1871.

MENKE, M. (Unternehmernachfolge): Planung der Unternehmernachfolge, Hamburg 1998.

MENZL, A. (Generationenwechsel): Generationenwechsel: Rechtzeitig organisieren – oder Zauberei in letzter Minute, in: MENZL, A. u.a. (Hrsg.), Generationenwechsel, 2. Aufl., Stuttgart 1988, S. 1-51.

MEYERING, S. (Bewertungskalküle): Einzug betriebswirtschaftlicher Bewertungskalküle in die Erbschaftsteuer – Eine kritische Analyse der Bewertung von Betriebsvermögen und von Anteilen an Kapitalgesellschaften nach der Erbschaftsteuerreform 2008 –, in: Steuer und Wirtschaft, 88. Jg. (2011), S. 274-281.

MIRRE, L. (Ertragswert): Gemeiner Wert und Ertragswert, in: Zeitschrift des Deutschen Notarvereins, 13. Jg. (1913), S. 155-176.

MODIGLIANI, F., MILLER, M.H. (Taxes and the Cost of Capital): Corporate Income Taxes and the Cost of Capital: A Correction, in: The American Economic Review, 53. Jg. (1963), S. 433-443.

MÖLLMANN, P. (Erbschaft- und schenkungsteuerliche Unternehmensbewertung): Erbschaft- und schenkungsteuerliche Unternehmensbewertung anhand von Börsenkursen und stichtagsnahen Veräußerungsfällen, in: BB, 65. Jg. (2010), S. 407-413.

GRAF VON MOLTKE, H. (Militärische Werke): Moltkes Militärische Werke, hrsgg. vom GROßEN GENERALSTAB, Bd. II, Berlin 1900.

MOOG, P., FELDEN, B. (Humankapital): Humankapital als Zugangsfaktor zur Finanzierung von Unternehmensnachfolgen, in: ZfB, 79. Jg. (2009), Ergänzungsheft 2, S. 127-151.

MORAL, F. (Industrielle Unternehmungen): Die Abschätzung des Wertes industrieller Unternehmungen, Berlin 1920.

MOSSIN, J. (Equilibrium): Equilibrium in a Capital Asset Market, in: Econometrica, 34. Jg. (1966), S. 768-783.

MOXTER, A. (Grundsätze): Grundsätze ordnungsmäßiger Unternehmensbewertung, 2. Aufl., Wiesbaden 1983.

MUELLER, D.C. (Life Cycle Theory): A life cycle theory of the firm, in: The Journal of Industrial Economics, 20. Jg. (1972), Juli, S. 199-219.

MÜLLER-STEWENS, G. (Personalwirtschaftliche Problemfelder): Personalwirtschaftliche und organisationstheoretische Problemfelder bei Mergers & Acquisitions, in: ACKERMANN, K.-F., SCHOLZ, H. (Hrsg.), Personalmanagement für die 90er Jahre: neue Entwicklungen, Stuttgart 1991, S. 157-171.

MÜNSTERMANN, H. (Gesamtwert des Betriebes): Der Gesamtwert des Betriebes, in: Schweizerische Zeitschrift für Kaufmännisches Bildungswesen, 46. Jg. (1952), S. 181-193 und 209-219.

MÜNSTERMANN, H. (Wert und Bewertung): Wert und Bewertung der Unternehmung, Wiesbaden 1966.

NAHAVANDI, A., MALEKZADEH, A.R. (Acculturation in Acquisitions): Acculturation in Mergers and Acquisitions, in: Academy of Management Review, 13. Jg. (1988), S. 79-90.

NEUMANN, F.J. (Preis und Wert): Beiträge zur Revision der Grundbegriffe der Volkswirtschaftslehre, Preis und Werth und die Frage der Preis- und Werthsmessung, in: Zeitschrift für die gesamte Staatswissenschaft, 28. Jg. (1872), S. 257-346.

NEUMANN, R. (Nachfolgeproblematik): Nachfolgeproblematik in mittelständischen Unternehmen, in: DROEGE & COMP. (Hrsg.), Zukunftssicherung durch Strategische Unternehmensführung, Düsseldorf 1991, S. 553-560.

NIEDERDRENK, R. (Strategien): Strategien für Zulieferunternehmen – Optionen für den Mittelstand, Wiesbaden 2001.

NOACK, H.-CH. (Einführung): Einführung zum Generalthema, in: INSTITUT FÜR MITTELSTANDSFORSCHUNG DER UNIVERSITÄT MANNHEIM (Hrsg.), Generationswechsel in mittelständischen Unternehmen, Mannheim 1996, S. 10-13.

DE NOBLE, A.F., GUSTAFSON, L.T., HERGERT, M. (Post-merger Integration): Planning for Post-merger Integration – Eight Lessons for Merger Success, in: Long Range Planning, 21. Jg. (1988), Nr. 4, S. 82-85.

OECHSLER, W. (Personalwesen): Mitbestimmung und Personalwesen, in: WITTMANN, W. u.a. (Hrsg.), Handwörterbuch der Betriebswirtschaft, Bd. 2, 5. Aufl., Stuttgart 1993, Sp. 2863-2876.

OETKER, A. (Unternehmensinteresse): Das Unternehmensinteresse steht im Vordergrund, in: OETKER, A. (Hrsg.), Mittelstand in Zeiten struktureller Umbrüche, München 1997, S. 139-147.

VON OEYNHAUSEN, C. (Kapitalwert): Ueber die Bestimmung des Kapitalwerthes von Steinkohle-Zechen. Mit besonderer Berücksichtigung des Märkschen Kohlenbergbaues, in: Archiv für Bergbau und Hüttenwesen, Bd. 5 (1822), S. 306-319.

OLBRICH, C. (D&O-Versicherung): Die D&O-Versicherung in Deutschland, 2. Aufl., Karlsruhe 2007.

OLBRICH, CH. (Auflösung einer Aktiengesellschaft): Zur Rechnungslegung bei Auflösung einer Aktiengesellschaft, in: WPg, 28. Jg. (1975), S. 265-267.

OLBRICH, CH. (Unternehmensbewertung): Unternehmensbewertung, Herne/Berlin 1981.

OLBRICH, M. (Unternehmungswert): Unternehmungskultur und Unternehmungswert, Wiesbaden 1999.

OLBRICH, M. (Bewertung von Unternehmungsanteilen): Zur Bedeutung des Börsenkurses für die Bewertung von Unternehmungen und Unternehmungsanteilen, in: BFuP, 52. Jg. (2000), S. 454-465.

OLBRICH, M. (Akquisitionspreis): Kultur und Akquisitionspreis, in: SIMON, H. (Hrsg.), Unternehmenskultur und Strategie, Frankfurt am Main 2001, S. 227-228.

OLBRICH, M. (Besteuerung und Rechnungslegung): Zur Besteuerung und Rechnungslegung der Kapitalgesellschaft bei Auflösung, in: DStR, 39. Jg. (2001), S. 1090-1092.

OLBRICH, M. (Universitäre Unternehmungsgründungen): Einkommensteuerliche und körperschaft-
steuerliche Hemmnisse universitärer Unternehmungsgründungen, in: BFuP, 54. Jg. (2002),
S. 373-387.

OLBRICH, M. (Bewertung von Akquisitionsobjekten): Zur Berücksichtigung unternehmungskultureller
Probleme bei der Bewertung von Akquisitionsobjekten, in: ZP, 13. Jg. (2002), S. 153-172.

OLBRICH, M. (Elektronisches Geschäft): Zur Unternehmungsnachfolge im elektronischen Geschäft,
in: KEUPER, F. (Hrsg.), Electronic Business und Mobile Business, Wiesbaden 2002, S. 677-708.

OLBRICH, M. (Nachfolge und Gründung): Unternehmensnachfolge und Unternehmensgründung –
eine terminologische Abgrenzung, in: WALTERSCHEID, K. (Hrsg.), Entrepreneurship in Forschung
und Lehre, Festschrift für K. Anderseck, Frankfurt am Main 2003, S. 133-145.

OLBRICH, M. (Unternehmungsnachfolge): Unternehmungsnachfolge durch Unternehmungsverkauf,
Wiesbaden 2005.

OLBRICH, M. (Unternehmensnachfolge): Einige kritische Anmerkungen zu den schenkung- und erbschaftsteuerlichen Änderungen im Zuge des Gesetzes zur Sicherung der Unternehmensnachfolge, in: LETMATHE, P. u.a. (Hrsg.), Management kleiner und mittlerer Unternehmen, Wiesbaden
2007, S. 713-727.

OLBRICH, M. (Unternehmungsnachfolge): Unternehmungsnachfolge durch Unternehmungsverkauf,
2. Aufl., Wiesbaden 2014.

OLBRICH, M., BRÖSEL, G., HAßLINGER, M. (Airport Slots): The Valuation of Airport Slots, in: Journal of Air
Law and Commerce (JALC), 74. Jg. (2009), S. 897-917.

OLBRICH, M., FREY, N. (Multiplikatorverfahren): Multiplikatorverfahren, in: PETERSEN, K., ZWIRNER, CH.,
BRÖSEL, G. (Hrsg.), Handbuch Unternehmensbewertung, Köln 2013, S. 313-327.

OLBRICH, M., HARES, CH., PAULY, A. (Erbschaftsteuerreform): Erbschaftsteuerreform und Unternehmensbewertung, in: DStR, 48. Jg. (2010), S. 1250-1256.

OLBRICH, M., HEINZ, CH. (Pflichtangebot): Zur Ermittlung des Entscheidungswerts eines Aktienkäufers
im Vorfeld eines drohenden Pflichtangebots nach §§ 35 ff. WpÜG, in: WPg, 62. Jg. (2009),
S. 545-553.

OLBRICH, M., RAPP, D.J. (Vorzugsaktien): Die Wandlung von Vorzugsaktien in Stammaktien als Problem der Unternehmensbewertung, in: WPg, 64. Jg. (2011), S. 474-484.

OLBRICH, R. (Marketing): Marketing, 2. Aufl., Berlin/Heidelberg/New York 2006.

ORTNER, G.E. (Unternehmensbildung): Unternehmenskultur ohne Unternehmensbildung? Von utopi-
schen Illusionen zu realistischen Visionen, in: GEIßLER, H. (Hrsg.), Unternehmenskultur und
-vision, Frankfurt am Main u.a. 1991, S. 33-41.

OSSADNIK, W. (Synergie-Controlling): Synergie-Controlling als Instrument des Shareholder Value-
Konzepts, in: DStR, 35. Jg. (1997), S. 1822-1824.

PALANDT, O. (Bürgerliches Gesetzbuch): Bürgerliches Gesetzbuch, 75. Aufl., München 2016.

PEEMÖLLER, V.H. (Werttheorien): Wert und Werttheorien, in: PEEMÖLLER, V.H. (Hrsg.), Praxishandbuch
der Unternehmensbewertung, 6. Aufl., Herne 2015, S. 1-15.

PELTZER, M. (Finanzierung des Unternehmenskaufs): Rechtliche Problematik der Finanzierung des
Unternehmenskaufs beim MBO, in: DB, 40. Jg. (1987), S. 973-978.

PERRIDON, L., STEINER, M., RATHGEBER, A. (Finanzwirtschaft): Finanzwirtschaft der Unternehmung,
17. Aufl., München 2017.

PEUTHERT, B., HURLEBAUS, A., HERING, TH. (Teilwertermittlung): Normkonforme Teilwertermittlung durch
funktionale Unternehmensbewertung, in: DB, 63. Jg. (2010), S. 2681-2686.

PICOT, G. (Kauf): § 1 Allgemeines zum Kauf und zur Restrukturierung von Unternehmen, in: PICOT, G.
(Hrsg.), Unternehmenskauf und Restrukturierung, 4. Aufl., München 2013, S. 1-28.

PILTZ, D.J. (Rechtsprechung): Die Unternehmensbewertung in der Rechtsprechung, 3. Aufl., Düsseldorf 1994.

PÖLLATH, R., WILLIBALD, F. (Steuerliche Aspekte): Steuerliche Aspekte der Nachfolgeregelung in Familienunternehmen, in: *DROEGE & COMP.* (Hrsg.), Zukunftssicherung durch Strategische Unternehmensführung, Düsseldorf 1991, S. 536-543.

PORTER, M.E. (Competitive Advantage): From competitive advantage to corporate strategy, in: Harvard Business Review, 65. Jg. (1987), Mai-Juni, S. 43-59.

PORTMANN, R.A.M. (Perpetuierung der Aktiengesellschaft): Wege zur Perpetuierung der Aktiengesellschaft, Bern 1983.

PRIESTER, H.-J. (Testamentsvollstreckung): Testamentsvollstreckung am GmbH-Anteil, in: *LUTTER, M., MERTENS, H.-J., ULMER, P.* (Hrsg.), Festschrift für W. Stimpel, Berlin/New York 1985, S. 463-485.

QUACK, N.H. (Kommanditanteile): Die Testamentsvollstreckung an Kommanditanteilen, in: BB, 44. Jg. (1989), S. 2271-2274.

QUICK, R. (Unternehmensbewertung): Management Buy-Out und Unternehmensbewertung, in: Betrieb und Wirtschaft, 46. Jg. (1992), Nr. 5, S. 145-151.

QUILL, T. (Unternehmensbewertung): Interessengeleitete Unternehmensbewertung, Wiesbaden 2016.

QUINN, R.E., CAMERON, K. (Organizational Life Cycles): Organizational life cycles and shifting criteria of effectiveness: Some preliminary evidence, in: Management Science, 29. Jg. (1983), Januar, S. 33-51.

RAISER, TH. (Rechtsform): Mitbestimmung und Rechtsform, in: *WITTMANN, W. u.a.* (Hrsg.), Handwörterbuch der Betriebswirtschaft, Bd. 2, 5. Aufl., Stuttgart 1993, Sp. 2876-2888.

Rapp, D.J. (Sanierungs- und Reorganisationsentscheidung): Zur Sanierungs- und Reorganisationsentscheidung von Kreditinstituten, Wiesbaden 2014.

RAPP, D.J., OLBRICH, M., VENITZ, CH. (Value Investing): Value Investing's Compatibility with Austrian Economics – Truth or Myth?, in: QJAE, 20. Jg. (2017), S. 3-28.

RAPPAPORT, A. (Shareholder Value): Shareholder Value, 2. Aufl., Stuttgart 1999.

REHMANN, W.A. (Gesellschaftsanteile): Testamentsvollstreckung an Gesellschaftsanteilen, in: BB, 40. Jg. (1985), S. 297-302.

REICH, M. (Unternehmenserbschaftsteuerrecht): Das neue Unternehmenserbschaftsteuerrecht, in: BB, 71. Jg. (2016), S. 2647-2651.

REINBACHER, PH. (Unternehmensnachfolge): Unternehmensnachfolge im deutschen Mittelstand, Norderstedt 2014.

REIßNER, S. (Synergiemanagement): Synergiemanagement und Akquisitionserfolg, Wiesbaden 1992.

RICHTER, A. (Bewertung): Die Bewertung von Minderheitsanteilen an Kapitalgesellschaften, in: Der praktische Betriebswirt, 22. Jg. (1942), S. 105-110.

RIEBEL, P. (Kuppelproduktion): Die Kuppelproduktion, Köln/Opladen 1955.

RIEDEL, CH. (Hrsg.) (Praxishandbuch): Praxishandbuch Unternehmensnachfolge, Bonn 2012.

RIEDEL, H. (Unternehmensnachfolge): Unternehmensnachfolge regeln, 3. Aufl., Wiesbaden 2000.

RIETMANN, P. (Rolle des Treuhänders): Die Rolle des Treuhänders bei der Unternehmernachfolge, in: *MENZL, A. u.a.* (Hrsg.), Generationenwechsel, 2. Aufl., Stuttgart 1988, S. 145-167.

ROLLBERG, R. (Strategische Unternehmensführung): Lean Management und CIM aus Sicht der strategischen Unternehmensführung, Wiesbaden 1996.

ROLLBERG, R. (Unternehmensplanung): Integrierte Unternehmensplanung, Wiesbaden 2001.

ROST, B. (Wert- und Preistheorie): Die Wert- und Preistheorie mit Berücksichtigung ihrer dogmengeschichtlichen Entwickelung, Leipzig 1908.

ROTHE, C. (Simulative Risikoanalyse): Wirtschaftlichkeitsuntersuchung kommunaler Wohngebietserschließungen anhand einer simulativen Risikoanalyse, in: *BURCHERT, H., HERING, TH.* (Hrsg.), Betriebliche Finanzwirtschaft, München/Wien 1999, S. 280-287.

SACKMANN, S.A. (Unsichtbare Einflußgröße): Organisationskultur: Die unsichtbare Einflußgröße, in: Gruppendynamik, 14. Jg. (1983), S. 393-406.

SALES, A.L., MIRVIS, PH.H. (Issues in Acquisition): When cultures collide: Issues in acquisition, in: KIM-BERLY, J.R., QUINN, R.E. (Hrsg.), New Futures: The Challenge of Managing Corporate Transitions, Homewood 1984, S. 107-133.

SATTLER, A., BROLL, J., NÜSSER, S. (Nachfolgeregelung): Unternehmenskauf und -verkauf, Nachfolgere-gelung, Sternenfels 2010.

SAUTTER, M.T. (Analyse von Akquisitionen): Strategische Analyse von Unternehmensakquisitionen, Frankfurt am Main u.a. 1989.

SCHEIN, E.H. (Role of the Founder): The Role of the Founder in Creating Organizational Culture, in: Organizational Dynamics, 11. Jg. (1983), Sommer, S. 13-28.

SCHEIN, E.H. (Culture and Leadership): Organizational Culture and Leadership, 4. Aufl., San Francisco 2010.

SCHERER, S. (Erbrecht): Erbrecht, in: SUDHOFF, H., Unternehmensnachfolge, 5. Aufl., München 2005, S. 1-217.

SCHERM, E. (Internationales Personalmanagement): Internationales Personalmanagement, 2. Aufl., München/Wien 1999.

SCHERM, E., SÜß, S. (Personalmanagement): Personalmanagement, 3. Aufl., München 2016.

SCHIERENBECK, H. (Beteiligungsentscheidungen): Beteiligungsentscheidungen, Berlin 1973.

SCHIFFERS, J. (Bewertung von Unternehmensvermögen): Bewertung von Unternehmensvermögen nach der Erbschaftsteuerreform – Hinweise zur Bewertung von Unternehmensvermögen insbe-sondere nach den gleich lautenden Ländererlassen, in: DStZ, 97. Jg. (2009), S. 548-559.

SCHILDBACH, TH. (Verkäufer und Unternehmen): Der Verkäufer und das Unternehmen „wie es steht und liegt", in: ZfbF, 47. Jg. (1995), S. 620-632.

SCHILDBACH, TH. (Hydra): Der objektive Unternehmenswert: ein Phantom als moderne Hydra, in: BFuP, 69. Jg. (2017), S. 257-274.

SCHILD-PLININGER, P. (Übertragung von Betriebsvermögen): Steuerplanung bei der Übertragung von Betriebsvermögen auf Kinder, Wiesbaden 1998.

SCHINDHELM, M. (Rechtliche Gestaltung): Die rechtliche und steuerliche Gestaltung der Unterneh-mensnachfolge, in: MAY, P., SIES, C. (Hrsg.), Unternehmensnachfolge leicht gemacht, Frankfurt am Main 2000, S. 69-101.

SCHLEPPHORST, S., MIRABELLA, D., MOOG, P. (Kommunikation): Keine Übergabe ohne Kommunikation, in: MÜLLER, PH., LÜDEKE, TH. (Hrsg.), Kommunikation im Mittelstand, Meckenheim 2011, S. 26-33.

SCHMALENBACH, E. (Verrechnungspreise): Über Verrechnungspreise, Rede am Geburtstag des Kaisers am 27. Januar 1909 in der Aula der Handels-Hochschule zu Köln, in: ZfhF, 3. Jg. (1908/1909), S. 165-185.

SCHMALENBACH, E. (Aktiengesellschaft): Die Gründung der Aktiengesellschaft, in: ZfhF, 6. Jg. (1911/1912), S. 473-511.

SCHMALENBACH, E. (Werte von Unternehmungen): Die Werte von Anlagen und Unternehmungen in der Schätzungstechnik, in: ZfhF, 12. Jg. (1917/1918), S. 1-20.

SCHMALENBACH, E. (Wirtschaftslenkung): Pretiale Wirtschaftslenkung, Bd. 1: Die optimale Geltungs-zahl, Bremen 1947.

SCHNEELOCH, D. (Steuerbelastungsvergleich): Steuerbelastungsvergleich, in: WITTMANN, W. u.a. (Hrsg.), Handwörterbuch der Betriebswirtschaft, Bd. 3, 5. Aufl., Stuttgart 1993, Sp. 4017-4028.

SCHNEELOCH, D. (Mittelständische Unternehmen): Rechtsformwahl und Rechtsformwechsel mittel-ständischer Unternehmen, 2. Aufl., München 2006.

SCHNEELOCH, D. (Rechtsformwahl): Steuernahe Betriebswirtschaft, Teil A: Rechtsformwahl, in: KÜTING, K. (Hrsg.), Saarbrücker Handbuch der Betriebswirtschaftlichen Beratung, 4. Aufl., Herne 2008, S. 1131-1228.

SCHNEELOCH, D. (Betriebliche Steuerpolitik): Betriebswirtschaftliche Steuerlehre, Bd. 2: Betriebliche Steuerpolitik, 3. Aufl., München 2009.

SCHNEELOCH, D., MEYERING, S., PATEK, G. (Grundlagen): Betriebswirtschaftliche Steuerlehre, Bd. 1: Grundlagen der Besteuerung, Ertragsteuern, 7. Aufl., München 2016.

SCHNEELOCH, D., MEYERING, S., PATEK, G. (Steuerliche Gewinnermittlung): Betriebswirtschaftliche Steuerlehre, Bd. 2: Steuerliche Gewinnermittlung, 7. Aufl., München 2017.

SCHNEELOCH, D., MEYERING, S., PATEK, G. (Substanzsteuern): Betriebswirtschaftliche Steuerlehre, Bd. 3: Substanzsteuern, Verkehrsteuern, Besteuerungsverfahren, 7. Aufl., München 2017.

SCHNEIDER, D. (Investition): Investition, Finanzierung und Besteuerung, 7. Aufl., Wiesbaden 1992.

SCHOELLER, PH.A. (Mittelständisches Umfeld): Unternehmenskauf und Synergieeffekte im mittelständischen Umfeld, in: DROEGE & COMP. (Hrsg.), Zukunftssicherung durch Strategische Unternehmensführung, Düsseldorf 1991, S. 342-346.

SCHRÖDER, S.J.P. (Erbschaft- und Schenkungsteuer): Unternehmensbewertung für Zwecke der Erbschaft- und Schenkungsteuer, Lohmar/Köln 2014.

SCHUBERT, S., KRAMER, K.-H. (Handlungsempfehlungen): Nachfolge und Unternehmenskultur – Handlungsempfehlungen für Senior und Junior, in: MAY, P., SIES, C. (Hrsg.), Unternehmensnachfolge leicht gemacht, Frankfurt am Main 2000, S. 54-68.

SCHULER, A. (Wege der Nachfolgeregelung): Der fremde Dritte: Alternative Wege der Nachfolgeregelung über MBO und MBI, in: F.A.Z. 2001, Nr. 211 vom 11.9., S. B4.

SCHULTE, K., LITTKEMANN, J. (Investitionscontrolling): Investitionscontrolling, in: LITTKEMANN, J. (Hrsg.), Unternehmenscontrolling, Herne/Berlin 2006, S. 555-665.

SCHWINTEK, S. (Rechtsfähige Stiftungen): Vorstandskontrolle in rechtsfähigen Stiftungen bürgerlichen Rechts, Baden-Baden 2001.

SEIBEL, J. (Familie und Betriebswirtschaft): Unternehmernachfolge im Spannungsfeld zwischen Familie und Betriebswirtschaft, in: KAPPLER, E., LASKE, S. (Hrsg.), Unternehmernachfolge im Familienbetrieb, 2. Aufl., Freiburg im Breisgau 1999, S. 135-165.

SEILER, K. (Unternehmensverkauf): Unternehmensverkauf, Landsberg am Lech 2000.

SEPPELFRICKE, P. (Multiplikatorverfahren): Moderne Multiplikatorverfahren bei der Aktien- und Unternehmensbewertung, in: FB, 1. Jg. (1999), S. 300-307.

SERFLING, K., PAPE, U. (Unternehmensbewertung): Das Ertragswertverfahren als entscheidungsorientiertes Verfahren der Unternehmensbewertung, in: WISU, 24. Jg. (1995), S. 940-946.

SHARPE, W.F. (Capital Asset Prices): Capital Asset Prices: A Theory of Market Equilibrium under Conditions of Risk, in: JoF, 19. Jg, (1964), S. 425-442.

SIEBEN, G. (Bewertungs- und Investitionsmodelle): Bewertungs- und Investitionsmodelle mit und ohne Kapitalisierungszinsfuß, in: ZfB, 37. Jg. (1967), S. 126-147.

SIEBEN, G. (Entscheidungswert): Der Entscheidungswert in der Funktionenlehre der Unternehmensbewertung, in: BFuP, 28. Jg. (1976), S. 491-504.

SIEBEN, G. (Unternehmensbewertung): Unternehmensbewertung, in: WITTMANN, W. u.a. (Hrsg.), Handwörterbuch der Betriebswirtschaft, Teilband 3, 5. Aufl., Stuttgart 1993, Sp. 4315-4331.

SIEBEN, G., LUTZ, H. (Akquisition und Planung): Akquisition und strategische Planung, in: GOETZKE, W., SIEBEN, G. (Hrsg.), Unternehmensakquisitionen, Betriebswirtschaftliche und juristische Gestaltungsfragen, Köln 1981, S. 13-30.

SIEBEN, G., SCHILDBACH, TH. (Bewertung ganzer Unternehmungen): Zum Stand der Entwicklung der Lehre von der Bewertung ganzer Unternehmungen, in: DStR, 17. Jg. (1979), S. 455-461.

SIEBEN, G., SIELAFF, M. (Hrsg.) (Unternehmensakquisition): Unternehmensakquisition, Berichte des Arbeitskreises »Unternehmensakquisition«, Stuttgart 1989.

SIEFER, TH. (Viele sind gerufen): „Denn viele sind gerufen...", in: KAPPLER, E., LASKE, S. (Hrsg.), Unternehmernachfolge im Familienbetrieb, 2. Aufl., Freiburg im Breisgau 1999, S. 167-207.

SIEGEL, TH. (Unsicherheit und Komplexitätsreduktion): Unternehmensbewertung, Unsicherheit und Komplexitätsreduktion, in: BFuP, 46. Jg. (1994), S. 457-476.

SIEGHOLD, G. (Acquisitions): Mergers & Acquisitions in Deutschland und in der Schweiz, Bamberg 1989.

SIEHL, C., LEDFORD, G., SILVERMAN, R., FAY, P. (Postmerger Integration): Postmerger Integration, Preventing Culture Clashes from Botching a Merger, in: Mergers and Acquisitions, 22. Jg. (1988), März/April, S. 51-57.

SIELAFF, M. (Steuerbemessungsfunktion): Die Steuerbemessungsfunktion der Unternehmensbewertung, in: GOETZKE, W., SIEBEN, G. (Hrsg.), Moderne Unternehmungsbewertung und Grundsätze ihrer ordnungsmäßigen Durchführung, Köln 1977, S. 105-119.

SIES, C. (Unternehmensnachfolge): Zwischenmenschliche Aspekte der Unternehmensnachfolge, in: MAY, P., SIES, C. (Hrsg.), Unternehmensnachfolge leicht gemacht, Frankfurt am Main 2000, S. 37-53.

VON SOTHEN, U. (Steuerrecht): Steuerrecht, in: SUDHOFF, H., Unternehmensnachfolge, 5. Aufl., München 2005, S. 619-995.

SPÄTH, L. (Erfolgreiche Nachfolgelösungen): Mittelstand Ost – ein Beispiel für erfolgreiche Nachfolgelösungen, in: KAPPLER, E., LASKE, S. (Hrsg.), Unternehmernachfolge im Familienbetrieb, 2. Aufl., Freiburg im Breisgau 1999, S. 129-133.

SPELSBERG, H. (Erfolgsfaktoren): Die Erfolgsfaktoren familieninterner Unternehmensnachfolgen, Wiesbaden 2011.

SPIELMANN, U. (Generationenwechsel): Generationenwechsel in mittelständischen Unternehmungen, Wiesbaden 1994.

SPREMANN, K. (Valuation): Valuation, München/Wien 2004.

STEGER, CH.PH., KÖNIGER, S. (Erbschaftsteueranpassungsgesetz): Erbschaftsteueranpassungsgesetz – endlich am Ziel?, in: WPg, 69. Jg. (2016), S. 1319-1328.

STEINMANN, H., SCHREYÖGG, G., KOCH, J. (Management): Management, 7. Aufl., Wiesbaden 2013.

STENGER, C. (Erbfolge): Vorweggenommene Erbfolge, in: SUDHOFF, H., Unternehmensnachfolge, 5. Aufl., München 2005, S. 219-399.

STRICKRODT, G. (Anmerkung): Anmerkung zu BGH-Urteil vom 22. 1. 1964 – V ZR 37/62, in: NJW, 17. Jg. (1964), S. 1316-1319.

SUDHOFF, H. (Unternehmensnachfolge): Unternehmensnachfolge, 5. Aufl., München 2005.

SUNDERMANN, W. (Mitbestimmung): Mitbestimmung, betriebliche, in: FRESE, E. (Hrsg.), Handwörterbuch der Organisation, 3. Aufl., Stuttgart 1992, Sp. 1344-1361.

SUTTON, C.J. (Economics): Economics and corporate strategy, Cambridge/New York/Melbourne 1980.

SZYPERSKI, N., NATHUSIUS, K. (Unternehmungsgründung): Probleme der Unternehmungsgründung, 2. Aufl., Lohmar/Köln 1999.

THEISINGER, K. (Bewertung der Unternehmung): Die Bewertung der Unternehmung als Ganzes, in: Bankwissenschaft, 9. Jg. (1933), S. 161-176.

TILLMANN, A. (Grundstückskontaminationen): Unternehmensbewertung und Grundstückskontaminationen, Wiesbaden 1998.

TOLL, CH. (Zahlungsmodalitäten): Investitionstheoretische Unternehmensbewertung bei Vorliegen verhandelbarer Zahlungsmodalitäten, Wiesbaden 2011.

TROCKELS-BRAND, T. (Problem der Steuerplanung): Veräußerung und Erwerb eines Unternehmens als Problem der Steuerplanung, Bonn 2000.

WAGNER, F. (Empirische Überprüfung): Möglichkeiten und Grenzen einer empirischen Überprüfung marktnaher Unternehmensbewertung, in: ZfbF, 63. Jg. (2011), Sonderheft, S. 84-89.

WALDECKER, P. (Alternativen in der Unternehmensentwicklung): Strategische Alternativen in der Unternehmensentwicklung, Wiesbaden 1995.

WASCHBUSCH, G. u.a. (Unternehmensnachfolge): Gestaltungs- und Finanzierungsprobleme im Rahmen der Unternehmensnachfolge (Teil I), in: StB, 68. Jg. (2017), S. 58-65.

WASCHBUSCH, G. u.a. (Finanzierungsprobleme): Gestaltungs- und Finanzierungsprobleme im Rahmen der Unternehmensnachfolge (Teil II), in: StB, 68. Jg. (2017), S. 88-93.

WASSERMANN, B. (Unternehmensbewertung): Mittelständische Unternehmensbewertung im neuen Erbschaftsteuerrecht, in: DStR, 48. Jg. (2010), S. 183-190.

WEIBLER, J. (Personalführung): Personalführung, 3. Aufl., München 2016.

WEIDLICH, D. (Testamentsvollstreckung an Beteiligungen): Die Testamentsvollstreckung an Beteiligungen einer werbenden OHG bzw. Kommanditgesellschaft, in: Zeitschrift für Erbrecht und Vermögensnachfolge, 1. Jg. (1994), S. 205-214.

WEINGARTNER, H.M. (Capital Budgeting): Mathematical Programming and the Analysis of Capital Budgeting Problems, Englewood Cliffs 1963.

WEINLÄDER, H. (Unternehmensnachfolge): Unternehmensnachfolge, München 1998.

WEINMANN, N. (Erbschaft- und Schenkungsteuergesetz): Gesetz zur Anpassung des Erbschaftsteuer- und Schenkungsteuergesetzes an die Rechtsprechung des Bundesverfassungsgerichts, Freiburg 2016.

WESTERMANN, H.P. (Störungen): Störungen bei vorweggenommener Erbfolge, in: GOERDELER, R. u.a. (Hrsg.), Festschrift für A. Kellermann, Berlin/New York 1991, S. 505-527.

WIEHL, M. (Wechsel im Nachfolgefall): Die Zusammenarbeit mit Geschäftspartnern – Kontinuität und Wechsel im Nachfolgefall, in: SOBANSKI, H., GUTMANN, J. (Hrsg.), Erfolgreiche Unternehmensnachfolge, Wiesbaden 1998, S. 163-172.

WILHELM, J. (Marktwertmaximierung): Marktwertmaximierung – Ein didaktisch einfacher Zugang zu einem Grundlagenproblem der Investitions- und Finanzierungstheorie, in: ZfB, 53. Jg. (1983), S. 516-534.

WIMMER, R., KOLBECK, CH. (Unternehmensnachfolge in mittelständischen Unternehmen): Die Unternehmensnachfolge in mittelständischen Unternehmen: Problemfelder und Lösungsansätze, in: BÖTTGES-PAPENDORF, D. (Hrsg.), Betriebswirtschaftliche Beratung durch den Steuerberater, Köln 2000, S. 1-24.

WÖHE, G., DÖRING, U., BRÖSEL, G. (Allgemeine Betriebswirtschaftslehre): Einführung in die Allgemeine Betriebswirtschaftslehre, 26. Aufl., München 2016.

WOLLNY, CH. (Erbschaftsteuer): Unternehmensbewertung für die Erbschaftsteuer, Herne 2012.

ZAUNER, A. (Wandel): Beratung im Wandel, in: KAPPLER, E., LASKE, S. (Hrsg.), Unternehmernachfolge im Familienbetrieb, 2. Aufl., Freiburg im Breisgau 1999, S. 287-305.

ZIEGLER, J. (Neue Unternehmenskultur): Der Nachfolger begründet eine neue Unternehmenskultur, in: SOBANSKI, H., GUTMANN, J. (Hrsg.), Erfolgreiche Unternehmensnachfolge, Wiesbaden 1998, S. 135-142.

ZIMMERER, C. (Beratung bei Akquisitionen): Beratung bei Unternehmensakquisitionen, in: BAETGE, J. (Hrsg.), Akquisition und Unternehmensbewertung, Düsseldorf 1991, S. 45-58.

Stichwortverzeichnis

www.ingramcontent.com/pod-product-compliance
Lightning Source LLC
Chambersburg PA
CBHW081512190326
41458CB00015B/5346

* 9 7 8 3 1 1 0 5 3 6 6 8 3 *